普通高校"十三五"规划教材·营销学系列

网络营销学

王永东 ◎ 主　编
荆　浩　安玉新 ◎ 副主编

清华大学出版社
北京

内 容 简 介

本书是关于网络营销的教材,详细、系统地介绍了网络营销的理论、工具和方法。内容包括网络营销的历史、发展趋势和理论基础;在互联网背景下,如何进行战略规划、商业模式的提炼和目标营销战略的执行;如何正确地使用互联网的工具和方法进行营销,如搜索引擎、社交网络、电子邮件和联署计划,以及这些方法的综合运用;最后是网络营销背景下如何进行产品和品牌、定价、渠道和传播等营销管理。本书力求博采众长,将案例分析和理论相结合,将最新的科研成果和实践中行之有效的做法相互印证。

本书适合于高等院校学生学习网络营销课程使用,同时也对所有从事网络营销工作的相关人员具有参考价值。

本书封面贴有清华大学出版社防伪标签,无标签者不得销售。
版权所有,侵权必究。举报: 010-62782989, beiqinquan@tup.tsinghua.edu.cn。

图书在版编目(CIP)数据

网络营销学/王永东主编. —北京:清华大学出版社,2018(2023.1重印)
(普通高校"十三五"规划教材. 营销学系列)
ISBN 978-7-302-50291-3

Ⅰ. ①网… Ⅱ. ①王… Ⅲ. ①网络营销-高等学校-教材 Ⅳ. ①F713.365.2

中国版本图书馆 CIP 数据核字(2018)第 112251 号

责任编辑:张 伟
封面设计:汉风唐韵
责任校对:宋玉莲
责任印制:曹婉颖

出版发行:清华大学出版社
网　　址:http://www.tup.com.cn, http://www.wqbook.com
地　　址:北京清华大学学研大厦 A 座　　邮　编:100084
社 总 机:010-83470000　　邮　购:010-62786544
投稿与读者服务:010-62776969, c-service@tup.tsinghua.edu.cn
质量反馈:010-62772015, zhiliang@tup.tsinghua.edu.cn
课件下载:http://www.tup.com.cn, 010-62770175-4506

印 装 者:三河市少明印务有限公司
经　　销:全国新华书店
开　　本:185mm×260mm　　印　张:23.75　　字　数:545 千字
版　　次:2018 年 7 月第 1 版　　印　次:2023 年 1 月第 7 次印刷
定　　价:59.00 元

产品编号:075186-01

前言

网络营销的兴起，离不开互联网盛行这个时代背景。正如德国作家托马斯·曼所说："人不只是像一个个体那样经历着他个人的生活，而且也自觉不自觉地经历着他的时代及同时代人的生活。"互联网影响的不仅仅是个体，它塑造了整个社会的经济、市场、社会组织，以及人的生活方式。企业已经不能仅仅从技术、工具及方法的角度来考虑互联网，互联网已经影响了企业的商业模式、发展战略和顾客价值。顺应时代，改变自己，重新理解企业的营销活动，已经成为当下的必然选择。

网络营销学的发展与其他学科一样，开始时，为了获取独立地位而强调自身的独特性，后来整合主流营销思想形成自己的体系。与其他学科不同的是，至今网络营销学的发展还是相对滞后于时代。其中最主要的原因是网络技术变革的速度快，网络对社会的影响还处于不断深入的过程之中。值得庆幸的是，近几年来，无论是企业还是高校，对网络营销日益重视起来。网络营销学从只是营销学的一个补充章节，发展成为营销专业必修的科目。目前，中国互联网商业应用处于世界领先地位，各种创新型的商业实践不断涌现，与网络营销相关的学术成果也大量增加，网络营销学的研究、应用和传播也迎来了一个蓬勃发展的阶段。

本书是对笔者10年来从事网络营销学教学的一个总结。将本书与最初的讲义对照，会有一种"沧海桑田"的感慨，可以说网络营销彻底改变了营销活动的思维方式。在编写过程中，我们力求博采众长，吸收国内外最新的研究成果和实践中行之有效的做法，以便既能反映这一学科的发展全貌，又能具有实践指导意义。

全书分四篇，共14章，内容基本上涵盖了网络营销学的主要领域。第一篇为概论篇，涵盖第1~3章。这一篇论述网络营销产生的背景和网络营销的功能，网络营销的理论基础和发展趋势。这一篇主要是通过对历史和现实的梳理，理论和实践的对照，增强对互联网影响的整体认识。

第二篇为战略篇，涵盖第4~6章。主要论述网络营销战略的制定和商业模式，以及目标营销战略。这些战略的制定和执行需要在市场调研和消费者行为分析的基础上来完成，因此，把以上两个章节也纳入战略篇中。

第三篇为工具与方法篇，涵盖第7~10章。互联网对营销最直接、有效的影响就是它独有的工具和方法。这一篇我们主要介绍了搜索引擎、社交网络、电子邮件和联署计划，以及这些工具的综合运用等。

第四篇为管理篇，涵盖第11~14章。主要介绍了网络产品和品牌、网络定价、网络渠道，以及网络营销传播。这几章都是网络营销管理必备的内容。

本书第2章、第5章和第9章由荆浩撰写，第12章和第13章由安玉新撰写，其余部分均由王永东撰写，并由王永东最后通读定稿。在本书之前的讲义阶段，营销系的教师和几届毕业生都提出许多宝贵的意见和建议。在共享时代，网络上许多不知姓名的"民间高手"的观点，也给本书的编写带来很多的启发。清华大学出版社的张伟编辑不辞辛苦，对图书出版给出许多专业性建议。在此谨向以上人士的关心和支持表示衷心感谢！

由于水平有限，书中疏漏和不当之处在所难免，恳请读者批评指正，以便今后修改、完善。

王永东

2018年1月于沈阳航空航天大学

目 录

第一篇 概 论 篇

第1章 网络营销概论 ... 3
1.1 网络营销产生的背景 ... 3
- 1.1.1 技术背景：互联网带来营销方式的变革 ... 3
- 1.1.2 经济背景：网络经济的兴起 ... 6
- 1.1.3 市场背景：电子商务的快速增长 ... 8
- 1.1.4 社会背景：网络组织的蓬勃发展 ... 11
- 1.1.5 行为背景：互联网带来生活方式的改变 ... 13

1.2 网络营销概述 ... 14
- 1.2.1 网络营销含义 ... 14
- 1.2.2 网络营销的职能 ... 16
- 1.2.3 网络营销与传统营销 ... 17

本章小结 ... 20
思考题 ... 20
实践活动 ... 21

第2章 网络营销的理论基础 ... 22
2.1 直复营销理论 ... 22
- 2.1.1 直复营销起源 ... 22
- 2.1.2 直复营销的主要类型 ... 23
- 2.1.3 直复营销与其他营销方式的区别 ... 24
- 2.1.4 直复营销的新形式：网络直复营销 ... 25

2.2 关系营销理论 ... 26
- 2.2.1 关系营销的起源和定义 ... 26
- 2.2.2 关系营销的特征 ... 26
- 2.2.3 网络关系营销 ... 27

2.3 数据库营销理论 ... 28
- 2.3.1 数据库营销的起源 ... 28
- 2.3.2 数据库营销的含义和作用 ... 29

  2.3.3 数据库营销的运作 30
  2.3.4 网络数据库营销的独特价值 30
 2.4 整合营销传播理论 31
  2.4.1 整合营销传播的概念和特征 32
  2.4.2 整合营销传播的价值核心和目标 34
本章小结 38
思考题 38
实践活动 38

第3章 网络营销的发展趋势 39

 3.1 搜索引擎的营销模式会进一步完善 39
 3.2 社交网络将重新塑造顾客价值 41
 3.3 移动端竞争日趋激烈，移动营销发展迅猛 43
 3.4 网络广告形式层出不穷，移动广告增长强劲 44
 3.5 大数据将实现精准化营销 45
 3.6 O2O 将导致线上与线下深度融合 47
 3.7 智能终端硬件产品渗透率逐步提高 48
本章小结 51
思考题 51
实践题 52

第二篇 战 略 篇

第4章 网络营销战略和商业模式 55

 4.1 网络营销战略 55
  4.1.1 战略和战略管理 55
  4.1.2 网络时代战略的困境 56
  4.1.3 网络营销战略 58
 4.2 电子商务模式 60
  4.2.1 关于商业模式的各种理论 61
  4.2.2 商业模式的构成要素和特征 62
  4.2.3 商业模式与战略的关系 63
  4.2.4 电子商务模式与层次 64
 4.3 目标营销战略 68
  4.3.1 细分/目标市场选择 69
  4.3.2 定位/差异化 72
 4.4 绩效考核指标 73
  4.4.1 两种绩效考核指标 73

  4.4.2　平衡计分卡 ··· 74
  4.4.3　某公司电子商务经营的平衡计分卡 ··· 75
本章小结 ·· 78
思考题 ··· 79
实践题 ··· 79

第5章　网络市场与消费者行为 ·· 80

5.1　网络市场 ·· 80
  5.1.1　网络市场的现状 ·· 80
  5.1.2　网络市场发展的历史和特征 ·· 83
5.2　网络消费者 ··· 84
  5.2.1　网络消费者类型 ·· 84
  5.2.2　网络消费者的特征 ··· 86
  5.2.3　网络消费者的需求特点 ··· 89
5.3　互联网的交换过程 ·· 90
  5.3.1　网络交换环境 ··· 91
  5.3.2　购买过程及影响因素 ·· 94
  5.3.3　网络交易结果 ··· 97
本章小结 ·· 102
思考题 ··· 103
实践题 ··· 103

第6章　网络营销调研 ··· 104

6.1　信息技术与市场调研 ··· 104
  6.1.1　网络营销的数据和知识 ··· 104
  6.1.2　信息技术下的新调研方法 ·· 106
  6.1.3　网络调研法 ··· 107
  6.1.4　网络调研的过程 ·· 112
6.2　网络调研数据来源 ·· 115
  6.2.1　内部数据 ·· 115
  6.2.2　外部二手数据 ··· 116
  6.2.3　一手数据 ·· 118
6.3　网络调研数据分析和报告 ··· 124
  6.3.1　数据分析 ·· 124
  6.3.2　调研报告 ·· 128
本章小结 ·· 132
思考题 ··· 132
实践活动 ·· 132

第三篇 工具与方法篇

第7章 网络营销工具与方法——搜索引擎 ... 135

7.1 搜索引擎的历史和现状 ... 135
7.1.1 搜索引擎的历史 ... 135
7.1.2 搜索引擎的规模和市场份额 ... 136

7.2 搜索引擎的功能和收费模式 ... 139
7.2.1 搜索引擎的原理 ... 139
7.2.2 搜索引擎的分类和功能 ... 141
7.2.3 链接方式和收费模式 ... 143

7.3 搜索用户的行为分析 ... 143
7.3.1 搜索结果显示格式 ... 143
7.3.2 用户怎样浏览和点击搜索结果 ... 147

7.4 搜索引擎营销 ... 151
7.4.1 搜索引擎营销的过程 ... 152
7.4.2 搜索引擎营销的特点 ... 153
7.4.3 搜索引擎营销的实现方式 ... 154

7.5 关键词营销策略 ... 155
7.5.1 关键词的类型 ... 155
7.5.2 关键词的选择 ... 157

7.6 搜索引擎优化 ... 160
7.6.1 搜索引擎优化的特点及过程 ... 160
7.6.2 搜索引擎排名因素调查 ... 161
7.6.3 网站优化和外部链接建设 ... 162
7.6.4 SEO 效果监测与策略修改 ... 164

本章小结 ... 168
思考题 ... 168
实践活动 ... 169

第8章 网络营销工具与方法——社交网络 ... 170

8.1 社交网络介绍 ... 170
8.1.1 社交网络相关理论 ... 170
8.1.2 社交网络的历史和现状 ... 172
8.1.3 社交网络用户使用行为差异 ... 174
8.1.4 社交网络对相关产业的影响 ... 175
8.1.5 社交网络应用的商业化 ... 176

8.2 社交网站 ... 177

8.2.1 社交网站的历史、类型和特点 ································ 177
8.2.2 社交网站的使用行为 ···································· 182
8.2.3 社交网站的营销策略 ···································· 183
8.3 即时通信（微信）··· 186
8.3.1 即时通信（微信）的特点 ·································· 186
8.3.2 即时通信（微信）使用行为 ································ 188
8.3.3 即时通信（微信）营销模式 ································ 190
8.4 微博 ·· 193
8.4.1 微博的历史和特点 ······································ 194
8.4.2 微博使用行为 ·· 195
8.4.3 微博商业模式 ·· 197
8.4.4 微博营销策略 ·· 199
本章小结 ··· 203
思考题 ··· 203
实践活动 ··· 203

第9章 网络营销工具与方法——电子邮件和联署计划 ············ 204

9.1 电子邮件营销 ··· 204
9.1.1 电子邮件及其历史 ······································ 204
9.1.2 电子邮件营销 ·· 206
9.1.3 垃圾邮件与许可 E-mail 营销 ······························ 211
9.1.4 电子邮件营销策略 ······································ 214
9.1.5 电子邮件营销效果监测 ·································· 217
9.2 联署计划营销 ··· 221
9.2.1 联署计划营销概述 ······································ 221
9.2.2 联署计划营销系统构成及佣金 ····························· 224
9.2.3 联署计划营销的实施 ···································· 229
本章小结 ··· 234
思考题 ··· 234
实践活动 ··· 235

第10章 网络营销工具和方法的综合应用 ························· 236

10.1 网站体验、互动和口碑营销 ······································· 236
10.1.1 网站体验营销 ··· 236
10.1.2 参与及互动营销 ······································· 240
10.1.3 网络口碑营销 ··· 242
10.2 事件营销和病毒式营销 ··· 246
10.2.1 事件营销 ··· 246

10.2.2　病毒式营销……………………………………………………………………249
10.3　精准、个性化营销………………………………………………………………………254
　　10.3.1　精准营销……………………………………………………………………254
　　10.3.2　个性化营销…………………………………………………………………255
　　10.3.3　基于位置的服务……………………………………………………………258
本章小结………………………………………………………………………………………263
思考题…………………………………………………………………………………………263
实践活动………………………………………………………………………………………264

第四篇　管　理　篇

第11章　网络产品与品牌……………………………………………………………267

11.1　网络产品与在线顾客价值………………………………………………………………267
　　11.1.1　网络产品……………………………………………………………………267
　　11.1.2　在线顾客价值………………………………………………………………268
11.2　网络对产品决策的影响…………………………………………………………………270
　　11.2.1　改变核心产品的选择………………………………………………………270
　　11.2.2　改变实际产品的选择………………………………………………………270
　　11.2.3　改变延伸产品的选择………………………………………………………271
11.3　网络营销的新产品开发战略……………………………………………………………271
　　11.3.1　新产品开发中的价值共创…………………………………………………272
　　11.3.2　网络新产品战略……………………………………………………………272
　　11.3.3　新产品传播…………………………………………………………………274
11.4　网络环境下的品牌建设…………………………………………………………………276
　　11.4.1　在线品牌……………………………………………………………………276
　　11.4.2　网络产品的品牌决策………………………………………………………278
　　11.4.3　在线品牌建设………………………………………………………………280
本章小结………………………………………………………………………………………285
思考题…………………………………………………………………………………………285
实践活动………………………………………………………………………………………285

第12章　网络定价……………………………………………………………………287

12.1　价格及价格特征…………………………………………………………………………287
12.2　在线买方和卖方的交易价值……………………………………………………………290
　　12.2.1　买方的交易价值……………………………………………………………290
　　12.2.2　卖方的交易价值……………………………………………………………292
12.3　网络定价策略……………………………………………………………………………294
　　12.3.1　基本定价策略………………………………………………………………294

12.3.2 动态定价策略 297
12.3.3 免费定价策略 298
12.4 网络价格变动策略 300
12.4.1 对价格变化的回应 300
12.4.2 电商价格战 302
本章小结 304
思考题 305
实践活动 305

第13章 网络渠道 306
13.1 网络渠道成员分类 306
13.1.1 网络中间商 307
13.1.2 网络渠道分类 308
13.2 分销渠道的功能 312
13.2.1 交易功能 313
13.2.2 物流功能 314
13.2.3 促进功能 315
13.3 分销渠道设计与管理 316
13.3.1 网络渠道设计 316
13.3.2 网络渠道管理 320
本章小结 326
思考题 326
实践活动 327

第14章 网络营销传播 328
14.1 数字媒体与传播决策 328
14.1.1 数字媒体 328
14.1.2 营销传播决策 333
14.2 网络广告 335
14.2.1 网络广告概述 335
14.2.2 网络广告的现状和发展趋势 336
14.2.3 网络广告的类型 341
14.2.4 网络广告媒体策划 347
14.2.5 网络广告效果的测量 349
14.3 网络公共关系 351
14.3.1 网络公共关系概述 351
14.3.2 网络公共关系实践 353
14.4 网络促销 356

14.4.1 网络促销的本质 ……………………………………………… 356
　　14.4.2 网络促销的方式 ……………………………………………… 357
　　14.4.3 网络促销的实证总结 ………………………………………… 359
本章小结 ………………………………………………………………………… 363
思考题 …………………………………………………………………………… 363
实践活动 ………………………………………………………………………… 363

参考文献 …………………………………………………………………… 364

第一篇 概 论 篇

第 1 章

网络营销概论

> **学习目标**
>
> 了解网络营销产生的背景，网络营销给传统营销带来哪些挑战，网络营销和传统营销之间如何整合，掌握网络营销的含义、特点和职能。

互联网（internet），或音译因特网，始于1969年的美国，是网络与网络之间所串联成的庞大网络，这些网络以一组通用的协议相连，形成逻辑上的单一巨大国际网络。20世纪90年代以来，网络技术的迅速发展，使传统营销方式遭到了很大冲击，而以现代电子和通信技术为基础的网络营销，则在许多方面存在明显的优势，逐渐流行起来。

1.1 网络营销产生的背景

1.1.1 技术背景：互联网带来营销方式的变革

每一次技术革命必然会推动大的社会变革。网络技术的发展改变了商业生态环境，也改变了人们的生活方式和企业的营销方式，这其中蓬勃发展的互联网所起的作用最为突出。

1. 互联网的蓬勃发展

截至2017年3月，全球互联网的普及率为49.6%，网民数量为37.3亿。最近几年，传统大型互联网市场，如中国、美国、日本、巴西和俄罗斯互联网的普及率都超过了50%。2017年3月传统大型互联网市场网民数量排名前20名的国家平均渗透率为54.4%，高于世界平均水平（表1-1）。这20个国家，从2000年到2017年网民的增长率是914.7%，略低于全球平均水平，这说明网民的增长放缓。

而新兴的大型互联网市场，除了印度之外，印度尼西亚、尼日利亚和墨西哥互联网的普及率也在50%左右。这些国家网民增长率仍然很高，可见发展依旧迅速。只有印度为34.4%远低于20强的平均水平，但用户数达到4.6亿，超过美国成为仅次于中国的全球第二大互联网市场。

表 1-1　互联网市场网民数量前 20 个国家排行榜（2017.03）

排序	国家	人口数（估计）	互联网用户数	互联网渗透率/%	增长率/%（2000—2017）
1	中国	1 388 232 693	731 434 547	52.7	3 150.8
2	印度	1 342 512 706	462 124 989	34.4	9 142.5
3	美国	326 474 013	286 942 362	87.9	200.9
4	巴西	211 243 220	139 111 185	65.9	2 682.2
5	印度尼西亚	263 510 146	132 700 000	50.4	6 536
6	日本	126 045 211	118 453 595	94.0	151.6
7	俄罗斯	143 375 006	104 553 691	72.9	3 272.7
8	尼日利亚	191 835 936	93 591 174	48.8	46 695.6
9	德国	80 636 124	71 727 551	89.0	198.9
10	墨西哥	130 222 815	69 915 219	53.7	2 477.6
11	孟加拉	164 827 718	66 965 000	40.6	66 865.0
12	英国	65 511 098	60 273 385	92.0	291.4
13	伊朗	80 945 718	56 700 000	70.0	22 580.0
14	法国	64 938 716	56 367 330	86.8	563.1
15	菲律宾	103 796 832	54 000 000	52.0	2 600.0
16	意大利	59 797 978	51 836 798	86.7	292.7
17	越南	95 414 640	49 741 762	52.1	24 770 9
18	土耳其	80 417 526	46 196 720	57.4	2 209.8
19	韩国	50 704 971	45 314 248	89.4	138.0
20	泰国	68 297 547	41 000 000	60.0	1 682.6
	前 20 个国家	5 038 740 614	2 738 949 556	54.4	914.7
	世界剩余国家	2 480 288 356	993 023 867	40.0	990.6
	世界用户总数	7 519 028 970	3 731 973 423	49.6	933.8

资料来源：互联网世界统计（IWS）. http://www.internetworldstats.com/.

从地区的角度来看，我们会发现亚洲（49.7%）、欧洲（17.0%）、美洲（北美，8.2%；拉美/加勒比，10.4%）网民占全球的比例较高，这三个地区也是互联网发展的"三驾马车"，尤其是亚洲占到了接近 50%。当然网民的多少与该地区的人口总量相关。而网民的渗透率和增长率（2000—2017.03）则更能体现该地区互联网的普及与发展情况。北美地区渗透率为 88.1%，增长率为 196.1%；大洋洲的渗透率为 69.6%，增长率为 269.8%；欧洲渗透率为 80.2%，增长率为 527.6%。这些地区的互联网普及率较高，增长率较低。对于亚洲来说，情况正好相反，亚洲的普及率仅为 46.7%，低于世界平均水平，可是增长率为 1 595.5%，这说明亚洲将成为今后互联网发展动力比较足的地区。

随着智能手机的普及，移动互联网迅速发展。2016 年全球智能手机用户同比增长 12%，2015 年同比增长 21%，2014 年同比增长 31%，增速明显放缓。全球智能手机最大市场是亚太地区，亚太市场从 2008 年占全球用户数的 34%，到 2015 年占比达到 52%。亚洲在移动互联网领域也占有重要的地位。

在中国，截至 2017 年 6 月，网民规模达 7.51 亿，互联网普及率为 54.3%（图 1-1）。从发展趋势来看，整体网民规模增速继续放缓。中国手机网民规模达 7.23 亿，网民中使用手机上网人群占比为 96.3%。移动上网设备的逐渐普及、网络环境的日趋完善、移动互联网应用场景的日益丰富三个因素共同作用，促使手机网民规模进一步增长。

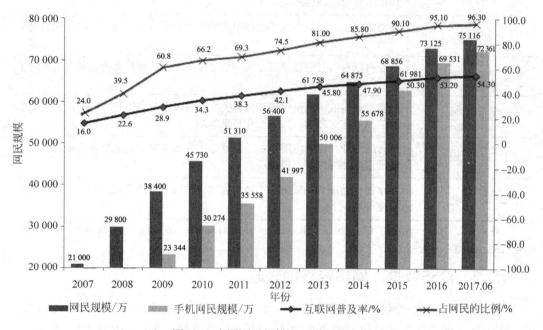

图 1-1　中国网民规模和互联网普及率

资料来源：中国互联网络信息中心（CNNIC）历年数据.

2．互联网对营销活动的影响

互联网具有跨越时间和空间、信息对等、开放、共享等属性，这些属性不仅使得营销战略得到更加有效的实施，而且帮助改变了营销活动的方式。例如，人们发明了信息数字化的方法，这样就彻底改变了信息和软件的传递方式，并且开发出了新的交易渠道，如 APP Store。此外，由于人们能够平等地分享信息，所以对信息的控制从向厂商倾斜变成了向消费者倾斜。互联网为营销活动带来的优势（表 1-2），促使营销实践发生了根本的变革。这些变革绝大多数可以帮助传统的营销活动更有效地开展。

表 1-2　互联网对营销活动的影响

互联网技术的属性	对营销活动的意义
传递字节，而不是原子	数字形式的信息、产品、交际可以近乎实时地存储、传递和接收。文字、图像、照片、音频、视频都可以数字化，但是数字产品是无法触及的
充当沟通的媒介	不管身处何方，志同道合的人（如进行在线拍卖和音乐文档共享）可以聚集在一起，进行商业合作。技术方便了人们进行实时沟通、分享信息（如供应链中的多家企业）
全球化	互联网开辟了新的市场，人们可以在全球范围内合作，员工可以跨国协调，销售人员也能进行远程信息交换
网络延伸	利用自动化沟通的便利，企业可以扩展市场，消费者则可以在第一时间告知他人自己的品牌感受
跨时空	消费者对企业的沟通效率抱有更大的期望，希望企业的工作流程能够更快一些
信息对等	企业可以对信息进行规模定制，使消费者对产品和价格等信息有更多的了解
标准公开	为实行流畅的供应链管理和顾客关系管理，企业可以相互获取对方的数据库信息。在这方面，大小企业是平等的
市场结构	非传统企业（如网络服务中介）承担了许多分销渠道的工作，新的行业纷纷涌现（如网络服务提供商）
工作的自动化	网络的自动服务功能降低了经营成本。出现了自动交易、自动支付、自动实施等功能

资料来源：Allan Afuah, Christopher Tucci. Internet Business Models and Strategies[M]. New York:McGraw-Hill,2001.

1.1.2　经济背景：网络经济的兴起

从经济形态来说，网络经济无疑是工业革命后信息技术改变世界经济最好的概括。网络经济是一种建立在计算机网络基础之上，以现代信息技术为核心的新的经济形态。它不仅是指以计算机为核心的信息技术产业，也包括以现代计算机技术为基础的整个高新技术产业，还包括由高新技术的推广和运用所引起的传统产业、传统经济部门的变革。目前人们对未来经济的描述有多种说法，诸如知识经济、信息经济、后工业经济、新经济、注意力经济等，但它们的基础是相同的，这就是计算机与计算机网络，特别是国际互联网络对经济的决定性影响。

1977 年，波拉特（M.U.Porat）发表《信息经济：定义和测量》一书，把第一、第二、第三产业中的信息与信息活动分离出来构成独立的信息产业。波拉特测算美国 1967 年的信息经济规模占国民生产总值的 46%。而后，学者发现信息经济不仅是一个产业部门，信息是渗透到国民经济的所有部门的一种生产要素。与信息的生产、存储、传输和计算管理相关的服务的发展成为工业部门衰退的替代因素。今天互联网极大地改变了知识和信息的生产机制与传播形态，信息借助互联网渗透于社会的各个角落，对经济的作用不断被放大。

与传统经济相比，网络经济具有以下几个显著的特征。

1. 超越时空界限，变化节奏快

消除时空差距是互联网改变世界的根本性原因。互联网突破了传统的国家、地区界限，使整个世界紧密联系起来。网络经济活动将空间因素的制约降低到最小限度，使整个经济的全球化进程大大加快，世界各国的相互依存性空前加强。网络经济可以 24 小时不间断运行，经济活动更少受到时间因素制约。现代信息网络可用光速传输信息，网络经济以接近于实时的速度收集、处理和应用信息，节奏大大加快了。因此，网络经济的发展趋势应是对市场变化发展高度灵敏的"速度型经济"。

2. 高渗透性，广泛渗透到传统产业

迅速发展的信息技术、网络技术具有极高的渗透性功能，使得信息服务业迅速地向第一、第二产业扩张，使三大产业之间的界限模糊，出现了第一、第二和第三产业相互融合的趋势。三大产业分类法也受到了挑战。为此，学术界提出了"第四产业"的概念，用以涵盖广义的信息产业。作为网络经济的重要组成部分——信息产业已经广泛渗透到传统产业中去了，对于诸如商业、银行业、传媒业、制造业等传统产业来说，迅速利用信息技术、网络技术，实现产业内部的升级改造，以迎接网络经济带来的机遇和挑战，是一种必然选择。

3. 边际效益递增性

边际效益随着生产规模的扩大会显现出不同的增减趋势。在工业社会物质产品生产过程中，边际效益递减是普遍规律，因为传统的生产要素——土地、资本、劳动力都具有边际成本递增和边际效益递减的特征。与此相反，网络经济却显现出明显的边际效益递增性。

（1）网络经济边际成本递减。信息网络成本主要由三部分构成：一是网络建设成本；二是信息传递成本；三是信息的收集、处理和制作成本。由于信息网络可以长期使用，并且其建设费用与信息传递成本及入网人数无关。所以前两部分的边际成本为零，平均成本有明显递减趋势。只有第三种成本与入网人数相关，即入网人数越多，所需信息收集、处理、制作的信息也就越多，这部分成本就会越多，但其平均成本和边际成本都呈下降趋势。因此，信息网络的平均成本随着入网人数的增加而明显递减，其边际成本则随之缓慢递减，但网络的收益却随入网人数的增加而同比例增加；网络规模越大，总收益和边际收益就越大。

（2）网络经济具有累积增值性。在网络经济中，对信息的投资不仅可以获得一般的投资报酬，还可以获得信息累积的增值报酬。这是由于一方面信息网络能够发挥特殊功能，把零散而无序的大量资料、数据、信息按照使用者的要求进行加工、处理、分析、综合，从而形成有序的高质量的信息资源，为经济决策提供科学依据。另一方面，信息使用具有传递效应，会带来不断增加的报酬。举例来说，一条技术信息能以任意规模在

生产中加以运用。这就是说，在信息成本几乎没有增加的情况下，信息使用规模的不断扩大可以带来不断增加的收益。这种传递效应也使网络经济呈现边际收益递增的趋势。

4．信息共享与资源共享

一般实物商品交易后，出售者就失去了实物，而信息、知识交易后，出售信息的人并没有失去信息，而是形成出售者和购买者共享信息与知识的局面。现在，特别是在录音、录像、复制、电子计算机、网络传播技术迅速发展的情况下，信息的再生能力很强，这就为信息资源的共享创造了更便利的条件。一方面，网络经济在很大程度上能有效杜绝传统工业生产对有形资源、能源的过度消耗，造成环境污染、生态恶化等危害，实现了社会经济的可持续发展。另一方面，信息的共享会促进社会资源的共享，形成共享经济。共享经济的本质是整合线下的闲散物品或服务者，让他们以较低的价格提供产品或服务。对于供给方来说，通过在特定时间内让渡物品的使用权或提供服务，来获得一定的金钱回报；对需求方而言，不直接拥有物品的所有权，而是通过租、借等共享的方式使用物品。共享资源牵涉到三大主体，即商品或服务的需求方、供给方和共享经济平台。共享经济平台作为连接供需双方的纽带，必须以互联网作为媒介，通过移动 LBS 应用、动态算法与定价、双方互评体系等一系列机制的建立，使得供给方与需求方通过共享经济平台进行交易。

网络经济的这些特点有效地推动网络经济的快速发展。在坚实的网络经济基础之上，衍生出各种各样的商务形式，网络营销也顺理成章地成为各种商务形式运营的重要职能。

1.1.3　市场背景：电子商务的快速增长

在全球范围内，美国的电子商务起步最早，发展最为迅速。这与美国良好的网络状况、大量的高学历网民、完善的法律制度、先进的电子支付手段、成熟的社会信用体系等一系列因素是分不开的。美国 B2B 电子商务的特点是：以大企业为主导，以集成供应链管理为起点，以降低成本为主要目标。主要表现形式为：大企业利用 ICT（information communications technology）信息平台（如 ERP、ISC、CRM、IPD 等），在整合企业内部流程和信息资源的基础上，进一步向上游的供应商和下游的顾客拓展，打通与上下游信息流、资金流和物流，改善沟通效率和质量，大幅度降低交易成本、库存成本、生产成本和采购成本，通过全球资源配置优化提高竞争优势。

欧洲 B2B 电子商务在 20 世纪末落后于美国，2003 年以后快速增长，其特点是：企业电子商务基础设施投入增加、应用面扩大，ICT 成为企业改革的关键因素；电子商务呈现明显的部门性（采购、销售和生产）和行业性（汽车、制药和航空工业）；大企业和小企业之间发展不平衡，不同国家之间发展不平衡。

亚太地区是发展 B2B 电子商务最有潜力的地区。韩国电子商务的基础设施在国际社会被公认为属世界级水平，宽带的普及率也是世界上较高的国家之一，电子商务一直高速增长。日本过去 10 年电子商务也是快速增长，其特点是：中小企业电子商务利用环境和采用率大幅提高，电子商务应用密度最高的行业是汽车制造业、电子信息业、金属材料业等。

在中国中小企业 B2B 电子商务较为发达。阿里巴巴公司下拥有阿里巴巴国际站和 1688 网站，其中阿里巴巴国际站面向国际批发市场，1688 网站面向国内批发市场。2015 年 1688.网站正式上线全球货源平台，成为集团跨境进口战略的重要环节，以及海外原产地与中国零售商的中间链条。慧聪网是中国领先的内贸 B2B 电子商务企业，利用先进的互联网技术为中小企业提供专业的资讯服务，搭建可靠的供需平台，提供全面的商务解决方案。一呼百应网服务于生产制造型中小企业，致力于打通采购供应链上下游关系。这种模式直击企业采购灰色地带，大力降低企业采购成本，提高企业运作效率，为企业创造了更大的利润。近几年来，B2B 电商企业纷纷布局大数据战略，以提高交易效率，并将交易数据作为未来企业信用的参考标准，为企业与银行、担保等金融机构的交易提供融资信用凭证。阿里巴巴布局"采购直达"平台。在这一平台上，海外买家直接发布详细的采购需求，供应商可主动报价并在线进行订单洽谈。

在全球电子商务零售市场中通过网络实现的交易量在逐年增加，电子商务在零售营业额所占的比例也是逐年上升，但是 2015 年全球的平均水平才刚超过 10%。互联网较为发达的国家，如韩国、英国、中国和美国等电子商务占整体零售额的比例虽然超过了 10%，也未能超过 20% 的标准，以后还有很大的发展空间。尤其是全球的大型互联网上市公司的发展将成为电商发展的标志。

来自凯鹏华盈的数据显示，2010 年到 2016 年美国电子商务尽管增长率放缓，但销售额大幅度增加。2010 年美国的线上交易占社会消费品零售总额的比例不超过 8%，2016 年已经接近 16%（图 1-2），预计这一比例将最终达到 20% 或是更多。如果这样的话，那么将有更多品类转移到线上销售。

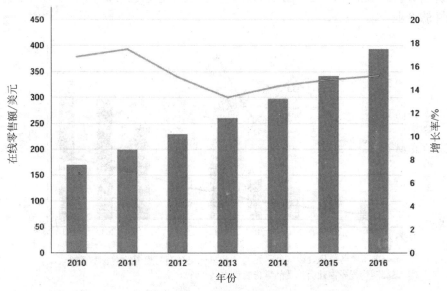

图 1-2　2010—2016 年美国在线零售额和同比增长率
资料来源：凯鹏华盈. 互联网趋势报告（2017）. kpcb.com/InternetTrends.

美国移动互联网发展迅速，导致移动端的交易额也是逐年上涨，并且这一趋势在未来相当长的一段时间内都将持续。eMarketer 网站的数字显示 2016 年移动端的成交额达 1 230 亿美元，增长 39.1%，占电商销售额的比例为 32.0%，占整个社会商品零售总额的 2.6%（图 1-3）。未来，移动互联网将不仅带来电子商务交易额的增加，也将使得电子商务的交易方式发生一些改变。

图 1-3　美国移动电商零售额及增长率
资料来源：www.eMarketer.com, April 2016.

近几年，中国 B2C 电子商务的发展速度也很快，根据艾瑞咨询发布的中国网络购物市场数据，2016 年中国电子商务交易规模达到 20.5 万亿元，增长 25.0%，仍然维持在较高的增长水平。根据国家统计局 2016 年全年社会消费品零售总额数据，网络零售规模占社会消费品零售总额的 14.8%（图 1-4）。阿里巴巴和京东已经成为中国网络零售行业最具代表性的企业。

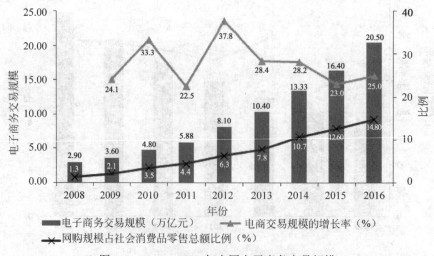

图 1-4　2008—2016 年中国电子商务交易规模
数据来源：商务部网站，艾瑞网.

目前，全球领军互联网企业都已构建以平台为核心的生态体系。亚马逊、阿里巴巴等以电商交易平台为核心，向上下游产业延伸，构建云服务体系。谷歌、百度等以搜索平台为核心，做强互联网广告业务，发展人工智能。脸书、腾讯等以社交平台为核心，推广数字产品，发展在线生活服务。苹果等以智能手机为核心，开拓手机应用软件市场，开展近场支付业务。以平台为核心的生态体系不断完善，将吸引更多用户，积累更多数据，为平台企业跨界融合、不断扩张创造条件。

1.1.4 社会背景：网络组织的蓬勃发展

社会是由许多个体汇集而成的有组织、有规则的相互合作的生存关系的群体。网络组织特指由一群地位平等的"节点"依靠共同目标或兴趣自发聚合起来的组织。

网络组织的特征如下。

1. 平等

网络组织中的每个个体的地位都是平等的。不同于"层级组织"，或称"金字塔组织"，网络组织中不存在必然的上级和下属，只有独立的"节点"。

2. 开放

网络组织依靠开放性成长，所有游离在网络之外的节点都可以自愿加入。与传统的封闭型组织不同，你很可能无法统计网络组织中具体的"节点"个数，因为它们随时都在变动。

3. 分权

网络组织中没有固定的上级或领导，但是可能存在群落的精神与文化的领头人，他本身没有强制权力。领头人出现依靠的是各节点的信任，当一个领头人消失后，会有新的领头人出现。如果一个系统靠外部指令而形成组织，就是他组织；如果不存在外部指令，系统按照相互默契的某种规则，各尽其责而又协调地、自动地形成有序结构，就是自组织。网络组织实际上就是一种自组织系统。

互联网在信息交换上具备以下优点。

（1）互联网能够不受空间限制来进行信息交换。

（2）信息交换具有时域性（更新速度快）。

（3）信息交换具有互动性（人与人、人与信息之间可以互动交流）。

（4）信息交换的使用成本低（通过信息交换，代替实物交换）。

（5）信息交换趋向于个性化发展（容易满足每个人的个性化需求）。

（6）使用者众多。

（7）有价值的信息被资源整合，信息储存量大、高效、快。

（8）信息交换能以多种形式存在（视频、图片、文章等）。

这些优点使构建网络社区具备了五个因素，即一定范围的地域空间、一定规模的社区设施、一定数量的社区人口、一定类型的社区活动和一定特征的社区文化。

一定范围的地域空间指的是网站的域名、网站的空间，同时还包括到达这个空间的带宽。带宽正如你去往不同地方的公路，假如到达这个社区的公路宽敞和方便，那么这个社区会更容易凝聚人气。

一定规模的社区设施在现实社区中指的是人们居住的条件和环境，社区需要为居民提供独立的住所、公共的活动场所、娱乐场所、生活服务设施等；网络社区指的是网站的功能和服务，人们在网络社区上仍然需要独立的个人空间（如 blog、sns），需要公共的活动和娱乐场所（如论坛、游戏等），需要各种服务（如商城、生活资讯、分类信息、在线咨询等）。完善的功能和服务正如优良的小区，可以吸引人们来到这里，并做长期居住的打算。

一定数量的社区人口指网站的注册用户数，当然注册的用户数并不等于有效的用户数。网络社区与现实社区有一个很明显的区别，现实社区中，社区中的人口容量是有限的，而网络社区中，人口容量几乎是无限的。网络社区的运营者应该通过一切有效的手段让更多的网民到达这个社区，并想办法留住这些网民。关于人口的容量，网络社区具有无可比拟的优势。开发商耗资上亿元建设一个现实的社区，耗资百亿元打造一条繁华的商业街，而且这样的社区和商业街空间、商铺和房屋的数量也有限。然而网站运营者只需要建设现实社区的 1/10 甚至 1/100 的成本，就可以打造出一个同样繁华的社区和商业街。

一定类型的社区活动指的是人们在生产过程中参与的各种生活、工作和娱乐活动，以及在这个过程中结成的人与人之间的关系。在网络社区中具体体现为记录自己的感情和生活，发起和参与各种问题的讨论，表达对一些问题的看法和观点，参与各种兴趣、各种主题的活动，通过各种方法表达和满足个性的诉求，进行倾诉、认同、交友、交易等，以及人们在这些活动中形成的社会网络。

一定特征的社区文化指的是在不同的网络社区，由于社区的功能、结构、人群的组成、组织者的理念和倡导等方面的差异，形成具有一定特征的社区文化和社区认同。网络社区在具备了前面四个方面的因素以后，才有可能形成一定特征的社区文化。社区文化不是某个人赋予的，而是人们在社区活动中积累和沉淀下来的一种价值认同。如提起人人网，你会想起温馨的校园生活，或是过去的工作经历。

网络组织的形式多种多样，包括 BBS/论坛、贴吧、公告栏、群组讨论、在线聊天、交友、个人空间、无线增值服务等形式在内的网上交流空间，同一主题的网络社区集中了具有共同兴趣的访问者。网络社区就是社区网络化、信息化，简而言之就是一个以成熟社区为内容的大型规模性局域网，涉及金融经贸、大型会展、高档办公、企业管理、文体娱乐等综合信息服务功能需求，同时与所在地的信息平台在电子商务领域进行全面合作。

我们每个人都是社会关系的联结，在虚拟空间中，每个人都加入了不同的网络组织，又通过该组织成员的介绍认识了其他的组织以及新组织成员，借助于互联网的优势，个人在互联网的虚拟世界中加入比现实社会更多的社区。大量的网络社区的存在改变现代社会的组织形态，这也必然会深刻影响整个社会的商业运作，营销方式的变化也是必然的了。

1.1.5 行为背景：互联网带来生活方式的改变

生活方式（life style）是一个内容相当广泛的概念，它包括人们的衣、食、住、行、劳动工作、休息娱乐、社会交往、待人接物等物质生活和精神生活的价值观、道德观、审美观以及与这些方式相关的方面。人的活动具有能动性、创造性的特点，在相同的社会条件下，不同的主体会形成全然不同的生活方式。不同的职业特征、人口特征等主客观因素所形成的特有的生活模式，必然通过一定典型的、稳定的生活活动形式表现出来。

互联网深刻影响了人们的日常活动。如世纪佳缘改变了人们求偶的方式，Tinder 改变了人们的约会方式，智联招聘改变了人们找工作的方式，Airbnb 改变了人们的居住方式，淘宝、天猫改变了人们的购物方式，Uber 和哈罗单车改变了人们的出行方式。我们打发时间的习惯也被深深影响。相关报告显示，美国主流媒体消费年增长 32%。2016 年，美国成年用户平均每天在移动设备上花费的时间超过 3 小时，占整个数字媒体时间的 55%，而 5 年前为不到 1 小时。只有几年的时间，美国成年用户在整个数字媒体上花费的时间也由 2.7 小时增长为 5.6 小时（图 1-5）。

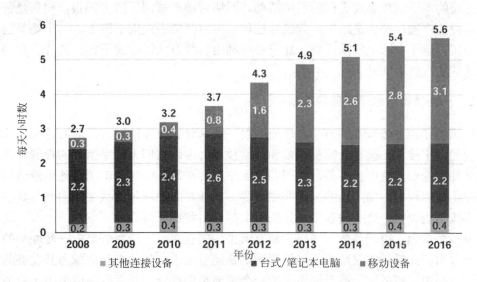

图 1-5　2008—2016 年美国成年用户每天在数字媒体上花费的时间
资料来源：凯鹏华盈. 互联网趋势报告（2017）. http://kpcb.com/InternetTrends.

在中国，即时通信、搜索引擎、网络新闻作为互联网的基础应用，使用率均在 80% 以上，未来几年内，这类应用使用率提升的空间有限，但在使用深度和用户体验上会有较大突破。网络交易类应用经过多年发展，在国内市场已经逐渐步入稳定期，虽然用户规模增速逐渐放缓，但绝对规模均较大。整体而言，娱乐类应用作为网络应用中最早出现的类型，经过多年发展用户规模和使用率已经逐渐稳定。互联网已经改变我们的生活方式及价值观念。对于企业来说，必须适应这种变化，把握住这种变化。

1.2 网络营销概述

1.2.1 网络营销含义

1. 网络营销的概念

营销管理专家菲利普·科特勒认为:"营销是个人和集体通过创造并同别人交换产品和价值以获得其所需之物的一种社会过程。"它既不同于单纯的降低成本、扩大产量的生产过程,又不同于纯粹推销产品的销售过程。"市场营销是致力于通过交换过程满足需要和欲望的人类活动"。为了达到这个目的,企业必须不断地改进产品、服务和企业形象,提高产品价值,不断地降低生产与销售的成本,节约消费者耗费在购买商品上的时间和精力。因此,营销过程是一个涉及企业人、财、物、产、供、销、科研开发、设计等一切部门所有人员的系统工程。

在网络时代,网络营销是指利用信息技术去创造、宣传、传递顾客价值,并且对顾客关系进行管理,目的是为企业和各种利益相关者创造收益。简单地讲,网络营销就是利用先进的电子信息手段进行的营销活动。网络营销不等同于网上销售,销售是营销到一定阶段的产物,销售是结果,营销是过程。网络营销不仅限于网上,一个完整的网络营销方案,除了在网上做推广外,还有必要利用传统方法进行线下推广,线上和线下的融合才能实现营销活动。

2. 网络营销与电子商务的关系

所谓电子商务(e-business),就是利用数字技术对企业各种经营活动的持续优化。这里所说的数字技术,就是计算机技术和网络技术,因为它们为数字信息的存储和传递创造了条件。企业开展电子商务,吸引并且维系顾客和商务伙伴。电子商务已渗透到企业的各项工作流程中,如产品的采购和销售等。它涉及的领域包括数字化沟通、数字化交易、在线市场调研,企业的各个工作岗位上都会用到电子商务。

从技术上说,电子商务与网络营销有着密切的联系。电子商务是由于互联网的迅速发展而成为商业活动的新形式,网络营销则是随着电子商务的兴起而成为其发展的必然要求,它是电子商务这一概念涵盖下的一个重要组成部分,而互联网成为电子商务与网络营销的工具。

从现实应用的角度说,现在的网络营销,不局限于互联网上的营销活动,网上和网下之间的互动(O2O)也是其重要内容。网络营销最大限度地包容了传统产业中营销活动,有些内容就已经超出了电子商务的边界,不能简单地说网络营销是电子商务活动的一个组成部分。

我们可以从相关企业类型划分来看二者的区别。

(1)纯电子商务企业。网络营销与财务、生产、人力资源和物流等一样就是企业的一种职能。这样的企业往往会成立独立的网络营销部门,也可以归入广告部等相关部门,但是以网络为基础的营销职能是相对独立的。即便是纯电子商务企业也不能只进行网上营销，也需要做线下营销，只不过网上更重要，以网上为主。

（2）纯传统企业。网络营销一般只是这些企业营销的一种手段和方法。它们一般会有传统的营销部门，网络营销只是该部门所使用的多种方法和手段之一，起到补充作用，偶尔也会发挥"四两拨千斤"的作用。

（3）介于两者之间的企业。这样的企业通常是积极向互联网转变的企业，或者说是互联网改造过的企业。为了强调网络营销的作用，通常会设立相关部门，由于改造的程度不同，所以实际履行职能的程度也不同。从纯粹象征意义到切实履行主要网络营销职能都有。

因此，网络营销与电子商务的区别还是需要根据具体企业情况而定。随着互联网对传统产业渗透的加剧，网络的作用日趋重要。如果未来以互联网为基础的营销思维占主导地位，将没有企业不进行网络营销，当然也就没有企业不进行电子商务了，那时区别二者就没有现实意义了。

3．网络营销的特点

市场营销的本质是组织和个人之间进行信息传播和交换。随着互联网技术发展的成熟以及联网成本的下降，互联网将企业、团体、组织以及个人跨时空联结在一起。网络技术的属性，必然给营销带来某些影响，使得网络营销呈现出一些特点。

1）跨越时空的障碍，全球营销

互联网能够超越时间约束和空间限制进行信息交换，使得营销突破时空限制进行交易变成可能，企业有了更多时间和更大的空间进行网络营销，随时随地提供全球性营销服务。

2）进行交互式和个性化营销

互联网为产品联合设计、商品信息发布以及各项技术服务提供最佳工具。互联网上的沟通可以做到一对一的、消费者主导的、非强迫性的、循序渐进式的，而且是一种低成本与人性化的沟通。网络营销通过信息提供与交互式交谈，与消费者建立长期良好的关系。并以此为基础，有针对性地根据消费者的个人爱好、兴趣等提供相应的服务，实现个性化营销。

3）运用多媒体，多维营销

网络能将文字、图像、声音和视频等有机地组合在一起，传递多种感官信息，让顾客如身临其境般感受商品或服务。网络营销的载体基本上是多媒体、超文本格式文件，广告受众可以对其感兴趣的产品信息进行更详细的了解，消费者还可以参考他人使用后的评论。这种图、文、声、像相结合的广告形式，与其他消费者的交流将大大增强网络营销的实效。

4）营销效果的可跟踪和可衡量性

网络营销能进行完善的统计，可以跟踪和衡量营销效果。一种观点认为"无法衡量的东西就无法管理"。网络营销通过及时和精确的统计机制，使广告主能够直接对广告的发布进行在线监控。而传统的广告形式只能通过并不精确的收视率、发行量等来统计投放的受众数量。通过监视网络广告的浏览量、点击率等指标，广告主可以统计出多少人看到了广告，其中有多少人对广告感兴趣。如果能结合企业自己的数据库和顾客的网络浏览习惯，网络营销的效果的可预测性会更好。

1.2.2 网络营销的职能

网络营销的职能归纳为六个方面：网络品牌、网络定价、网络沟通、网络渠道、顾客服务、网络调研。

1．网络品牌

网络的交互性便于企业和顾客共同创造有价值的产品和服务，也有助于建立并推广企业的品牌。知名企业的网下品牌可以在网上得以延伸，一般企业则可以通过互联网快速树立品牌形象，并提升企业整体形象。网络品牌建设以企业网站建设为基础，通过一系列的推广措施，实现顾客和公众对企业的认知与认可。在一定程度上说，网络品牌的价值甚至高于通过网络获得的直接收益。

2．网络定价

网络技术对买方和卖方的交易价值都产生了深刻影响。买方在节约时间、金钱等成本的同时，网络上信息的复杂性对顾客的判断能力也形成很大的挑战。卖方在享受了互联网降低库存和管理费用等成本的同时，也要应对价格透明、买方权力增加的压力。价格是营销组合中最灵活的因素，网络定价可以采用差异定价、谈判定价、免费定价等动态策略来应对。

3．网络沟通

无论哪种网络营销方式，结果都是将一定的信息传递给目标人群，包括顾客/潜在顾客、媒体、合作伙伴、竞争者等。网络沟通的形式多种多样，从搜索引擎到社交媒体都能成为有效的沟通方式。网络沟通的基本目的是为增加销售提供帮助，大部分网络营销方法都与直接或间接促进销售有关。

4．网络渠道

一个具备网上交易功能的企业网站本身就是一个网上交易场所，网上销售是企业销售渠道在网上的延伸，网上销售渠道建设也不限于网站本身，还包括建立在综合电子商务平台上的网上商店及与其他电子商务网站不同形式的合作等。

5．顾客服务

互联网提供了更加方便的在线顾客服务手段，从形式最简单的 FAQ（常见问题解答），到邮件列表，以及 BBS、微信公共号、聊天室等各种即时信息服务。这些在线顾客服务手段，提高了顾客服务质量，增强了网络营销的效果。企业通过网站与顾客之间的多种互动方式，在开展顾客服务的同时，也增进了顾客关系。

6. 网络调研

通过在线调查表或者电子邮件等方式，可以完成网上市场调研。相对传统市场调研，网上调研具有高效率、低成本的特点，因此，网上调研成为网络营销的主要职能之一。

开展网络营销的意义就在于充分发挥各种职能，让网上经营的整体效益最大化。网络营销的各个职能之间并非相互独立的，同一个职能可能需要多种网络营销方法的共同作用，而同一种网络营销方法也可能适用于多个网络营销职能。

1.2.3 网络营销与传统营销

1. 网络营销对传统营销策略的冲击

在网络时代，人员推销、市场调查、广告促销、经销代理等传统营销手法，将与网络相结合，并充分运用互联网上的各项资源，形成以最低成本投入，获得最大市场销售量的新型营销模式。网络营销将在以下几个方面给传统营销策略带来冲击。

（1）对标准化产品的冲击。通过互联网，厂商可以迅速获得关于产品概念和广告效果测试的反馈信息，也可以测试顾客的不同认同水平，从而更加容易地对消费者行为方式和偏好进行跟踪。因而，通过对互联网上累积的大数据的挖掘，可以针对不同的消费者提供不同的商品。

（2）对品牌全球化管理的冲击。企业开展网络营销也面临采用单一品牌还是多品牌的问题。互联网是面对全球的，如果公司为所有品牌设置统一的品牌形象，显然可以利用知名品牌的信誉，带动相关产品的销售，但也有可能由于某一个区域的失利而导致公司全局受损。因此，是实行具有统一形象的单一品牌策略，还是实行具有本地特色的多种区域品牌策略，以及如何加强对区域品牌的管理，是企业面临的现实问题。

（3）对定价策略的冲击。相对于传统媒体来说，互联网使产品价格成为共享信息，这导致产品国际间的价格水平差异很容易遇到质疑，如果商品是自由流动的，国别间的价格差别将缩小。世界各地分销商的定价策略的空间也将进一步被压缩，对于执行差别化定价策略的国际公司来说，这将是一个严重的问题。

（4）对营销渠道的冲击。在网络的环境下，生产商可以通过互联网与最终用户直接联系，因此，中间商的重要性将有所降低。制造商通过网络渠道直接与传统零售商展开竞争，线下和线上渠道的价格与服务有差异，产生冲突不可避免。

（5）对传统广告障碍的消除。互联网作为新媒体，可以消除传统广告的时间、空间和形式上的障碍。尽管网络广告无法替代传统广告，但是网络广告与传统广告冲突不可避免。

2. 网络营销对传统营销方式的冲击

随着网络技术迅速向宽带化、智能化、个人化方向发展，用户可以在更广阔的领域内方便地实现声音、图像、动画和文字一体化的多维信息共享和人机互动功能。"个人化"把"服务到家庭"推向了"服务到个人"。正是这种发展将使得传统营销方式发生革命性的变化,可能导致大众市场的逐步终结,并逐步体现市场的个性化,最终将会以每一个用户的需求来组织生产和销售。

(1) 重新塑造顾客关系。网络营销的企业竞争是一种以顾客为焦点的竞争形态,如争取新的顾客、留住老顾客、扩大顾客群、建立亲密的顾客关系、分析顾客需求、创造顾客需求。因此,在网络环境下,公司如何与散布在全球各地的顾客群保持紧密的关系,并能正确掌握顾客的特性,再通过对顾客的教育和对本企业形象的塑造,建立顾客对于虚拟企业与网络营销的信任感,这些都是网络营销成功的关键。基于网络时代的目标市场、顾客形态、产品种类与以前传统的一切都会有很大的差异,如何跨越地域、文化和时空的差距,重新营造企业与顾客的关系,将需要许多创新的营销行为。

(2) 对营销战略的影响。互联网具有平等性、自由性和开放性等特征,这使得网络时代企业的市场竞争是透明的,人人都能掌握竞争对手的产品信息与营销行为。因此,胜负的关键在于如何适时地获取、分析、运用这些在网络上获得的信息,研究并采用具有优势的竞争战略。从这一点来分析,网络营销可以使小企业更易于在全球范围内参与竞争。网络营销将削弱传统营销环境下跨国公司所拥有的规模经济的竞争优势,给中小企业提供了一个与大公司进行公平竞争的平台。在互联网环境下,企业间的战略联盟是主要竞争形态,运用网络来组成企业的合作联盟,并以联盟所形成的资源规模创造竞争优势,将是网络时代企业经营的重要手段。

(3) 对跨国经营的影响。在网络时代,企业开展跨国经营是非常必要的。互联网所具有的跨越时空、连贯全球的功能,使得进行全球营销的成本低于地区营销,因此企业将不得不进入跨国经营的时代。网络时代的企业,不但要熟悉不同国度的市场顾客的特性,以争取他们的信任,满足他们的需求,还要安排跨国生产、运输与售后服务等工作,并且这些跨国业务大部分都是要经由网络来联系与执行的。任何渴望利用互联网进行跨国经营的公司,都必须为其经营选择一种恰当的商业模式,并要明确这种新型商业模式所传播的信息和进行的交易将会对其现存模式产生什么样的影响。

(4) 企业组织的重整。互联网的发展带动了企业内部网(intranet)的蓬勃发展,使得企业的内外沟通与经营管理均需要依赖网络作为主要的渠道与信息源。便捷的网络沟通导致企业管理幅度增加,层级较少,企业越来越扁平化。这些影响与变化将迫使企业对组织进行再造。

3. 网络营销和传统营销的整合

网络营销与传统营销方式相比优势明显,对传统营销产生了重大的影响和冲击,但这并不等于说网络营销将完全取代传统营销。对于大多数企业来说,单独的网络营销和传统营销都无法解决企业的营销问题。我们必须将传统营销与网络营销加以有效整合,原因如下。

第一,网络营销需要消费者是网民或者能接触到互联网,现实中互联网的渗透率是有限的,世界平均水平低于50%。互联网作为新兴的虚拟市场,它覆盖的群体只是整个市场中某一部分群体,许多的群体由于各种原因还不能或者不愿意使用互联网,如一些老人、落后国家和地区的人群,而传统的营销策略和手段则可以覆盖这部分群体。

第二,互联网作为一种有效的营销方式有着购物便捷和直接双向沟通的特点与优势。但对于许多消费者来说,由于个人生活方式的原因,不愿意接受或者使用新的沟通方式和营销渠道,而愿意选择传统方式进行沟通,习惯在商场上一边购物一边休闲。

第三,网络营销自身也存在一些问题没有解决。如适合网络营销的产品有限,网络营销物流配送需要完善,网络营销的支付存在安全问题,企业网络营销技术、知识不足等。

第四,互联网只是一种工具,营销面对的是有灵性的人,因此一些以人为主的传统营销策略所具有的独特的亲和力是网络营销没有办法替代的。

因此,企业只有发挥网络营销和传统营销各自的优势,取长补短,统筹考虑,才能使企业的整体营销策略获得成功。

新零售:创造完美体验的绫致时装

绫致时装旗下ONLY、JACK&JONES、VERO MODA、SELECTED四大品牌的66家门店与微信合作,开启了新零售探索之路,这为绫致时装一夜带来了1 000万元的销售额,被互联网行业及服装行业奉为典型的新零售成功案例。

那么绫致时装的成功之处究竟在哪里呢?作为一家传统的服装企业,绫致时装做了哪些调整使其在互联网领域这么如鱼得水?绫致新零售的成功在于以下几点。

(1)调整内部的利益分成。每当有新事物诞生时,所有人都会好奇地想要了解这个事物是什么。但当人们了解了事物的本质之后,便会有人站出来反对新事物的推行,因为这会损害他们的利益。然而幸运的是,绫致时装在探索新零售时没有遇上太大的阻碍。这是因为绫致时装都是直营店,没有加盟商,所有店面都是一体化的管理,因此,绫致时装只要协商好利益的分配即可推行此模式。另外,绫致时装旗下的ONLY负责人也给其他店面起了头,同意在ONLY店铺中率先进行实验。当取得好的收效时,其他品牌当然也会"纷纷效仿"。

新零售的运营根本便是线上与线下的结合,所以在推出新零售后,绫致时装用户的线下购买力必然会有一部分转到线上,这是商场最不愿意看到的情况。因为只有在商场下单,商场才能获得绫致时装的分成。然而,因为客户在线下浏览、选择商品、现场支付、取货离开是一个现场即可完成的交易过程,交易完成后绫致时装便取得了收益,所以绫致时装会尽力劝说客户当场交易,以免"夜长梦多"。另外,绫致时装的线下店铺有2/3左右都位于商场的商店区,都是独立店面,对其他店面的影响不大,因此,商场也就不会过于阻挠绫致时装新零售的推行。

(2)新零售业态下的导购。导购员是"前线战士",因此导购员的积极性很重要。导购员的大部分收入来自销售提成,因此,要推行新零售,无论是在线上还是在线下产生的销售都要确保导购员的销售提成不会被抹掉。此时,通过二维码建立导购员及店面与整个新零售销售体系的关联就显得非常重要。绫致时装的做法是给每一位导购员配置唯一的二维码，顾客要下订单时必须扫描导购员的二维码，这样导购员的二维码就能与订单形成关联。因此，无论是顾客在线上或者在线下购买，导购员的销售提成都不会被抹掉，这也就保障了绫致时装新零售的实施。

（3）调动士气，全民皆兵。新零售的探索是一种新的尝试，对于绫致时装中的任何人来说都是如此，没有人有经验，因此每个人都要重视它。正是基于这个原因，绫致时装成立专门的线上团队跟进项目进展，每天商量各种细节流程，处理各种临时出现的问题等。另外，在每天的晨会上，绫致时装还会动员所有员工直接参与新零售的运作，形成全民皆兵之势。

（4）灵活的仓储配送方式。绫致时装就新零售的运营模式推出了整套仓储和物流的管理体系。首先，绫致时装统一了发货源，无论是线上销售的商品，还是通过线下产生订单后需要物流配送的商品，都统一由负责配送的部门发货，这就解决了线下店面的配送问题。其次，将商品在线上和线下统一价格，避免了线上和线下的竞争。当在线下销售了一件需要发送物流的商品时，系统就会自动减去该店面的一件库存并安排发货，做到了线上与线下的"和平共处"。

另外，绫致时装新零售模式之所以能成为新零售成功案例，跟其完美的用户体验也有很大的关系。

（资料来源：海商网. http://www.hishop.com.cn/products.）

本 章 小 结

本章介绍了网络营销产生的背景和网络营销概述。

在"网络营销产生的背景"一节，强调网络营销产生的技术背景是互联网对营销方式的改变；经济背景是网络经济的兴起，与传统经济相比，网络经济具有许多显著的特征；市场背景是电子商务的快速增长；社会背景是网络组织的蓬勃发展；行为背景是网民生活方式的变革。在"网络营销概述"一节，首先定义了什么是网络营销，网络营销就是利用先进的电子信息手段进行的营销活动。然后阐述了网络营销的特点和职能，以及网络营销给传统营销带来的冲击。

思 考 题

1. 亚洲、北美和欧洲在未来互联网的发展格局中的地位会有哪些变化？
2. 网络技术对营销活动有哪些具体的影响？
3. 网络经济具有哪些特点？
4. 美国B2B电子商务发展的趋势是什么？
5. 网络营销对传统营销有哪些冲击？

实 践 活 动

1．做一次访谈，对象包括在校大学生、40岁左右的人群和60岁以上的人群，请他们回忆自己一天的活动，然后记录下来。分析互联网在他们生活中的地位如何，分析不同年龄的人有什么差别。

2．到企业营销部门调研，请资深业务员介绍10年前的营销活动与今天营销活动的区别，看看哪些变化与互联网相关。

3．在网上收集最近5年来，印度的网民数量、互联网普及率、移动互联网占比、电子商务交易额等方面的数据，在此基础上，预测未来印度在亚洲和世界的地位会有什么变化。

第 2 章

网络营销的理论基础

学习目标

了解直复营销的起源、类型和特点，掌握关系营销的含义和特征，数据库营销的起源、运作和独特价值，熟练掌握整合营销的概念和特征，以及价值核心和目标。

网络营销兴起的根本原因是营销活动要适应互联网对社会商业环境的改变。在网络时代，社会商业活动、企业和消费者的行为都出现了许多传统营销理论已经不能完全解释，甚至无法解释的新情况和新事物。目前存在的困境是：传统营销理论不再完全有效，但仍在使用；新的网络营销理论还没有完全形成，正在不断完善中。新旧理论交织使网络营销理论既有全新的内容，又有传统理论基础重新演绎的部分。虽然并没有一个完整的理论体系，但我们可以通过以下几个相关理论去挖掘和阐释网络营销。

2.1 直复营销理论

2.1.1 直复营销起源

直复营销（direct marketing）起源于邮购活动。1498年阿尔定出版社的创始人阿尔达斯·马努蒂厄斯在意大利威尼斯出版了第一个印有价目表的目录。这普遍被认为是最早有记载的邮购活动。后来，邮购活动在美国、意大利、英国等地有了一定的发展。1967年文德曼（Wunderman）先生首先提出直复营销的概念。他认为人类社会开始的交易就是直接的，那种古典的一对一的销售（服务）方式是最符合并能最大限度地满足人们需要的方式，而工业革命所带来的大量生产和大量营销是不符合人性的、不道德的。

尽管直复营销作为一种营销思想早就存在，但是一直到20世纪80年代，人们仍认为"直复营销是不经过门市，直接在买卖双方之间完成交易的一种分销形式"。这种观点虽然概括了直复营销的基本特征，但是随着直复营销的作用越来越广泛，它已经很难全面概括直复营销的用途。美国直复营销协会（DMA）认为直复营销为"一种为了在任何地方产生可度量的反应或达成交易而使用一种或多种广告媒体相互作用的市场营销体系"。直复营销强调通过个性化的沟通媒介向目标市场成员发布信息，以寻求对方直接回应的社会和管理过程。

直复营销的特征可以概括为以下几点。

1. 互动性

互动（interaction）指营销人员和消费者之间的相互作用，它包括两层含义：①营销人员怎样在目标市场上提供旨在引起消费者反应的刺激物。②消费者怎样对此做出反应。在与消费者的相互作用中，营销人员可以获得目标市场选择、控制和与消费者保持联系的有效信息。因此，在直复营销的四个特征中，交互性是处于中心位置的。

2. 目标选择性

目标选择（targeting）是指营销人员选择产品或服务信息的接收者的过程。信息的接收者可以是已购买过产品或服务的消费者，或极有可能成为主要顾客的潜在消费者，或者是广大的潜在消费者。目标选择是一个动态的过程，营销人员可以定期检查上次营销活动的结果，以期获得更准确地进行目标选择的信息。

3. 控制

控制（control）指的是防止营销活动发生偏差的一种管理，包括制订目标和计划，做出预算和评估结果，寻找产生偏差原因，并进行纠正。控制是一个循环的过程，营销人员控制过程的结果是制订未来计划基础。

4. 连续性

连续性（continuity）是指挖掘现有的顾客群体，向他们销售其他产品和更高级的产品。企业销售产生的很多利润来源于已有的顾客群，因此连续性显得很重要。营销人员在与顾客进行互动的过程中，能及时获得顾客的兴趣和偏好等重要数据，了解他们对过去营销活动的看法，不断改进产品和服务。

直复营销的上述四个特征是相互联系的，其总的目标是通过建立数据库，保留老顾客，吸引新顾客，使顾客终身价值最大化。顾客终身价值是指顾客终身对一个企业带来的总的净收入，它意味着顾客对该企业保持忠诚的期间，将带来的预期收入的价值总和。

2.1.2 直复营销的主要类型

1. 直接邮购营销

直接邮购营销是指经营者自身或委托广告公司制作宣传信函，分发给目标顾客，引起目标顾客对商品的兴趣，再通过信函或其他媒体进行订货和发货，最终完成销售行为的营销过程。这是最古老的直复营销形式，随着互联网的迅猛发展，电子邮件的应用也越来越广泛，相应而生的电子邮件营销也成为各大商家竞相追捧的营销方式。与传统的直接邮购营销相比，电子邮件营销有着成本低廉、展示内容多、可以通过统计用户行为进行进一步营销等优点。

2．目录营销

目录营销是指经营者编制商品目录，并通过一定的途径分发到顾客手中，由此接受订货并发货的销售行为。目录营销实际上是从直接邮购营销演化而来的，两者的最大区别就在于目录营销适用于经营一条或多条完整产品线的企业。

目录营销的优点在于：内容含量大，信息丰富完整；图文并茂，易于吸引顾客；便于顾客作为资料长期保存，反复使用。

目录营销的不足之处在于：设计与制作的成本费用高昂；只能具有平面效果，视觉刺激较为平淡。

3．电话营销

电话营销是指经营者通过电话向顾客提供商品与服务信息，顾客再借助电话提出交易要求的营销行为。

电话营销的优势在于：能与顾客直接沟通，可及时收集反馈意见并回答提问；可随时掌握顾客态度，使更多的潜在顾客转化为现实顾客。

电话营销的劣势也相当明显：营销范围受到限制，在电话普及率低的地区难以开展；因干扰顾客的工作和休息所导致的负效应较大；由于顾客既看不到实物，也读不到说明文字，易使顾客产生不信任感等。

4．电视营销

电视营销是指营销者购买一定时段的电视时间，播放某些产品的录像，介绍功能，告示价格，从而使顾客产生购买意向并最终达成交易的行为。其实质是电视广告的延伸。

电视营销的优点在于：通过画面与声音的结合，使商品由静态转为动态，直观效果强烈；通过商品演示，使顾客注意力集中；接受信息的人数相对较多。

电视营销的缺点在于：制作成本高，播放费用昂贵；顾客很难将它与一般的电视广告相区分；播放时间和次数有限，稍纵即逝。

为了克服上述弊端，有些经营者创造了一种新的电视营销方式——家庭购物频道（home shopping channels）。

传统的直复营销媒体有直接信函、电话、目录与邮购、有线电视、报纸、杂志、广播等。

上述几种直复营销方式可以单一运用，也可以结合运用。

2.1.3　直复营销与其他营销方式的区别

（1）目标顾客选择更精确。直复营销人员可以从顾客名单和数据库的有关信息中，挑选出有可能成为自己顾客的人作为目标顾客，然后与单个目标顾客或特定的商业用户进行直接的信息交流。从而使目标顾客准确，沟通有针对性。

（2）强调与顾客的关系。直复营销活动中，直复营销人员可根据每一个顾客的不同需求和消费习惯进行有针对性的营销活动。这将形成与顾客间一对一的双向沟通，与顾客形成并保持良好的关系。

（3）激励顾客立即反应。通过集中全力的激励性广告使顾客立即采取某种特定行动，并为顾客立即反应提供了尽可能的方便和方式，使人性化的直接沟通即刻实现。

（4）直复营销降低了整体顾客成本。直复营销剔除了中间商加价环节，从而降低了商品价格；同时顾客不用出门就可购物，使他们的时间、体力和精力成本几乎降为零。

（5）直复营销战略的隐蔽性。直复营销战略不是大张旗鼓地进行的，因此不易被竞争对手察觉，即使竞争对手察觉也为时已晚，因为直复营销广告和销售是同时进行的。

（6）关注顾客终身价值和长期沟通。直复营销将企业的顾客作为最重要的企业资源，通过完善的顾客服务和深入的顾客分析来满足顾客的需求，关注和帮助顾客实现终身价值。

2.1.4 直复营销的新形式：网络直复营销

网络直复营销是直复营销各种方式中出现最晚的一种，但也是发展最为迅猛、生命力最强的一种。互联网作为一种高效率的交互式的双向沟通媒体，自然成为直复营销的最佳工具。这表现在以下几个方面。

（1）网络直复营销作为一种相互作用的体系，特别强调直复营销者与目标顾客之间的"双向信息交流"，以克服传统市场营销中的"单向信息交流"方式中营销者与顾客之间无法沟通的致命弱点。互联网作为开放、自由的双向式的信息沟通网络，企业与顾客之间可以实现直接的、一对一的信息交流和直接沟通，企业可以根据目标顾客的需求进行生产和制定营销决策，在最大限度满足顾客需求的同时，提高营销决策的效率和效用。

（2）直复营销活动为每个目标顾客提供直接向营销者反映的机会。互联网的方便、快捷性使得顾客可以方便地通过互联网直接向企业提出建议和购买需求，也可以直接通过互联网获取售后服务。企业也可以从顾客的建议、需求和要求中，找出企业的不足，按照顾客的需求进行经营管理，减少营销费用。

（3）网络直复营销活动中，"信息双向交流"具有便捷性。借助于互联网全球性和持续性的特性，顾客可以在任何时间、任何地点直接向企业提出要求和反映问题，企业也可以利用互联网低成本地实现跨越空间和突破时间限制与顾客进行双向交流，这是因为利用互联网可以自动地全天候提供网上信息沟通交流工具，顾客可以根据自己的时间随时上网获取信息。

（4）网络直复营销活动最重要的特性是直复营销活动的效果是可测定的。互联网作为最直接的简单沟通工具，可以很方便地为企业与顾客进行交易提供沟通支持和交易实现平台，通过数据库技术和网络控制技术，企业可以很方便地处理每一个顾客的订单和需求，而不用管顾客的规模大小、购买量的多少，这是因为互联网的沟通费用和信息处理成本非常低廉。因此，通过互联网可以以最低成本最大限度地满足顾客需求，同时还可以了解顾客需求，细分目标市场，提高营销效率和效用。

网络直复营销可以大大提升营销决策的效率和营销执行的效果。在网络直复营销强大的优势面前，其他传统的直复营销形式，如直接邮购营销和目录营销等，也纷纷转型为网络直复营销。

2.2 关系营销理论

2.2.1 关系营销的起源和定义

关系营销（relationship marketing）是由伦纳德·L.贝瑞教授于1983年提出的，他认为"关系营销是吸引、维持和增强客户关系"。后来巴巴拉·B.杰克逊从工业营销的角度将关系营销描述为"关系营销关注于吸引、发展和保留客户关系"。摩根和亨特从经济交换与社会交换的差异的角度认为关系营销为"旨在建立、发展和维持成功关系交换的营销活动"。顾曼森则从企业竞争网络化的角度定义"关系营销就是市场被看作关系、互动与网络"。这些定义虽然角度不同，但是都强调企业与利益相关者之间的关系的重要性，只不过有人更看重顾客关系，有人更注意关系网络。概括来说，关系营销是把营销活动看成一个企业与消费者、供应商、分销商、竞争者、政府机构及其他公众发生互动作用的过程，其实质是建立和发展与这些公众的良好关系。

从交易营销到关系营销的改变，体现了市场营销理论从一次性交易的观点转变到长期交易的观点。交易营销着眼于完成交易，追求每一笔交易利润的最大化；关系营销则着眼于建立良好的伙伴关系，最终建立起一个由这些牢固、可靠的业务关系组成的网络，在兼顾各方面关系利益的基础上，实现企业利益长期最大化。关系营销更注重以顾客的满意与忠诚度为标志的市场份额的质量；交易营销注重市场份额的规模。交易营销的营销对象只是顾客；关系营销的营销对象则包括顾客、供应商、员工、分销商等与企业利益相关的多重市场。交易营销的营销部门职责就是完成企业的营销任务，其他的部门很少直接参与企业营销活动；奉行关系营销思想的企业，其营销任务不仅仅由营销部门完成，许多部门都积极参与和各方建立良好关系，营销部门成了关系营销的协调中心。

关系营销的中心是顾客忠诚。顾客忠诚的前提是顾客满意，只有满意的顾客才可能成为企业忠诚的顾客。顾客需求满足与否的衡量标准是顾客满意程度：满意的顾客会给企业带来直接的利益（如重复购买该企业产品）和间接的利益（如宣传该企业形象）。期望、欲望与感知绩效的差异程度是产生满意感的来源，所以，企业可采取下面的方法来取得顾客满意：提供满意的产品和服务，提供附加利益，提供信息通道。市场竞争的实质是争夺顾客资源，维系原有顾客，减少顾客的叛离，这要比争取新顾客更为有效。维系顾客不仅仅需要维持顾客的满意程度，还必须分析顾客产生满意感的最终原因。从而有针对性地采取措施来维系顾客。

2.2.2 关系营销的特征

1. 关注顾客的期望

良好的关系意味着既要照顾利益相关者的福利，更要满足甚至超过顾客期望，为顾客带来满意或快乐。顾客期望是个人需要和经历、企业口碑、营销沟通等要素相结合的产物，因而顾客期望总是处于动态调整中。企业不仅仅要理解或追踪顾客期望的变化，也可以通过媒介和人际沟通，对顾客期望本身产生影响。当然，营销者对顾客的期望的改变不是轻易能做到的。

2．信任和承诺

信任和承诺对关系营销至关重要。营销者要做到以下几点：首先，与交换伙伴合作来保持关系投资；其次，自觉抵制有吸引力的短期替代者，从而维护与现有伙伴保持关系的顾客长期利益；最后，审慎地看待潜在的高风险行动，因为营销者相信他们的伙伴不会机会主义地行事。当信任和承诺同时存在时，能够提高营销的效率和效益。

3．提供高品质的服务

信任和承诺的兑现是通过提供优质服务来实现的。关系营销要求企业承诺提供高品质的服务，并且这种服务应该是可靠的、有感情投入的和容易引起顾客良好反应的。营销者相信优质服务能够改善企业获利率。

4．合作共赢

关系营销通过双向的、广泛的信息交流和共享，来赢得各个利益相关者的支持与合作。合作是"双赢"的基础，关系营销可以通过合作增加关系各方的利益，而不是通过损害其中一方或多方的利益来增加其他各方的利益。

5．动态控制

关系营销需要企业建立专门部门，用以跟踪顾客、分销商、供应商及营销系统中其他参与者与企业关系的动态变化，及时采取措施消除关系中的不稳定因素和不利于关系各方利益共同增长的因素。此外，通过有效的信息反馈，也有利于企业及时改进产品和服务，更好地满足市场的需求。

综上所述，关系营销以顾客为导向，重视顾客的期望，以长远的眼光来关注利益相关者的利益，努力做到合作共赢。提供高品质的服务，对顾客的意见快速反应、及时采取措施，解决问题，赢得他们的信任，兑现企业的承诺，从而建立和发展与公众的良好关系。

2.2.3 网络关系营销

网络关系营销的常用方式有以下几种。

（1）利用社交媒体互动。社交媒体互动的运用是充分发挥网络特性的一种营销手段，通过社交媒体互动可充分了解访问者的特征及喜好，从而更直接地掌握第一手的市场资料。此手段要与其他网络推广手段相配合。

（2）会员关系管理。针对网络会员设计一系列服务，通过网络会员管理系统可以准确地了解每个人不同的喜好及基本情况。有针对性地为会员提供信息及服务，可以在恰当的时间把恰当的信息/服务送到恰当的人手中。

（3）用户参与设计。最近十几年逐渐兴起的用户参与设计，倡导将用户更深入地融入到设计过程中,激发并调动他们的积极性和主动性。用户不再只是被动地从不同的方案中做选择、表述观点,而是真正参与原型设计,甚至被吸纳到设计团队中,短时间内与设计师一起工作。用户感受到他在和设计者一起创造、解决问题,是产品的改变者和所有者。

在网络关系营销理论中互联网作为一种有效的双向沟通渠道,使企业与顾客之间可以实现低费用成本的沟通和交流,为企业与顾客建立长期关系提供有效的保障。主要表现在以下几方面。

第一,利用互联网,企业可利用柔性化的生产技术最大限度地满足顾客的个性化需求,为顾客在消费产品和服务时创造更多的价值。企业也可以从顾客的需求中了解市场、细分市场和锁定市场,最大限度地降低营销费用,提高对市场的反应速度。

第二,企业利用互联网可以更好地为顾客提供服务和与顾客保持联系。互联网的不受时间和空间限制的特性能最大限度方便顾客与企业进行沟通,顾客可以借助互联网在最短时间内获得企业的服务。同时,通过网上交易方式,企业可以实现对产品质量、服务质量和交易、服务过程的全程质量控制。

第三,企业通过互联网还可以与相关的企业和组织建立关系,实现双赢发展。互联网作为最廉价的沟通渠道,能以低廉的成本帮助企业与企业的供应商、分销商等建立协作伙伴关系。

2.3 数据库营销理论

2.3.1 数据库营销的起源

数据库(database)是长期储存在计算机内、有组织的、可共享的数据集合。数据库包括很多种类型,其范围从最简单的存储有各种数据的表格到能够进行海量数据存储的大型数据库系统。

随着商业社会的发展,数据库的商业价值不断增加,数据库的营销功能也越来越重要。回顾历史,20世纪80年代前,数据库营销(database marketing)主要应用于直销领域,如直接邮购营销、目录营销、电话营销和电视营销等。80年代以后,随着计算机能力的增强和数据库技术的进步,不少非直销领域的营销者纷纷在商业竞争中采用数据库营销的方法,而且取得了不错的效果。90年代,美国的一家营销公司的调查显示:56%的被调查制造商和零售商已建立或正在建立数据库,10%的企业计划这样做,85%的企业认为为了应对21世纪的竞争它们需要采用数据库营销。这一时期对数据库营销的价值和意义还处于探索阶段,数据库营销更多的是作为一种直销工具而存在。

数据库营销的真正发展有两个方面的推动力:一个是通信技术的发展以及互联网的普及。随着信息技术、互联网、数据库技术的逐渐兴起和成熟,数据库在企业市场营销活动中的应用越来越普及,作用越来越重要。数据库营销不仅仅是一种营销方法、工具、技术和平台,更重要的是成为改变市场营销模式的一种新的经营理念。另一个是商业环境的变化。为应对消费者的个性化和时尚化需求,企业不断地对市场进行细分,以使产品能更好地满足目标用户群的需要。不断细分的市场减少了一种产品的规模收益,也使得传统营销如大众传媒的有效性大大降低。建立营销数据库既可以找准目标用户群,又能实现促销方式的经济有效。

充分运用数据库技术,企业可以储存消费者的消费记录,能准确地模拟出消费者的消费习惯和预测消费者未来的消费行为,从而使企业能很好地规划定位,可以给予顾客更加个性化的服务支持和营销设计,使"一对一的顾客关系管理"成为可能,并与他们建立牢固而长远的良好关系。

2.3.2 数据库营销的含义和作用

一般来说,商务人士往往把数据库营销作为一种营销手段和方法,他们认为数据库营销就是企业通过收集和积累用户或消费者信息,经过分析筛选后有针对性地使用电话、邮件等多种媒介进行顾客深度挖掘与关系维护的营销方式。也有的认为数据库营销就是以与顾客建立一对一的互动沟通关系为目标,并依赖庞大的顾客信息库进行长期促销活动的一种销售手段。

菲利普·科特勒强调营销是一个过程,因此定义数据库营销为营销人员建立、维持和利用顾客数据库与其他数据库(产品、供应商、批发商和零售商),以进行接触和成交的过程。美国数据库营销中心更注重管理系统和数据挖掘,它们认为数据库营销是一套内容涵盖现有顾客和潜在顾客,可以随时扩充更新的动态数据库管理系统,数据库营销的核心是数据挖掘。

综上所述,数据库营销是以顾客为导向,通过建立顾客营销数据库来发现营销规律和营销问题,并由此有针对性地进行营销推广以促成顾客购买行为的营销方式。这里所指的顾客营销数据库应是动态的数据库,不断跟踪顾客需求变化,以不断提升顾客满意度,达到一种持续的顾客忠诚。

数据库营销有以下功能和作用。

(1)管理顾客数据,充分了解顾客需要。采用数据库营销,收集、编辑、整理、分析有关企业目标顾客的数据,进而以目标化的互动传输方式,提供个性化的产品和服务。这不仅使顾客的物质需要得到了满足,而且使顾客感到个人价值的实现和心理上的愉悦。

(2)与顾客建立良好关系,建立品牌忠诚度。已有的顾客数据库加上顾客服务环节中形成的数据是取得卓越高效的顾客服务的关键资源。通过它可以与顾客建立持久的关系,使消费者不再转向其他竞争者,也使企业间的竞争更隐秘,避免公开对抗。在适当时机,以合适方式将必要的信息传达给适当的顾客,有效地赢得顾客的欢心。营销者利用邮件、电话、销售、服务、顾客忠诚计划和其他方法,与消费者保持双向沟通联系,维持并增强与消费者的感情联结,保持长期、高品质的良好关系,建立品牌忠诚度。

(3)进行价值评估,实现顾客终身价值。营销者可以借助广告、信函或免费电话专线等建立顾客数据库,再通过对数据库进行细分化或模式化,以确定较有价值的准顾客,然后通过信函、电话或人员拜访等形式与他们取得联系以争取将他们转化为顾客。利用数据库的资料,可以对顾客的价值进行评估,利用20/80法则,找出最有价值的20%的顾客,实施有针对性的沟通和促销。有针对性地进行沟通,将提高反馈率,增加销量,从而降低营销成本，大大降低经营风险。还可以计算顾客生命周期的价值，以及顾客的价值周期，实现顾客的终身价值。

（4）检测市场变化，增强竞争力。数据库为市场调查提供了丰富的资料，根据顾客的历史资料可以进行市场调查和预测，预测需求趋势，评估需求倾向的改变，发现潜在的目标市场。数据库还可以反映出与竞争者有联系的顾客特征，进而分析竞争者的优势和劣势，改进营销策略，提供比竞争者更好的产品和服务。通过分析市场活动的短期和长期效果，提出改进营销策略组合的方法。

2.3.3 数据库营销的运作

数据库营销需要严谨地规划，需要将市场影响因素进行抽象的量化，经过系统的分析，进行准确的细分、定位，进而实施创造性、个性化的营销策略。要使数据库营销得到有效的运用，关键要注意以下几个方面。

第一，广泛收集有价值的顾客信息。如顾客的姓名、年龄、职业、家庭地址、电话号码、偏好及行为方式，顾客与公司之间的业务交易、顾客购买的具体数据（购买频率、购买量、购买时间和地点等）。在收集信息时要注意信息的真实与适用，避免信息的杂乱与无序。

第二，建立顾客数据库。在充分掌握顾客信息的基础上，必须以最有效的方式来保存这些信息，而要有效组织和利用这些信息，则需建立顾客数据库。顾客数据库能用来分析顾客提供的数据信息，并在此基础上产生更多的决策信息，顾客数据库是进行数据库营销的基础。

第三，进行数据处理。营销者要定期从内部和外部收集信息，及时掌握顾客需求变化，并尽快输入顾客数据库。对库中的信息要定期进行汇总分析，找出顾客需求变化的趋势，为企业调整经营方向、捕捉市场机会提供帮助。

第四，寻找目标顾客。营销者可通过数据挖掘发现某产品的消费者特性，以此查找目标顾客。在掌握顾客需求特点的基础上，有目的地运用市场营销手段，如加强顾客的品牌忠诚或刺激顾客的需求，挖掘潜在顾客。

第五，完善数据库。顾客购买企业某一品牌产品之后，总会有意识地与其他企业同类产品在价格、性能等方面进行比较，评估自己的购买决策是否明智。顾客强烈希望自己所购品牌得到大家的认可，以取得心理平衡。所以，企业在产品顺利卖出后，还要继续对本企业产品进行宣传、广告、塑造名牌形象，满足顾客的心理需要，以增强顾客对本企业产品的依赖和信任感，对消费者反馈回来的信息必须高度重视，不断更新和完善数据库。

2.3.4 网络数据库营销的独特价值

与传统的数据库营销相比，网络数据库营销的独特价值主要表现在三个方面。

1. 数据动态更新

由于技术的限制，传统的数据库营销对顾客反应的跟踪需要较长时间，收集到的反馈信息需要烦琐的人工录入，因而数据库的更新效率很低，更新周期比较长。与瞬息万变的市场相比，低效率和长周期的数据更新，造成过期、无效甚至是错误的数据记录比例较高，数据库维护成本相应也比较高。网络数据库营销具有数据量大、易于修改、能实现动态数据更新、便于远程维护等多种优点，还可以实现顾客资料的自我更新。网络数据库的动态更新功能不仅节约了大量的时间和资金，同时也更加精确地实现了营销定位，从而有助于改善营销效果。

2．顾客主动加入

企业仅靠现有顾客资料的数据库是不够的，除了对现有资料不断更新维护之外，还需要不断挖掘潜在顾客的资料，这项工作也是数据库营销策略的重要内容。在没有借助互联网的情况下，寻找潜在顾客的信息一般比较难，要花很大代价，如利用有奖销售或者免费使用等机会要求顾客填写某种包含有用信息的表格。这不仅需要投入大量资金和人力，而且受地理区域的限制，覆盖的范围非常有限。

在网络营销环境中，顾客数据的增加要方便得多，而且往往是顾客自愿加入网站的数据库。但是，网上对顾客资源的争夺也很激烈，并非什么样的表单都能引起顾客的注意和兴趣，顾客希望得到真正的价值，但肯定不希望对个人利益造成损害。因此，需要从顾客的实际利益出发，合理地利用顾客的主动性，赢得顾客的信任才能丰富和扩大顾客数据库。

3．改善顾客关系

顾客服务是企业能留住顾客的重要手段，在电子商务领域，顾客服务同样是取得成功的最重要因素。一个优秀的顾客数据库是网络营销取得成功的重要保障。在互联网上，顾客希望得到更多个性化的服务，如顾客定制的信息接收方式和接收时间，顾客的兴趣爱好、购物习惯等，根据顾客个人需求提供有针对性的服务是网络数据库营销的基本职能，因此，网络数据库营销是改善顾客关系最有效的工具。

网络技术对商业活动的影响还会进一步加深，为适应这样的商业环境，网络数据库势必还会有很大的发展。企业应该给予网络数据库营销以足够的重视，从网络规划阶段开始考虑，不断丰富网络数据库的内容，把网络数据库营销作为网络营销的重要内容。网络数据库营销的建立将为以后开展个性化营销、一对一营销，以及顾客服务和顾客关系管理奠定坚实的基础。

2.4 整合营销传播理论

网络社会是一个信息多元化的社会，信息传播的多层次和多渠道给营销活动带来一定的挑战。尤其是自媒体的兴起，打破了大众传媒的垄断地位，使每一个消费者都可以拥有自己的媒体，随时随地地表达自我。消费者获取商务信息的渠道也摆脱了大众传媒的束缚，各种社交媒体上充斥着大量的商务信息。企业为了回应这种挑战，产生了一种新型的营销传播模式，即整合营销传播（integrated marketing communication，IMC）。整合营销传播不仅把营销与传播全面结合在一起，甚至认为"营销即传播，传播即营销，二者密不可分"。

2.4.1 整合营销传播的概念和特征

1. 信息时代的整合营销

在信息社会中，信息渠道和信息流量大规模地增加，人们的生活对信息的依赖程度也越来越高，同时过多的信息也会导致传播过程中来自各方面的噪声明显增加。对于营销来讲，虽然传播和沟通的地位越来越突出，但是对目标顾客的传播和沟通也变得比以往更加困难。传统营销传播的一个突出特点，就是把营销信息传递作为一种单方面的传达。广告立足于诉求，也就是说服潜在顾客；公关旨在宣传，侧重于对受众进行某种灌输；促销更是从当前利益出发，满足一种简单的短期刺激。传统营销传播的信息渠道是有限的，传播内容是可控制的，其结果必然导致消费者被动地接受。而现实情况是，决定信息价值的主动权已经不再是信源方向，而是信息接收者。企业无论使用什么样的媒体工具，产品或服务的信息传播必须清楚一致。如果信息未经整合，相互矛盾，必然会给消费者带来困惑。消费者不可能去费心判别各类信息，相互矛盾的信息将导致消费者对该企业的漠视。所以营销组织传递的讯息必须清楚、简明，并且有说服性，这要求企业把所有形式的营销传播活动整合起来。

2. 整合营销传播的概念

社会科学的概念往往存在很多分歧，学者对整合营销传播的理解也各不相同。即便是整合营销传播理论的提出者舒尔茨教授，10多年来也在不断地修正自己的观点，其中很重要的一个原因就是整合营销传播处在发展和完善之中。下面列举一些组织和个人对于整合营销传播的理解。

美国西北大学的研究组认为：整合营销传播是把品牌等与企业的所有接触点作为信息传输渠道，以直接影响消费者的购买行为为目标，从消费者出发，运用所有手段进行有力的传播的过程。这个定义更强调以消费者为中心，从消费者感知品牌的渠道去整合所有传播手段。

美国广告公司协会（American Association of Advertising Agencies，4As）认为：整合营销传播是一个营销传播计划概念，要求充分认识用来制订综合计划时所使用的各种带来附加值的传播手段（如普通广告、直接反应广告、销售促进和公共关系），并将之结合，提供具有良好清晰度、连贯性的信息，使传播影响力最大化。这个定义重点强调的是各种传播形式的综合运用，其核心是各种传播手段要组合成一个声音，使传播影响力最大化。

舒尔茨教授认为整合营销传播是一个业务战略过程，它是指制订、优化、执行并评价协调的、可测度的、有说服力的品牌传播计划，这些活动的受众包括消费者、顾客、潜在顾客、内部和外部受众及其他目标。舒尔茨教授强调整合营销传播是一个管理过程，并认为其是能够有效管控的传播计划。

当然舒尔茨教授并没有忽视整合营销传播中整合的重要性，他将整合区分为内容整合与资源整合。

内容整合包括：根据消费者的行为及对产品的需求来精确细分消费者；根据消费者的购买诱因，找到具有竞争力的利益点；确认目前消费者如何在心中进行品牌定位；树立一个整体的品牌个性，以便消费者能够区别该品牌与竞争品牌的不同。

舒尔茨认为资源整合应该发掘关键"接触点"，了解如何才能更有效地接触消费者（可以运用广告、公关、包装、商品展示等多种传播手段）。资源整合的关键是"在什么时候使用什么传播手段"。

内容整合是资源整合的基础，资源整合推动内容整合的实现。但是无论是内容整合还是资源整合，都必须以建立良好的"品牌—顾客"关系为宗旨。

综合以上观点，本书认为整合营销传播（IMC）是指把顾客与企业的所有接触点作为信息传播的渠道，以影响顾客的购买行为为目的，整合和协调所有的传播手段，传递企业及其产品的清晰、一致、令人信服的信息。

3．整合营销传播的关键特征

1）顾客必须是全部营销活动的起点

大量的迹象表明消费者控制着什么时间、怎么样和在哪里将他们的注意力投向营销传播。互联网和信息技术使消费者能寻找到他们想要的产品和服务的信息，而不是被动地接收营销传播者要他们接收的信息。尤其是伴随着数字时代成长起来的年轻消费者，他们积极控制媒体、创造信息的能力更强。现在，大众传媒广告并不总是最有效的或最节省成本的实现手段，许多营销传播者都意识到交流平台往往比大众传媒更能满足他们对品牌的需要。交流平台可以通过有效地使用接触点和时间，并以消费者想要的方式来接触到他们。

当消费者越来越多地掌握他们获取品牌信息的媒介选择权时，最重要的是了解你的消费者/潜在消费者的媒体偏好和生活方式，以此确定最好的方式来使你的品牌信息到达目标受众。避免确定媒体时"由内而外"、从公司到消费者的方式，相反应该以消费者为出发点，"由外而内"来决定哪些传播方式能够最好地满足消费者的信息需求，并激发他们购买商品。

2）针对任务来使用各种营销传播手段

在营销传播中，不是所有的工具对于所有的任务都同等有效。一个专业的营销传播者都会为特定的任务选择特定的工具。接触点指所有能够到达目标消费者并能传达给消费者该品牌的良好印象的信息媒介。整合营销传播实践者需要接受使用所有形式的接触点作为可能的信息传播渠道。营销传播者不事先承诺使用任何单一的媒介或媒介的子集，相反由挑战和机会来决定选择哪些传播工具，这些工具能够最好地实现为一个品牌在某个时间点上制订的目标。用营销传播信息环绕消费者，保证产品或品牌信息在目标受众出现的地方无处不在。

当然不是所有的接触点都一样有效，完全相同的信息由于承载媒介的不同会产生不同的影响力，或者说营销信息出现的情境会影响该信息的作用。紧密相关的情境，或者说接触点，会加强信息的有效性。要足够重视信息媒介（接触点）和信息内容之间的协同作用。

3）营销传播必须口径一致

整合营销传播要求一个品牌的各种传播要素必须努力表达相同信息并在各个不同的接触点上传递一致的信息，保持"口径一致"。一个品牌需要选择某个特定的定位主张，这个定位主张概括了一个品牌想要在目标消费者心中代表什么。在所有的媒介渠道中一致地传递相同的理念，保证品牌定位主张的一致性。不能使所有的传播要素协调一致会导致重复劳动，甚至导致不同信息之间的矛盾，消费者对定位主张含糊、疑惑和混淆。

4）建立关系，培养忠诚度

成功的营销传播要求在品牌和它们的消费者与顾客之间建立起关系。关系是一个品牌和它的消费者之间的持久的联系。留住当前顾客比增加新顾客更加经济。品牌和消费者间成功的关系将会带来重复购买，体现消费者对该品牌的忠诚。

有两种方法可以帮助建立关系：一种是顾客忠诚度计划。该计划致力于创造忠诚于品牌的消费者，鼓励他们通过购买公司的产品和服务来满足他们大多数的需求。公司越来越多地在设计顾客忠诚计划时，使得消费者能够自己决定怎样使用奖励积分，而不是限制他们仅仅能够按照品牌经理所指引的方式使用。另一种是体验式营销计划。体验式营销计划旨在培养品牌和消费者之间关系，创造一个留下长久印象的品牌体验。如通过创造特别事件或者举办令人激动的体育赛事，可以创造一种赞助的品牌与消费者的生活方式息息相关的感觉。

5）最终目的——影响目标受众的行为

整合营销传播并不仅仅要影响品牌知晓度和加强消费者对品牌的态度，成功的整合营销传播所做的努力应该能够引起一些形式的行为反应，使消费者行动起来。营销传播仅仅使人们知道该品牌，产生对该品牌较好的印象和感觉是不够的。我们期望的消费者行为是购买，只有一定数量的销量才能弥补营销传播的支出。当然这并不是要求每一个传播都能引发购买行为，在购买一个新品牌之前，消费者通常要知道这一品牌及其优势，并且要被影响进而产生对该品牌的积极态度，但最终还是需要购买行为发生。

2.4.2 整合营销传播的价值核心和目标

1. 整合营销传播的价值核心：建立顾客关系

汤姆·邓肯认为：简单地说，整合营销传播是一个运用品牌价值管理顾客关系的过程。具体而言，整合营销传播是一个交互作用过程，一方面通过战略性地传递信息、运用数据库操作和有目的的对话来影响顾客和利益相关者，与此同时也创造和培养可获利的关系。

企业和顾客之间是互相依赖、互相满足的关系。对于受市场利益驱动的企业而言，压倒一切的目的就是培养愉快而忠诚的顾客，因为只有顾客才是企业的命脉。广告学家威廉·阿伦斯从三个方面阐述这种关系的重要性。

（1）丧失老顾客的代价。因产品低劣、服务恶劣而造成的顾客流失是很难用广告争取回来的,而损失掉的利润则是该顾客对这个企业的终身价值。例如,某交通运输公司平均顾客终身价值 4 万元,公司共有 6.4 万名顾客,现在因服务质量而损失了 5%,这就意味着公司的年收入要损失 1.28 亿元。

(2) 争取新顾客的代价。进攻型营销的代价往往大于防守型营销的代价,这是因为争夺竞争对手的顾客要花费很大精力,媒介受众的细分和消费者对广告信息的抵制,使得品牌越来越难以单纯依靠增加广告实现突破。目前争取一名新顾客所付出的营销、广告和促销代价是维持一名老顾客的 5~8 倍。

(3) 忠实顾客的价值。Cato Wunderman Johnson 的创始人 Lester Wunderman 认为,生产商的利润 90%来自回头客,只有 10%来自零散顾客。老顾客少损失 5%便可以增加 25%~85%的利润。而且顾客与公司关系越长久,也就越愿意付出高价或向朋友推荐,同时也越不需要公司关怀备至,而且每年的购买量还会增加。

这些都揭示了一个不同以往的事实:对于大部分企业而言首要的市场任务是维护现有的顾客。过去大多数营销和广告努力都集中在售前活动中,希望获得更多的新顾客;现在成熟的企业将更多的资源转而投入到售后活动中,将维持顾客作为自己的第一道防线。显然它们已经发现了重视关系带来的主要利益:提高保有量,扩大顾客终身价值。

2. 整合营销传播的基本目标

整合营销传播具有战术层面和战略层面两个层级的目标。从战术层面上讲,整合营销传播作为一种协调形式,担负着对不同传播手段和不同媒体的协调与整合的责任,并最终使之形成达到一致性的效果强化,即通常所说的"一个声音,一种形象"。从战略层面上讲,整合营销传播所要完成的不仅仅是简单的声音强化和集中清晰,它超越一般营销传播要求,还包含了对整个组织形式和组织资源的全面整合、重新配置,即舒尔茨所谓的"整合营销传播是业务的战略过程"。

3. 整合营销的终极价值追求

汤姆·邓肯对整合营销传播终极价值的理解是对舒尔茨以来相关认识的进一步发展,他把整合营销传播建立关系的终极追求归结为品牌资产。邓肯强调"利益相关者"(stakeholders)这一概念,显然利益相关者不仅仅是股东,还包括员工、商业伙伴、社区,甚至是政府、新闻机构等多种与公司具有关联性的群体。而品牌资产在很大意义上正是由这种关系所构建的。这是因为有关品牌的资讯无所不在,利益相关者可以利用这些资讯自动整合出有关品牌的一连串信息,并以此作为他们对品牌关系的理解,从而也决定了其对品牌的支持程度。把这些利益相关者对品牌的支持程度累积起来,就构成了品牌资产。真正的品牌其实是存在于利益相关者的内心和想法之中。换言之,即公司拥有品牌名称和商标所有权,但品牌的真正拥有者却是利益相关者。而利益相关者心目中的品牌,由其本身整合诸多品牌信息而成,因此凡是没有主动进行品牌讯息整合的公司,无异于是将这个过程的决定权让给了它的利益相关者,使自己处于被动地位。

如何成为一个成功的淘宝网红

淘宝上的"美",自然是指高颜值、好身材。但更关键的,还包括穿什么、怎么穿。"其实你可以把网红看成一个KOL(意见领袖),她们在做的事情就是审美输出,把自己穿衣风格分享给大家。所以,一个成功的网红一定是有自己的品位和鲜明的穿搭风格的。"一位百万粉丝级别网红的助理在接受界面记者采访时说。

2004年前后,横空出世的第一代网红"呛口小辣椒"姐妹,就是靠着分享自己日系甜美风混搭少许欧美范儿的每日穿搭照片走红。这种关于穿衣搭配的分享在当时还很少见,而曾经红遍街头的皮衣内搭雪纺连衣裙的穿法就是这对姐妹的成名之作。

后期成长起来的一代网红,包括现在仍然很活跃的vcruan、小宜,选择了更日常、更具实穿性的风格。设计感的风衣、纯色T恤、打底裤都是她们的明星款。

而现在正当红的张大奕和雪梨,穿衣风格越来越细分,不论是学生范儿还是大牌名媛风,基本上国外街拍出镜率高的类似风格单品都能在他们的店里找到。

当在网店或是社交平台看到一张张照片里,打扮得美美的网红们出现在高档商场、热带小岛或高级餐厅,观望的不少人就会抱着一种粉丝的心态,并且由此产生一种对"美好生活"的向往。而当网红们开起卖衣服的网店,这些向往之情就找到了一个释放的出口——转嫁到了网红穿着的衣服上。

"这种情感联系是非常牢固的,"一位有三年网店经验的淘宝女装店主对界面记者说,"这也是为什么原本只是网店模特平台的淘女郎里会涌现出一波网红。很多粉丝就认脸,所以模特单飞开店,粉丝也就跟着走了,之后再好好经营,有了更多粉丝,模特也就成了网红。"

为了实现从"卖家秀"到"买家秀",网红们要开始批量复制那些被粉丝寄予"丰富情感"的衣服了。

一般来说,网红卖的衣服有两种来源:一种是拿货,也就是网红前往服装批发市场选款。杭州的"四季青"和广州"白马商城"都是淘宝店主常去的批发市场。当订货量大的时候,还可以以批发摊位为中间人,向工厂订货。另一种是做货,即网红以选购的样衣为模板,购买或定制与样衣用料相同或相似的面料、辅料,再找服装工厂进行仿版生产。规模较小的网店可以把整个仿版生产的过程外包给工厂,以降低经济和时间成本。而成熟点的网店因为拥有自己的设计师团队、制版工和样衣工等,只需将批量生产的流程交给工厂。通过自己制作样衣,这些大店可以更好地把控衣服质量,减少一些做大货时不必要的失误。

随着越来越多的消费者在衣着方面的审美提升,她们开始想要购买有设计感的大牌服饰,但很多年轻人的购买力没办法跟上眼光成长的速度,于是网红们推出的"独家定制款""限量款"就成为性价比更高的选择——现在去到百货商场,买件摆在中岛的品牌冬装,至少也需要花上1 000元;而在一个针对大学生的日韩风网红店,一件精仿Acne

Studio 的冬装外套也只要七八百块。

目前来看，大多数网红店都经历了从拿货过渡到做货的过程。在拿货的时候，她们完成了粉丝的原始积累，这使得他们开始做货后有了向合作工厂下单的底气——外包工厂都会有个起订单量，动辄上万，而网红店一件爆款很多时候能卖出上万件。

"1万件是多数加工工厂可以赚到钱的产量，因为在这个产品基础上，工人熟练度会比较高，出货的效率和良品率都更高。而几百件甚至更少的生产规模也就意味着成本较高，所以一些做定制、不跑量的淘宝店一般客单价就会高不少。"一位不愿具名的服装厂老板告诉界面记者。

当大家开始意识到开淘宝店、做网红是个好生意之后，行业竞争更加激烈，其中最明显的表现是从选款思路到拍照风格，甚至是店铺网页设计，相互模仿的痕迹越来越重。这也逼得既不想打价格战，又害怕掉粉的网红们，不得不动起自产独家款、限量款的脑筋。

比起款式，做独家款和限量款对于网红们更大的挑战在于面料。

一位在浙江绍兴柯桥开面料店铺的店主告诉记者，淘宝店铺选购面料一般会直采现成面料、购买外单尾单面料或者定制面料。其中，购买外单尾单面料，可以制作成所谓的"限量款"，因为尾单面料数量有限，卖完即止。而定制面料则是进行大牌服装仿版的源头步骤，是所谓"定制款"的基础。

浙江绍兴柯桥是中国面料买卖的最核心地区之一，生产和销售各种档次的面料，包括不少进口面料，也承接高级面料的定制。它加上福建厦门和广州，与密集集中在浙江、江苏的服装生产加工企业一起，构成了一条围绕江、浙地区而生的服装生产、加工产业链。

从这条产业链来看，为何网红总是出自"包邮区"的谜团就可以解开了。这不光是指做货的网红离原料和工厂更近，形成了地理区位优势；拿货网红们的最大货源地——位于浙江杭州的中国最大服装批发市场四季青，也是这条产业链的下游产物。

"要我总结，网红能红就三个要素：除了人美、款好，会互动也很重要。"前述网红助理说，"比起明星，网红更像是个普通人，更具亲和力，更能和顾客形成情感共鸣，特别是随着社交媒体的兴起，顾客有这个情感交流的需求。"微博是现在淘宝网红吸粉和维护粉丝关系的最重要阵地——一个有血有肉有钱有趣的潮人，在微博上和自己的数百万粉丝分享生活中的嬉笑怒骂、吃喝玩乐，顺道见缝插针地推销一些自家的产品，是最常见的营销手法。

不过，即使不投广告，光靠经营微博做推广，网红们的生意也已经足够好了。前述网红助理告诉界面记者，网红店基本每次上新的第一天和第二天，后台客服和仓库发货的工作人员都会累疯，因为基本每一款上万件的衣服全是被"秒杀"的节奏。

"每一家网红店的基本流程都是大同小异的，但是细节处理可以天差地别，而这些细节往往才是网红店能赢得竞争的关键。"一位五冠淘宝店主在接受记者采访时说道，"这是一个要靠时间积累、烧钱摸索的行业，早就不是最初只要照片美，人人都能赚到钱的那个时候了。现在留下的，已经是经历过市场逃杀的聪明人了。"

（资料来源：界面. http://www.jiemian.com/article/388952.html.）

本 章 小 结

　　本章通过四个相关理论的介绍来阐述网络营销理论，分别是直复营销理论、关系营销理论、数据库营销理论和整合营销传播理论。直复营销起源于邮购活动，后来形式呈现多样化，其突出特点是互动性和目标市场选择的便利性。网络时代直复营销的一些原有形式已经转换为网络营销的组成部分。关系营销更强调吸引、维持和增强顾客关系。关系营销的中心是顾客忠诚。数据库营销不仅仅是一种营销方法、工具、技术和平台，更重要的是改变市场营销模式的一种经营理念。其在顾客识别、挖掘和行为预测，以及关系维护上都能显示强大的功能。整合营销传播的目的是把顾客与企业的所有接触点作为信息传播的渠道，以影响顾客的购买行为，整合和协调所有的传播手段，传递企业及其产品的清晰、一致、令人信服的信息。整合营销的终极价值追求是把利益相关者对品牌的支持程度累积起来，形成品牌资产。

思 考 题

1. 直复营销与网络营销之间是什么关系？
2. 为什么说关系营销的中心是顾客忠诚？
3. 网络时代为数据库营销提供了哪些便利条件？
4. 为什么说整合营销传播的价值核心是建立顾客关系？

实 践 活 动

1. 请在自己所在城市开展一次直复营销类型的市场调研，看看传统市场上还有哪些直复营销的形式存在，它们存在的理由是什么。
2. 请到企业顾客关系部门调研，请主管人员介绍一下企业忠诚顾客的具体实例，企业是如何处理好盈利与忠诚顾客之间的关系的。
3. 与附近的大型超市合作，利用其数据库中的数据进行顾客分析，看看你能有哪些令超市管理人员惊奇地发现。
4. 跟踪某知名品牌的重要节日的活动，分析它是如何进行整合营销传播的，其整体策划和执行的优点与缺点各是什么。

第 3 章

网络营销的发展趋势

学习目标

了解搜索引擎在未来网络营销发展中的地位,移动网络营销的发展,智能硬件尤其是可穿戴设备的发展。掌握社交网络带来的营销模式的深刻变革,网络广告的新形式,O2O 线上和线下互动。熟练掌握大数据营销的特点和独特价值。

3.1 搜索引擎的营销模式会进一步完善

搜索引擎市场经过多年的发展,已步入较为成熟的阶段。2015 年搜索企业收入规模同比增长了 200 亿元左右,2016 年同比增长了 4.5%(图 3-1)。搜索引擎运营商市场规模下降,很大程度是受到了政策影响。其互联网入口地位,对于搜索引擎兼顾商业价值与社会价值提出了较高的要求,广告位减少以及广告主的重新审核势必会对收入造成影响。搜索企业移动端收入规模增长速度较快,来自移动端的增长贡献率(移动端收入的增长规模/搜索企业整体收入的增长规模)超过 50%,已成为推动市场增长的重要推力。

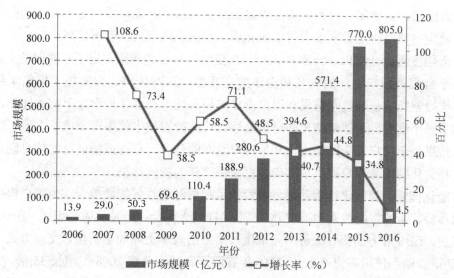

图 3-1 2006—2016 年中国搜索引擎市场规模

2017年9月中国搜索引擎市场营收份额为：百度占比66.07%，谷歌中国占比2.53%，好搜占比14.14%，搜狗占比13.92%（图3-2）。与2016年年底相比，百度的市场份额降低了4个百分点，谷歌中国、好搜、搜狗的份额均有所上升。预计未来搜索引擎市场集中度将进一步提升，百度、好搜以及搜狗将是市场中最主要的竞争者，未来市场将较难再有重要的新进入者，同时谷歌中国等资历较老的搜索引擎将会维持边缘化态势。

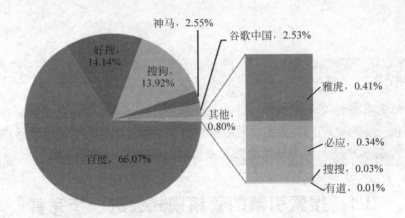

图3-2　2017年9月中国搜索引擎市场营收份额
资料来源：https://www.51.la/.

目前，关键词和联盟广告是搜索引擎企业最核心的业务，也是搜索引擎企业收入增长的基础，未来仍将保持较为稳定的增长。从发展来看，搜索引擎的整合化、社会化和智能化将成为趋势。

整合搜索。搜索引擎自诞生以来，一直致力于为用户提供更精准的信息甚至答案。新搜索时代的最大关键点在于整合，能提供多维度的搜索结果资源。例如，能将不同类型的搜索结果，如新闻、视频、图片等置于结果页首页，能让用户更容易找到所需要的东西，减少了使用特定类别搜索引擎的麻烦，并在呈现形式上有所创新。

社会化搜索。随着Facebook的流行，社交网络平台和应用占据了互联网的主流，社交网络平台强调用户之间的联系和沟通的交互性，这对传统的搜索技术提出了新的挑战。传统搜索技术强调搜索结果和用户需求的相关性，社会化搜索除了相关性外，还额外增加了一个维度，即搜索结果的可信赖性。传统搜索技术结果可能成千上万，但是如果搜索结果处于用户社交网络内，其他用户发布的信息、点评或验证过的信息则更容易信赖。社会化搜索为用户提供更准确、更值得信任的搜索结果。

智能化搜索。智能化搜索功能将搜索技术和资源进行了智能整合，为用户提供便捷的使用体验。新的智能搜索不追求PC搜索那样的大而全，而是从语音识别、图像搜索、人脸识别、LBS等方面提升服务的精准度，催生出效率更高的全新搜索交互方式。在美国，移动语音助手使用率快速上升，2016年谷歌语音搜索量较2008年增长35倍，较2010年增长7倍。在美国，Android上语音搜索占20%，百度上语音搜索占10%，必应任务栏上语音搜索占 25%，语音正在侵蚀搜索份额。

除了这些常规方式之外，各种专业搜索引擎和新型搜索引擎的发展，将促进搜索引擎营销方法体系的进一步扩大和完善。随着搜索引擎营销模式的不断发展演变，搜索引擎在网络营销中的作用也将更为突出。

3.2 社交网络将重新塑造顾客价值

Web 2.0 拥有 Web 1.0 所不具备的明显特征，如分享、贡献、协同、参与等。这种理念已经改变了现在互联网站的建设架构，互联网已经不再只是一个媒体，而是一个真正让人参与进去的社区。目前，Web 2.0 网络营销模式获得不同层次的发展，如 RSS 营销、网络视频营销、社会网络（SNS）营销、微博营销等各种营销模式层出不穷。

微博是允许用户及时更新简短文本（通常少于 140 字），并可以公开发布的微型博客形式。其允许任何人阅读或者只能由用户选择的群组阅读。微博逐渐发展成可以发送链接、图片、音频、视频等多媒体。发布终端包括网页、移动终端、短信等。微博的未来是以人为中心，每一个人都是媒体，这种以个体为基本单位的群体多维多边实时交互平台，将成为广告主有效的实时营销平台。

2013 年 Twitter 上市后，推动了微博这种新兴媒体的快速发展。国内的新浪微博等微博媒体发展速度也很快，其营销价值也得到了市场的认同。从功能上来讲，微博集中了以下功能：交友、互动、即时的观点分享、互动的百科问答、专业的信息发布、与公众人物面对面地交流等。从商业链及营销价值上来讲，以 Twitter 为代表的微博未来会是一个高度开放的平台，未来会有更多的合作伙伴参与到这个开放的平台中来，诸如 OneRiot、Seesmic 等这些合作者将与 Twitter 紧密地联系在一起。开放的平台将会带来更多的盈利模式，微博的营销大门也就此开启。是单纯地做口碑与消费者展开沟通还是利用各种应用展开全方位的营销，有待时间检验。

社会网络平台，是指以"实名交友"为基础，基于用户之间共同的兴趣、爱好、活动等，在网络平台上构建的一种社会关系网络服务。与微博相比，70%以上的社会网络平台用户目的是关注朋友，而微博用户最重要的目的是了解新信息。同时，关注名人、讨论热点话题也占比较高。在商品信息源可信度方面，社会网络平台除较为相信熟人和企业用户之外，更易相信熟人的朋友，而微博用户则更易相信行业专家和体育娱乐明星。

Web 2.0 虽然只是互联网发展阶段的过渡产物，但正是由于 2.0 的产生，让人们可以更多地参与到互联网的创造劳动中，特别是在内容上的创造，在这一点上，Web 2.0 是具有革命性意义的。人们在这个创造劳动中将获得更多的荣誉、认同，包括财富和地位。正是因为更多的人参与到了有价值的创造劳动中，那么"要求互联网价值的重新分配"将是一种必然趋势，因而必然催成新一代互联网的产生，这就是 Web 3.0。

Web 3.0 最常见的解释是，网站内的信息可以直接和其他网站相关信息进行交互，能通过第三方信息平台同时对多家网站的信息进行整合使用；用户在互联网上拥有自己的数据，并能在不同网站上使用；完全基于 Web，用浏览器即可实现复杂系统程序才能实现的系统功能。

目前大家认为 Web 3.0 的特征如下：

1. 有效聚合

Web 3.0 将精确地对阐明信息内容特征的标签进行整合，提高信息描述的精确度，从而便于互联网用户的搜索与整理。对于互联网用户的发布权限经过长期的认证，对其发布的信息做不同可信度的分离，可信度高的信息将会被推到互联网信息检索的首项，同时提供信息的互联网用户的可信度也会得到相应的提高。

2. 普适性

Web 3.0 的网络模式将实现不同终端的兼容，从 PC 互联网到 WAP 手机、PDA、机顶盒、专用终端，不只应用在互联网这一单一终端上。

3. 个性化搜索引擎

个性化搜索引擎以有效的用户偏好信息处理为基础，以用户进行的各种操作以及用户提出的各种要求为依据，来分析用户的偏好。将偏好系统得出的结论再归类到一起，在某一内容主题（如体育方面）形成一种内容，再进行聚合、推送，以更好地满足用户搜索、观看的需要。个性化搜索引擎的建立是以偏好系统为基础，偏好系统的建立要全面，而且与内容聚合相联系。有了一定的偏好分析，才能建立起完善的个性化引擎。

4. 数字新技术

Web 3.0 将建立可信的 SNS（社会网络服务系统），可管理的 VoIP 与 IM，可控的 Blog/Vlog/Wiki，实现数字通信与信息处理、网络与计算、媒体内容与业务智能、传播与管理、艺术与人文的有序、有效结合和融会贯通。

Web 2.0 模式下的社交网络平台，只是简单地将人与人通过互联网这一平台连接起来。通过互联网注册在 SNS 的平台上结交朋友这一途径，并不能确保注册信息的可靠性和有效性，并不是每一次交际圈的扩展都会带来相应的利益需求，这一过程进行下去的结果将会导致本身信息的外泄和零乱、不可靠信息的泛滥，颠覆人们想利用互联网来扩展人际交往的初衷。这一问题在 Web 3.0 模式下，将通过对用户的真实信息的核查与认证这一方式来解决。高可信度的信息发布源为以后交际圈的扩展提供了可靠的保障，与此同时，人们在交际的同时，也可以更迅速地找到自己需要的人才，并且可以完全信任这些可信度高的用户提供的信息，利用这些进一步扩展对自己有利的交际圈。

5. 垂直网站

垂直网站进入 Web 3.0 时代，Web 3.0 时代的特征是个性化、互动性和深入的应用服务；更加彻底地站在用户角度；多渠道阅读、本地化内容；用户间应用体验的分享；应用拉动营销，用户口碑拉动营销。用户的应用体验与分享，对网站流量和产品营销具有决定性作用；移动互联网和垂直网络实现有效对接，不是对接内容，而是用户体验和分享层面。同时，垂直网站将与B2C实现对接，从而实现产品数据库查询、体验、购买、分享等整个过程的一体化。

社交平台的进一步发展将重新定义通信和商业活动。智能手机的普及使录制、创造、消息和分享越来越简单和方便。年轻人认为最佳的联系方式是社交媒体和聊天工具，视觉（视频+图像）的应用快速普及，使人们可以实现实时直播，因此，社交平台上大量充斥着用户生成的信息。社交网络平台已经从简单的社交对话发展到更富有表现力的交流，在社交消息外，持续扩展功能和服务。2016年31%的微信用户通过微信从事购物活动，与2015年相比增长一倍。社交平台上数百万的企业账号为顾客服务和商业提供便利。社交平台中内容+社区+商务的模式继续高速增长，基于内容的个性化策划，会提高互动程度和购买的转化率。中国电子商务呈现出日益社交化的发展趋势。

3.3 移动端竞争日趋激烈，移动营销发展迅猛

截至2017年6月，中国手机网民规模达7.51亿，网民中使用手机上网人群占比达到96.3%。新增网民中使用手机上网的比例高达70%以上，远高于其他设备上网的网民比例，手机俨然成为中国网民增长的主要驱动力。

中国移动互联网细分行业结构未来的变化趋势体现在以下方面。

2016年中国移动购物市场交易规模为3.3万亿元，同比增长57.9%，增速放缓，首次低于100%，移动购物市场进入平稳发展期。2016年中国移动网络购物在整体网络购物交易规模中占比达到68.2%，移动端已超过PC端成为网购市场更主要的消费场景。与此同时，2016年，中国网络购物市场TOP10企业移动端用户增速远超PC端，APP端用户增速达27.1%，PC端仅增长9.6%。未来几年移动购物仍将呈现爆发式增长，在移动互联网整体市场当中扮演越来越重要的角色。随着移动互联网的逐渐成熟、用户消费习惯的转移、广告主的认知改变，移动购物市场将获得高速增长。

2017年上半年，手机搜索用户数达5.93亿，使用率为81.9%，搜索引擎应用继续保持移动化趋势。在企业方面，移动搜索对整体流量的贡献率持续提高，移动营收成为行业收入增长支柱。百度财报数据显示，2017年第一季度移动营收在总营收中占比达70%，高于2016年同期的60%，移动搜索收入对整体搜索收入的贡献提升到72%。移动搜索发展初期，由于受到手机屏幕等因素的限制，搜索关键词广告的发展受到较大制约，使得营收规模受限。但用户对移动搜索服务存在明显的刚性需求，且移动搜索与移动互联网用户的碎片化行为更加契合，因此，随着手机Wap、Web、APP的进一步成熟，移动搜索市场规模将稳步增长。

2016年中国移动游戏市场规模约1 023亿，同比增长81.9%。相比2015年增长率有所下滑，一方面是受到用户规模的天花板限制；另一方面，国内手游产品同质化趋势严重，市场需要创新型产品的刺激。但随着用户的成长，用户的游戏习惯和付费习惯逐渐成熟，用户付费的意愿和付费额度还会有一定上升，整体市场相对稳定。预计未来3~5

年,移动游戏会进入一个平稳上升的发展期。

中国第三方移动支付交易规模持续增长,2016 年移动支付交易规模约为 58.8 万亿元人民币,较 2015 年同比增长 381.9%。这主要归因为三点:首先,移动设备的普及和互联网技术提升为第三方支付提供了必要的发展环境;其次,现象级产品出现使得移动支付用户数大幅提升;最后,对生活场景覆盖度大幅提升使得用户频率增加。但随着移动设备渗透和生活场景覆盖的日趋饱和,行业规模进一步发展需要从新的发力点进行推动。

从移动互联网细分结构来看,2017 年第二季度,移动购物市场规模占比依然维持在 60% 以上,稳居移动互联网第一位,但相比 2016 年同期略有下降;移动营销市场占比从 2016 年第三季度开始呈现下降趋势,第二季度稍有回升,占比为 18.3%,排名第二;从 2016 年到 2017 年,移动游戏市场占比均在 11% 上下波动,2017 年第一季度从 2016 年的 10.4% 增长至 14%,第二季度稍有下滑,但依然在 11% 以上(11.9%);另外,2016 年爆发的共享单车也为移动互联网市场贡献了自己的力量,占比虽小,但正在成倍数增长,2017 年第二季度占比翻 3 倍,达到 1.2%。新生事物爆发式增长,在互联网领域是常见的,未来的增长潜力有待于行业的健康发展。

手机网民对移动互联网的需求越来越多元化,以社交娱乐为主的同时资讯信息类也较多。其中,以联络朋友为目的的手机网民比例最大。这一方面延续了传统手机的基础通信联络功能;另一方面,微博、微信等网络应用在移动端的良好发展,使得手机网民可以一直在线关注好友动态、随时沟通,满足手机网民的移动社交需求,进一步强化了手机的通信联络功能。手机上网对日常生活的渗透进一步加大,在满足网民多元化生活需求的同时提升了手机网民的上网黏性。手机上网成为互联网发展的主要动力,不仅推动了中国互联网的普及,更催生出更多新的应用模式,重构了传统行业的业务模式,带来互联网经济规模的迅猛增长。

正是看到移动互联网的广阔前景,中国互联网巨头纷纷布局移动端。百度在移动端的战略布局为入口型策略,分为三个部分,一是 LBS(基于位置的服务)事业部,二是移动云事业部,三是移动搜索。阿里巴巴在移动端的布局仍是围绕其传统优势——电商领域展开的,首先是其淘宝、天猫业务平移到移动端;其次是收购高德之后,重点发展 O2O 业务;最后是以新浪微博、来往为发展平台的社会化电商体系。腾讯在移动端的战略布局目前都以微信为依托。今后互联网巨头对移动端的争夺会更激烈。

3.4 网络广告形式层出不穷,移动广告增长强劲

互联网广告包括以 PC 端为主的网络广告和移动广告两大部分。美国互联网广告市场在经历了 2012—2014 年平缓发展后,2015 年增长再达 20%,总规模为 600 亿美元,这得益于移动广告增速达到 66%。2016 年中国互联网广告整体市场规模为 2 906.7 亿元,增长率为 32.9%。互联网广告多年保持快速增长,目前市场已进入成熟期,未来几年增速将会有所放缓。预计到 2019 年,中国互联网广告市场将突破 6 000 亿元。

不同形式广告市场份额。2016 年,中国网络广告在细分领域市场出现了较大的结构性变化,一直保持领先地位的搜索广告由于政策与负面事件影响,份额出现了较大程度

的下滑，首次跌破 30%，与 2015 年同期相比，份额下降近 5 个百分点；电商广告占比 30.0%，与 2015 年同期相比，份额具有大幅度上升，2016 年电商广告的整体份额也首次超越搜索广告，升至首位。从 2016 年起，信息流广告在整体结构中单独核算，以社交、新闻、视频等为主要载体的信息流广告在 2016 年市场份额达到 11.2%，增速明显。此外，网络广告商通过对数据的整合，可以实现跨平台、跨终端的广告推送。例如通过微博、论坛、中小网站等平台向网民推送与其在电商网站上的购物历史、浏览信息或搜索引擎中使用过的搜索关键词等信息相关联的广告。

2016 年移动广告市场规模达到 1 750.2 亿元，同比增长率为 75.4%，发展势头仍旧强劲。移动广告的整体市场增速远远高于网络广告市场增速。智能终端设备的普及、移动网民的增长、移动广告技术的发展和服务的提升是移动广告市场发展的动力所在。

移动应用广告的展现形式多种多样，从最初的横幅（banner）广告，到后来出现的全屏/插屏广告，发展到近两年快速增长的视频广告和原生广告等，广告形式不断丰富，具体趋势如下。

动态创意优化技术提升。动态创意优化（dynamic creative optimization，DCO）是指统一广告位根据触达到的用户的特定属性展示出不同的内容和效果，这种技术能够使广告创意更具针对性和精确性，可以明显增强广告效果。通过 DCO 可以针对无数种按需插入在线广告内的创意变体进行经济、快速的设计、部署和评估。通过使用模板方法，DCO 可以提供动态生成展示广告的能力，同时通过将制作每个横幅广告所需的大量手动任务自动化，减少了创意制作和媒体管理的成本与时间。目前动态创意优化已经成为广告技术公司的一大重要技术手段，使得广告更加智能和精准，用以提升广告效果。

视频广告与原生广告是重点发展对象。移动广告领域新的广告形式层出不穷，针对不同的广告主诉求，各种各样的广告形式能够共同发挥作用。而近期视频广告和原生广告是移动端产生的相对较新的广告形式，由于用户体验更佳，又能够带来更好的广告效果，这两种广告形式是各移动广告平台都在强调和力推的。而其他如横幅广告、全屏/插屏广告等已经成为非常成熟的展现形式，仍然是广告主所热衷的形式选择。

进一步增强互动性。由于对移动终端感应器、GPS 定位等技术的应用，移动广告在不同的展现形式下具备多种交互形式，如电话直拨、预约登记、优惠券下载、地图导航、重力感应、SNS 分享、应用下载、视频播放、音乐播放、摇一摇/吹一吹/刮一刮、增强现实等。移动端的设备特性决定了移动应用广告能够有更多的互动形式，但是目前看来大部分的移动广告互动性不强，强调互动形式的大部分为个别品牌广告主所投放的广告。未来移动广告将会进一步强调高互动性，包括一些移动广告平台在尝试的"试玩广告"，广告弹出后可以进行游戏试玩，也可以是品牌广告主所投放的互动小游戏等，而这种高互动的广告形式可能直接以插屏形式出现。移动广告可能带来的良好互动和趣味性还有待一步开发。

3.5 大数据将实现精准化营销

对于大数据（big data），研究机构 Gartner 给出了这样的定义，"大数据是需要新处理模式才能具有更强的决策力、洞察发现力和流程优化能力的海量、高增长率和多样化的信息资产。"

随着数字化信息的发展，人类产生和储存的数据量呈现爆发式增长，全球的总存储数据量的量级已突破艾字节（EB）甚至泽字节（ZB）（1ZB=1 024EB，1EB=1 024PB，1PB=1 024TB）。

从技术上看，大数据与云计算的关系就像一枚硬币的正反面一样密不可分。大数据必然无法用单台的计算机进行处理，必须采用分布式架构。它的特色在于对海量数据进行分布式数据挖掘，但它必须依托云计算的分布式处理、分布式数据库和云存储、虚拟化技术。随着云时代的来临，大数据也吸引了越来越多的关注。

大数据的特点可以用4个"V"来概括。

第一"V"是"volume"，数据体量巨大。从TB级别，跃升到PB级别。百度资料表明，其新首页导航每天需要提供的数据超过1.5PB，这些数据如果打印出来将超过5 000亿张A4纸。有资料证实，到目前为止，人类生产的所有印刷材料的数据量仅为200PB。

第二"V"是"variety"，数据类型繁多。现在的数据类型不仅是文本形式，更多的是图片、视频、音频、地理位置信息等多类型的数据，个性化数据占绝对多数。

第三"V"是"value"，价值密度低，商业价值高。以视频为例，连续不间断监控过程中，可能有用的数据仅仅有一两秒。

第四"V"是"velocity"，数据处理遵循"1秒定律"，可从各种类型的数据中快速获得高价值的信息。这一点和传统的数据挖掘技术有着本质的不同。

大数据技术的战略意义不在于掌握庞大的数据信息，而在于对这些含有意义的数据进行专业化处理。换言之，如果把大数据比作一种产业，那么这种产业实现盈利的关键在于提高对数据的"加工能力"，通过"加工"实现数据的"增值"。

注重用户体验、关注顾客消费行为是网站一直以来的精细化管理的重点。大数据时代的来临，使我们对顾客的分析具有了新的视野。大数据在网络营销领域的价值表现为通过收集互联网用户的各类数据，如地域分布等属性数据，搜索关键词等即时数据，购物行为、浏览行为等行为数据，以及兴趣爱好、人脉关系等社交数据，可以在广告推送中实现地域定向、需求定向、偏好定向、关系定向等定向方式，实现精准化、个性化营销，从而提高广告的有效到达率，提升投资回报率。

大数据的网络营销方式包括搜索引擎精准营销、RTB实时竞价广告、重定向精准营销等。

搜索引擎精准营销是搜索引擎运营商整合受众的兴趣点、搜索关键词、浏览主题词、到访页等数据信息，进而描绘受众自然属性、长期兴趣爱好与短期特定行为，在其广告联盟网站上针对受众呈现精准广告内容。

实时竞价广告即RTB（real time bidding），是利用第三方技术在数量庞大的网站上针对每一个用户展示行为进行评估以及出价的竞价广告模式，其核心是广告交易平台（AD exchange）及针对媒体的SSP（sell side platform，供应方平台）和针对广告主的数据管理平台（DMP）。对网络媒体而言，RTB广告可以有效提升网站碎片化流量的变现能力；

对广告主而言，RTB 广告可最大化地实现精准投放，提升投资回报率。

重定向精准营销关注的是如何产生网站或广告的"回头客"，试图让那些曾经访问过某个网站，但没有产生购买或有效行为的网民产生二次访问或实际购买。重定向精准营销不会帮助顾客直接进一步扩大"潜在用户池"，但可以使既定潜在的用户群产生更多的实际购买，进而提升转化率。

随着互联网技术的高速发展，云计算、物联网应用的日益丰富，大数据未来发展前景广阔。从应用方向上看，通过对大数据的储存、挖掘与分析，大数据在营销、企业管理、数据标准化与情报分析等领域大有作为。从应用行业来看，大数据一方面可以应用于顾客服务水平提升及营销方式的改进；另一方面可以助力行业内企业降低成本，提升运营效益，同时还能帮助企业进行商业模式的创新及发现新的市场商机。从对整个社会的价值来看，大数据在智慧城市、智慧交通及灾难预警等方面都有巨大的潜在应用价值。

当然，在云服务大规模推进过程中，面临的最大困难是大数据时代的投入非常大，但整个市场还在初期阶段，如果没有配套商业模式将面临巨大发展压力。为此，要保证大数据能够持续发展，探索数据的价值、挖掘大数据时代的商业模式，是全行业的当务之急。

3.6 O2O 将导致线上与线下深度融合

目前，O2O 主要有两种解释：一是 online to offline（线上到线下）。典型应用场景为用户在线上购买或预订服务，然后到线下商户实地享受服务；或用户在线上购买或预订商品，然后到线下的实体店取货或体验；二是 offline to online（线下到线上），也称反向 O2O。应用场景为用户通过线下实体店体验并选好商品，然后通过线上下单来预订商品。

随着互联网对国民经济的渗透继续加深，O2O 的商业形态会更依赖于消费者社区的发展。O2O 可以跨越空间、实体的障碍和各种终端进行线上和线下的互动。反过来在支付方式线上线下的互通前提下，消费者将获得更好的支付方式。同时，商业机构能够精确地知道在什么时间，什么地点，消费者进行了哪一类的消费。总的来看，线下企业最需要的是从了解消费者、分析消费者到实现精准投放的一站式服务。

O2O 概念是伴随着 2010 年中国团购市场的兴起而逐渐成为热门话题的，而团购也第一次大规模地教育了线下的本地生活服务商户，促进了 O2O 市场的快速发展。

O2O 市场目前还处于发展的初期阶段，虽然百度、腾讯、阿里巴巴三大互联网公司早在 O2O 概念出现时便分别推出了各自的生活服务类网站或者产品，但是并未将发展 O2O 或者本地生活服务业务上升到战略高度。而随着 O2O 概念的兴起，三大互联网公司开始加大发展 O2O 业务的力度。三大互联网公司发展 O2O 业务的方式包括投资并购、独立发展以及合资成立新公司，其中以投资并购与独立发展为主。

三大互联网公司发展 O2O 业务的思路共同点在于：均以建立"开放平台"为主线，吸引线下商户及 O2O 企业入驻。但是，三大互联网公司在 O2O 领域布局各有侧重：百度成立 LBS 事业部后，百度地图将成为百度发展 O2O 业务的核心产品；腾讯拓展 O2O 业务的重要手段则是依托微信（包括微信二维码）提升线下能力，并通过与财付通打通实现闭环；阿里巴巴布局 O2O 领域最重要的筹码是前端的淘宝本地生活与聚划算、后端的支付宝。而支付宝的作用不只是支付工具，而且具有连接线下商户与移动终端、拓展线下资源的重要作用。

与实物 O2O 相比，生活服务业将成为下一步渗透的重点。目前本地生活 O2O 市场快速发展，规模迅速攀升，2016 年行业整体市场规模已超 7 000 亿元，延续了数年 40%以上的高增长态势。这主要归因于以下几点：首先，智能设备与移动支付的普及为 O2O 提供了必要的发展环境；其次，O2O 对用户生活服务场景的覆盖不断提升，满足了节奏不断加快，居民需要更便捷的消费需求；此外，众多现象级产品的出现以及大规模补贴投入培养了用户习惯，使频率不断上升。本地生活服务市场极其广阔，统计局数据显示，2016 年仅餐饮一个细分领域市场规模就达 3.5 万亿元。目前，O2O 在整个本地生活市场中的渗透率仍不足 10%。随着互联网公司加大对 O2O 业务的投资力度，O2O 行业将取得更快的发展，同时也为行业其他参与者创造更大的发展机遇。

3.7　智能终端硬件产品渗透率逐步提高

2014 年是中国智能硬件发展的元年，2015 年以来，智能硬件产业不断迎来来自政策、资本、技术等方面的利好，产业结构也逐渐趋于完整，越来越受到各方关注，行业参与热情高涨。艾瑞根据智能硬件产品的适用范围，将智能硬件产品分为智能家居、可穿戴设备、智能交通、健康医疗以及其他 5 类。

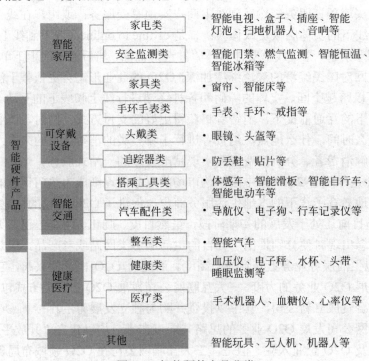

图 3-3　智能硬件产品分类

资料来源：艾瑞咨询，中国智能硬件产业报告

从投资领域分布看，2011—2015年，智能家居融资占40%以上，可穿戴设备占20%以上，且智能家居单笔融资平均金额高于可穿戴设备，智能交通占7%。

用户对智能硬件的整体认知度约在40%，接触度在20%~34%，各类产品的渗透率差异较大，家居与可穿戴类产品超过15%，其他类型的智能产品渗透率都在10%以内。

从市场渗透率来看，智能手环、智能机顶盒、扫地机器人是渗透率最高的产品；从目前用户喜好度来看，智能机顶盒、智能手表和扫地机器人是最受欢迎的智能产品，这体现了用户在拥有多款产品的时候，对市场普及度更高、更实用的产品喜好度更高。

"可穿戴智能设备"是应用穿戴式技术对日常穿戴进行智能化设计、开发出可以穿戴的设备的总称，如眼镜、手套、手表、服饰及鞋等。可穿戴设备应当具备最重要的两个特点：一是可长期穿戴；二是智能化。可穿戴式设备必须是延续性地穿戴在人体上，并能够带来增强用户体验的效果。可穿戴设备是继智能手机之后最火爆、基于移动互联网的智能终端硬件。不论是谷歌、苹果、微软、英特尔还是三星、索尼等国际巨头纷纷布局可穿戴设备领域。当然，国内的厂商更为火热，一些医疗器械企业以及传统实体企业，如华为、中兴、360、小米、联想、盛大、腾讯、世纪佳缘、阿里、李宁等都已涉足这一领域。各种各样形态各异的可穿戴设备层出不穷，行业的火爆与市场的表现似乎并不能成正比，出现了一种两极分化的处境，业内外的吐槽声总是大于赞美声。

当然这种情况的出现是一个产业发展的正常现象，一方面是新兴产业的崛起，用户从认知到接受需要一个时间过程；另一方面当然是产业化产品本身需要一个不断完善的过程，而这一过程中产业链的各个环节都需要一定的时间完善、优化。

人工智能：给市场营销一个新时代

人工智能（artificial intelligence，AI）是计算机科学的一个分支，它企图了解智能的实质，并生产出一种新的能以与人类智能相似的方式做出反应的智能机器。该领域的研究包括机器人、语言识别、图像识别、自然语言处理和专家系统等。

今天，人工智能已经不是一个新鲜概念，随着技术的日益复杂，人工智能正不断扩大在营销等商业领域的应用：各类算法能够在海量大数据中迅速查到所需信息，效率超过人工万倍；人脸识别、语音登录、广告和内容的精准投放等，都是AI技术为商业带来的进步，并有望深刻改变商业世界的规则和面貌。

1. 优质内容写作

当前已经有越来越多的媒体，开始引入人工智能进行一般新闻的撰写。这意味着AI将逐渐具备高效、快速编撰内容的能力——不仅能将原始数据转化为叙事文章，而且能自动生成标题。

这同样意味着，AI有能力在文案写作方面，引导企业的营销转型。目前，一款名为

"Automated Insights"的人工智能写作系统在许多美国企业得到应用。通过一种可将数据变为符合人类阅读习惯文本的"自然语言生成"技术，它能够自动收集与主题相关的信息，然后从中筛选有价值的部分，最后形成可阅读的文案。尽管这些内容在文法上仍显干涩，但包含所有阅读者需要的各类信息、数据，有些甚至有着连贯的上下文关系。

这一技术还将提高营销人员的效率。借助人工智能，他们可以改进海报、直邮广告等的写作质量，通过 SEO（搜索引擎优化）提高营销工作的效果。个性化内容传播就是代表。人工智能在消费者信息的基础上，针对其个人撰写与其相关、"投其所好"的内容。比起千篇一律、大水漫灌式的传统营销，显然会得到更积极的反馈。

2. 精准筛选推送

内容推荐，是当今市场营销和传播的常见方式之一。AI 的加入，让这种模式如虎添翼。美国 Outbrain 公司就借助人工智能，将制作好的内容推送给被挑选出来、更有可能阅读的网民。这极大减轻了营销人员从海量反馈中挑选被推荐者的工作，并且能够保障公司希望传达的信息，会以较高的概率被目标消费群体阅读。

这一案例展示了既有信息的智能推送，但实际上，内容推荐功能的最大价值，是自动推送公司计划外，甚至根本"不知道"的有益内容。这并不难理解，新闻媒体、电商网站现在每天都会根据你的浏览历史，自动推荐一些你很有可能感兴趣的文章和商品，而这些商品的制造商和作者，并不知道。在这方面，IBM（国际商用机器公司）的人工智能"沃森"已是资深的推荐大师。不久前，新兴的运动品牌 Under Armour 就和 IBM 进行合作，共同开发了一款可根据周边相似用户数据，为使用者提供个性化健康建议的应用软件。

可以预见，从提供品牌购买的意见，到广告文本的写作风格，再到网站界面的设计，人工智能的作用将一步步覆盖到当代市场营销的方方面面。

3. 定位目标用户

几年前的科技界曾经流传过一个故事：美国一位男性顾客到当地商店投诉，因为该店竟然给他还在读书的女儿寄婴儿用品的优惠券。但经过与女儿的进一步沟通，这位发怒的父亲发现，自己女儿真的已经怀孕了。商家如何比亲生父亲更早得知其女儿怀孕的消息呢？答案是大数据。会员卡里的个人信息、购物的品类记录等综合在一起，让商家做出了这一虽不礼貌但却极为精确的内容推荐。

如今，在人工智能的帮助下，对大数据的利用变得更加有效：在越来越庞大而细致的数据基础上，人工智能把具备相同或相似行为习惯的消费者加以细分、组群，进而根据社群的共性，制作更加个性化的内容并更加精准地推送，极大提高了营销的投入产出比。

4. 预测未来趋势

每个人都想预知未来，但获得这样一种能力的概率比中彩票头奖还要低。人工智能的出现，让公司预测趋势的能力大大提高。当今是数据爆炸的时代，发达的信息技术让人们能够从不计其数的渠道获取各类数据。借助特殊的智能算法，AI 首先在数以百万计的数据中遴选出与企业自己、行业和消费者相关的有效信息。以此为基础，人工智能将构建一套能够以一定准确率对各种潜在结果进行预估的模型。这个模型当然不是万能和绝对正确的，但却可以有效带来销售和用户数量的双增长。据美国营销和销售预测公司 Everstring 所做的一项调查显示，借助 AI 预测能力的 B2B 行业的营销人员中，有 42%业绩增长率高于行业平均水平。相比之下，传统营销人员中，只有 14%做到了这一点。

今后，AI 无疑将为全球更多企业所接纳和应用，以提升自己的竞争力与市场表现。从实践的层面而言，熟悉人工智能，熟练运用 AI 技术解决企业营销等方面的问题，今后将成为合格的市场营销人员，乃至企业家必备的素质之一——他们需要有能力获取充足的数据，并从中找寻有利于企业发展的价值机遇。

（资料来源：环球网. http://tech.huanqiu.com/news/2017-03/10403398.html.）

本 章 小 结

本章将网络营销的发展趋势概括为七个方面：第一个是搜索引擎。新搜索时代的最大关键点在于整合，能提供多维度的搜索结果资源。整合之后，能为社交化、智能化的未来带来铺垫，如语音、图像技术的融入。第二个是社交网络。Web 2.0 让人们可以更多地参与到互联网的创造劳动中，特别是在内容上的创造。社交平台的进一步发展将重新定义通信和商业活动。第三个是移动网络营销。手机俨然成为中国网民增长的主要驱动力。移动购物、移动搜索、移动游戏等发展迅速，中国互联网巨头纷纷布局移动端。第四个是网络广告。网络广告商通过对数据的整合，可以实现跨平台、跨终端的广告推送。第五个是大数据营销。大数据的网络营销方式包括搜索引擎精准营销、RTB 实时竞价广告、重定向精准营销等。第六个是 O2O。与实物 O2O 相比，生活服务 O2O 领域被普遍认为是下一个亿万元规模的市场。第七个是智能终端硬件产品。可穿戴智能设备是应用穿戴式技术对日常穿戴进行智能化设计、开发出可以穿戴的设备的总称。该产业是新兴产业，用户从认知到接受需要一个时间过程，同时产品本身也需要一个不断完善的过程。

思 考 题

1. 为什么说搜索引擎是第一营销工具？
2. Web 3.0 的特征包括哪些？
3. 移动网络广告的发展趋势有哪些？
4. 大数据有哪些特点？
5. 什么是 O2O？中国哪些领域 O2O 发展前景好？
6. 什么是可穿戴智能设备？未来发展前景如何？

实 践 题

1. 请用语音搜索以下内容："智能手机""如何去火车站"。看看使用过程和搜索结果有哪些不足。

2. 请分别用 PC 和智能手机登录几大门户网站的首页，查看出现的广告有什么不同，并分析移动广告的特点。

3. 请调查网络消费者对可穿戴智能设备存在哪些误解。

第二篇 战 略 篇

第 4 章 网络营销战略和商业模式

> **学习目标**
>
> 了解什么是战略和战略管理、网络时代战略的困境。掌握目标营销战略和绩效考核指标。熟练掌握商业模式和商业模式构成要素，以及电子商务模式与层次。

任何企业的发展都要保持对外的灵活性，这种灵活性更多地体现在适应环境方面。互联网的独特性重新塑造了新时代的商业环境。网络环境下的商务活动与传统商务活动迥异，网络企业要想长期生存和发展，必须创造适合互联网时代的企业战略和商业模式。

4.1 网络营销战略

4.1.1 战略和战略管理

"战略"（strategy）一词最早是军事方面的概念。英文"strategy"一词源于希腊语"strategos"，含义为将领指挥军队作战的艺术。在战略管理形成的初期，一个比较经典的定义是商业史学家小艾尔弗雷德·钱德勒在《战略与结构》中给出的，"战略是确定企业的根本长期目标，并为实现这些目标而采取必要的行动序列和资源配置等活动"。

后来，亨利·明茨伯格（H.Mintzberg）认为人们在不同的工作生活场合赋予战略以不同的内涵。他借鉴市场营销学中的四要素（4P）的提法，用计划（plan）、计策（ploy）、模式（pattern）、定位（position）和观念（perspective）五种规范的定义（5P）来概括企业战略。

从企业未来发展的角度来看，战略表现为一种计划（plan），是一种有意识、有预计、有组织的行动程序。按照一定的顺序（如时间、空间或逻辑顺序），将企业的主要目标、方针政策和经营活动结合成一个缜密的整体。从企业发展历程的角度来看，战略则表现为一种模式（pattern），是企业一系列探索的过程和不断试错的结果。企业过去行动的"烙印"，会自然形成某种决策模式，并将影响未来的行动。从产业竞争角度来看，战略表现为一种定位（position），是企业确定自己在所在行业中的合适位置和达到该位置所应采取的各种措施。定位就是要通过正确地配置企业资源，形成有力的竞争优势。从企业认知角度来看，战略则表现为一种观念（perspective），是企业对客观世界固有的认知方式，体现了企业对环境的价值取向和组织成员对客观世界固有的看法，进而反映了企业战略决策者的价值观念。从行动过程角度来看，战略表现为企业在竞争中采用的一种计策（ploy），战略不仅仅是行动之前的计划，还可以在特定的环境下成为行动过程中的手段和策略。

战略管理（strategic management）指企业在一定时期内，对全局的、长远的发展方向、目标、任务和政策，以及资源调配等做出的决策和管理。战略管理由五个相关而完整的环节组成。

（1）形成公司需要朝什么方向发展的战略愿景和使命。需要管理者提供长期发展方向，宣传组织的宗旨，并同股东交流管理人员对公司的渴望。

（2）设立目标，将战略愿景转变成公司要实现的明确绩效目标。

（3）制定实现目标的战略，然后让公司朝它想去的方向发展。

（4）贯彻执行所选择的战略，讲求效果和效率。

（5）评估绩效，并根据实际经历、变化的环境、新思想和机会，在方向、目标或执行方面主动进行调整。

战略管理的各个环节相互联系、循环反复、不断完善，是一种动态管理过程。

4.1.2　网络时代战略的困境

在经营活动中，企业自身会不断成长，同时还要受到环境的影响。因此，企业的战略是下面两种行动的混合体：一种是企业管理者发起的主动性和计划性的进攻；另一种是对无法预期的发展和新市场状况做出应变性回应。20 世纪 60 年代以来，学者们一直被"战略是如何形成的"这一问题困扰，他们从战略行动混合体的两个方面给出了不同的答案。最具代表性的是两种对立的观点：战略是深思熟虑的和战略是应急的。在网络时代，技术、市场和社会等环境都发生着剧烈而快速的变化，这使企业对于"是否需要战略"，以及"如何形成战略"产生质疑，这种质疑体现为以上两种观点的冲撞。

1. 深思熟虑型战略

长期以来，战略管理被认为是企业建立长期目标和行动计划所进行的分析过程。战略管理的前提假设是：战略是人为的、有意识的、周密的思考和严格控制下的管理过程，这种战略模式被称为深思熟虑型战略模式。现实中，一个公司当前战略最大部分来源于以前发起的、运转良好、值得继续的行动和经营方式。这部分行动是有计划的和主动的，是管理人员对公司状况的分析和思考，以及对于公司如何在市场中定位并应付竞争者的产物。

人们对这种模式的质疑主要是因为成功实施这种战略至少应满足几个条件：组织内必须有非常明确的意图；这些意图必须为绝大多数成员所接受；环境必须是完全可以预测的，并且是可以控制的；制定战略所必需的信息是充分的。然而，在网络技术迅猛发展的今天，未来 5 年或 10 年的技术会演化成什么样子，市场和消费者会变成什么样子，这都是难以预测和控制的。许多网络公司从创业到上市成为大公司就几年的时间，战略意图未必清晰，商业模式也有待市场的检验。要想同时满足上述条件几乎是不可能的，那么战略又怎么能是深思熟虑的呢？

2．应急型战略

应急型战略抓住了深思熟虑型的要害。他们认为即使组织能够评价它们的环境，也没有人能准确地预测未来，许多突发事件的发生会挑战我们的某些基本假设，而且不少巧妙的观点往往产生于正式战略规划过程之外。已实现的成功战略不是企业高层人员经过深思熟虑后再推行的结果，而是应急的、突现的结果。亨利·明茨伯格曾提出战略形成的草根模式。他认为战略就像是花园中掩埋在地下的草根，某种模式可能会很意外地出现在某个地方。在某些时候，一个机遇会促使个人或单位创造出自己的模式。另一些时候，某些行动会促使不同人之间相互协调而集中一个战略主题，甚至有时候，外部环境可能会把一个模式强加给一个毫无准备的组织。当模式逐步被认可时，就会在组织里扩散，而扩散的过程可以是没有意识的，也可以是没有控制介入的。模式一旦成为组织中多数人的行为模式，就会成为组织的战略。

对应急型战略模式的主要质疑是此种模式如何能保持一种长期性和连贯性行为。我们难以想象完全没有集体意图指导的行动会有什么样的后果。如果企业根据顾客偏好、竞争对手的新近战略、新技术和市场机会进行快速的、频繁的大规模战略变动，必然会造成组织分裂，并使顾客感到迷惑。此外，持续调整一个基本合理的战略，使之与变化的市场环境保持协调，要比试图在每个转折点都改动基础战略收益更大。纯粹的应急型战略模式并没有给出战略形成的有效途径，并不能帮助组织形成战略。

3．深思熟虑型战略和应急型战略的结合

现实中构思一个战略不仅涉及事先把一个广泛的战略意图缝合在一起，还要随着事件的开展和公司环境的变化逐步修改。企业实际战略管理过程是管理者适应环境，以及管理者从经验中学习并试图改进、完善和再完善过程。战略管理需要结合深思熟虑型战略和应急型战略，取长补短。

在具体结合形式上，明茨伯格描述了两种较为典型的方式：一种被称为"伞型"战略，另一种被称为"过程型"战略。"伞型"战略即组织的领导者只制定大体的指导方针，定义出组织战略活动的范围，其他执行者拥有相当的自由选择权，他们要遵守这些规范并且在规定的范围内活动。形象地说，就是组织的领导者设定了各种各样的"伞"，他们期望组织的活动都发生在"伞"下。"过程型"战略指组织的领导者只控制战略制定的过程，而把战略的内容留给了其他的执行者。例如，组织的领导者控制着战略制定人员的安排，或者设计相应的组织以决定战略制定者工作环境。而负责战略的执行人员同样被赋予了相当的自由选择权和决策权。在这两种方式中，组织的领导层设定了战略形成系统，使其他执行者灵活地在这个系统中不断演进其战略模式。这样既保证了"伞型"模型中行为规范和活动范围的设计，也保证了"过程型"模型中对过程的控制，同时也是应急的和突显的。

4.1.3 网络营销战略

网络营销战略是指企业为实现其经营目标,在一定时期内,利用数字信息技术进行营销活动的总体设想和规划。一个复杂的网络营销战略可能包括公司各个层次的战略。数字信息技术对企业影响的深度和范围不同,营销战略调整的层次也不同。具体来说,网络营销战略可以是一种职能层次战略,应该与公司整体理念和经营目标是一致的,支持公司战略和事业层战略的实施。如果数字信息技术融入企业事业部层面战略,网络营销战略需要决定事业单元提供什么产品或服务,以及向哪些顾客提供产品或服务。在选择的领域里如何跟对手进行竞争,如何提高企业的业绩,构建可持续的竞争优势。如果企业拥有多种业务,并且数字信息技术融入公司层面的战略,那么网络营销战略则需要考虑网络环境和电子商务模式等问题,决定公司应选择哪类经营业务,拓展哪些新业务,并且保持网络环境与营销战略的互动。

网络营销计划是网络营销战略形成和实施的一个蓝图。它是通过营销管理把公司的电子商务战略与技术驱动的营销战略结合起来,为计划的实施列出工作细则。网络营销计划好比是一张线路图,引导企业的行进方向、分配资源,在关键时刻做出果断的决策。

网络营销计划的前提是公司已经制定了一个公司层面的战略,规定了公司的目标、电子商务模式。如果这个战略还没有形成,那么营销人员必须全面考虑公司环境并在产生网络营销战略之前对公司进行 SWOT 分析。

1. 形势分析

企业是环境中的一个子系统,各种外部因素都会对企业产生影响。但是,企业不可能也没有必要对与企业相关的所有外部环境因素都进行详细的分析研究。不同产业类型的企业,有不同的外部相关环境因素,对环境研究的需要也不尽相同。因此,各类企业在进行环境分析时,应该有重点地抓住关键环境因素,这些因素就是战略环境因素。确定战略环境因素之后,要找出这些对本企业目前和未来具有较大影响的萌芽或潜在影响因素,然后科学地预测其发展的趋势,发现环境中蕴含着的机会及威胁。

网络营销环境分析主要分析法律因素、技术因素以及市场因素等,通常使用 SWOT 分析法。SWOT 分析包括对公司内部的优势(strengths)和劣势(weaknesses)的分析,以及对公司外部所存在的机会(opportunities)和威胁(threats)的分析。机会分析可以帮助公司确定目标市场或开发新产品的机会,威胁则是指企业面临的风险。分析优势和劣势时,必须从企业整个价值链的每个环节上,将企业与竞争对手做详细的对比。如果一个企业在某一方面或几个方面的优势正是该行业企业应具备的关键成功要素,那么,该企业的综合竞争优势也许就强一些。需要指出的是,衡量一个企业及其产品是否具有竞争优势,只能站在现有潜在用户角度上,而不是站在企业的角度上。

战略是一个企业"能够做的"(组织的优势和劣势)和"可能做的"(环境的机会和威胁)之间的有机组合。SWOT 分析通过调查列举内部的优势、劣势和外部的机会、威胁,并依照矩阵形式排列,然后把各种因素相互匹配起来,系统地加以分析,得出相应的结论，进一步制定战略、计划以及政策等。

2．市场定位

营销人员所进行的市场机遇分析包括对市场细分、目标市场选择和目标市场定位几个方面的分析。在市场细分分析中要对潜在的获利能力、可持续性、可行性，以及潜在的细分市场规模进行描述和评估，预测市场细分的收益率，找到开拓在线市场的竞争优势。在 B2C 细分市场中，要使用各种描述性语言，如人口统计特征、地理位置、市场心理特征，以及某种产品的历史行为（在线或离线的购物方式等）。B2B 市场中的描述性语言包括公司位置、规模、所属行业、需求类型等。这些描述性语言可以帮助企业识别潜在的有吸引力的市场，以及了解细分市场的发展趋势。

进行全面的市场机遇分析之后，企业就可以选择目标市场，并且清楚地了解其特点、消费行为，以及对公司产品的需要情况。此外，企业还可以了解每一个市场的价值诉求。在了解目标市场以后，企业就需要判断如何将本企业的产品与竞争对手的产品区分开来，而且要让目标市场的顾客明显地感知这种差异，进行差异化分析。在差异化分析之后，应该制定一份品牌定位报告，说明企业品牌形象，本企业的品牌与竞争对手的差异。

3．经营目标

一般情况下，一份网络营销计划中的目标包括以下三个方面：其一，任务（需要完成什么？）；其二，可量化的工作指标（工作量是多少？）；其三，时间限制（什么时候完成？）。网络营销计划一般要说明为什么设定这样的目标，利用电子商务和网络营销手段，这样的目标为什么是可以实现的。

当然，大部分的网络营销计划都希望完成多个目标：如增加市场份额，增加社交媒体上顾客的评论数量，增加销售收入或销量，降低分销或促销成本，完成品牌目标（提高品牌知名度），扩大数据库的规模，完成顾客关系管理目标（提高顾客满意度、提高购买率或维系顾客的比例等），改进供应链管理（提高渠道成员的协作能力，增加合作伙伴数量，优化存货水平）。多种目标之间的协调和权衡也是网络营销计划必须考虑的。

4．营销组合策略

营销人员按照 4P 的内容和关系管理制定营销策略，来实现既定的目标，也就是关于产品、价格、促销和渠道的计划目标。此外，营销人员还要设计顾客关系管理及伙伴关系管理策略。这里网络营销计划、经营目标和营销组合策略三者是一个互动的过程，在选择最好的目标市场，确定具有竞争性的市场定位之后，营销目标才能确定，之后才可以通过营销组合来实现营销目标。

5．实施计划

要通过有创意、有效率的战术来完成目标，应先通过具体的 4P 组合的营销措施和整合营销沟通的方法，以及自动化信息收集战略来实施计划。

6. 预算

任何一个战略规划的关键部分都是确定预期的投资回报。企业可以比较收益与成本，进行成本收益分析，计算投资回报率（ROI）或内含报酬率（IRR）。管理层用这些指标来判断它们所做的投入是否值得。

预算中的收入预测包括网络站点的直接销售收入、广告销售、订阅费、会员介绍费、在伙伴站点实现的销售、佣金收入以及其他收入。还应该包括无形收益，以及通过网络的高效率所节约的成本，它被称为企业的软收入。

网络营销成本包括一些传统营销成本，更重要的是网站开发可能发生以下一些费用。

技术费用：包括软件和硬件购置费用、联网费用、服务器购置费用、教育方面的资料及培训费用，以及站点的运营及维护费用。

站点设计费用：网络站点需要平面设计师来创建一个具有吸引力的页面，包括图片和照片，这就会产生设计费。

人员工资：所有参与网站开发与维护的工作人员的工资都要列入预算项目。

其他网站开发费用：除去技术费用和人员工资，其他的费用都在这一项目中列支。

营销沟通费用：凡是与增加网站的访问量、吸引回头客消费直接相关的费用都列入营销沟通费用。

杂项费用：差旅费、电话费、网站建设初期发生的文具用品费用等应计入杂项费用。

7. 评估和控制

网络营销计划开始实施后，必须建立合适的跟踪系统，经常对其进行评估和控制。为了力求全面和平衡，评估的内容和目标可以利用平衡计分卡来进行。评估时也要注意一些无形的目标，如品牌目标如何能引导企业获取更多的收益。评估方案也要拿出准确、适时的测量手段来保证网络营销计划的启动和发展的各个阶段费用支出的合理性。

4.2 电子商务模式

商业模式（business model）最早出现在创业学的文献中，20世纪90年代中期，随着互联网产业的兴起，商业模式才开始被广泛使用和传播，并且不断升温。但是大家对商业模式内涵的解释却往往是各取所需，至今仍然没有一个权威的定义。英文 business model 中的"business"一词意思很多，可以指商业活动、一家企业、一项事业或者一个业务等。business model 翻译为业务模式更为贴切，但是鉴于商业模式的翻译已经广为流传，我们还是将其翻译为商业模式。

在创业学文献中，与今天"商业模式"一词相近的概念是创业者的创意，或者叫商业创意。商业创意来自创业者对市场机会的发现，而市场机会表现为未明确的市场需求或者未被利用的资源或者能力。创业者通过创造性的资源组合，传递更为明确的市场需求,从而增加满足该市场需求的可能性。随着市场需求日益清晰以及资源得到准确界定,机会也摆脱其基本形式,逐渐演变成为创意,具体包括如何满足市场需求,如何配置资源等核心计划。商业创意主要表达企业通过什么途径或方式为顾客创造价值。紧跟商业活动的变化,商业创意变得更加复杂,包括产品/服务概念,市场概念,供应链、营销、运作概念,进而商业创意逐渐成熟,形成一个将市场需求与资源结合起来的系统,最终演变为完善的商业模式。

4.2.1 关于商业模式的各种理论

管理学大师彼得·德鲁克说:当今企业之间的竞争,不是产品之间的竞争,而是商业模式之间的竞争。他认为好的商业模式会大大地增加商业活动成功的概率。尤其是新技术的发展推动商业模式不断演进,形成不同的观点。

1. 运营模式论

运营模式论认为商业模式是指把企业运行的内外各要素整合起来,形成一个完整的、具有竞争力的运行系统,其核心是运营模式。企业的财务会计、技术、生产运营、市场营销和人力资源等构成了管理的主要职能,这些多职能构成一个循环往复的过程,对这一过程进行统筹管理,即运营管理。企业的运营是一个投入、转换、产出的过程,是一个增值的过程,必须考虑如何对生产运营活动进行规划、组织和控制,然后通过运营系统实现上述变换过程。不同企业内部人、财、物、信息等各要素的结合方式不同,为顾客提供的解决方案不同,便形成不同的运营模式。广义的运营模式是一个超越企业自身边界的、与其他伙伴相互依赖的活动体系,界定企业与其交易伙伴(如顾客、供应商、互补品提供者)之间交易的架构、内容与规制,从而使企业能够利用机会去创造价值。

运营模式论实质上是遵循一种管理逻辑。从操作和执行层面来说,商业模式设计和安排企业运作过程,应强调关键资源(如人员、技术、产品、场地等)和过程要素(如组织、流程、管理规范、评价标准等)的重要作用。从经营的角度来说,每一个企业必须回答两个基本问题:企业的产品是什么,顾客是谁。为了回答这两个问题,企业需要解释如何通过运用管理和运营系统把商业创意变为现实中顾客需要的产品。一个企业有了有效的、具有竞争力的运营模式,就具备了成功的基础条件。尤其是当投资者无法判断初创企业的未来前景时,企业的运营模式可以作为一个核心的指标来判断企业的商业模式是否可行。这也是许多风险投资者很看重运营模式的原因。

2. 盈利模式论

盈利模式论认为商业模式是指公司如何在价值链中定位,以及获取利润的方式,其核心是盈利模式。持有盈利模式论的学者很多,如保罗·梯莫尔斯(Timmers,1998)认为:商业模式是产品、服务和信息流动的架构,包括对于不同参与者的角色描述,对不同参与者潜在收益的描述,以及对收入来源的描述。琼·玛格丽塔(Magreta,2002)认为:一个好的商业模式要回答每一个管理者必然要问的问题,即我们如何在一个业务上赚钱，我们如何通过适当的成本为顾客交付价值，背后的经济逻辑是什么。亨利·切斯博儒（Chesbrough，2007）认为：商业模式是连接技术潜能与经济价值实现的直观逻辑。

盈利模式论是对商业模式的一种经济逻辑的解释，用来说明企业如何在一个可以接受利润率的价格和成本水平上将价值传递给顾客。企业的产品和竞争手段如何以及为什么能产生收益，并有一个相关的成本结构，能产生有吸引力的投资收益和回报。

3. 价值创造论

价值创造论认为商业模式是企业如何通过为顾客创造价值、提供价值，从而为自己收获价值的方式。价值创造论的代表人物是大卫·梯斯（Teece，2010）等。梯斯认为商业模式是一个企业有关其价值创造过程的总体架构设计，包括价值创造、交付和收获机制。其实质是确定企业价值创造的逻辑和方式，即如何向用户交付价值、吸引顾客为价值付账，并将这些支付转换为利润。该商业模式反映了企业经营者的一系列假设：顾客需要什么，他们怎样需要，企业如何组织自己的活动去最好地满足这些需要、收取费用并获得盈利。

梯斯的定义较为全面地阐述了商业模式的价值机制。首先是价值主张与创造。一个企业需要选择为谁创造价值，创造什么样的价值。"为谁创造价值"需要知道企业的目标顾客群体是谁，如何对其进行准确清晰的定位。"创造什么样的价值"需要清楚顾客的需求到底是什么，顾客的"痛点"在哪里，然后提供相应的解决方案。其次是价值的提供与交付。企业需要通过一系列的资源配置和活动安排来提供和交付价值。最后是价值的捕捉与收获。企业必须有清晰并且可以持续的盈利方式，来保证企业在整个价值创造过程中获得属于自己的经济价值。从成本结构、收入来源、现金流量到盈利空间，这些都是企业价值收获的关键要素。

价值创造论是对商业模式的一种综合概括。其核心是以顾客为中心的价值内涵，也就是企业能给顾客提供什么价值，顾客为什么选择你而不是别人。顾客价值已经成为现代营销的出发点，在这点上其与商业模式是一致的。价值的提供与交付体现的则是企业运营过程，价值捕捉与收获表达的是企业的盈利目的。价值创造论按照逻辑顺序阐释了价值机制，体现环环相扣、密不可分的有机体。但是在现实应用中，三部分往往齐头并进、同时发生。任何一个部分受阻都会影响整个商业模式的顺畅运行。

4.2.2 商业模式的构成要素和特征

商业模式的构成要素有很多种说法，其中九种因素说是包括因素比较多的一种。其具体内容如下。

（1）目标顾客。目标顾客就是公司所瞄准的顾客群体，这些顾客群体具有某些共性需求，公司能够针对这些共性需求创造价值。目标顾客可以根据各种标准进行划分，如大众、小众等。

（2）价值内涵。价值内涵为公司通过其产品和服务所能向消费者提供的价值。价值内涵的关键就是你得解决顾客的问题，满足顾客的需求。典型的价值内涵有创新、性能、定制、实用、设计、品牌、价格、节能、降耗、安全、易得、易用等。

（3）传送渠道。公司如何通过沟通渠道、分销渠道、销售渠道把价值内涵交付给顾客。

（4）顾客关系。公司与每个目标顾客建立并保持关系。顾客关系主要是为了获取顾客、保持顾客、提高顾客收益。

（5）收入流。公司成功地把价值内涵提供给顾客并获得收入。收入流可以是一次性的，也可以是长期的。收入流的种类有卖产品、收使用费、出租出借、发放许可、交易费、广告费等。不同的收入流需要不同的定价方式来支持。

（6）关键资源。公司建立和运转商业模式所需要的关键资源。这些资源能够让企业创造并提供价值内涵，得到市场，保持顾客关系，并获得收入。这些资源包括物质资产、知识产权、人力资源、财务资源等。

（7）关键活动。只有通过这些活动，一个公司才能创造并提供价值内涵，得到市场，保持顾客关系，并获得收入。关键活动包括生产产品、提供服务、解决问题、构建平台等。

（8）关键伙伴。关键伙伴包括供应商和合作伙伴所形成的网络。公司之间为有效地提供价值并实现其商业化而形成合作关系网络，构成商业联盟。主要的伙伴形式有非竞争对手间的战略联盟、竞争对手间的竞争合作、合资合作、供应商—购买者关系等。

（9）成本结构。成本指运营一个商业模式所需要的所有成本。创造价值、保持关系、获得收入都会产生成本。不同的商业模式有不同的成本结构，例如，固定成本为主、可变成本为主、人员成本为主、原材料成本为主等。不同的商业模式有不同的驱动因素，如成本驱动型、价值驱动型。

其他的还有三种因素说、四种因素说等，这些说法大多是把九种因素的其中几种归纳为一类，使因素的数量减少。三因素说包括顾客价值主张、资源和生产过程、盈利模式。其中的"顾客价值主张"指的是在一个既定价格上企业向其顾客或消费者提供服务或产品时所需要完成的任务，体现九种因素说中的目标顾客、价值内涵和定位；资源和生产过程对应九种因素说中传送渠道、顾客关系、关键资源、关键活动等相关生产运营因素；盈利模式对应的是成本结构、收入流、关键伙伴等有关利润产生和分配的因素。

4.2.3 商业模式与战略的关系

商业模式与战略之间具有相似性，二者都是用来解决企业生存和发展问题的。在实际商务活动中，二者往往是不加区分地使用，可以互换通用。尤其是在网络和通信技术所推动的网络经济中，商业模式已经逐渐成为一种取代战略的新范式，以至于网络企业大谈商业模式，较少涉及"战略"一词。二者所包含的内容也有交叉重合的部分，甚至有的对商业模式的阐述就是对战略的另一种解释，如克里斯滕森认为商业模式包括四个相互关联的要素，它们共同为顾客创造和交付价值。这些要素是：价值主张、盈利公式、关键资源和关键过程。这其中的价值主张相当于战略中的战略定位；盈利公式主要是指竞争优势；关键资源和关键过程说的是战略实施的必要条件。

但是商业模式与战略在许多方面还是有所不同。

（1）战略强调企业与外部环境的匹配，SWOT分析是体现这一思维典型的例子，通过内部优势和劣势与外部的机会和威胁的组合来选择适合企业的战略。商业模式更注重内部系统的整合，如关键资源、关键活动。商业模式缺少分析外部环境的方法，如没有像竞争战略中的五力模型这样的模型，也很难将环境与内部资源和能力相联系。

（2）战略是目标导向的，企业战略通过层层分解的目标体系来整合资源，实现既定目标。战略目标既包括财务目标，也包括非财务目标。商业模式并没有战略那样的目标体系，商业模式只涉及财务目标，如成本结构、收入流等，一些重要的非财务目标往往被商业模式忽视，如品牌价值、市场覆盖率等。

（3）战略是多层次的，尤其是多战略业务单元（strategic business units，SBU）的企业，企业层面的战略用来确定公司发展方向和业务单元的选择。商业模式虽然适应范围广泛，但是较少涉及公司层面的战略。从层次上来说，商业模式主要集中于实践和操作层次上。在内容上，商业模式与事业部和职能层次战略有相似之处。在同一种商业模式下，企业可以有不同的战略定位和选择，这些选择将影响企业是否能成功地应用某种商业模式。

（4）战略的目的是造就自己独特的地位和差异，从而获取竞争优势和卓越的经营业绩。某个企业的战略来源于其内部独特资源与能力的长期演化，战略所具有的独特性使其难以模仿。商业模式受技术影响较大，体现一定时期企业经营的通用模式。在关于商业模式的理论中，对于选择同一种商业模式的企业彼此之间如何相互竞争的阐述较少，因此商业模式被认为是比较容易模仿的。在商业实践中，一个企业创造一种新的商业模式，然后会有其他企业竞相模仿，当该模式中有企业处于主导地位时，又会有新的商业模式出现，又开始新一轮的模仿和创新。可以说，商业模式不注重同一模式内部的企业如何竞争，更强调新模式的更迭。

另外，商业模式不像战略那样历史悠久，其兴起时间短，还处于不断发展完善的过程中。但是成功的商业模式必然能克服这些弱点，随着新的理论不断涌现，将填补目前的不足。

4.2.4 电子商务模式与层次

1. 电子商务模式

电子商务（electronic commerce）是指利用计算机技术、网络技术和远程通信技术，实现整个商务活动过程中的电子化、数字化和网络化。它是以信息网络技术为手段，以商品交换为中心的商务活动。在网络环境下，买卖双方可以不谋面地进行各种商贸活动，实现消费者的网上购物、商户之间的网上交易和在线电子支付，以及相关的综合商务服务活动。

电子商务模式是指企业利用信息技术求得长期生存的一种方式，它既包括对合作伙伴和顾客的价值主张，也包括企业的收益模式。电子商务模式是信息技术对传统商务模式的改造，所以电子商务模式包括对数字技术的利用，以及离线状态下的配送技术。

电子商务模式中企业应该如何为顾客和伙伴创造价值呢？价值是顾客对公司产品带来的收益的感知，尤其是产品的性能、品牌、售前售后服务等。其计算公式如下：

价值＝收益-成本

信息技术通常能为利益相关者增加收益和降低成本。

1）网络营销帮助增加价值

（1）在线规模定制，为不同利益相关者提供不同的产品和信息。

（2）个性化，贴近于个体的独特需求。

（3）提供全年无休息服务。

（4）自助式订单及订单跟踪。

（5）通过社交网络了解顾客。

2）网络营销帮助降低成本

（1）低成本信息传递，各种网络手段如电子邮件和即时通信可以大大降低成本。

（2）低成本的数字产品配送渠道，虚拟产品可以通过网络配送节省物流费用。

（3）低成本交易过程，交易过程方便、快捷。

（4）低成本信息获取，如网络调研和顾客反馈等。

（5）提高供应链效率，如通过沟通优化和库存优化来提高效率。

（6）降低顾客服务成本，网络常见问题回答，在线互动便于解决问题。

3）网络营销帮助增加收益

（1）在线交易收益，包括产品、信息、广告、订购费，以及佣金、咨询费等。

（2）增加产品价值和服务价值，提高价格。

（3）开拓新市场，扩大顾客群。

（4）建立顾客关系，增加老顾客的消费额。

2．电子商务层次

企业电子商务实施到什么程度，可以采用哪些网络营销手段，这些问题都取决于企业对所在行业商务模式变化的判断。我们可以用金字塔来展示实施电子商务的各个层次（图 4-1），通常只有少数企业能到达最高层次，成为单一经营的电商企业。电子商务模式越接近金字塔的顶端，参与电子商务活动越频繁，企业商业模式与信息技术结合得越紧密，互联网对企业的影响越深刻。

我们可以按照企业的职能分工对常用的电子商务模式进行分类。如前所述，各个企业参与电子商务活动的程度不同，电子商务模式也会不同，许多企业往往将两种或多种模式结合运用。

1）作业层面的电子商务经营模式

这种模式是处于金字塔底层的单项经营活动。如果利用信息技术或互联网技术进行自动化操作，就能为企业节省开支。在这一层次，企业利用电子商务带来的效率降低经营成本。

（1）在线购买。企业从网上向供应商订购，自动完成采购活动。通常此类活动不具有营销功能，但是如果零售商（如沃尔玛公司）利用供应链建立自动订单处理系统，这样的操作就具有了重要的营销功能。

（2）订单处理。网络零售商自动处理顾客的在线交易。

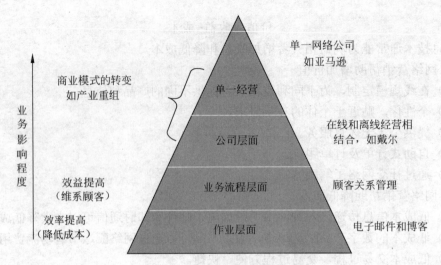

图 4-1 企业实施电子商务的层次

资料来源：朱迪·斯特劳斯，雷蒙德·弗罗斯特. 网络营销[M]. 5版. 北京：中国人民大学出版社，2013：31.

（3）电子邮件处理。企业向有关人员发送电子邮件，能够节约印刷成本和邮寄成本。

（4）信息发布。企业在网上提供有价值的信息和服务，由此来增加网站的访问量，创造广告销售机会，减少印刷成本。

（5）商业智能。收集有关竞争对手、市场、顾客的一手信息或二手信息。

（6）在线促销。企业可以利用互联网发送数字产品的试用装（如音乐、软件），或开展抽奖活动等。

（7）在线广告和公共关系。在作业层面上，企业可以从他人的电子邮件和网站上购买广告信息。如果是企业销售广告，那就是内容赞助，属于更高层面的商务流程。在线公共关系包括建设企业自己的网站，通过网络发布信息，以及其他的在线公关活动。

（8）定价策略。企业可以采用动态定价模式，针对不同顾客群定制不同的价格，甚至是一对一地个性化定价。在线拍卖谈判就是由买方而不是由卖方发起的一种动态定价。利用网络技术，企业可以自动操作这样的活动。

2）业务流程层面的电子商务经营模式

（1）顾客关系管理。顾客关系管理旨在保持和改善企业与顾客之间的关系，建立长期、稳定的伙伴关系，增加顾客与企业交易的数量和频度，提高顾客对企业和产品的满意度。企业与顾客的接触可以是在零售商店、公司办事处或者通过信函、电话和网络实现一对一的互动。所有这些接触点交互所获得的信息可以整合在一起并存储到数据库中，形成一幅全方位的图画，勾勒出顾客的特征、消费行为和偏好。

（2）知识管理。知识管理系统是将各种经营报告、顾客的账户信息、产品销售信息以及其他对管理者决策有价值的信息整合在一起，形成一个有机的整体。

（3）供应链管理。对配送渠道的整合、协调，目的是更加有效地向顾客递送商品和服务。

（4）在线社区建设。企业建立网站，把一群有特殊兴趣的顾客聚集在一起。在这种商务模式中，企业邀请顾客参加网上聊天，或者在网上发帖，撰写博客吸引潜在顾客。

企业也可以在顾客频繁光顾的网络社区或社交网络上张贴自己编写的内容。通过在线社区建设，企业可以建立一种社会联系网，提升顾客关系和公司形象。

（5）会员联盟。参加会员联盟的企业在自己的网站上加入其他零售网站的链接，通过该链接进入，实现产品销售后，获得一定佣金。

（6）数据库营销。收集、分析和传播有关现有顾客、预期顾客和公司产品的电子信息，目的是提高公司利润。这是大部分参与网络经营的企业实施的重要的营销战略。

（7）企业资源计划（ERP）。负责处理订单接收、采购、制单和库存控制的后台操作系统。通过 ERP 系统，企业可以降低成本，优化业务流程。

（8）规模定制。规模定制是针对每一个顾客利用电子技术自动生成、定制的一种营销手段。企业可以收集现有顾客和潜在顾客的信息，成批地又有针对性地为顾客定制产品和沟通信息。

3）公司层面的电子商务经营模式

在金字塔的公司层面，企业在一个统一的系统中对各种业务流程进行自动化操作，这说明电子商务已经在整个企业中担当了重要的角色。如戴尔电脑公司已经实实在在地采用了这种电子商务模式。

（1）电子商务。电子商务指利用互联网销售产品和服务的在线交易。有的是单笔交易，有的是持续的订购交易。

（2）直销。直销指厂商取消中间环节（如零售商）直接向消费者销售。戴尔电脑公司采取的就是这种商务模式。

（3）门户网站。门户网站指进入互联网的入口。门户网站不仅具有搜索功能，还提供许多其他的服务，如网络游戏、电子地图、商场购物、电子邮件等。

（4）社交网络。社交网络把具有相同兴趣的网络用户聚集在一起，建立友谊、交流从业经验。开发社交网络的人创造收益的方式多种多样，如广告顾客支付的广告费、招聘单位支付分应聘者信息费、第三方位提升用户利益应用网站所支付的费用等。

（5）在线经纪人。在线经纪人是购买谈判过程中间人，他不代表卖方或是买方的利益。该模式来源是收取佣金。

（6）制造商代理。制造商代理代表多家销售商，整个产业链的制造商在网站销售产品。

（7）买方代理。买方代理即买方代表。在互联网上，买方代理可以代表无数购买者，常常还可以匿名操作。如购物代理和反向拍卖。购物代理是帮助个体消费者在网上找到价格最优惠的产品。反向拍卖是购买者可以在卖方代理商网站上输入商品报价，卖方可以表示接受或不接受该价格。

4）单一经营企业模式

金字塔顶端是单一形式的网络经营企业。单一经营企业是指从网络起家的企业，尽管有些企业后来也发展了实体的门店，但是它们依然属于单一经营的网络企业。这些企业不像传统企业那样从低端起步逐渐上升，而是直接出现在金字塔的顶端。单一经营的企业面临巨大的挑战，它们不仅需要创立品牌，还要从传统实体企业手中夺取顾客。但是这种企业往往具备比传统企业更能提高顾客价值的特点，如亚马逊和新蛋（Newegg）、

Yahoo、eBay。而且这样的企业往往拥有大量关于顾客、供应商、销售商等商务和金融方面的数据，可以方便地进行数据挖掘，扩展收益渠道。单一形式的网络经营企业的数据是一种庞大的资产，它们最有可能转型为未来网络经济中的数据型公司。

4.3 目标营销战略

市场细分（market segmentation）概念最早是美国营销学家温德尔·史密斯（Wended Smith）在1956年提出的，此后，美国营销学家菲利浦·科特勒进一步发展和完善，最终形成了成熟的STP理论：市场细分（segmentation）、目标市场选择（targeting）和市场定位（positioning）。此后，STP理论成为营销战略的核心内容。

根据STP理论，市场是一个综合体，是多层次、多元化的消费需求集合体，任何企业都无法满足所有的需求，企业应该根据不同需求、购买力等因素把市场分为具有相似需求的不同消费群，即若干子市场，这就是市场细分。企业需要根据自身战略和产品情况，从子市场中选取有一定规模和发展前景，并且符合公司的目标和能力的细分市场，将其作为公司的目标市场。随后，将产品定位在目标消费者所偏好的位置上，并通过一系列营销活动向目标消费者传达这一定位信息，让他们注意到品牌，并感知到这就是他们所需要的。这一过程被称为目标营销战略。具体的目标营销战略包括如图4-2所示的四个步骤。

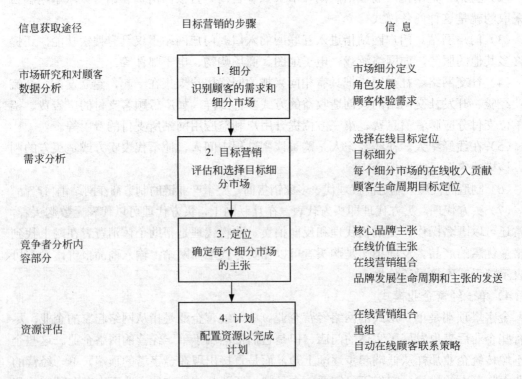

图4-2 目标营销战略的形成步骤

4.3.1 细分/目标市场选择

细分是一种管理的技术,它是指公司向它们的顾客提供专注服务。营销人员在进行市场细分时,通常要考虑四个要素:人口统计特征、地理位置、心理特征和行为特征。网络营销所使用的细分标准有其独特性。如地理细分中可以包括网页上的语言,人口统计学可以为跨世纪一代、少数族裔市场等,心理细分可以是兴趣社区、对技术的态度,行为细分可以是利益型细分、网络接入方式、在线参与程度等。

1. 电子零售商的在线细分方法

最精细的在线市场细分和目标选择方案经常被电子零售商采用。它们使用的细分和目标确定方法基于五个方面,这五个方面实际上层层相叠。可供选择的方案的数量或者是细分的层次以及方法的精细程度,将取决于可获得的资源、技术能力及下面所列的机会。

(1) 识别基于人口统计学特征的顾客。这是基于顾客类型来开展的传统细分。对于 B2C 公司而言,会包括年龄、性别以及所处的地理位置;对于 B2B 公司而言,会包括公司的规模和行业类别,或者是它们所运营的系统。

(2) 识别顾客生命周期群组。当顾客使用在线服务时,他们可能经历七个或者更多的阶段。一旦企业以这种方式明确了这些顾客群,并且建立起了顾客关系管理设施来对顾客进行分类,他们就能够发送有针对性的消息,要么通过私人在线信息,要么通过由不同规则触发的自动发送的电子邮件(图 4-3)。

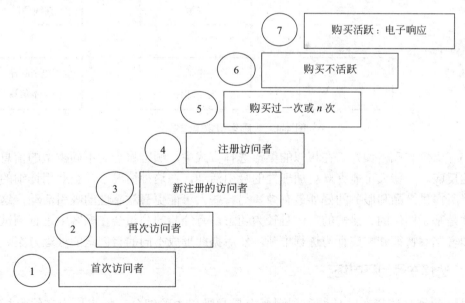

图 4-3 顾客生命周期细分

(3) 识别响应和购买价值行为。通过对数据库的分析,营销人员建立起详细的响应和购买的历史记录,包括新近购买的商品、购买频率、货币价值和种类等。利用他们现在和将来的价值对顾客进行分组。分组技术主要有活跃度货币价值 RFM（recency, frequency, monetary value）分析，它也被称为 FEAC[（frequency, recency, amount, category, 频繁度、新近消费、金额和种类（RFM 中没有）]分析，能够被用于开发战略以保留有价值的顾客，并且能够将低价值顾客在未来转化为高价值顾客。

（4）识别多渠道行为（渠道偏好）。不管公司多么热衷于在线渠道，一些顾客会偏好于使用在线渠道，而另一些顾客仍然更喜欢传统的渠道。为不同的顾客拟定渠道链（图 4-4）有助于理解这一问题，同时还有助于识别数据库中有关顾客渠道偏好的信息，为他们选定最佳渠道。对偏好在线渠道的顾客而言，公司可以通过在线沟通，如电子邮件来进行目标描述；对偏好传统渠道的顾客而言，公司可以通过传统的沟通方式，如直邮或者电话来进行目标描述。

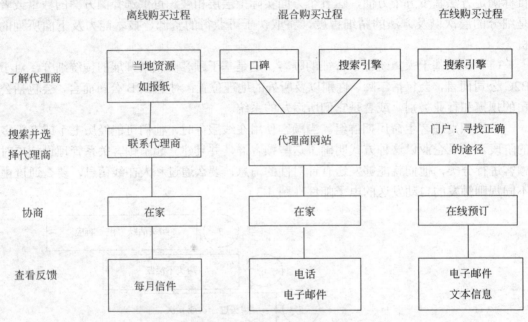

图 4-4　为顾客拟定渠道链

（5）语气和风格偏好。在相似的渠道选择方式中，顾客将会对不同类型的信息作出不同的反应。一些人可能喜欢更加理性的吸引活动，在这种情况下，企业用详细的邮件来解释所提供产品和服务的好处最有效。另一些人可能更喜欢感性的吸引活动，这种方式往往是基于图像的、热情的，而且较为随意。有经验的公司会在顾客中进行测试，或者对顾客档案特征和响应行为进行推断，然后据此形成不同的有创意的处理方案。

2. 选择在线目标市场

目标营销是选择在成长性和利润率上最具吸引力的细分市场来作为在线目标顾客群。与离线目标顾客群相比，这些可能是相似的，也可能是不同的，在线目标顾客群包括以下几种。

（1）最有利可图的顾客。向使用网络最多的 20% 的顾客（按照利润排名）提供定制化的产品或服务,可能会带来更多的重复购买和交叉销售。

(2)采购单位的特殊成员(B2B)。网站应该为不同的利益者提供详细的信息来支持购买决定。如为在线采购经理提供在线采购能够节省资金的信息。

(3)通过其他媒体很难获得的顾客。一家把年轻司机作为其目标顾客群的保险公司,以网站作为其媒体将更容易获得顾客。

(4)具有品牌忠诚度的顾客。为了吸引品牌忠诚者而提供服务能够用来支持他们作为品牌宣传者的角色。

(5)不具品牌忠诚度的顾客。在网站上提供鼓励、促销和高质量的服务有助于尽力保留这样的顾客。

在选择最佳目标顾客的问题上,网络技术对两大目标市场特别有效。一个是利基市场(niche marketing),指企业选择一个细分市场并开发一个或多个营销策略组合来迎合这个细分市场的需求。利基市场的最大风险是一旦竞争者也进入该市场,市场如果不景气,则企业面临灭顶之灾。另一个是微型市场(micromarket),也称为个性化市场,指企业为一小群人定制全部或部分的营销组合。其风险是成本可能大幅度增加,不足以弥补收益。

借助于网络技术,销售漏斗管理成为细分市场的有效工具(图4-5)。销售漏斗(也叫销售管线)是科学反映机会状态以及销售效率的一个重要的销售管理模型。通过对销售升迁周期、机会阶段转化率、机会升迁耗时等指标的分析评估,可以准确评估销售人员和销售团队的销售能力,发现销售过程的障碍和"瓶颈"。销售漏斗通过直观的图形方式,指出公司的顾客资源从潜在顾客阶段,发展到意向顾客阶段、谈判阶段和成交阶段的比例关系,即转换率。

图4-5显示一个允许营销人员跟踪用户在网站上进行注册和购买全过程的销售漏斗。每一步都创造了一个用户细分市场,营销人员可以根据这些细分市场顾客的具体行为通过有说服力的沟通方式来吸引顾客。

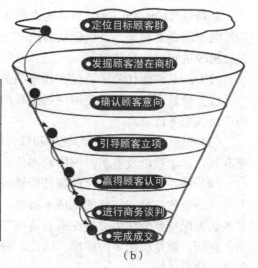

顾客细分市场	访客人数	丢失顾客人数	转化率/%
浏览注册页面	925		
点击进入注册页面	432	493	46.7
完成注册	205	227	47.4
购买产品	5	200	2.4

(a)

(b)

图4-5 销售漏斗

4.3.2 定位/差异化

1. 在线情境下的定位和差异化

里斯（Ries）与特劳特（Trout）认为定位是你对未来的潜在顾客的心智所下的功夫，也就是把产品定位在你未来潜在顾客的心中。科特勒认为定位是对公司的产品进行设计，从而使其能在目标顾客心目中占有一个独特的、有价值的位置的行动。市场定位的实质是使本企业和其他企业严格区分开来，并且通过市场定位使顾客明显地感觉和认知到这种差别，从而在顾客心目中留下特殊的印象。

差异化是指为使企业产品、服务、企业形象等与竞争对手有明显的区别，为获得竞争优势而采取的行动。差异化的重点是创造被全行业和顾客都视为独特的产品和服务。差异化的方法多种多样，如产品差异化、服务差异化、人员差异化和形象差异化等。

定位和差异化是相辅相成、交互影响的，二者是都为了一个共同的目标，即形成企业或品牌的某种独特的市场竞争优势。从企业角度看，定位是目的，而差异化是实现该目的的手段和方法。当企业的目标顾客群体具有不同的偏好和需求时，不同的定位可以通过选择不同的差异化的组合来实现。如果品牌没有清晰的定位，企业诸多差异化的点将无法组合形成优势。同时，差异化也会制约定位，企业无法获取潜在的资源和能力，也将无法实现预期的定位。从消费者角度看，定位是结果，差异化是原因。只有当顾客感知到了企业的差异化形成的优势，才可能在心智中形成某种定位。反过来，这种为顾客认同的定位，又会强化品牌的差异化优势。

戴斯等（Deise et al.,2000）指出，在线情境下，公司能够根据四个变量对其与竞争对手的产品进行定位，这四个要素分别是产品质量、服务质量、价格和完成时间。他们通过下面公式说明了这些变量怎么样共同影响顾客对价值或品牌的认知：

顾客价值（品牌认知）=（产品质量×服务质量）/（价格×完成时间）

该公式表示产品质量及服务质量的增加和价格与完成时间减少之间的匹配范围。

查斯顿（Chaston,2000）认为在线市场定位中一个企业有四种选择。这些选择和戴斯等的不同要素相关。查斯顿认为这些在线要素应该基于现有的优势，并且能够使用在线设施改进定位，具体如下。

（1）产品性能优势。通过在线产品的定制来提高服务质量。

（2）价格表现优势。使用网络工具向忠诚的顾客提供满意的定价，或者降低需求小的产品或服务价格。

（3）交易优势。一家出售硬件和软件的在线零售商，通过价格信息与可获得的产品、库存数、订单量以及需求时间的动态信息相结合来获得交易优势。

（4）关系优势。个性化的特征能够使顾客分析其订单历史记录并重复购买。

这些定位选择与波特的低成本战略、差异化战略和集中战略有相似之处。现在人们普遍认为保持竞争优势必须在所有这些方面都要有优势，顾客不可能只按照单一标准来做出判断，而是权衡多种标准。因此，兼备低成本和差异化的整合战略比单独的低成本和差异化有优势。

总结以上定位选择，在线差异化有三个主要变量：价格创新、产品创新及关系建立或服务创新。准确的定位需要这三个要素间的相互结合。如亚马逊不是定位在价格表现上，而是定位在关系建立和产品创新上。易捷航空重视价格表现，但是这也是与产品创新相结合的。思科重视产品创新，但同时也重视关系建立和服务质量创新。

2. 在线价值主张

定位需要形成相对于竞争对手的差异化优势，而市场细分是形成差异化的核心。通过使用营销组合中的相关要素，在公司与其竞争者之间构筑差异，其中价格、质量和品牌体验以及服务质量对于形成差异化优势非常重要。

在网络营销情境下，差异化优势和定位能通过在线价值主张（online value proposition,OVP）来进行准确的定义和沟通。

开发一个OVP通常包括以下内容。

（1）开发在线内容和服务，而后通过一些信息来对其进行解释，包括：加强核心品牌主张和信誉；就一个访问者能够通过在线品牌获得什么，在离线状态下不能从品牌获得什么，以及他们不能从竞争对手或者是中间机构那里获得什么，与顾客进行沟通。

（2）就一些信息，会在接触点与所有可能在线和离线的顾客进行沟通，沟通的内容可以较为宽泛，也可以很具体，沟通的方式可以是在网站上，也可以是印刷品。

在网站上就 OVP 与访问者沟通，有助于建立以顾客为中心的网站。很多战略计划决策都是基于 OVP 以及公司的在线顾客体验的。具有交互特性的 Web 2.0 对于交易型网站是很重要的，因为它有助于提升用户体验，从而鼓励销售中的转化和重复购买。

总之，OVP 首先要识别顾客的需求，然后在有利可图的前提下，定义一个能够迎合这些需求的独特价值主张。而后，价值主张能够通过恰当的产品、服务以及渠道来进行传递，并且能够持续不断地进行传播。最终的目标就是要建立一个强大的、持久的品牌，来向公司所营销的市场传递价值。

4.4 绩效考核指标

战略是实现目标的手段，制定绩效考核指标工作应与制定战略的工作紧密结合，才能判断经营结果是否成功。绩效考核指标必须能衡量企业的目标和电商战略，考核指标本身应清晰易懂、可操作，且是可以实现的。考核指标能激励员工完成企业目标。

4.4.1 两种绩效考核指标

绩效考核指标有两种：一种是网站解析；另一种是用户参与度。

1. 网站解析

网站解析是对网站用户的行为分析，网络企业收集用户点击网页的各项数据，以此来优化对网络经营的投资。这些数据包括以下几项。

（1）哪些技术能提高网站的浏览量。

(2) 哪些网页的浏览量最大。
(3) 网站访问者通过什么途径点击进入网站。
(4) 网站访问者在各种网页上逗留时间有多长。
(5) 最关键的指标是销售转化率有多高，网站的注册人数有多少。

网站解析所需要的数据可以通过多种途径获取。第一种途径是网站服务器记录了用户的 IP 地址，用户使用的是什么浏览器，进入网站以前他所在的位置，浏览的具体时间，以及用户的注册信息。第二种途径是网络跟踪文件，网络跟踪文件是用户在访问网站时在硬盘上自动生成的文件。在对网站进行操作时这些文件能起作用。第三种途径是页面标签，其实就是页面上的像元（pixel），用户看不见，但是在用户浏览一个页面时，页面标签用来激活页面上的一个信息，如何时将商品从购物车中移除等。

2. 用户参与度

Web 1.0 时代更关心用户有没有浏览网站和在网站停留的时间。Web 2.0 时代用网页浏览指标来测量用户整体行为已经不合适，而更注重参与度指标。测量用户的参与行为包括以下指标。
(1) 收看视频、收听音乐、玩网络游戏所花费的时间。
(2) 下载一个报告、一首歌曲、彩铃或其他的网络资料。
(3) 在社会化书签站点（del.ic.ious.com）为某个网站点添加标签。
(4) 在某一个网站上传自制的视频、照片或者其他的多媒体资料。
(5) 在博客网站或者其他网站上张贴评论文章。
(6) 对书籍或者网络零售商打分或者作出其他各种评价。
(7) 使用 RSS 在博客或者其他网站上注册。

4.4.2 平衡计分卡

长期以来，人们都把财务状况和市场份额作为衡量企业成功的重要指标。好多企业仅仅以利润来衡量企业的成败。20 世纪 90 年代中期到 20 世纪末，许多网络企业不考虑企业的财务状况，只关注企业的业绩增长，这种做法仅局限于短期效益，忽视了企业的可持续发展。

鉴于上述弱点，现在全球 50%以上的企业采用了平衡计分卡全方位地考核企业绩效，并取得了很好的效果。

1. 平衡计分卡的特点

概括来说，平衡计分卡具有以下特点。
(1) 财务指标和非财务指标的平衡。企业考核的一般是财务指标，而对非财务指标（顾客、内部流程、学习与成长）的考核很少，即使有对非财务指标的考核，也只是定性的说明，缺乏量化的考核，缺乏系统性和全面性。
(2) 企业的长期目标和短期目标的平衡。平衡计分卡是一套战略执行的管理系统，如果以系统的观点来看平衡计分卡的实施过程，则战略是输入，财务是输出。

（3）结果性指标与动因性指标之间的平衡。平衡计分卡以有效完成战略为动因，以可衡量的指标为目标管理的结果，寻求结果性指标与动因性指标之间的平衡。

（4）企业组织内部群体与外部群体的平衡。平衡计分卡中，股东与顾客为外部群体，员工和内部业务流程是内部群体，平衡计分卡可以发挥在有效执行战略的过程中平衡这些群体间利益的重要性。

（5）领先指标与滞后指标之间的平衡。财务、顾客、内部流程、学习与成长这四个方面包含了领先指标和滞后指标。财务指标就是一个滞后指标，它只能反映公司上一年度发生的情况，不能告诉企业如何改善业绩和可持续发展。而对于后三项领先指标的关注，使企业达到了领先指标和滞后指标之间的平衡。

2．平衡计分卡的四个视角

平衡计分卡的视角包括四个方面：财务、顾客、内部经营流程、学习与成长。

（1）财务层面。财务业绩指标可以显示企业的战略及其实施和执行是否对改善企业盈利作出贡献。财务目标通常与获利能力有关，其衡量指标有营业收入、资本报酬率、经济增加值等，也可能是销售额的迅速提高或创造现金流量。

（2）顾客层面。顾客层面指标通常包括顾客满意度、顾客保持率、顾客获得率、顾客盈利率，以及在目标市场中所占的份额。顾客层面使业务单位的管理者能够阐明顾客和市场战略，从而创造出出色的财务回报。

（3）内部经营流程层面。在这一层面上，管理者要确认组织擅长的关键的内部流程，这些流程帮助业务单位提供价值主张，以吸引和留住目标细分市场的顾客，并满足股东对卓越财务回报的期望。

（4）学习与成长层面。平衡计分卡的前三个层面一般会揭示企业的实际能力与实现突破性业绩所必需的能力之间的差距，为了弥补这个差距，企业必须投资于员工技术的再造、组织程序和日常工作的理顺，这些都是平衡计分卡学习与成长层面追求的目标。如员工满意度、员工保持率、员工培训和技能等，以及这些指标的驱动因素。

4.4.3　某公司电子商务经营的平衡计分卡

下面是某公司为其网站业务设立的考核指标。

1．财务视角

财务视角包括投资回报率，市场资金流动的速度，营业收入，经济增加值。

2．顾客视角

（1）顾客忠诚度。顾客一年内的回访率，访问频率，浏览网站的持续时间，转换率，提供个人信息的顾客比例，所有浏览网站的用户中留下电子邮箱地址的比例。

（2）交易。每月固定的访客数量，中止的在线销售次数，正确下单订购的比例，回复顾客询问的时间，按时完成订单的比例。

（3）目标市场份额。网站在所在细分市场中所占份额百分比。

（4）顾客获得率和顾客保持率。浏览和注册成为会员的人数以及一段时期的内活跃的会员比例等方面的统计。

3．内部管理流程视角

（1）网站。上传一幅网页的时间，网站的更新速度和可测量性。
（2）供应链的效率。存货水平，存货周转率，订单确认时间，按订单制作产品的比例。
（3）辅助渠道。在线销售收入在总销售收入中的比例。
（4）线上和线下渠道冲突的管理方案。

4．学习和成长视角

从构思到启动的平均时间，赶上竞争对手网站水平所需的时间，竞争对手赶上本网站水平所需的时间，网站调整后重新启动所需的时间，对员工的技术培训次数或时间、员工的满意度，以及离职比率等。

携程网的商业模式

携程网成立于 1999 年，可谓中国旅游网站的先驱。携程网属于互联网公司，要区分它与传统的制造业公司和咨询服务类等公司的不同，商业模式是一个很好的研究角度。

1．携程网的商业模式

通过对携程网的理解，为了便于对该公司盈利模式和核心环节的把握，我们制作了这幅携程网商业模式图（图4-6）。在图中，三块阴影区域为商业模式的主体，即供应商、携程网和用户；白色区域为涉及资金的部分；实线段代表该过程中传递了资金；黑体字为商业模式中的重要环节，黑色字加下画线的为核心环节。

商业模式就是描述公司创造价值、传递价值和获取价值的基本原理。在图4-6中，携程网阴影区域创造了价值，右下角白色区域传递了价值，供应商与携程网之间的两块白色区域使携程网获取了价值。下面让我们具体探讨一下携程网商业模式是如何运作的。

首先，供应商向携程网输出产品，产品包括酒店客房、机票和旅游度假等产品，并附有出厂价格 P_1。产品进入携程网后，携程网要进行深加工，根据我们的理解，深加工过程涵盖三个环节，即重新定价（P_2）、产品研发（I）和产品销售（S）。如果市场处于激烈竞争阶段，则公司在重新定价中会采取降价措施，因为这样会吸引更多的用户和留住老顾客，但是 P_1-P_2 的部分需要携程网利用自己的现金回补给供应商。

其次，产品研发和销售。供应商分属于不同类别，有酒店客房供应商、机票供应商等，携程网通过对用户行为的调查和理解，将这些不同类别的产品以不同的形式组合在一起以满足不同用户的需求，当然这只是产品研发的一种简单手段。更多的可以参考携程网官网首页财富中心中的礼品卡、携程宝、程长宝等产品。产品销售，是公司为扩大知名度所付出的成本,目的是吸引更多用户在携程网消费,常见手段有百度和谷歌的关键词搜索等。

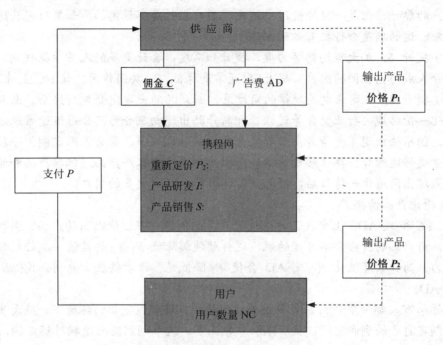

图 4-6 携程网商业模式

最后,用户在携程网购买产品后,产品的供应商需要按一定比例支付给携程网佣金,这也是携程网几乎全部的收入来源。此外,还有广告费,即供应商在携程网投放的广告。

2. 携程网竞争力的两个核心因素

(1) 用户数量 NC。如果用户数量 NC 变大,则支付 P 变大,导致佣金 C 和广告费 AD 变大,最终使携程网的营业收入增加。

(2) 输出产品价格 P_1。右上方白色区域的"输出产品价格 P_1"是该行业竞争的又一核心要素。什么是好的产品?性价比高的产品。即当性能相对稳定时,其价格 P_1 越低越好,如果该行业处于激烈的竞争阶段,这可以使携程网在重新定价时,使 P_1-P_2 不必过大而削弱携程网的现金流。

3. 携程网和供应商的盈利公式

$$B 携程网 = (C+AD) - \{I+S+(P_1-P_2)\}$$

式中,C 为佣金;AD 为广告费;I 为研发费用;S 为销售费用;P_2 为重新定价;P_1 为产品出厂价格。

$$B 供应商 = P_1 - C - AD$$

式中,P_1 为产品出厂价格;C 为佣金;AD 为广告费。

4. 如何影响两个核心因素

1) 用户数量 NC

(1) 降低 P_2。产品价格是用户最为敏感的因素之一,降低 P_2 不但会让更多的用户接受该产品，还会增加老用户的黏性。只是这样做同样面临两个问题，一是会提升 P_1-P_2 的差值，这增加了携程网的现金流负担；二是在商业竞争中降价的确会增加新用户，提升老用户的黏性，但是一旦降价现象消失，用户黏性是不稳定的。如果公司为迅速抢占市场份额，这的确是个行之有效的方法。

（2）提升 S。加大市场销售力度，提升知名度，会让更多的人关注携程网，同时会有一部分人成为携程网的用户。提升 S 通常和降低 P_2 共同作用，使 NC 上升。

（3）提升 I。从商业发展规律的角度看，新产品的出现定会先后经历。新颖—性能—定制化—价格战—行业整合等过程。即新产品出现初期会为其公司迅速带来溢价和市场份额，但很快出现了竞争者，后起之秀要么从性能入手，要么采用定制化手段使产品与消费者更好地结合，要么爆发价格战。因此，当酒店客房产品、机票产品和旅游产品等逐渐显现出同质化的特征后，提升产品的性能会吸引更多的用户。

2）输出产品价格 P_1

降低 C 和/或 AD。上文我们讨论过好产品的问题，即性价比高的产品，当性能相对稳定时，好产品的价格要尽可能的低，这样就能够降低 P_1-P_2 的差值，减轻携程网的现金流压力。为什么降低 C 和/或 AD 会使 P_1 降低呢？请看供应商盈利公式：B 供应商 $=P_1-C-AD$。

尽管所有人都希望利润 B 多多益善，但是在市场激烈竞争的环境下，绝大多数供应商都会制定自己的利润空间，就短期和中期而言，这个利润空间是相对稳定的，因此 B 供应商相对稳定，我们姑且将其当作定量而非变量。如果 C 和/或 AD 降低，在 P_1 不变的情况下 B 供应商会上升。但是，C 和/或 AD 降低，如何使 B 供应商不变呢？降低 P_1。因此，我们得到了当 C 和/或 AD 降低时，P_1 降低的结论。

5. 挑战两大核心因素

（1）降低 P_2、增加 I 和 S，争夺用户数量 NC。如果想挑战携程网，这一举措是必须执行的，大幅降低 P_2，会有更多的用户流向挑战者，这势必对携程网造成冲击，会减少携程网佣金 C 和广告费 AD 的收入，进而影响其营业收入，在营业支出不变或者增加的情况下，其毛利率水平将恶化。为了保持市场份额，携程网必会被动降低 P_2，这又进一步增加了其现金流的负担。

（2）降低 C 和/或 AD，甚至不向供应商收取 C，争夺输出产品价格 P_1。我们知道，当 C 和/或 AD 降低时，P_1 价格会相应降低。尽管这一举措降低了挑战者的营业收入，但是它降低了 P_1-P_2 的差值，可以使挑战者利用有限的资金更多地投向 I 和 S，I 和 S 的提升又会带来 NC 的提升，进而从量上增加了 C 和 AD 的收入。后来的去哪儿网便是这样一个挑战者。

（资料来源：站长之家. http://www.chinaz.com/news/2014/0729/361684.shtml.）

本 章 小 结

本章主要介绍了与网络营销战略相关的内容。网络营销战略是指企业为实现其经营目标，在一定时期内，利用数字信息技术进行营销活动的总体设想和规划。网络营销计划是网络营销战略形成和实施的一个蓝图,为计划的实施列出的工作细则。商业模式最早出现在创业学的文献中,现在的商业模式包括:运营模式论、盈利模式论和价值创造论。电子商务模式是指企业利用信息技术求得长期生存的一种方式,它既包括对合作伙伴和顾客的价值主张,也包括企业的收益模式。电子商务模式层次包括:作业层面、业务流程层面、公司层面和单一经营企业模式。目标营销战略涉及的最重要的决策有细分/目标市场选择、定位/差异化。绩效考核指标能够有效衡量战略实施的结果,现在企业普遍采用平衡计分卡来考核网络营销战略。

思 考 题

1. 什么是网络时代企业战略的困境?
2. 网络营销计划包括哪些内容?
3. 列举关于商业模式界定的不同观点?
4. 商业模式与战略有哪些不同点?
5. 电子零售商的在线细分方法有哪些?
6. 在线价值主张包括哪些内容?
7. 平衡计分卡包括哪些内容,有哪些优点?

实 践 题

1. 请登录天猫、新浪网站,并在网上收集两个公司的相关资料,分析一下二者的商业模式有什么不同。
2. 请跟踪 VR(virtual reality)技术的发展,分析生产 VR 头盔的企业的目标营销战略。
3. 请选择一家生产自动驾驶汽车(Autonomous vehicles)的企业,并分析其商业模式。
4. 请为谷歌眼镜做一个中国市场的网络营销计划。

第 5 章

网络市场与消费者行为

学习目标

了解网络市场的历史和现状,互联网交换环境。掌握网络市场的特点和网络消费者的特点。熟练掌握网络消费者需求特点,消费者的购买过程及影响因素,以及交易结果。

根据中国互联网信息中心(CNNIC)发布的数据,截至 2016 年 12 月,中国网民规模达 7.31 亿,互联网普及率为 53.2%,超过全球平均水平 3.1 个百分点,超过亚洲平均水平 7.6 个百分点。中国手机网民规模达 6.95 亿,网民中使用手机上网人群占比达到 95.1%。中国已经成为世界上拥有最多网民的国家,网民规模已经相当于欧洲人口总量,网络市场潜力巨大。

5.1 网 络 市 场

近几年,我国网络市场发展的宏观环境不断改善。国家相关部门在促进中国的信息消费、消费者权益保护、跨境网络零售、网络零售市场监管等方面出台了多项政策法令,如《网络交易管理办法》《关于跨境电子商务零售出口税收政策的通知》和《关于积极推进"互联网+"行动的指导意见》等。从政策法规的层面促进整个网络零售行业的规范发展和快速增长。另外,中国经济告别了高速增长,迎来了"中高速增长"的新常态,进入深层次调整期,消费在国民经济增长中的地位越来越重要,网络市场的发展成为新的增长点。技术上移动支付技术正在迅猛发展,智能手机可能很快取代传统钱包。实名制的贯彻加速网络诚信机制形成,网民的互联网感知和应用水平良好。以上这些因素都有利于网络市场的健康发展。

5.1.1 网络市场的现状

1. 市场规模

2015 年中国的消费对 GDP(国内生产总值)增长的贡献率达到 66.4%,比 2011 年的 51.6%有较大提高。网络零售交易额为 3.88 万亿元,同比增长 33.3%,相当于同期社会消费品零售总额（30.1 万亿元）的 12.9%。根据商务部的统计，在网络零售总额中，B2C 交易额 2.02 万亿元，同比增长 53.7%。在网络零售交易总额中，实物商品网上交易额为 32 424 亿元，同比增长 31.6%，高于同期社会消费品零售总额增速 20.9% 个百分点，占社会消费品零售总额的比重为 10.8%。网络零售的增长速度明显高于社会消费品零售总额的增速，爆发出强劲增长动力。

eMarketer 的报告显示，2016 年的全球电商零售额达 1.915 万亿美元，增长率达 23.7%，占全球的零售总额（22.049 万亿美元）的 8.7%。电商零售额预计到 2020 年将增长至 4.058 万亿美元，占总零售额的 14.6%。亚太地区仍然是全球最大的电商零售市场，2016 年的电商零售额达到 1 万亿美元，增长率为 31.5%。北美地区 2016 年的电商零售额增长 15.6%，达到 42 33.4 亿美元，是全球第二大电商市场。

截至 2015 年年底，我国网络购物用户规模达到 4.13 亿，增长率为 14.3%，高于 6.1% 的网民增长速度，网民使用网络购物的比例提升至 56.4%。最主流网购用户是 20～39 岁网购人群，网购群体主流年龄跨度增大，向全民扩散。从地区分布来看，华东地区网购行为活跃，网购用户规模在全国区域占比 30% 以上；其次是中南地区（海南、河南、湖北、湖南、广西、广东）。

2015 年我国手机网络购物用户规模达到 3.40 亿，增长率为 43.9%，是网络购物市场整体用户规模增长速度的 3.1 倍，手机购物的使用比例达到 54.8%。手机购物市场发展迅速并非替代 PC 购物，而是在移动环境下产生增量消费，并且重塑线下商业形态促成交易，从而推动网络购物移动化发展趋势。

2. 品类分布

2013—2015 年，单个用户网购商品品类越来越多，从服装鞋帽、日用百货到珠宝配饰，各品类购买用户分布比例显著提升。单个用户网购品类从低价的日用百货、书籍音像制品向价格较高的电脑/通信数码产品及配件、家用电器扩散；2013—2015 年排名前五的网购品类，服装鞋帽始终是最热门的网购品类，由于毛利高，重复购买率高，服装品类一直是网络零售主要利润来源，吸引众多电商积极投入拓展服装品类市场（图 5-1）。

目前，服装网络零售市场正在向品质化转型。天猫、京东、当当、唯品会主打中高端时尚服饰，与国内外一线品牌、奢侈品服饰厂商的合作日益紧密。日用百货稳定在前三，家用电器于 2015 年跻身前五，书籍音像制品上升至第三位。家用电器在线消费用户的增长得益于网络零售平台不断加强自身供应链管理能力、丰富产品种类、提升技术能力、优化用户体验等持续改进措施，以及消费者购物观念的转变。书籍音像制品销量的提升源于网民读书习惯的逐渐养成，较高的折扣力度也是吸引网购的重要因素。

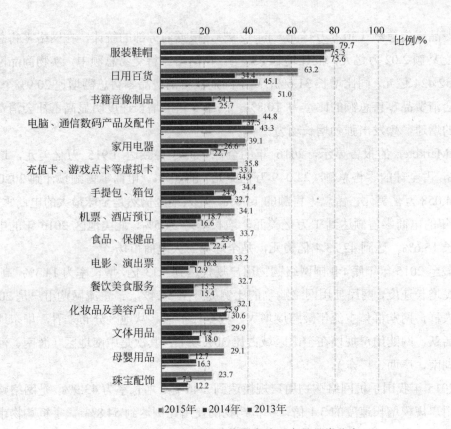

图 5-1　2013—2015 年网络购物用户购买商品品类分布
资料来源：http://www.cnnic.net.cn/P020160721526975632273.

3．网站品牌渗透

2014 年，聚美优品、京东、阿里巴巴等电商企业上市，通过资本市场将我国网络零售行业的影响力拓宽至全球，中国网络零售市场格局趋向稳定。淘宝网、天猫、京东的品牌渗透率位居前三位，分别为 87%、69.7% 和 45.3%，遥遥领先于同类竞争对手。唯品会以特卖形式后来居上，超过众多传统网络购物平台，位居第四位，品牌渗透率 18.8%。由团购网站转型成功的聚美优品排在第九位，品牌渗透率 11.7%。如图 5-2 所示。

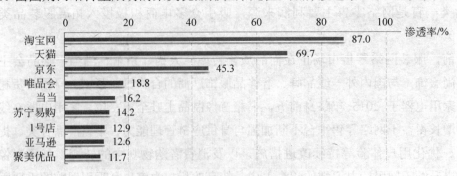

图 5-2　2014 年网络购物市场品牌渗透率
资料来源：http://www.cnnic.net.cn/P020150909354828731159.

从竞争发展态势看，阿里巴巴意图通过资产重组和产业链整合构筑电商服务生态；京东战略布局 O2O 和金融领域，尝试"空中购"等新业务架构；唯品会寻求新的利润增长点，开启跨境电商和互联网金融业务；当当上线卖家服务市场，发力数字阅读，致力于移动电商，全面铺货渠道下沉。

5.1.2 网络市场发展的历史和特征

网络市场是以现代信息技术为支撑、以互联网为媒介形成的交易组织形式。

1．网络市场发展的历史

从网络市场交易的方式和范围看，网络市场经历了以下三个发展阶段。

第一阶段是生产者内部的网络市场。20 世纪 60 年代末，西欧和北美的一些大企业用电子方式进行数据、表格等信息的交换，两个贸易伙伴之间依靠计算机直接通信传递具有特定内容的商业文件，这就是所谓的电子数据交换（electronic data interchange，EDI）。后来，一些工业集团开发出用于采购、运输和财务应用的标准，但这些标准仅限于工业界内的贸易。电子数据交换系统可缩短业务流程时间和降低交易成本。

第二阶段是国内的或全球的生产者网络市场和消费者网络市场。其基本特征是企业在互联网上建立一个站点，将企业的产品信息发布在网上，供所有顾客浏览，或销售数字化产品，或通过网上产品信息的发布来推动实体化商品的销售；如果从市场交易方式的角度讲，这一阶段也可称为"在线浏览、离线交易"的网络市场阶段。

第三阶段是信息化、数字化、电子化的网络市场。这是网络市场发展的最高阶段，其基本特征是虽然网络市场的范围没有发生实质性的变化，但网络市场交易方式却发生了根本性的变化，即由"在线浏览、离线交易"演变成了"在线浏览、在线交易"，这一阶段的最终到来取决于电子货币及电子货币支付系统的开发、应用、标准化及其安全性、可靠性。

2．网络市场的特征

随着互联网络及万维网的盛行，利用无国界、无区域界限的互联网来销售商品或提供服务，成为买卖通路的新选择，互联网上的网络市场成为 21 世纪最有发展潜力的新兴市场，从市场运作的机制看，网络市场具有如下基本特征。

（1）无店铺的方式。与实体店相比，网络市场上是虚拟商店，它不需要店面、装潢、摆放的货品和服务人员等，它使用的媒体为互联网络。

（2）无存货的形式。互联网上的商店可以在接到顾客订单后，再向制造的厂家订货，而无须将商品陈列出来以供顾客选择，只需在网页上打出货物菜单以供选择。这样一来，店家不会因为存货而增加其成本，其售价比一般的商店要低，这有利于增加网络商家和"电子空间市场"的魅力与竞争力。

（3）成本低廉。网络市场上的虚拟商店，其成本主要涉及自设 Web 站成本、软硬件费用、网络使用费，以及以后的维持费用。它通常比普通商店经常性的成本要低得多，这是因为普通商店需要昂贵的店面租金、装潢费用、水电费、税金及人事管理费用等。

(4) 无时间和空间限制。虚拟商店不需要雇用经营服务人员，可不受劳动法的限制，也可摆脱因员工疲倦或缺乏训练而引起顾客反感所带来的麻烦，而一天 24 小时，一年 365 天的持续营业，这对于平时工作繁忙、无暇购物的人来说有很大的吸引力。虚拟网络创造了一个即时全球社区，它消除了同其他国家顾客做生意的时间和地域障碍，可开展全球性营销活动。

(5) 精简交易环节。顾客不必等经理回复电话，可以自行查询信息。顾客所需资讯可及时更新，企业和买家可快速交换信息，网上营销使企业在市场中快人一步，迅速传递出信息。如今，顾客需求不断增加，对欲购商品资料的了解、对产品本身要求有更多的发言权和售后服务。营销人员能够借助网络通信所固有的互动功能，鼓励顾客参与产品更新换代，让他们选择颜色、装运方式、自行下订单。在定制、销售产品的过程中，为满足顾客的特殊要求，让他们参与越多，售出产品的机会就越大。

3. 网络市场存在的问题

由于网络市场还是一种新兴的商业形式，所以还存在一些问题。

(1) 信誉度问题。在当前网络市场中，无论是买家还是卖家，信誉都是交易过程中的最大问题。销售假冒伪劣产品或者商家描述与产品不符等欺骗的事在网上还是时常发生，影响交易顺利进行和交易种类的进一步拓展。

(2) 网上支付难。网上支付环境在一定程度上还制约网络市场的发展，主要是开通网上支付手续繁杂，收益难以兑现。

(3) 网络安全问题。在网络营销过程中，用户的个人信息、交易过程中的银行账户密码、转账过程中的资金转移都牵涉到安全问题，安全保障始终是网上购物的一层阴影。

(4) 配送问题。配送无法与互联网信息同步，往往完成购物过程需要 1～2 天或更长时间，不像传统购物那样可以立即付款取货。

(5) 商品展示信息不够直观。只能通过文字、图片和视频等进行一般性描述，无法直接触碰，妨碍了某些特定商品的网上销售。

5.2 网络消费者

5.2.1 网络消费者类型

网络消费者是指通过互联网在网络市场中进行消费和购物等活动的消费人群。

一种划分方法是将网络消费者划分为以下五种。

(1) 简单型。简单型的顾客需要的是方便直接的网上购物。他们每月只花 7 小时上网，但他们进行的网上交易却占了一半。零售商必须为这一类型的人提供真正的便利，让他们觉得在你的网站上购买商品可节约更多的时间。要满足这类人的需求，首先要保证订货、付款系统的安全、方便，最好设有购买建议的界面。另外提供一个易于搜索的产品数据库是保持顾客忠诚的重要手段。

（2）冲浪型。冲浪型的顾客占常规网民的 8%，而他们在网上花费的时间却占了 32%，并且他们访问的网页是其他网民的 4 倍。冲浪型网民对常更新、具有创新设计特征的网站很感兴趣。

（3）接入型。接入型的网民是刚触网的新手，占 36%的比例，他们很少购物，而喜欢网上聊天和发送免费问候卡。那些有着著名传统品牌的公司应对这群人保持足够的重视，因为网络新手们更愿意相信生活中他们所熟悉的品牌。另外，这些消费者的上网经验不是很丰富，一般对于网页中的简介、常见问题的解答、名词解释、站点结构之类的链接会更加感兴趣。

（4）议价型。另外 8%的网民是议价型，他们有一种趋向购买便宜商品的本能，淘宝网站一半以上的顾客属于这一类型，他们喜欢讨价还价，并有强烈的愿望在交易中获胜。在自己的网站上打出"大减价""清仓处理""限时抢购"之类的字眼能够很容易地吸引到这类消费者。

（5）定期型和运动型。定期型和运动型的网络使用者通常都是为网站的内容所吸引。定期网民常常访问新闻和商务网站，而运动型的网民喜欢运动和娱乐网站。目前，网络商面临的挑战是如何吸引更多的网民，并努力将网站访问者变为消费者。对于这一类型的消费者，网站必须保证自己的站点包含他们所需要的和感兴趣的信息，否则他们会很快跳过这个网站进而转入下一个网站中。

刘易斯（Lewis,1997）以在线行为对网络用户进行分类，划分了五种不同类型的网络用户，或者说是网络的五种不同使用模式。

（1）直接信息寻找者。这类用户寻找商品、市场或娱乐消息，他们并没有确定要在线购买东西。

（2）间接信息寻找者。这些用户可以被称为"网上冲浪者"，他们往往喜欢通过链接浏览和切换网页，这类人通常只是网络的初学者，他们更喜欢浏览大标题广告。

（3）直接购买者。他们上网选购特定的商品，对用户来说，能够提供产品特征和价格对比的经纪人或者是网络媒体才是最需要去访问的位置。

（4）边际搜索者。这些用户希望通过促销活动以及竞争性活动来获取信息。

（5）娱乐搜索者。这类用户上网只是为了娱乐，如参加一些测试、猜谜以及多人互动游戏。

EConsultancy（2004）的报告指出对于在线购买行为的有益分类，有助于测试网站设计是否能够迎合不同的顾客行为。与以往的研究相似，他们区分三种网络消费者。

（1）追踪者。明确自己想要购买的商品，通过在线商品网站寻找到商品并确定价格、是否有现货、运输时间、运费以及售后服务。可以说他们是在为特定的商品寻找特定的信息。如果他们找到所需要的商品，在完成购买前，他们不需要更多的劝说或购买理由阐述。但是当他们与其他网站进行比较时，这种类型的顾客往往会很容易改变主意。

（2）搜寻者。他们不是很明确自己需要的具体产品类型，但是他们知道自己想要买哪一类产品，并有可能寻找一种或几种产品特性。搜寻者通过在线购买网站寻找一系列合适的商品，作出比较后决定最终的购买。搜寻者需要更多的帮助、支持和引导，以便做出购买决定。当发现潜在购买时，他们需要对购买行为作出自己的判断，也会求助于他人帮助其做出判断。而后才会作出决定，实现购买。

（3）探索者。他们甚至还没有想好要购买哪类产品，但可能有一个明确的购买目标，或有一种不果断的购买目标。探索者在承诺购买前会存在一系列可能的需求和很多不确定性需要挖掘。特定类型的信息（特别是相关的信息）、赠品、引导购买的产品使用指南、畅销产品名册、促销信息等，都是很有用的，将推动这类购买者作出购买决定。

需要指出的是，这三种行为并不等同于不同的人，因为针对产品的类型或者场合，个体的行为会有所不同。

5.2.2 网络消费者的特征

1. 美国消费者的特征

截至2017年3月，美国互联网用户约2.87亿，互联网普及率87.9%，网民约占全球10%。美国在整体互联网发展水平、网民占比等方面都占有绝对优势。另外在全球流量前10名的网站中，美国占了7个；在全球流量前50名的网站中，美国拥有37个，在全球互联网上市企业市值前20名的企业中，美国有12家。

很高的互联网普及率使美国网民与整体人口特征相似。目前美国千禧一代（年龄在15~35岁）是劳动力中人数最多的一代（占35%）。千禧一代的核心价值与上一代相比更具全球观、乐观和宽容；科技进一步融入千禧一代的生活，成为其生活中不可或缺的一部分；他们消费观念上摆脱了谨慎、保守，挣了就花成为主流；他们学历、收入水平较高（见表5-1）。

表5-1 美国不同年代消费者的偏好

消费者	沉默一代	婴儿潮一代	X一代	千禧一代
出生年代	1928—1945	1946—1964	1965—1980	1981—1996
大多数人达到18~33岁	1963年	1980年	1993年	2014年
核心价值	纪律、奉献、家庭观和爱国主义	一切皆有可能、机会均等、质疑权威、个人满足	独立、务实、创业、自力更生	全球观、乐观、宽容
科技	已同化，为了保持联系	利用科技进行工作、通过社交网络保持联系	科技与日常生活无缝结合	科技成为生活中不可或缺的一部分
消费观	节省、再节省	先买，后付	谨慎、保守	挣了就花
结婚人口比例/%	64	49	38	28
学士学位人口比例	12%男/7%女	17%男/14%女	18%男/20%女	21%男/27%女
就业比例	78%男/38%女	78%男/60%女	78%男/69%女	68%男/63%女

续表

消费者	沉默一代	婴儿潮一代	X一代	千禧一代
平均收入/美元	—	61 115	64 467	62 066
人口数量/百万	35	61	60	68

资料来源：凯鹏华盈. 互联网趋势报告（2016）. http://kpcb.com/InternetTrends.

千禧一代的工作价值与上一代人相比更希望与众不同，他们中自恋、乐于改变、有创造力、看重金钱、适应能力强、有创业态度的人更多了，但是自信、具有团队精神的人更少了（图5-3）。

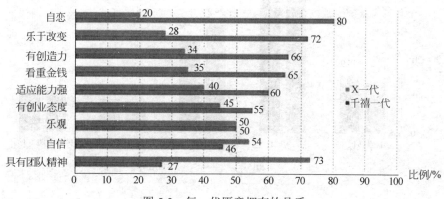

图 5-3　每一代愿意拥有的品质

资料来源：凯鹏华盈. 互联网趋势报告（2016）. http://kpcb.com/InternetTrends.

2. 中国网络消费者的特征

1）青年消费者占比重最大

在中国，中青年的消费者，特别是青年消费者在使用网络的人员中占有绝对的比重（图5-4）。当前10~39岁以下的网民占到73.7%，依职业分类，学生占25%，个体户和自由职业者占比22.7%，企业/公司管理人员和一般职员占比达到14.7%，这三类人群的占比相对稳定。

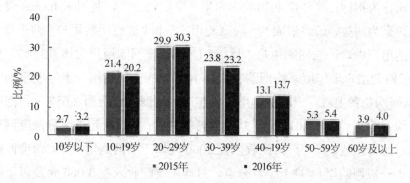

图 5-4　中国网民年龄结构

资料来源：http://www.cnnic.net.cn/P020170123364672657408.

2）具有较高文化水平

近几年，中国网民继续向低学历人群扩散，但是高中以上学历的比例占到了50%左右，与整体社会的文化程度相比要高很多（图5-5）。这有其必然原因：一方面，网络技术要求上网者具有快速阅读的能力，并熟悉计算机操作；另一方面，在国外站点浏览需要一定的英文能力。所以，教师、学生、科技人员和政府官员上网的比例较高。也正因为如此，在网络营销当中计算机软件、硬件、书籍等产品的销售较好。

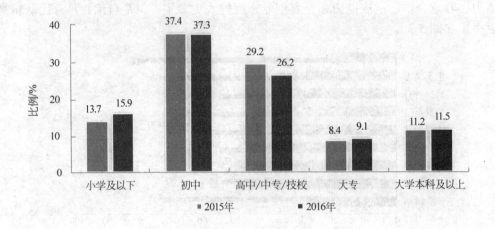

图5-5 中国网民学历结构

资料来源：http://www.cnnic.net.cn/P020170123364672657408.

3）中低收入阶层为主

调查表明，用户的人均收入在3 000元以下的占总用户数的50%以上，收入水平属于中等以下。500元以下占比20%左右，比例仍比较大，尤其是学生群体的收入水平较低。同时，5 000元以上占比也达到了10%左右。

2015年整体网购年度交易次数256亿次，人均交易次数为62次。中国互联网信息中心选取网购行为指标：半年度购物频次和半年度购物金额，利用K-means聚类分析方法将网购用户聚为两类，最终形成"一般网购用户"和"深度网购用户"两个群体，2014年我国的网购用户中，一般网购用户占比87.1%，深度网购用户占比12.9%。从网购频次上看，一般网购用户半年度平均网购频次为14次，深度网购用户半年度平均网购频次为73次。从网购花费上看，一般网购用户半年度平均网购花费为2 687元，深度网购用户半年度平均网购花费为12 610元。从收入特征来看，3 000元为区分深度网购用户和一般网购用户的特征值。月均可支配收入在3000元以上的网购用户中，深度网购用户占比74%，高于一般网购用户31.1个百分点。月均可支配收入在3 000元及以下的网购用户中，一般网购用户占比57.1%，高于深度网购用户31.1个百分点（图5-6）。

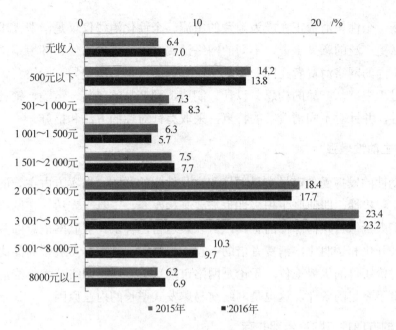

图 5-6 中国网民收入结构

资料来源：http://www.cnnic.net.cn/P020170123364672657408.

4）男性成为潜力购物人群

截至 2016 年 12 月，中国网民男女比例为 52.4∶47.6，网民性别结构比例进一步与人口性别比例接近。一段时期，女性网上购物者的人数超过男性人数，开始主导网上购物市场。但是最新的调查表明，随着网络购物的普及和深入，男性用户成为网购市场不容忽视的力量。2015 年男性用户年度网购频次为 64 次，与女性用户 60 次的购物频次不相上下。男性用户逐渐成为网购大军中亟待挖掘的潜力购物人群。从交易金额来看，男性用户人均年度购物金额约为 1 万元，比女性用户高出 1 466 元，男性用户人均年度网购金额是女性用户的 1.2 倍。一方面，这与男女用户热衷购买的品类不同密切相关。男性用户倾向于购买电脑、通信数码产品及配件等单价较高的产品，以及充值卡、游戏点卡等消费频次较高的产品；女性用户倾向于购买化妆品及美容产品这类单品价值中等、食品、保健品等单品价格偏低，以及适龄群体才会用到的母婴产品。另一方面，对于高价值消费品，为了获得女性用户的欢心，男性用户通常会主动买单。

5.2.3 网络消费者的需求特点

由于互联网商务的出现，消费观念、消费方式和消费者的地位正在发生着重要的变化，使当代消费者心理与以往相比呈现出新的特点和趋势。

1. 消费需求的个性化和差异化

近代以来，规模化和标准化的生产方式使消费者的个性需求被淹没于大量低成本、单一化的产品洪流之中。在网络社会中，消费者个性化需求被释放，每一个消费者都是一个细分市场,个性化消费正在成为消费的主流。个性化消费仅仅是消费需求差异性的一种表现,从更广泛的意义上说,不同的网络消费者因所处的时代、环境不同而产生不同的需求,不同的网络消费者在同一需求层次上的需求也有所差异。网络营销厂商必须在整个生产过程中,从产品的构思、设计、制造,到产品的包装、运输、销售,认真思考这种差异性,并针对不同消费者的特点,采取有针对性的方法和措施。

2. 消费主动性增强

消费主动性的发挥受到市场交易环境和交易地位的影响。在卖方占主导的市场中消费者很难产生积极性,即便产生积极性也需要某种媒介、工具来表达。在网络世界里,消费者掌握了大量像自媒体那样的工具,可以表达自己诉求。互联网信息的共享模式使商家的信息公开化和透明化,消费者借助于搜索引擎等工具很容易进行商品比较,这让消费者处于讨价还价的优势地位。无论是网络市场环境,还是网络技术都给消费者主动性的发挥提供了充足的条件,这也是网络交易爆发式增长的内在原因。

3. 购买的方便性与购物乐趣并存

在网上购物,除了能够满足实际的购物需求以外,消费者还能够得到许多信息,并得到各种在传统商店没有的乐趣,另外,网上购物的方便性也会使消费者节省大量的时间、体力和精力。

4. 网络消费的层次性

从消费内容来说,网络消费可以分为由低级到高级的不同层次。在网络消费的初期,消费者侧重于容易辨别真假的实物产品的消费,如图书成为各国网络市场交易中最早出现的商品。到了网络消费的成熟阶段,消费者在完全掌握了网络消费的规律和操作,并且对网络购物有了一定的信任感后,才会转向虚拟产品或服务的购买。从日用消费品、旅游服务到金融理财,消费层次逐渐提高。

5. 网络消费需求的超前性和可诱导性

在网上购物的消费者以经济收入较高的中青年为主,这部分消费者对时尚、超前和新奇的商品感兴趣,容易被新的消费动向和商品介绍所吸引,也容易接受新思想和新观念。网络商家往往可以通过吸引这部分消费者的注意,使他们成为领先消费者,引导整个社会消费需求的潮流。

5.3 互联网的交换过程

交换(exchange)是一个基本的营销概念,指从别人那里得到自己需要的东西,同时提供一定的商品或服务作为回报的行为。在线交换过程如图5-7所示。

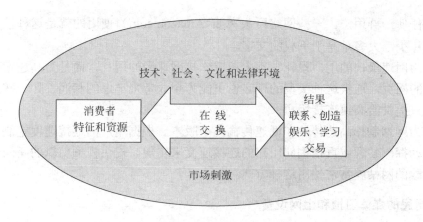

图 5-7　在线交换过程

资料来源：朱迪·斯特劳斯，雷蒙斯·弗罗斯特. 网络营销[M]. 5 版. 北京：中国人民大学出版社，2013：161.

5.3.1　网络交换环境

1．技术环境

1）宽带接入方式

目前大家可考虑的宽带接入方式主要包括三种——电信 ADSL、FTTX+LAN（小区宽带）和 CABLE MODEM（有线通）。这三种宽带接入方式在安装条件、所需设备、数据传输速率和相关费用等多方面都有很大不同，直接决定了不同的宽带接入方式适合不同的用户选择。无线网络接入技术，主流应用的无线网络分为通过公众移动通信网实现的无线网络（如 4G、3G 或 GPRS）和无线局域网（Wi-Fi）两种方式。GPRS 手机上网方式，是一种借助移动电话网络接入 Internet 的无线上网方式，因此只要你所在城市开通了 GPRS 上网业务，你在任何一个角落都可以通过笔记本电脑来上网。对于我们普遍使用的有线网络而言，这是一种新的网络组建方式。无线网络在一定程度上扔掉了有线网络必须依赖的网线。这样一来，你可以坐在家里的任何一个角落，抱着你的笔记本电脑，享受网络的乐趣，而不用像从前那样必须迁就于网络接口的布线位置。

2）网络带宽

网络带宽是指在一个固定的时间内（1 秒），能通过的最大位数据。网络带宽作为衡量网络使用情况的一个重要指标，日益受到人们的普遍关注。它不仅是政府或单位制定网络通信发展策略的重要依据，也是互联网用户和单位选择互联网接入服务商的主要因素之一。

对于网络企业来说，用户网速的两极分化是一个极大的挑战。丰富的多媒体内容若是用宽带连接表现出来就流畅自然，但是如果用低速调制解调器来连接，等待的时间就变得难以忍受。当用户使用较慢的连接速度上网时，愿意等待多久呢？调查显示，最长的等待时间是 10 秒。因此，面对不同的带宽受众，厂商可以有以下三种应对方案。

（1）为网速最慢的用户设计。最安全的策略就是为低速连接用户设计内容，这样就不会流失任何一群用户。一些网络巨头（如 Amazon.com）使用的就是这种技术，它们的网页图片少，大多是易于下载的文字。

（2）为网速最快的用户设计。不去考虑连接网速慢的用户，而是为高速宽带用户设计高质量的网页，通常这种类型的顾客也更能为企业带来丰厚的利润，如一些流媒体音乐服务就只提供给高速连接用户。

（3）为网站制作高速传输和低速传输两个版本。根据用户的连接速度定制内容，这可通过自动探测装置或直接询问用户的连接速度来实现。提供视频剪辑的新闻网站和提供音乐下载的网站就常常使用这种方式。

2．网民的媒体习惯和上网设备

美国消费电子协会（Consumer Electronics Association）的调查显示，目前美国的一个普通家庭拥有 26 种不同的数字媒体和沟通设备。电视仍然是一种不可或缺的媒体形式，但是消费者每天在网络上也会平均花费 1.5 小时。

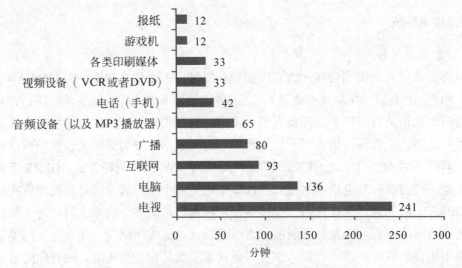

图 5-8　美国消费者每天使用各种媒体及设备的时间表

资料来源：美国消费电子协会（Consumer Electronics Association）.

截至 2016 年 12 月，中国网民中使用手机上网的比例为 95.1%，较 2015 年年底增长了 5.0 个百分点，继续保持增长。通过台式电脑和笔记本电脑接入互联网的比例分别为 60.1%和 36.8%，较 2015 年年底均有所下降，电脑端向手机端迁移趋势明显。我国网民中使用平板电脑上网的比例没有变化。此外，当前我国网民对网络电视使用率为 25.0%，比上一年提升了 7.1 个百分点（图 5-9）。

从中国网民网络接入场所来看，截至 2016 年 12 月，在家里上网比例下降，但还是排在第一，为 87.7%。单位和学校通过电脑接入的比例有所上升，在网吧和公共场所上网的比例有所下降（图 5-10）。

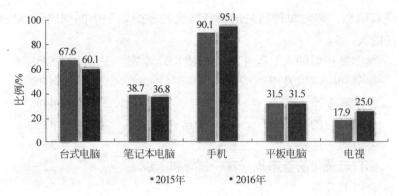

图 5-9　互联网接入设备使用情况

资料来源：http://www.cnnic.net.cn/P020170123364672657408.

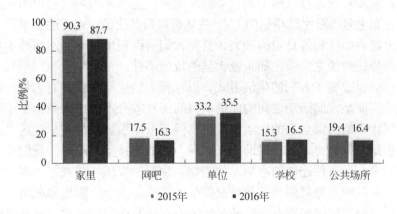

图 5-10　中国网民使用电脑接入互联网的场所

资料来源：http://www.cnnic.net.cn/P020170123364672657408.

3．社会和文化环境

　　互联网改变了消费者生存的社会和文化环境。人们的社会关系已经不仅仅局限于现实空间中，网络虚拟空间同样形成了许多形式的社群。这些虚拟社群内部的交流和互动，改变了以往厂商所具有的产品和服务的信息优势，仅仅凭借几十秒钟的电视广告或是网上展示来赢得消费者越来越难。消费者可以按照自己的意愿来收集信息，自由选择交易的时间、地点和付款方式等。交易控制权已经转移到了消费者手中，精明的消费者能清醒地意识到自己的地位，并主动获取控制权。

　　互联网也改变了社会的信任模式，出现一种新的文化现象，即陌生人之间的信任在网上十分普遍。传统时代消费者获取信息时不可避免面临信息量和信任程度之间的冲突。消费者信任程度最高的信息来源为自身体验和朋友亲人经验，但往往信息量太小；而信息量大的企业和公共来源，消费者的信任程度又比较低。美国一家叫 Edelman 的公关公司在 2007 年做了一次"信任度测试表"的调研，其中的一个问题是"假如你可以从

以下资源中获取信息,你对每种信息的信任程度是多少?"下面列出了一些调查参与者认为值得信任的人:

跟你最相似的人、医生或者健康护理专家	52%
非营利组织以及组织成员	47%
学术界专家	44%
金融行业的分析师	43%
公司的普通员工	35%
你自己公司的首席执行官、领导和上级	32%
公司的高管	26%
公关人员	14%

这里"跟你最相似的人"是指与你有共同利益和兴趣的人,如其他的病人、游客或者运动迷等。消费者通过互联网上的社群信息来源,尤其是购物网站上的在线评论,可以很容易地找到大量"跟你最相似的人",并且可以与其交流。这有助于很好地解决前面所说的信息来源的信任和信息量的冲突。甚至人们可以利用现有的网络技术规避那些自己认为不值得信任的信息来源,如企业大量的垃圾邮件。

互联网同时也改变了人们的生活方式。以往我们的生活中会拥有大量的时间碎片,这些时间碎片可能是人们活动之间的间隔,时间碎片本身不能用来做一个连续的活动。这些碎片时间让我们感觉自己的生活节奏可以慢下来,当然我们在享受这些碎片时间的时候,同时也是一种浪费。现在借助于互联网,尤其是移动互联网,我们可以把这些碎片时间整合起来,做一件连续的事情,如购物、学习、娱乐、游戏等。碎片时间的利用一方面体现出互联网上海量信息的跨时空分享的特点,另一方面也体现出消费者对信息需求的贪婪。借助于网络消费者可以随时随地得到想要的东西,通过网站所提供的自助服务,一切由自己做主。

现在的消费者已经离不开互联网,没有网络什么也做不了。年轻的一代更是手机不离身,通过移动网络了解世界、与他人沟通、购物等,对网络渴望俨然成为生活中头等大事,对网络的依赖同时也培养了他们一心多用的能力。他们可以一边看电视,一边看朋友圈、查阅网站上信息、发表评论。当然一心多用也导致他们对每种任务的注意力降低,专心做一件事,把它做到极致的能力可能有所下降。

网络世界也带来大量的法律问题,如侵犯知识产权等。尤其令人担心的是隐私和数据安全以及网络犯罪。消费者希望当自己以信任的方式提供自己私人信息时,厂商同样能对他们的个人信息保密。他们希望儿童可以免受令人厌烦网站的毒害,希望厂商在发送推销邮件时能征得他们的许可。消费者更加担心自己的账户密码和私人签名等被网络犯罪分子盗取,成为他们犯罪的工具。

5.3.2 购买过程及影响因素

1. 网络消费者的购买过程

网络消费者的购买过程,也就是网络消费者购买行为形成和实现的过程。这一过程不是简单地表现为买或不买,而是一个较为复杂的过程。与传统的消费者购买行为相类似,网络消费者的购买行为早在实际购买之前就已经开始,并且延长到实际购买后的一段时间,有时甚至是一个较长的时期。从酝酿购买开始到购买后的一段时间,网络消费者的购买过程可以粗略地分为五个阶段:诱发需求、收集信息、比较选择、购买决策和购后评价(图5-11)。

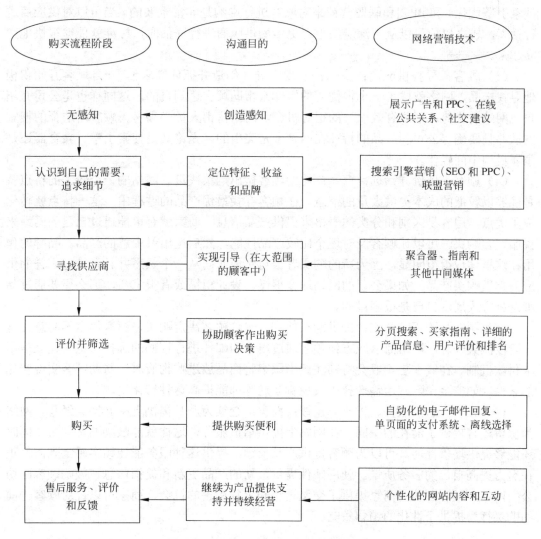

图 5-11 网络影响新购买者的购买流程

(1)顾客:无感知;商家:创造感知(需求、产品或者服务)。产生需要感知主要是通过大众媒体的离线广告来创造。相对于传统媒体,如电视、广播或印刷媒体来说,网络的影响力和覆盖面都有一定的局限性。但是展示广告或点击付费广告(pay per click,PPC)可以弥补离线感知的不足。对于在线活动,同样存在来自朋友或同事的口碑宣传或是病毒式营销的影响,创造需求意识。一些公司利用公共关系和网络媒体成功地创造了品牌感知度,这样就算消费者暂时没有这方面的需求,但一旦有需要的时候,就会想到这个品牌。

（2）顾客：认识到自己的需要，追求细节；商家：定位特征、收益和品牌。一旦顾客认识到了自己的需求并且考虑产品的特征以及自己能从产品或在线服务中得到什么收益时，他们就会开始求助于网络，并使用一些普遍的搜索，在一大类产品中选出符合自己要求的产品。因此在这一阶段借助于搜索引擎营销[如 SEO（search engine optimization，搜索引擎优化）和 PPC]和联盟营销来对顾客进行影响是非常重要的。当可以对供应商进行搜索，较之以前可以从更深层次上对更多的供应商进行评估时，标准就能够很快地建立起来。

（3）顾客：寻找供应商；商家：实现引导（创造并抓住需求）。一旦顾客开始积极地寻找产品，网络就成了一个很优秀的媒体来帮助顾客达到目的。这同样也是公司介绍自己网站的优势并形成有效引导的很好机会。网络营销人员必须考虑顾客所选择的搜索方法并且要确保公司和产品的特征在网站上是突出的，无论其是搜索引擎、聚合器还是隶属机构中间媒体。

（4）顾客：评价并筛选；商家：协助顾客做出购买决策。网站的一个较大的特点就是能够以较低的成本提供大量的信息。在顾客寻找最优产品的过程中，这一特点就转化成了优点。用容易区别和分类的表格来提供产品信息，商家就有可能通过自己的网站来说服顾客购买。可以让顾客及时逐个比较产品性能，然后选出最中意的产品。品牌的作用在这里体现得很明显，因为新的购买者很自然地倾向从一个熟悉并且有良好声誉的供应商那里购买产品。如果公司的网站速度很慢、设计粗糙或者很劣质，那么想要通过品牌这种方式展示自己是很困难的。

（5）顾客：购买；商家：提供购买便利。一旦顾客决定购买，商家肯定不愿意在这一阶段流失顾客。网络商家应方便顾客通过电话和邮件进行订购的选择，也应建立信用卡付款机制。在线零售一般会特别注意当顾客将商品放进购物篮时，帮助顾客实现转化的条件，如安全保障、运输选择以及免费运送等都能提高这种转化率。

（6）顾客：售后服务、评价和反馈；商家：继续为产品提供支持并持续经营。网络为保留顾客提供了潜在的空间。在网站上提供增值服务，这样就能鼓励顾客回访，同时还能够提供增值性能。可以为顾客提供产品反馈，提供这种服务能让顾客感觉到商家正在努力提高自己的服务质量。使用邮件提供最新的产品更新和促销信息，鼓励顾客回访公司网站。顾客回访为商家提供了交叉销售和重复销售的机会，商家可以针对顾客先前的购买行为提供个性化的销售策略。

2. 网络消费过程的影响因素

由于网络零售市场的虚拟性，网站页面上产品的展示信息有限，只是有关产品选择的尺寸、颜色、类型等信息比较常见。但是网络互动分享的特点，使购买过该产品的人说的故事、评价和评分能引起潜在顾客产生更多的信任感。中国互联网信息中心数据显示，2015 年影响网购消费者决策的最主要因素是产品的网络口碑，选择该因素的用户占比 77.5%（图 5-12）。网络口碑一直以来就是网络消费者考虑的首要因素，网络口碑已经成为商家的生命线。

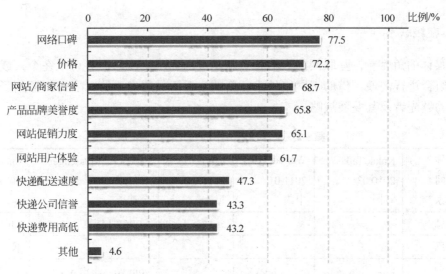

图 5-12　2015 网络购物用户购买商品时主要考虑因素
资料来源：http://www.cnnic.net.cn/P020160721526975632273.

网络零售平台正在引导网络消费由品质向品牌转变，但将价格视为主要决策因素的用户占比达 72.2%。网购已经成为多数网民的购物习惯，随着网民收入水平的提升，在网络零售平台的营销推动下，网购用户主流的消费理念必将由价格驱动向品质导向转变。中国互联网信息中心的调查显示，70.8%的网购用户会将品质与价格折中考虑。24.6%的网购用户甚至会因为高品质而忽略价格。只有 4.7%的网购用户会因为商品的价格而略微牺牲品质。

网站/商家信誉、产品品牌美誉度、网站促销力度和用户体验等决策因素的影响力处于较高水平，选择这些因素的用户占比分别为 68.7%、65.8%、65.1%和 61.7%。用户对网站、商家、品牌信誉的要求不断提高，同时对网站体验和促销力度的需要也比以前有较大的提升。

选择快递配送速度、快递公司信誉和快递费用高低决策因素的网购用户占比分别为 47.3%、43.3%和 43.2%。这些因素已成为辅助决策因素，重要性排序靠后。

5.3.3　网络交易结果

消费者使用大量的时间、精力和货币从事网上交易，他们究竟得到了什么，难道仅仅是一件商品吗？如果仅仅是商品这一个维度，网络交易的魅力就不可能这么大。美国的企业和调研机构进行了大量的调查，充分了解美国消费者在网络上的行为，以及网络如何改变人们的行为。概括来说，人们在互联网上一般只会开展五项基本的活动，即联系、创造、娱乐、学习和交易。关注这五项基本的活动，厂商可以对自己目标市场中消费者的需求和期望更加了解，知道自己利润的来源，并据此制定自己的经营策略，满足目标市场的需求。

1. 在线联系

从媒体的角度看，互联网最大的特点就是双向互动交流，而且可以在个人或群体之间任意组合进行沟通。借助于网络技术，新的沟通工具层出不穷。表 5-2 罗列了全球消息应用的领先者及其发展战略。

表 5-2 全球消息应用的领先者及其发展战略

应用名称 上架时间 主要国家	KakaoTalk 2010.03 韩国	Wechat(微信) 2011.01 中国	LINE 2011.06 日本	Facebook Messenger 2011.08 全球	Snapchat 2011.09 全球
即时消息	√	√	√	APP(2014)	Chat(2014)
群主消息	√	√	√	√	×
语音信息	Free voip calls 2012	Phonebook 2014	√	Voip voice call in US 2013	×
实时语音聊天	×	√	Video call update 2013	Free Video call 2015	Video Chat 2014
线上支付	Kakao pay 2014	2013	LINE pay 2014	Messenger Payments 2015	Snapchat 2014
商业支持	Kakao Page 2013	Delivery support 2013	Line Mall 2013	Business on Messenger 2015	×
开发者平台	Kakao Developers	Wechat API	Line partner 2012	Messenge Platform 2015	×

消费者可以与在网上认识的人或生意伙伴建立新的联系，必要时可以将这种联系延伸到实体环境中。

2. 创造

每个人的生活本身就是一个创造过程。社交媒体的迅猛发展，为网民所创造的内容找到了保存、分享、评论等平台。网民可以在网络社交媒体上建立自己的档案，修饰自己的网页，上传图片、视频和文字等内容，与朋友和粉丝交流等。与一般的只能简单交流相比，创造内容是用户参与的最高表现形式，即时通信平台、博客、微博、微信的流行促使大量的内容在网络空间中分享，然后进一步促进了网民创造内容的热情。Myspace、Facebook、YouTube 和 Linkedin 等全球知名的社交网站用户数量的不断扩张，新的应用功能的不断扩展，满足了不同网民的偏好，网站的商业模式也日臻完善。社交应用主要使用功能如图 5-13 所示。

3. 在线娱乐

在线娱乐内容以观看视频、收听数字音乐、阅读电子书、打游戏等在线活动为主。近些年，在线娱乐也得到了快速发展，游戏、文学、视频和音乐用户规模都逐渐增加。

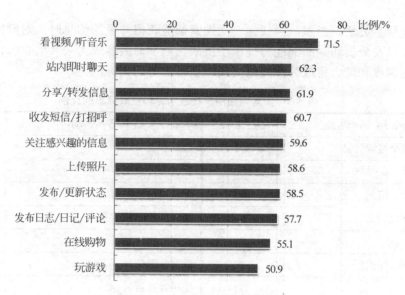

图 5-13 社交应用主要使用功能
资料来源：http://www.cnnic.net.cn/P020160722551429454480.

网络游戏业逐渐走向成熟，用户付费能力显著提升，细分游戏类型得到市场认可，以及软硬件技术水平提高带来的用户游戏体验进一步增强。竞技类游戏客户端游戏赛事的收入和奖金再创新高，围绕其诞生的明星选手、游戏主播、赛事活动等新生业态逐渐成熟。网络文学改编的影视作品屡屡被搬上荧幕并获得成功，优质网络文学知识产权（intellectual property，IP）以其巨大的潜在商业价值促使各大型互联网企业将其视为内容领域的战略重点，这种力量推动了网络文学产业的整合。之前网络文学网站单纯依靠读者付费的盈利模式已经逐渐退出舞台，培养受众广泛的优质 IP，之后出售版权进行电影、电视剧、游戏等一系列改编来寻求变现的商业模式已经成为当前网络文学产业的主要发展方向。各大视频网站的用户付费业务明显增长，收入结构更加健康。网络音乐在内容付费方面也取得了长足进展。

2015 年中国在线娱乐消费用户 5.13 亿，86.3%用户每天在线娱乐超过 1 小时，在线娱乐市场规模超过 2 000 亿。目前，在线娱乐设备日趋虚拟化和随身化，2010 年后智能手环、智能眼镜等可穿戴设备大量推出，2015 年后智能设备逐渐扩展到自行车、汽车等领域。71.3%在线娱乐用户有过向亲朋好友及陌生人推荐/分享活动的经历。51.9%在线娱乐用户在娱乐服务下进行评论、发弹幕等，以及和主播/发帖者/作者就娱乐内容进行互动交流等。27.4%在线娱乐用户有自己向在线娱乐平台输出上传娱乐内容/直播行为。

4. 学习和获取信息

获取信息是我们生活、工作中解决问题的基本途径。互联网沉积了海量信息，并且这些信息具有共享性，有的还具有互动性和免费的特点，所以网络上获取信息成为目前一个主要的渠道。通过表 5-3 我们可以看到，网民通过网络获取广泛而多样的信息，如驾车导航、业余爱好信息、天气预报、旅游信息、健康和医疗信息等。获取信息的方式也是多种多样，如搜索引擎、政府网站、社交网站、百科等。移动互联网兴起后，使获取信息更便捷、灵活。当然，当任何一次搜索都能获得海量的信息时，对网民的信息筛选、过滤，以及分析和判断的能力提出了挑战。当学习内容成为公共信息时，围绕获取信息的学习速度和能力将成为在网络交换中获得优势的关键能力。

表 5-3 美国网络用户在线学习和获取信息的比例

网 络 活 动	占比/%	网 络 活 动	占比/%
使用搜索引擎搜索信息	91	虚拟参观	51
搜索地图或驾车导航	86	查询与目前工作相关的信息	50
查询业余爱好信息	83	查询政治新闻信息	47
查看天气预报	78	查询就业相关信息	46
查询旅游信息	73	查询居住信息	39
查询健康和医疗信息	80	查询金融信息	36
浏览新闻	71	使用维基百科	36
查询政府网站信息	66	查询宗教信息	35
查询"怎么办"或者维修信息	55	在线收听直播赛事	29
找电话号码、地址	54	搜寻个人信息	28
查询学校、培训班信息	51	接受远程教育	13

资料来源：2004—2007 studies at www.pewinternet.org.

5. 在线交易

随着网络的普及和物流、金融支付等网络生态环境的改善，网络所能完成的交易种类已经很多了，许多网民已经形成了网上选购商品或是服务的习惯（表 5-4）。从交易活动内容看，可以是有形的产品，也可以是无形的服务，或者是二者兼而有之。有形的产品，大到住房、汽车，小到日用消费品。无形的服务可以是数字信息、金融服务，还可能是网络课程等。从交易环节看，在线交易贯穿于交易的每个环节，包括交易前的调查、网上购买或预订、支付、物流跟踪等。

表 5-4 美国网络用户参加在线交易的比例

网 络 活 动	占比/%	网 络 活 动	占比/%
购买产品之前进行调查	81	购买网络分类广告（Craig 列表）	30
购买产品	86	为获得数字信息而付费	28
进行旅游预订	64	参与在线拍卖	26
使用网络银行	51	慈善捐款	12
下载电脑程序	39	参加大学计入学分的网络课程	18
在线支付账单	38	在线销售物品	15
搜索网络分类广告（Craig 列表）	32	买卖股票、债券、开放式基金	11

资料来源：2004—2007 studies at www.pewinternet.org.

Roseonly：高端鲜花细分市场老大

中国拥有 10 000 亿的礼品市场，鲜花有 1 000 亿的市场，Roseonly 专爱花店仅用了 1 年多时间就成为这个细分行业的知名品牌。它们有个规定："一生只能送一个人"，创始人蒲易说，Roseonly 送的不是花，送的是一个承诺。而他们想做到的是，当你想到爱情就想到玫瑰，想到玫瑰就想到 Roseonly。

在 Roseonly 出来之前，鲜花市场是没有品牌老大的，Roseonly 专爱花店是通过何种方式攻占高端鲜花细分市场的？Roseonly 创始人蒲易口述了他的创业经历。

兵马未动，调研先行。Roseonly 专爱花店最早期，并没有花一分钱去做营销。我通过微博、微信、短信、邮件、电话，发动我身边一两千个朋友做推广。比较幸运的是，因为我们的产品不错，又有很好的爱情理念，第一批购买的用户全部都是我身边的海归精英、家族企业里身价上亿的富二代、VC 圈的老大或者是商圈的企业家。他们口口相传的好口碑吸引和影响了一些明星也成为我们的粉丝，迅速地扩大了品牌的影响力。

我在创业之前，也做了很多鲜花市场的调研。举例来说，美国有个很有名的鲜花公司，叫 1 800flowers，是美国的上市公司，2012 年的销售额应该在 7 亿美元左右。它的模式就像搭建天猫一样的网络平台，然后线下与美国成千上万的实体花店进行合作。1 800flowers 接下网上的订单之后，便由线下的合作实体花店去配送。但是在中国，这种模式的网络花店是存在很大问题的，因为中国街边的实体花店缺乏品牌和统一监管，从业人员的水平又良莠不齐，经常会出现由他们包装和配送的鲜花，与网上的展示图片差距非常之大的情况。再者，很多中国的街边花店缺乏一定的商业诚信，一旦他们在派送过程中直接接触到网上客户，很大可能就递上自己花店的名片绕过线上合作方，直接接下次的生意了。最关键的原因还有，情人节、七夕、圣诞节这种重大节日，Roseonly 专爱花店很可能提前半年就有人预订了，我们会提前很久精心准备和安排人手。而上文提到的那类网络平台花店模式，可能是提前一两周才能收到大量订单，但是他们收到订单叫这些线下的合作花店去送的时候，由于时间紧缺乏集中管理，根本就没办法控制时间和质量。况且这些花店在重大节日里往往自己生意就已经送不过来了，他为什么还要分成给你？所以这种模式在中国是非常不好的，也没有成规模和品牌。

Roseonly 专爱花店是我们自己的品牌，你能看到 Roseonly 的每一束花都来自我们自己的供应链，情人节当天我就守着生产线、物流中心和运营中心，全程盯着生产和发货。每一朵花只要不合格，都不能通过 Roseonly 卖出去，因为我们最看重、最核心的是品牌。我们从上游厄瓜多尔剪一朵巨型玫瑰，每一把剪刀都要消毒，怕交叉感染。整个物流的产业链，2℃的温度，70%的湿度，之后运到我们这里，我们这里专业的花艺师，重新剪好包装好，再用最好的物流公司发出去。大家会发现在情人节我们 Roseonly 销售已经过千万了，实体店也是排长队，同时在天猫我们也是销售金额第一的花店，这就是品牌的力量。

打造品牌。不是每一朵玫瑰都叫Roseonly。我们的品牌有它的意义和使命感，roseonly花店送的不是花，送的是一个承诺。我们的花跟其他花店的花有什么不一样呢？我们有个规定叫作"一生只能送一个人"。就是在你去注册购买的时候，你需要填入你爱人的名字，我们叫落笔为证，这是不能修改的。一旦你填完这个之后，你这辈子只能送这一个人，所以当女孩收到这个花的时候，她收到的不是这个花，收到的是一个你对她爱的承诺。这让我们跟其他花店一下就不一样了，可以抄袭我的花，可以抄袭我的盒子，你甚至可以抄袭我的服务，但是你抄袭不了Roseonly这个深入人心的理念。这个理念我觉得是Roseonly很宝贵的成功理念。我们的slogan（口号）叫作"信者得爱，爱是唯一"。我们说玫瑰花代表爱情，我们需要做到的是，想到爱情就想到玫瑰，想到玫瑰就想到Roseonly，这是我们努力在做的一件事。

随着Roseonly发展的规模越来越大，根据我们受欢迎的程度，我们发现，百分之七八十的用户都是女性，都在关注我们，在微博、微信里留言，浏览我们的网站。但是购买的，百分之七八十却是男性。我们微博、微信中很多人说我们做得好，其实我们做得还不够好，只是用户喜欢我们的产品和理念，相对比较活跃。例如，我们发很漂亮的产品微博，然后关注我们的女孩子们就会转发这篇微博，@她的老公，叫她老公去买。我猜想我们很大部分的男性用户是被逼的吧。其实你有好的创意、好的理念，它自然就会传播出来，被社会认可。

我们知道很多还没有找到唯一爱人的用户喜欢我们的花艺，也喜欢我们的设计和产品。所以我们开辟了专爱花店这个子品牌，跟国内顶级的设计师共同设计推出，也跟象征爱情唯一的Roseonly区分开。Roseonly卖厄瓜多尔的巨型玫瑰，坚持"一生只送一个人"的理念，用灰色的标志性盒子。那么专爱走的是一个中高端的系列，我们努力打造时尚鲜花的第一品牌，努力把全世界最好的花艺带入中国。

roseonly当然并不是所有人都能买的，我们就是赋予它非常小众的用户：第一，有一定经济基础；第二，热爱生活也非常有品位；第三，还要相信爱情唯一。鲜花这1 000多亿的细分市场，我们现在是高中低三块都同时在做。Roseonly其实更多的是打造品牌，用最好的设计师打造最有竞争力的产品。我希望Roseonly品牌影响力最强，然后是产品和设计，然后是电商，是这样组成的一个公司。

（资料来源：站长之家.http://www.chinaz.com/start/2014/0412/347325.shtml.）

本 章 小 结

本章首先介绍了网络市场的现状，包括市场规模、品类分布、网站品牌渗透等，接着介绍了网络市场的发展历史和特点，以及存在的问题。然后分析了网络消费者的需求特点，重点强调了消费者需求的个性化和差异化，以及主动性增强。在互联网的交换过程部分，分析了宽带接入方式、网络带宽、网民的媒体习惯等技术环境，还分析了如网络信任、网络填补时间碎片化等社会和文化环境。最后介绍了网络消费者的购买过程，将购买过程分为五个阶段：诱发需求、收集信息、比较选择、购买决策和购后评价。网络交易的结果包括：在线联系、创造、在线娱乐、学习和获取信息、在线交易。

思 考 题

1. 网络市场的特点有哪些？
2. 怎么看网络市场存在的问题？
3. 中国消费者呈现出哪些特征？
4. 网络消费者的需求特点有哪些？
5. 网络消费者的购买过程包括哪些阶段？
6. 网络交易的结果有哪些？

实 践 题

1. 请登录中国互联网信息中心（http://www.cnnic.net.cn/）网站，下载相隔 5 年的两份中国网络市场购物报告（如 2012 年和 2017 年），比较两个年度网络市场的异同点。

2. 请以所在学校的同学为调查对象，调查他们打发碎片化时间的方式有哪些，重点分析移动网络对生活方式的影响。

3. 请帮助同学记录他的网络购买过程中的行为，然后分析他是如何作出决策的。

4. 请在网络上搜索有关某款华为手机网络交易结果的资料，然后进行归纳分类，看看你有什么新发现。

第 6 章

网络营销调研

学习目标

了解数据和知识在营销中的地位，技术对网络营销调研方法的影响，网络调研的类型和过程。掌握网络调研法的定义和特点，数据分析的一些基本方法。熟练掌握各种数据来源的获取方法和优点、缺点，以及调研报告的撰写。

商业社会的发展必然产生大量的市场信息，这些市场信息是对市场运营过程与状况的客观描述和记录。随着互联网的普及，商业活动融入整个社会程度不断加深，企业获取市场营销活动所必需的信息越来越方便，但同时要处理的信息量也越来越大。如何运用互联网进行营销调研已经成为网络营销成败的关键。

6.1 信息技术与市场调研

6.1.1 网络营销的数据和知识

通常理解的市场调研是运用科学的方法，系统地收集、记录、整理和分析有关市场的信息资料，从而了解市场发展变化的现状和趋势，为经营决策提供科学依据的过程。美国市场营销协会从职能和作用的角度把营销调研理解为通过信息把消费者、顾客、公司营销者联系起来的一种职能，这些信息用于识别和定义营销问题与机会，制定、完善和评估营销活动，监测营销绩效，改进对营销过程的理解。

网络社会数据的增长率是惊人的，对绝大多数消费者和企业来说，信息过载是个大问题。网络营销人员必须学会如何从海量的数据提取有用信息，并消化这些信息，然后将这些信息与其他信息相联系，再加上自己的理解才能把这些信息转变为有用的知识，进而为营销活动服务。人们把这种数据—信息—知识—决策的过程称为数据驱动的战略。

从企业的角度来说，营销知识产生的过程就是获取的信息转化为营销人员、咨询顾问、商业伙伴、分销渠道商等的群体性意识或集体记忆的过程，这一过程的关键是信息的分享和交流。实际上，现在企业是利用营销信息系统（marketing information system, MIS）来管理所掌握的信息和知识。企业利用营销信息系统来判断信息需求，对信息进行收集、分析，并且将信息传递给营销决策者(图 6-1)。当营销决策者需要解决一个涉及数据处理的问题时，营销信息系统开始启动。接下来就是从企业内部资源、二手数据或者通过一手市场营销调研整理数据。当营销决策者获取所需要的及时、准确的信息时，营销信息系统的整个工作过程才结束。

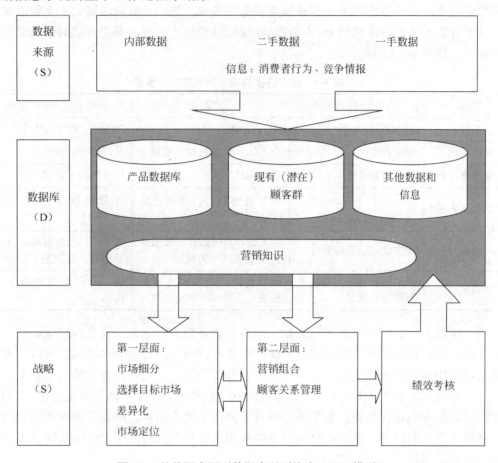

图6-1 从数据来源到数据库再到战略（SDS模型）

资料来源：朱迪·斯特劳斯，雷蒙德·弗罗斯特. 网络营销[M]. 5版. 北京：中国人民大学出版社，2013：123.

网络营销推动了技术变革，并在以下几个方面改变了营销信息系统的环境。其一，许多公司在数据库和数据仓库（data warehouses）中存储网络营销数据，这些数据使企业在任何时候都能获得准确、适用并且有价值的信息。其二，获取信息的终端越来越多，智能电视、平板电脑和手机等都可以浏览网页和电子邮件，不仅仅是计算机，这些终端同样承载大量的数据库信息。其三，顾客也有权获得部分信息。在许多电商平台上，顾客可以生成个性化网页，如个人的账户情况、以往购物记录、库存，以及其他购买者推荐的产品等。许多企业顾客、供应链渠道参与者以及商业伙伴还可以经常查看顾客销售数据以便制订产品计划。其四，数据与信息只有在被转化为知识以增加收益时才是有用的，因此，先进的企业使所有的利益相关者都能通过营销信息系统的网络查看员工的项目记录、建议及数据分析。

6.1.2　信息技术下的新调研方法

市场调研与科技进步息息相关，营销决策的科学性是由科学的方法保证的。科学技术的发展对市场调研方法的变化有着极其重要的影响。这一点可以通过20世纪以来调研工具本身的发展过程反映出来。人们将20世纪以来技术发展对调研方法的影响概括为三个阶段，如表6-1所示。

表6-1　技术进步与调查研究方法的演变

阶段	第一阶段	第二阶段	第三阶段
时间	20世纪70年代	20世纪80年代	20世纪90年代至今
发展契机	电话普及	个人计算机及软件的发展	互联网的普及
数据搜索工具	纸、笔和电话	电话和计算机	计算机和互联网
资料收集方法	电话调查（telephone survey）	计算机辅助调查信息采集（CASIC）	计算机辅助网络访谈（CAWI）
特点	成本低，更具时效性	成本低，具时效性，降低资料收集与整理的误差	成本低，具时效性，降低数据输入的误差
意义	带动民意调查与市场调查的蓬勃发展	降低普通研究者实施调查的进入门槛	进一步降低调查的进入门槛

第一阶段：自20世纪70年代开始，随着电话在西方发达国家普及，电话调研开始产生。电话可以打破地域空间的限制，使调研成本降低，而且时效性增强。这时学术界开始大量采用调查研究法进行社会科学研究，有效带动了调查理论和方法的蓬勃发展。

第二阶段：20世纪80年代个人计算机及软件的进步，计算机辅助电话访谈（CATI）诞生。计算机和电话作为数据收集的工具有效降低了调查成本，缩短了调查所需要的时间，使调查更具时效性，同时也降低了资料收集与整理的误差。更重要的是降低了调查的进入门槛，促进了调查研究法的推广应用。

第三阶段：20世纪90年代之后，互联网的发展和迅速普及使其成为网络调研的新工具。网络调研不但节省了调查成本，提高了调查效率，而且降低了数据输入的误差。与第二阶段一样，网络调研的应用进一步降低了实施调研的进入门槛。

现在消费者对传统市场调研方式的合作热情正在逐渐减退。据统计，电话调查的拒绝率在40%~60%。行业人士甚至抱怨"电话推销员毁坏了电话访谈行业"。美国进行的人口普查中，邮件调查的未回复率高达40%。而网络调研则是另一番景象，近些年来，美国所有公司的市场调研花费中有29%用于网络调研（图6-2）。

当然，每一次科技浪潮推动调研领域的进步，总会有人为某种新技术的出现而兴奋不已，也总会有人忧心忡忡。赞成者看到了新技术浪潮为调研者提供各种全新的调研工具和途径，也为调研开拓出一片更加广阔的天地。质疑者认为新技术可能将各种成熟的调研手段和方法淘汰，同时也可能因过于强调新工具的先进性而忽视调研的基本理论和规范，从而降低调查数据的质量。在新技术浪潮的推动下，技术支持者的欢呼声经常会

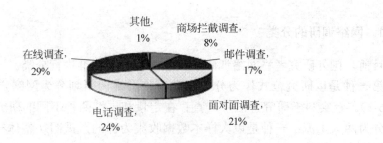

图 6-2　营销成本在市场调研方法中的比例

掩盖反对者的呼声,新技术手段的泛滥又会招致反对者的各种非议和争论。这种非议和争论又会进一步促进研究方法和工具的不断改进与完善。

6.1.3　网络调研法

　　基于互联网的调研最早出现于 20 世纪 80 年代末期至 90 年代初期。在互联网还没有普及应用之前,就已有研究者开始尝试利用电子邮件来进行调研。不过早期的电子邮件调研仅包含静态和美国信息交换标准码(ASCII)形式的内容信息,也只是通过局域网来发放,但是早期使用者还是表现出了极大的兴趣。与传统印刷问卷相比,电子邮件调研具有即时性,传输非常迅速,几乎可以立即被接收;具有异步性,使用时不必沟通双方同时在线,沟通更自由;具有随时保持性与可编辑性,计算机保存节省空间,方便检索;具有群发性,可同时向多位受访者传播信息。电子邮件的这些特性大大减少了问卷发放和回收的时间与成本。

　　20 世纪 90 年代中后期,伴随着互联网的迅速普及,网络调研(web survey)逐渐成为一种替代电子邮件调研的新工具。网络调研具有了视频、音频等多媒体功能,还提高了问卷的用户界面友好性和交互功能。

　　目前,关于网络调研主要有两种不同含义。

　　一种是测量互联网使用情况的调研。这一类调研的目的主要是测量网站的流量以及网站使用者的数据、结构和行为。其中测量网站的流量主要包括网站数量、网页数量、网站的访问量、唯一用户数、页面浏览数、浏览时数、到达率、忠诚度、购买率等;测量网站的使用者主要包括使用者的数量、结构和分布、上网的目的、使用网络的基本情况、行为、态度等。有的还包括网络广告方面的监测,主要包括网络广告的发布、网络广告被点击情况等。本书中所说的网络调研不包括以上这种针对网络自身应用情况的调研。

　　另一种是以互联网为数据收集工具进行的调研。这一类调研在目的上与传统的市场调研基本相同,其主要区别在于使用互联网的各种工具和手段,来研究调研对象的行为或心理特征等。本书采用第二种网络调研的定义。

　　综上所述,可以将网络调研描述为:以互联网技术手段为研究工具,利用网页问卷、电子邮件问卷、网上聊天室、电子公告板等网络多媒体形式,来收集、整理、分析调查数据和访谈资料的一种新式调研方法。

1．网络调研的分类

目前，国外研究者将网络调研法按照两种分类标准进行分类。

第一种是以研究范式作为分类标准，将网络调研划分为网络定量研究和定性研究（图 6-3）。社会科学研究方法中一直存在定量和定性两种不同的研究范式。网络调研也一样分为两大主流：一种是以大样本数据收集为标的，试图从整体社会趋势归纳出网络对人类社会的影响，即定量分析。定量研究主要是利用互联网的信息传递和交互功能，通过让调查对象来填写多种格式的电子问卷（如 Html 问卷、txt 问卷和下载式电子表单问卷等）来收集数据；另一种是着重研究数字空间互动及沟通脉络分析，深入诠释其主体表述，及虚拟社群的社会结构与互动。其主要是通过各种同步和异步的网络通信工具，如电子邮件、聊天室、BBS、双向视频会议系统和网络游戏来收集调查对象各种文本、音频和视频资料等。

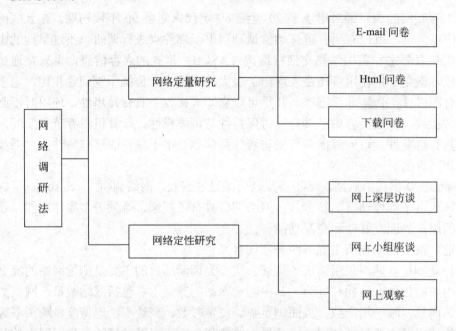

图 6-3　以研究范式为分类标准

第二种是以调查抽样方式为分类标准，将网络调研划分为基于概率抽样的网络调研和基于便利抽样的网络调研（图6-4）。

概率抽样调查要求创建一个覆盖绝大多数或全部目标人群的抽样框。比较容易做到的概率抽样是基于封闭目标人群的抽样。所谓"封闭目标人群"是指某个组织内部能够列出某种形式的成员名单的目标人群。限定在某个组织内部，有了名单或电子邮箱地址创建一个抽样框是一件相当容易的事。另一种是基于一般人群的抽样。一般人群是与封闭人群相对而言的，某个省或是某个城市的居民，甚至具有不良药物反应的患者都属于一般人群。研究者一般很难获得一般人群全体成员的网络联系方式，抽样框也很难建立。

但是可以通过各种常规的通信手段（信函和电话）来与潜在的调查对象进行联系，要求他们通过网络来填写问卷。还有一种概率抽样调查是预先招募固定样本的调查。也就是事先通过一些概率抽样的方式招募而来潜在调查对象，他们重复参加以后的调查。

便利抽样调查的特点是运用一种无计划性的方式来选择调查对象。该方法允许任何一名潜在的调查对象自由选择是否参加调查。也就是说便利抽样无法计算本样本成员被选择的概率，因此便利抽样不适用于总体与部分人群之间关系的估算。便利抽样的优点是所需要的时间短、工作量少、成本低。便利抽样中最常用的是"无限制式网络调查"，所谓"无限制"是指任何登录问卷所在网站的人都可以自由填写问卷，但是通常要求同一个用户不能重复填写。一些商业性质的调查项目也会通过各种媒介途径主动地为调查作宣传，以便吸引更多的参与者。便利抽样中的另一种是"对网站访问者的系统抽样式调查"。所谓的"系统抽样"是指抽样框中有规律地每隔 N 个对象抽取一个样本。因为目标人群是"某个特定网站的访问者"，所以这种选取样本的方式是一种概率抽样方式。但是对于一般人群来说这种方法仍然是一种便利抽样。便利抽样中还有一种是"志愿者固定样本式网络调查"。志愿者固定样本是由许多参加未来调查的志愿者组成的人群，这个固定样本一般是通过各种宣传方式招募而来。许多互联网公司都建立包括数百万网络问卷调查志愿者的固定样本数据库。

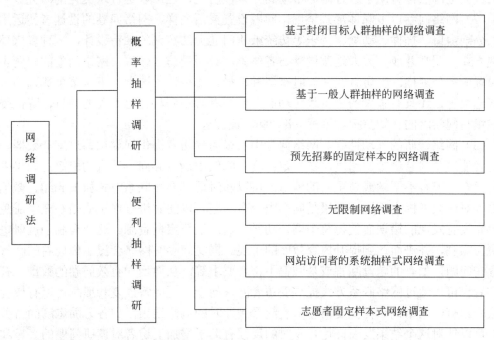

图 6-4　以调查抽样方式为分类标准

2．网络调研特点

网络调研是以互联网为主要技术工具的研究方法，受信息技术、互联网的影响，与传统调研方式相比，网络调研有许多不同的地方（表 6-2）。

表 6-2 各种调研法特点综合比较

方法 特点	面访调研	电话访谈	传真调研	信函问卷	网络调研
沟通模式	一对一	一对一	一对一	一对一	一对多
交互方式	双向同步	双向同步	单向异步	单向异步	双向同步
样本分布	窄	广	广	广	全球
回收速度	最慢	慢	普通	普通	最快
花费时间	最长	长	普通	普通	短
受暗示程度	高	普通	无	无	无

网络调研法具体特点可以概括为以下几点。

（1）选择和招募受访者时可以跨越地域限制。互联网有一个重要的特点是可以突破时间和空间的限制。运用互联网研究者在选择和招募受访者时可以轻易地跨越地域范围限制，扩大研究范围，甚至可以是全球范围。受访者无论在何时、何地，只要是在调查期间参与调查即可，相比一般的计算机辅助电话调查系统和访谈，时间和空间上的弹性更大。大范围取样有助于进行国际市场的差异性研究，也可以进行跨文化的研究。

（2）网络问卷以多媒体形式呈现，问题设置灵活多样。网络问卷的设计者能运用颜色、分割窗口、插件、动画、音乐等传统纸质问卷无法实现的独特设计，这种多媒体的呈现方式，图文并茂，大大地改进受访者体验，吸引受访者作答。网络问卷的问题也可以设置成多种多样。受访者在回答时有多种选择，如按钮式选项、下拉菜单式选项、矩阵式选项等，还具有强大的逻辑跳转功能，受访者看不到与自己无关的题目，降低受访者在填写问卷时的认知负担和困惑，减少填写错误。

（3）网络调研的互动性强。网络问卷中可以为受访者提供问卷填写进度计数器，使受访者能清楚问卷进行的速度，在一定程度上降低中途放弃问卷调查的概率。如果受访者对问卷内容有不了解或是疑问的地方，可以随时通过网络联系方式如 E-mail、微信、微博等对研究者提出问题。如果是问卷内容有问题可以随时进行修正或是补充，避免因为事先没有发现的错误而使得整个调查功亏一篑，浪费宝贵资源。这些有利于调研进行得更为顺利，并进而达到提升内容效度的可能。提交问卷时网络会提示你问卷的回答是否存在问题，如有的题没回答或是回答不符合要求等，从而增加有效问卷的数量。有时研究者也可以通过网络联系方式提醒受访者回答问卷，无应答催复和提醒可以有效提高回收率。有的网络调研在提交问卷后，能看到即时的调研结果，如各方面态度的百分比等，可以针对这个结果发表评论。及时的反馈有助于增加受访者对调研问题的兴趣和参与度。当然网络技术对于调研过程中信息传递失败会有相应的提示，这也有利于研究者和受访者之间沟通，便于了解和控制整个调研过程。

（4）网络调研时间短、反馈快，自动化程度高，可以降低调查成本。在调查成本方面，网络调查在建设网络调查系统时成本较高，但是当进行大样本的问卷调查时，则可以省下传统邮寄问卷的印刷、装订、邮资等费用。随着网络调查样本数量的增加或是调查次数的增加，网络调查的成本通常会随之降低。而传统问卷调查则不具备这种边际成本优势。在反馈时间方面，网络调查具有回收速度快的特点。通常我们认为网络调查的回收速度最快，大部分的受访者在接受问卷的第一天就完成问卷作答。另外网络调查的自动化程度高，便于数据的统计分析，节省大量人力成本。网络调查结束后，研究者可以直接从系统中下载问卷调查数据，通常数据可以是多种常用格式，不用进行人工资料整理，有的系统会直接给出数据的描述分析。美国的 WebSurveyor 网站曾经进行一项比较网络调查、电话调查和信函邮寄调查结果研究。研究结果显示，网络调查的回收时间是 7 天，回收率是 34%，成本为 1 500 美元；电话调查的时间为 60 天，回收率为 17%，成本为 28 000 美元；信函邮寄调查的时间是 73 天，回收率为 2%，邮寄费用是 16 000 美元。平均每份网络调查数据回收成本为 0.44 美元，远低于电话调查的 3.57 美元与邮寄调查的 80.009 美元。在计算机和网络的辅助下，大样本调查前期设计制作与后续的回收处理、筛选、转码与统计分析的自动化程度都远高于其他调研方式，大大降低了人力成本。如果需要跨平台数据处理，网络调查更是可以轻而易举地实现相同样本在多个平台上的数据共享和整合，传统调查方式要想实现这一点是极为困难的。

（5）网络调研减少受访者身份敏感性或问题私密性的影响，提高数据质量。网络问卷属于自填式问卷的一种，减少了作答环境对研究者与受访者的影响。在以计算机为基础的沟通环境中，人与人未直接接触，所以会减弱或消除外貌、个人特质、社会地位等一些社会线索。人际之间网络隔绝可以使受访者表达意见时更为开放、自由、平等。另外网络具有匿名性，足以使受访者减少做答时的无关考虑，进而减少测量误差。问卷以电子文档形式传输，受访者和研究者未曾同处一地，参与者自我完成问卷，感受匿名的调查过程，有助于回答一些敏感性和私密性的问题，提高问卷数据的质量。

3．网络调研存在的问题和解决方案

抽样调查的一个重要特点就在于，研究者只需要对目标群体中的一小部分而不是全体进行调查，就能够精确地估算出全体研究对象所具有的某种特征。从样本到总体的推断，需要减少各种误差才能保证精确性。抽样调查主要存在四种误差：覆盖误差、抽样误差、测量误差和无应答误差。网络抽样调查难以令人信服的最大原因，主要来自网络使用人口不具有全体人口的代表性、缺乏有效的抽样框以及自愿性样本等问题。这些都会使调查的实施过程和结果具有许多难以克服的问题。

目前，网络调研主要存在以下问题。

（1）网络调研的抽样误差。网络调查获取样本数量上的优势往往会导致网络调研片面强调自愿填写样本量的规模，然后根据大的样本量来推论总体。但是这种推论违反了调研的基本逻辑，因为自愿填写者所提供的信息根本无法代表全世界上网者的实际情况。采用通过各种宣传方式吸引来的上网者自愿填写的方式获取的样本，即便样本量再大，也不能将结论推论至任何超出样本范围的群体。

（2）网络调研的覆盖误差。目前，即便在发达国家中，互联网的应用也尚未达到完全普及的程度，在众多发展中国家普及率更低。而且同一个国家上网家庭和不上网家庭之间在人口统计学方面存在比较大的差异。因此针对普通网民的网络调查，覆盖范围是

一个无法忽视的问题。

(3) 网络调研的无应答误差。网络调研的另一个误差来源是无应答问题。反馈率是影响调研质量的一个非常重要的因素。网络调研问卷的反馈率非常低,自愿填写虽然降低成本,但是同时也无法保证反馈率。还有就是调研对象在填写过程中遇到各种各样的操作和技术方面的障碍,最终导致受访者中途放弃填写或是无法提交网络问卷。同时也存在计算机硬件或是软件的兼容问题而无法辨别问卷中的某些细节内容,最后提供不准确的反馈,或是放弃填写。

针对以上存在的问题有以下解决方案。

(1) 将研究对象主要限制于网络使用者。目前网络尚未全面普及的情况下,相对比较保险的方式是将网络调研的研究母体限制在网络人口,以保障调研内容与目标母体具有一致性,避免过度推论。在保障调研内容和母体一致的前提下,尽量提高样本的异质性与代表性。

(2) 提高反馈率并增加样本数。要想提高反馈率,一方面需要开发出一整套适用于网络调研的设计模型;另一方面也应当充分借鉴其他调查方式所总结出的降低无应答和消除无应答误差的各种策略和方法。如除了宣传外,还应该提供诱因来提高反馈率并增加样本数量,进而降低网络调研数据的偏差。

(3) 进行适当的加权处理。虽然网络样本的人口结构未必能完全反映母体,但在许多情况下仍然与非网络样本所呈现的特征具有一定的相似性。利用针对人口变量进行调查后加权调整的方式,或许可以减少网络样本与研究母体的人口特征之间的差异,以便使网络样本的结果能够推论到全国人口。有的学者认为除了以人口变量作为加权基准之外,还必须考虑态度、行为模式或生活形态等变量。

6.1.4 网络调研的过程

网络营销调研与其他科学形式一样,也是由一系列高度相关的活动组成。虽然每个网络调研过程和顺序不尽相同,但是总体来说,网络调研还是遵循一定的程式,经历以下阶段:① 确定调研目标;② 探索性调研;③ 计划调研设计;④ 抽样;⑤ 收集数据;⑥ 处理并分析数据;⑦ 得出结论并准备报告(图 6-5)。这 7 个阶段是动态循环的,我们调研得出结论可以产生新的创意和知识,进而可以推动进一步的调研。

网络调研的过程与一般的调研一样,每一个阶段调研人员都必须在一系列备选方案中作出选择。没有最优或是最佳路径,调研人员需要根据调研的目标和资源条件的约束从备选方案中选择适宜的路径。

1. 确定调研目标

调研目标是指通过实施调研所要实现的目标。调研目标的类型不同,调研设计的类型也不同。调研目标有可能只是阐明一个情境,定义一个机遇或监控和评估当前的运营情况,直到管理者和调研人员就调研将要解决的实际经营问题达成共识,才能明确调研目标。此前管理人员和营销人员只能列出可以反映问题的一系列症状,未必清楚问题的确切所在。确定调研目标的过程更多地倾向于发现而不是确认问题。爱因斯坦说:"一个问题的明确陈述要比其解决方法更关键",这对于营销经理同样是一个好建议。正确地定义一个问题要比解决它困难得多。调研目标的确定决定了调研过程,调研目标中的失误或遗漏很可能造成无法在后续阶段弥补的错误。

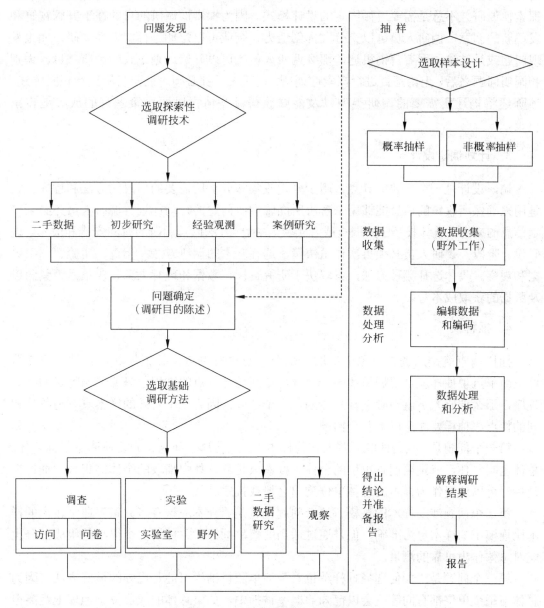

图 6-5 网络营销调研过程流程图
资料来源:威廉·齐克芒德,巴里·巴宾. 营销调研精要[M]. 北京:清华大学出版社,2010: 60.

2. 探索性调研

探索性调研可以逐步压缩调研题目,帮助把模糊的问题转变为条理清晰的问题,从而确定具体的调研目标。探索性调研通常采用下列四种技巧:以往的调研、初步研究、案例研究和经验调查。通过调查该题目已有的研究成果、与知识渊博的专家探讨以及非正式地对情境进行调查，调研人员可以逐步加深对概念的理解。经过探索性调研后，调研人员应当确切知道在正式的项目阶段应该收集什么样的数据，以及如何实施调研项目。探索性调研并不总是需要遵循固定的设计模式。因为探索性调研的目的在于开阔视野和发现新的创意，调研人员可以充分发挥创造力。企业可以定期进行探索性调研，如果发现问题或是结论预示着营销机遇，那么调研人员就可以开始计划正式的调研项目。识别和阐明问题之后，无论是否进行探索性调研，调研人员都必须对调研目标进行正式陈述。该陈述将描述所需要的调研类型以及能够获得哪些情报以便决策者有的放矢地作出决策。

3. 计划调研设计

调研设计是一个主要的计划，用于确定收集和分析所需要的信息的方法和程序。它是用来确保所收集的信息能够用来解决所面临调研问题的行动计划。调研人员还必须确定信息的来源、设计技巧（如调查或者实验）、抽样方法以及调研的时间安排和成本。调研设计阶段，调研人员必须再次作出决策，选择基本的调研方法：调查、实验、二手数据和观察。具体选择哪种方法，将取决于研究目标、数据和现有来源、决策是否紧急以及数据的获取成本等。

4. 抽样

抽样调查就是从调查对象中抽取一部分单位进行调查，并根据其调查结果推断总体。简单点说抽样就是根据总体的一部分，推断总体特点的过程，只要遵循特定的统计程序，那么调研人员就不必选择总体的每一个部分，因为一个有效的样本具有与总体相同的特点。抽样要注意以下几个问题。

第一个问题是"应当抽取哪些人作为样本？"回答这个问题首先要搞清楚目标总体。总体也叫母体，就是要调查单位的全体。样本只是从总体中抽取的个体的集合。抽样框是指对可以选择作为样本的总体单位列出名册或排序编号。

第二个问题涉及样本的规模。这个问题也就是"样本应该有多大？"通常较大的样本比规模小的样本更为准确，但是通过适当的概率抽样，总体的一个很小的组成部分也能对总体作出可靠的测量。

第三个问题是"如何选择抽样单位？"简单随机抽样可能是已知的最好方法，因为总体中每个单位都有同等机会以已知的概率被抽中。如果总体的成员位于地理上距离很近的聚点，那么选择地区聚点就比选择个体更节省成本。

5. 收集数据

制订抽样计划后，就进入收集数据的过程。数据可以通过人工观察或访谈的方式收集，也可以利用互联网和计算机自动收集。不管数据是通过哪种方式收集到的，在过程中都必须注意尽量减少误差。

6. 处理并分析数据

对于网络调研来说，数据处理阶段相对容易，因为网络调查系统在受访者填写问卷时会自动编辑和编码数据，减少了可能出现误差的中间环节。但是对数据进行复查还是必要的，有时制作问卷时的疏忽可能导致数据编辑和编码时有混乱的地方，需要重新修正。数据分析是指利用逻辑思维来理解收集到的数据。数据分析中适当的分析技巧取决于管理层对信息的要求、调研设计的特点以及收集数据的属性。统计分析的范围有可能涵盖从描述简单的概率分布到复杂的多变量分析，如多元回归分析等。

7. 得出结论与准备报告

将调研结果告知相关各方是调研项目的最后一个阶段。结论和报告的准备阶段包括解释调研结果、描述所隐含的信息，并得出适当的结论供管理决策参考。调研报告不要过于强调复杂的技术问题和尖端的调研方法。管理层往往并不希望看到充斥着调研设计和统计发现细节的报告，他们需要的是对发现的总结。

6.2 网络调研数据来源

6.2.1 内部数据

营销知识的一个重要来源是内部记录，营销部门本身也收集数据，其他部门如会计、财务、生产人员，以及物流部门等都可以收集并分析数据，这些数据都为营销决策提供有价值的信息。整个营销信息系统整合这些数据，企业就可以按照订单生产，保障及时满足顾客需求的同时，减少企业的存货成本，改善库存系统。内部数据主要有销售数据和顾客特征与行为。

1. 销售数据

销售数据来源于公司的会计部门和公司的网站日志。顾客从网上购买产品的交易过程会被记录到公司的数据库内，营销决策者可以非常方便地提取这些数据。通过审阅和分析这些数据，决策者可以计算转化率（购买者/访问者），以及判断网络广告或者其他营销沟通方式是否能刺激销售量。

公司可以利用销售业绩自动处理软件来构建销售信息系统。销售代表可以利用这一系统输入与实际顾客或潜在顾客进行各种形式销售的信息。借助于互联网，销售代表可以在任何时间、任何地点通过自己的手提电脑或手机登录产品与顾客数据库，输入信息、浏览顾客记录、查看或处理顾客投诉等。在一些先进的企业，营销人员还会将建议、报告和涉及各种话题的文字输入公司数据库中。

2. 顾客特征与行为

营销信息系统中最重要的内部营销数据是个体顾客行为。图 6-6 模拟了 X 公司如何

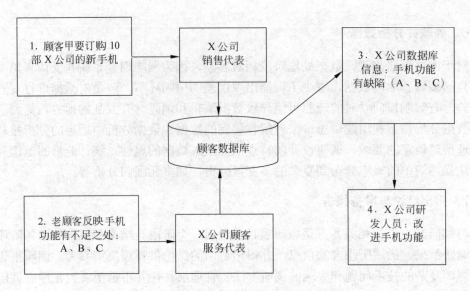

图 6-6　X 公司通过顾客数据库来改进产品

通过顾客数据库来改进产品。一个公司最小的数据库也至少包括顾客（或潜在顾客）的姓名、地址、联系方式（电话号码等），以及购买行为。许多互联网公司有庞大的数据库，该数据库中录入了顾客电子邮件地址（甚至是 QQ 号、微博号、微信号）、顾客特征、网站浏览习惯、购买行为等。在每个顾客文档中还可能包括与客服代表的通话记录、产品服务记录、与各种产品相关的具体问题，以及优惠券等其他一些信息。一个完整的顾客记录应该包括所有的顾客接触点（与公司接触的渠道）的数据。许多有自己网站的公司通过网页追踪用户的活动，并用这些数据来提高网站的效率。一旦了解用户在每个网页、每个网站逗留的时间长短及他们进入网站的路径，网站开发商就能适时重新规划网页、调整网页内容。此外，公司也能判断网站用户在访问公司网站之前和之后还访问了哪些网站。这些数据可以从网站日志中自动记录下来，输入公司数据库。有了这些信息企业可以预见自己的竞争者，也可以知道自己广告投放到哪里更有效。

6.2.2　外部二手数据

有些数据是企业内部不可能记录的，需要从外部获取。外部二手数据指数据是在当前的项目开始之前，由其他人（为了其他的目的）收集和记录的数据。互联网的普及和应用使网络上充斥着大量二手数据，调研人员可以更加方便地获取二手数据。

1. 二手数据的优点和缺点

二手数据最明显的优点就是它能够节省很多时间和成本。当所需要的信息是以数字方式存储时更是如此，研究人员只需要连接到互联网，选定适当的来源，提取并记录需要的信息即可，数据收集过程几乎是即时完成的。二手数据的这个突出特点提醒我们，有经验的调研人员应该从二手数据开始。实在没有二手数据可用或者没有什么收获时，才考虑收集原始数据。如果调研人员只是需要粗略或大概分析某种情况，二手数据良好的可获得性将更加突出。

二手数据并不是为了满足调研人员的需要而专门设计的，不会完全适合研究的问题，因此二手数据固有的缺点也很突出，主要体现在两个方面。

一个是适用性问题。二手数据可能不合适的原因有三点。

（1）度量指标。二手数据使用的度量指标，通常与项目所需要单位不同。衡量一个事物可以用不同的指标，如衡量零售规模可以用销售额、利润、面积、雇员数量等指标。它所选择的指标未必符合你的要求。

（2）分类定义。即便指标统一，分类标准也往往与需要不一致。例如年龄段的划分或是种族的分类都可能与你需要的不相符。

（3）出版的时效性。二手数据通常缺乏时效性，从数据收集到流通的时间一般很长，例如政府的人口普查数据通常几年一次，当前的人口普查数据非常有用，但会随时间流逝。许多营销决策需要当前的信息，而不是历史信息。

另一个是可靠性和有效性。在数据收集、分析、展示营销信息时，可能存在无数种错误来源。收集这些信息的研究人员能比其他使用该信息的人更好地估测数据的精度，而二手数据的使用者则无法控制数据的可靠性和有效性（通俗理解为精确性和可信性）。

以下标准可以帮助研究人员辨别数据的精确性。

其一，二手数据来源。二手数据可能是来源于开发此数据的开发者，即原始来源，也可能是来源于非原创者收集、整理和发布的数据。汇编政府部门或是商业来源的数据可能忽略数据的收集和分析方法，没有原始数据声明的限制和要求，也可能存在拷贝数据时的错误。

其二，发布的目的。数据的发布者可能存在商业目的、政党目的或行业目的。我们一般更愿意相信以出版二手数据为主营业务的来源。因为数据的质量是其保持持续竞争力、维持自身长久发展的生命线。其成功与否主要取决于用户对它们提供数据的有效性和可靠性是否长期满意。

其三，关于质量的一般证据。主要看数据提供机构收集数据的能力和数据收集方法的科学性。对网络收集的二手数据的质量可以采取如下一些步骤进行评估。

第一，查明网站作者。网站建设和维护者为政府部门或是知名度高的商业机构，网站的信用度更好一些。第二，判断网站作者是否为该网站话题的权威。一般大学网站所发布的信息要比金融公司网站提供的信息更客观一些。第三，要判断网站信息的更新时间和内容的综合性，查看网站观点是比较片面，还是能够比较全面地分析问题。第四，对不同来源的数据进行交叉检验，即将一种来源的数据与另一种来源的数据进行比较，以确定各个独立项目的相似性。如果存在不一致，需要找到这些差异产生的原因，判断哪种数据最可能是正确的。如果不能确定数据的准确性，调研人员必须决定是否值得冒险使用这些数据。

2. 二手数据的来源

尽管有些二手数据是免费的，但有些则需要付费。二手数据具有价值，它们可以像其他产品一样购买或出售。许多公用和大学图书馆都配备相关设备和人员来支持数据库检索系统。今天传统的数据来源组织基本实现了数据的数字化存储和网络化传播方式,这促使在线搜索更时髦、更流行,应用越来越广泛,已经形成一个完整的数据链产业体系。在线数据服务包括三个主要部分:数据库生产商、数据库服务商和数据库用户。数据库生产商收集信息并按照标准编辑、汇总数据,并且把它销售给数据服务商。服务商把数据载入电脑或者通过光盘销售信息。最后是终端的数据库用户。

根据信息生产商的性质来划分,外部二手数据可以有如下几个来源。

(1) 书籍刊物出版商。特别是国外有许多书籍和刊物来源的二手数据,如《营销科学学术期刊》《销售和营销管理的购买力调查》和《商业期刊索引》等都是关于市场的特别有价值的信息来源。一般在大多数大学的图书馆都会提供上述数据库中的至少一种。

(2) 政府来源。各国政府机构都提供大量的数据。政府提供的大多数数据都是值得信赖的,在调研中可以直接引用。各国中央政府都开始在互联网上发布二手数据,有的地方政府也在互联网上发布信息。这些数据大部分是免费的,可以直接下载,或是通过各种服务商数据库下载。

(3) 媒体来源。广播和印刷媒体中可以找到范围广泛的主题信息。如《央视财经新闻》和新浪网财经频道是关于经济和很多行业的重要的信息来源。媒体经常会开展关于各国人民生活的方方面面的调查研究,然后免费向感兴趣的广告商提供调研报告。有的调研已经改为网络调研,数据可以通过网络获取。

(4) 行业协会来源。行业协会收集各类企业所需的相关数据,特别是关于市场规模和市场趋势的数据。提供信息服务是行业协会的重要职能,协会成员可以获取这一信息。有时信息公开发布的,可以利用网络检索到主要信息内容。

(5) 商业来源。很多企业以出售和发布信息获利。如艾瑞网(www.iresearch.cn)提供各个行业的商业发展的报告。《财富》杂志每年都评出最受赞誉的企业。这些商业来源多数都是通过出版物和互联网的数据库来发布信息。

6.2.3 一手数据

当二手数据无法满足制定营销规划的需要时,营销决策者就可以考虑由企业自己来收集信息。这种为了解决某一个问题而进行的首次信息收集被称为一手数据。与二手数据相比,一手数据的收集往往更费时费力,成本更高,这是其缺点。但是一手数据也有优点:其一,即时性非常好,能获取当前状态的信息;其二,获取的数据与营销人员所面临的具体问题高度相关。其三,一手数据在产权上属于企业自己所有,竞争者无法获取。

在网络调研中,一手数据的收集方法主要有两类:一类是传统数据收集方法通过互联网进行优化,如实验法、专题小组法、观察法和调查法,当然有的传统一手数据收集方法,如深度访谈比较适合离线操作,不太适合网络收集;另一类是非传统的数据收集方法,即只有在网络技术环境下才能实现的数据收集方法,目前主要体现在社交媒体方面。

下面详细介绍运用一些传统的数据分析方法在线收集一手数据。

1. 在线实验法

实验法是指调研人员有目的、有意识地改变一个或几个影响因素,来观察市场现象在这些因素影响下的变动情况的方法。利用实验法开展调研的目的是用来验证某种因果关系。其过程是:研究人员首先挑选出调研对象并将其随机分组,然后给予每组不同的刺激因素。随后,研究人员通常用问卷调查的形式测量调研对象对于刺激因素的反应,从而判断在这些组之间是否存在差别。如果在实验过程中只有刺激因素在发生变动,那么组与组之间的差别就能归因于这个刺激因素,这个过程就是所谓的因果关系。

典型的实验法涉及三对主要成分:① 自变量和因变量;② 前测与后测;③ 实验组和控制组(图 6-7)。实验的基本目的是希望分离出自变量(在实验中叫"刺激")对因变量的可能影响。在实验想验证的因果关系中,自变量是原因,因变量是结果。实验者要比较出现刺激(自变量)和不出现刺激(自变量)所导致的因变量结果的差异,以确定因果关系。前测和后测是指在简单的实验设计中,受试者首先作为因变量接受测量(前测),然后接受自变量的刺激,之后作为因变量再接受测量(后测)。因变量前后测之间的差异,被视为自变量的影响力。实验组和控制组说的是在实验中让实验组接受刺激,但却不给控制组刺激。设置控制组的主要目的是消除实验本身和实验进行过程中外在事件的影响。

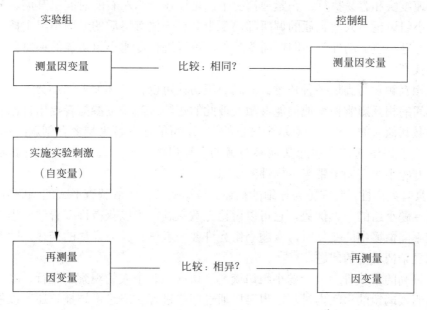

图 6-7 实验法

借助于互联网,调研人员可以进行在线实验。营销人员在网上可以比较容易地测试备选网页、展示广告和促销活动。例如,企业可以将两份不同的定价方案以电子邮件的形式分发给顾客群中各占一半的顾客,如果在这两份不同的定价方案中还各自包含了一个超级链接(分别可以链接到公司赞助方网站上的两个不同网页),营销人员就可以根据这两个网页的点击率来快速轻松地判断究竟哪种定价方案的拉动作用更大。

2. 在线专题小组调查

专题小组访谈法是一种定性研究方法,是一种结构化或者半结构化、非结构化的访谈。传统的专题小组访谈是无组织的、对一小组人的自由访谈,参与访谈的通常是6~10人。专题小组访谈由一位经过培训的主持人引导,主持人采用灵活的形式,鼓励在参与者之间发起对话。专题小组讨论主题范围广泛,可以是品牌含义、产品问题、广告主题或者新产品概念等。专题小组访谈也可以作为诊断工具,当调研或其他定量工具发现提出的问题比可以回答的问题还多的时候,专题小组可以诊断哪些问题更为关键和重要;当调研人员对调研结果的含义存有疑惑,也可以使用专题小组来更好地理解消费者调查的真正含义。

专题小组的参与者并不是通过严格的概率抽样挑选出来的。这意味着参与者并没有统计上的代表性。不过研究的目的是要探索而不是描述或者解释。通常,一个小组的参与者由同类人构成较好,可以让调研人员集中于具有类似的生活方式、经验和沟通技能的消费者。希望从不同类型的人那里收集的调研人员应该多进行几次专题小组访谈,这样可以获得多样化的全面的样本。

专题小组访谈有以下优势。

(1)速度快和容易执行。在紧急情况下,可以在一周左右的时间里开展、分析和报告三四次小组讨论。大型企业的调研部门至少会有一位有资质的专题小组主持人,从而不需要将专题小组活动外包。即便需要外包,可以进行专题小组访谈的调研公司也有很多,容易找到。

(2)相互触发与提供多种角度。专题小组访谈可以得到其他方法不会产生的想法。参与者之间的相互影响使得他们能够激发彼此的想法。当一位参与者提出自己的想法,可能会刺激其他人的想法。随着这个过程的继续,可能会有越来越多有创意的观点产生。最终一个人的评论通常会引起其他参与者的一连串的反应。每一个人都有其独特的角度,因此专题小组有助于带来多样性的观点。

(3)具有灵活性,允许更为详细的描述。与那些具有严格调查形式的调研方法相比,灵活性是专题小组的一大优势。它可以讨论无数主题,可以获得许多看法。当涉及消费者行为在不同情境中的变化时,专题小组允许参与者进行较为详尽的描述,回答一些具体情境或复杂情境中的问题。

(4)很高的审核程度。专题小组访谈允许访谈在几个人的观察下进行,通常是在装有双向透明玻璃镜的房间内进行。也可以通过网络进行实况录像转播。还可以将访谈记录在音频或视频录像带中,随后对访谈记录进行仔细审核,可以澄清对于所发生事情的不同意见。

在线专题小组除了具有以上传统专题小组的优势外,还具有其他优势。其一,互联网可以使居住在不同地理区域的人聚在一起,甚至可以是全球的人。其二,由于互联网具有同步性,参与者在网上同时输入答案,彼此不会受到他人观点的影响,专题小组可以进行集体思考。其三,在线专题小组参与者可以在聊天室或者以博客、微博和微信的形式利用键盘和鼠标、视频和音频发表自己的看法。采用多种网络形式一方面丰富了讨论的形式，另一方面也可以突破时间限制，进行持续不断的专题小组讨论。有的采用在线公告栏使专题小组的讨论持续数周。其四，由于使用网络，研究人员能向参与者展示动漫广告、示范软件或运用其他多媒体刺激因素来促进组内讨论。

当然，在线专题小组也存在一些缺陷。首先，在线专题小组的规模要比传统专题小组小，每次只能包括4~8名参与者。其原因是若参与者的人数过多，研究人员就很难控制和解决网络环境下的回复同步性及会话内容的重叠问题。其次，在线使用无法对非语言沟通进行准确观察，尤其是面部表情。虽然网上有发送笑脸等面部表情的方法，但还是无法进行判断和观察，视频通话虽然一定程度上能弥补这点，但是4~8人充斥于狭小屏幕中，对于表情的观察也是不准确的。最后，在线小组参与者身份的真实性无法保证，技术问题也可能妨碍在线专题小组的调查。虽然参与者在网络环境下更愿意自由讨论，但也更倾向于使用偏激词汇。

3．在线观察

观察法是研究者凭借自己的感官和各种记录工具，深入调查现场，直接观察和记录被调查者的行为，以及收集市场信息的一种方法。观察法可以帮助调研人员了解消费者也许没有意识到或表达不清的行为。例如90%的家具购买者都是夫妻，如果夫妻一方在商店待上10分钟以上，就有很大的机会达成销售。也许妻子正在看喜欢的商品，但是这时要是丈夫过来拉走她，销售就无从实现了。如果需要调研的是一个多元文化的世界，调研人员可以利用观察法来了解不同种族群体和嗜好及偏好。研究者只需要简单地观察消费者行为即可，而不像调查法那样，还须考虑受访者的第一语言以及翻译和回译问题。观察法还可以克服语言障碍，用于研究儿童消费者。作为一种定性分析方法，对于一少部分人的观察并不能完全描述所有人的行为。

一种只能在互联网上应用的观察调研法是对消费者在聊天室、公告板或邮件列表中的闲聊和邮件发送行为进行观察。网络上充斥着各种论坛，每一个论坛都是一个讨论话题的场所。论坛话题有的十分有益，有的则很无聊，营销人员可以通过追踪这些讨论话题来了解产品和行业的相关信息。另一个追踪消费者闲聊的方法是在公司网站上提供聊天的空间，或者让消费者加入到相关产品话题的公司电子邮件列表、微信公众号等。移动互联网的兴起使消费者参与这种讨论和调研人员跟踪这种讨论都大为方便。

在线观察也可以借助于技术手段来实现。一种是客户端数据收集，通过安装"网络跟踪器文件"直接在用户电脑上收集他们网上浏览的信息。根据消费者网上痕迹，可以帮助营销人员向用户发布合适的促销信息和网页。另一种是服务器端数据收集，它是指网站分析工具通过使用网站日志软件分析和记录访问网页的用户数，访问本公司网站以前所在的网站位置，以及用户在站点上购买的产品，并生成报告。它便于营销人员分析消费者的在线行为，并对网站促销方式和网页作出即时的调整。

4．在线自填问卷调查法

在线自填问卷调查法可以发送内含网上调查问卷链接的电子邮件或二维码等，邀请用户参与调查。样本可以是从公司内部数据库中抽取电子邮件地址的样本,或者利用社交媒体推送附有地址链接的二维码,也可以向第三方购买电子邮件列表。在线自填问卷调查法还可以在公司自己的网站上放置调查问卷,直接向访问公司网站的用户发出参与调查的请求。有时电子公告栏上的广告,以及其他网站对本网站的链接也有助于提高网络问卷调查的回复率。在线自填问卷是目前使用率最高的调研方法。

(1) 与传统调研方式相比,在线问卷调查法有许多优点(表 6-3 和表 6-4)。与传统调研方式相比,在线调查既快捷又经济,这也许是最大的优势。调查人员无须向采访者支付劳务费用,也无须支付邮资,便可以通过互联网将调查问卷在瞬间传递全世界各个角落。调查人员只需将网络调查转为 HTML 文件,不需要再花费打印、整理和收发邮件的时间。

表 6-3 问卷执行方式比较

项 目	调 研 技 术			
	邮寄	传真	电子邮件	网页
回复率/%	35~63	25	8~37	26
无效地址/%	0~19	41	19~20	24
回复天数(平均数)	13~18	9	4~6	7
回复天数(中位数)	12	12	2	5
收到45%回复的天数	13	—	1	—
收到80%回复的天数	28	—	9	—
固定成本/美元	59	57	57	57
单位成本/美元	1.56	0.56	0.01	0.01
变动成本(200 份问卷)/美元	312	112	2	2
成本总计/美元	371	169	59	59

资料来源:小吉尔伯特·A. 丘吉尔. 调研方法论基础[M]. 北京:北京大学出版社,2010:196.

表 6-4 在线问卷调查法的优点和缺点

优 点	缺 点
快速、经济	样本选择问题或普及性问题
包括全球范围细分市场中不同的、特征各异的网络用户	测量有效性问题
受调查者自己输入数据有助于减少研究人员录入数据时可能出现的差错	自我选择偏差问题
对敏感问题能诚实回复	难以核实回复人的真实身份
任何人都能回答,被调查者可以决定是否参与,可以设置密码保护	轻率的、不诚实的回复
易于制作电子数据表格	重复提交的问题
研究者的主观偏见较少	回复率降低问题
	把研究者的恳请习惯性地视为垃圾邮件

资料来源:朱迪·斯特劳斯,雷蒙德·弗罗斯特. 网络营销[M]. 5版. 北京:中国人民大学出版社,2013:141.

与传统调研方式相比,网络调查能减少差错。调查中会设计一些"预设问题",这些问题的设计取决于受调查者对前一个问题的回答,并且是计算机自动生成的。例如跳转问题,回答一个问题后,根据你选择的项目,自动跳转到相应的下一个题目。这种技术降低了回复过程的复杂性,为受调查者节省了时间。此外,在线问卷调查需由回复人自行输入答案,这有助于减少传统调查法中研究人员输入答案出现的数据输入错误。还有在线调查受调查者在没有采访人在场的网络环境下表现得比较诚实、不太会隐瞒问题,甚至还会比较直率地回答一些关于个人隐私的敏感问题。

(2)在线问卷调查法的缺点也很多。

第一,在线调研样本的代表性和计量的有效性是两个最大弱项。因为在线调研时方便抽样,所以没有办法获取总体的抽样框,无法实现随机抽样,研究人员也不能把结果应用到总体中去。因此对于调查结果进行分析时要格外谨慎。

第二,在线问卷调查得益于网络技术,但也受制于网络浏览器、计算机配置等技术问题。例如网页打不开,显示的色彩和比例不够准确等。反垃圾邮件的技术也可能使调查问卷被误认为垃圾邮件被删除。

第三,在线问卷的回复率下降和回复质量低的问题。

第四,在线和离线调查的最大差异是人口统计学特征不同。但是随着互联网普及率的提高,这个问题的困扰将逐渐降低。答复者的真实性问题和重复提交的问题也可以从技术上逐渐解决。

(3)影响网络问卷调查反馈率的因素。在调查研究中,问卷反馈率一直是影响调查数据质量的一个关键性因素。近年来,伴随着调查反馈率的普遍降低,反馈率更是成为讨论调查质量的核心话题。通常所说的反馈率是指获得填答回收的问卷数占总发出问卷数的比例。它是评估数据收集质量的基本标准。在调查中,反馈率越高越好,因为这表明数据具有代表性,能将结论推论至母体。低反馈率使结果的代表性降低,因其所获得的样本可能来自少数对主题有特别好恶的被调查者,他们与未回复者之间的差异形成了无应答误差。但是反馈率多高才算高呢?实际中,可接受的反馈率范围很广,而且每一个报告都可能这样声明:在这类调研中,这样的反馈率算是很高的了。虽然没有统计理论的基础,人们在进行分析和撰写报告时有一个大概的指标,问卷反馈率至少要有50%才是足够的;要至少达到60%的反馈率才算是好的;而达到70%就非常好。事实上,一个经过验证且没有偏误的回收问卷要比有偏误的高反馈率问卷重要得多。

经过研究,影响网络问卷反馈率的因素主要包括以下几个方面。

1)网络调查的说明

在网络调查中,有关调查项目的介绍和说明对调查的反馈率有重要作用。因为在调查说明里,调研人员通常会介绍调查的各种信息,说明文件的填写方法等,并促进受访者配合。从人际互动角度来说,这可以说是研究者与受访者沟通的主要途径,将会直接影响到受访者对调查项目的感受及是否愿意参加调查。一个精心设计的调查简介和说明有助于提高调查的反馈率。简介和说明要能体现调查的以下特性。

其一，可信性。可信性是指调查者或调查单位是被大众认为比较著名或公正无偏见的组织或者个人，受访者通常比较愿意参加。

其二，个性化。个性化是指在问卷开始应首先问候受访者个人，而且研究者自己必须署名，并于文中提到受访者之处以第二人称称之（如您的合作）。

其三，趣味性。趣味性是指在陈述语气和措辞上也应考虑不同受访者的心理，尽量激发起受访者对问卷内容的兴趣。

其四，可靠性。可靠性是指应强调说明保证对受访者所填写的数据实施保密，并留下联络方式以供受访者解决疑惑或是索取研究结果，另外也应告知受访者可以自主决定是否参加。

2）网络问卷设计

网络问卷的设计会涉及多方面的技术和设计因素，因此，目前关于网络问卷的设计研究通常被划分为两大类：一个是网络问卷内容的设计。主要包括问题数、开放性或封闭性问题、隐私与困难问题等。另一个是网络问卷界面的设计。主要包括网络问卷外观、结构、显示、排版方式与操作等方面的因素。

3）调查实施方式

有研究者指出网络调查的受访者联系方式会影响到反馈率，如联系的次数、个性化的联系方式以及是否预先联系等。另外，采用混合模式，如网络问卷调查可以利用传统问卷的联系方式进行追踪联系，或是采用传统问卷调查和网络问卷调查方式相结合，可以提升反馈率。采用电子邮件的网络问卷调查，如果未经受访者允许通常反馈率会很低。

4）使用激励手段

诱因（奖品）是网络问卷调查中经常使用的方法。从网络调查的诱因种类来看，可以有四种：现金、电子货币、抽奖和公司工作的机会。网络问卷可以节省传统问卷调查环节中的印刷、邮递等成本，所以提供一定奖品是完全可能的。调研人员认为现金可能是最有效的诱因，提供现金可使受访者填写数分钟可完成的调查问卷，并最终得到接近于电话调查的反馈率。

6.3　网络调研数据分析和报告

6.3.1　数据分析

1. 定量资料分析

定量分析是为了描述和解释观察所反映的现象而使用的数值表示和处理方法，或者说研究者将资料转化成数值形式并进行统计分析的技术。定量化是将资料转化成数值格式，转化为用电脑能识别和处理的形式。定量分析的过程就是收集完资料以后，给资料进行编码和分析的过程。其主要方法是统计学在市场调查中的应用。

按照统计方法的功能进行分类，统计学可分为如图6-8所示三种类别。

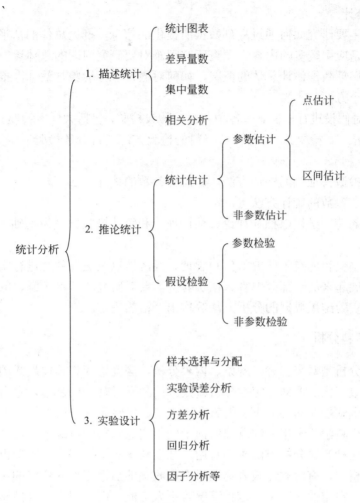

图 6-8 统计研究内容

1）描述统计

描述统计主要研究如何整理调查得来的大量数据，描述一组数据的全貌，表达一件事物的性质。具体内容如下。

（1）数据如何分组，如何使用各种统计图表描述一组数据的分布情况。

（2）计算一组数据的特征值，减缩数据，进一步描述一组数据的全貌。表示数据集中情况的特征值的计算与表示方法，如算术平均值、中位数、众数、几何平均数、调和平均数等的计算与应用。表示数据分散情况的各种特征值的计算与表示方法，如平均差、标准差、变异数与标准分数的计算方法及如何应用。

（3）表述一事物两种或两种以上属性间相互关系的描述及各种相关系数的计算和应用条件，描述数据分布特征的峰度及偏度系数的计算方法等。

这些方法可以用于表示局部的、一组数据的情况，可以使杂乱无章的数字更好地显示出事物的某些特征，有助于说明问题实质。

2）推论统计

推论统计主要研究如何通过局部数据所提供的信息，推论总体的情形。这是统计学较为重要，也是应用较多的内容。调查研究很难对要研究问题的总体逐一进行观测，这就存在如何从局部数据估计总体的情况，如何对假设进行检验与估计。推论统计方法大致包括以下几个方面。

（1）如何对假设进行检验，即各种各样的假设检验，包括大样本检验方法（Z 检验）、小样本检验方法（t 检验）、各种计数资料的检验方法（百分数检验、卡方检验）、回归分析方法等。

（2）总体参数特征值的估计方法，即总体参数的估计方法。

（3）各种非参数的统计方法等。

上述方法的使用必须以抽样理论、估计理论和统计检验原理为基础。

3）实验设计

实验设计主要目的在于研究如何科学地、经济地以及更有效地进行实验，它是统计学近几十年发展起来的一部分内容。在实验以前要对研究的基本步骤、取样方法、实验条件的控制、实验结果数据的分析方法等作出严格的规定。

2．定性资料分析

定性资料分析是对来自参与观察、内容分析、深度访谈和其他形式的定性研究技术的观察进行非数字化的评估。定性分析既是一门科学又是一门艺术，它有自己的逻辑和技术，有些在电脑程序的辅助下功能就更强大了。虽然定性分析方法出现早于定量分析方法，但是社会科学几十年来的发展倾向于使用定量资料分析技术，定性分析相对黯淡了。实际上，这种资料分析方法相当有用，社会科学对这种方法的兴趣也正在复苏。

在定量分析中，有时候比较容易陷进资料收集的后勤工作和资料的统计分析中去，而忽视了理论。在定性研究中，这种情况就不太可能出现，因为在定性研究中，资料收集、分析和理论之间的互动更紧密，而且需要资料和理论之间进行持续的相互激荡。

定性分析除了如民族志方法的纯粹描述研究外，主要是寻求解释模式的研究。下面是揭示这些模式的一些方法。

1）发现模式

约翰和罗浮兰（1995）提出了六种在特定研究主题下寻求模式的方法。以儿童虐待为例，这六个问题分别如下。

（1）频次：被研究的那个地方，儿童在一定时间内受到虐待的次数？（注意实际次数和人们愿意告诉的次数之间可能存在差异）

（2）级别：虐待的程度如何？有多残忍？

（3）结构：都有哪些不同的类型，身体虐待、思想虐待、性虐待？它们之间是否存在某种关联。

（4）过程：结构要素之间存在某种次序吗？是否存在不同的次序？

（5）原因：虐待儿童的原因是什么？不同的阶层、经济环境、群体、宗教背景下有差异吗？

（6）结果：儿童虐待如何影响受害人，包括长期和短期？又会给虐待人带来什么改变？

有两种方法用于找出适用于多个不同的研究个案的解释模式：变量导向分析和个案导向分析。变量导向分析是描述或解释特定变量的分析方法。个案导向分析是试图通过探讨每个细节来理解某个或几个个案的分析方法。

2）草根理论方法

草根理论方法也被称为扎根理论方法，是由格拉索和斯特劳斯创立的一种归纳方法。在这种方法中，理论只是来自资料而不是演绎。这种方法从观察而不是从假设入手，它寻求发现模式并自下而上发展理论。草根理论的持续比较法包括四个阶段。

（1）将适用的事件和每一个范畴进行比较。明确那些得自资料的概念的本质和维度。

（2）合并分类及特征。研究要注意概念之间的关系，一旦资料中关系显露出来，研究者就要注意这些概念了。

（3）划定理论的界限。随着概念之间的关系模式清晰化了，研究者就可以忽视最初关注的但又和研究显现不相关的概念。

（4）组织理论。研究者必须将自己的发现变成文字和他人分享。

定性的研究方法还有很多，如研究符号和意义之间有密切关系的符号学。通过分析精确、详尽的谈话记录来理解谈话的意义的谈话分析等。

定性资料的处理主要包括了定性资料的编码、撰写备忘录和勾画概念图等。定性资料分析中也可以使用资料库和电子数据表程序。

3．数据仓库的数据分析

无论是在线还是离线收集的数据，最终都会被输入各种营销数据库中。产品数据库、交易数据库和顾客数据库等都按照交易情况实时刷新，最后将数据库移入数据仓库。数据仓库是整个组织历史数据的存储室，它是专门为制定决策提供必要的分析和数据支持而设计的。有时数据仓库中的数据被分开放在许多主题明确的区域（叫作数据中心），这样便于检索。从各个顾客接触点收集到的数据都会被存储在数据仓库知识管理系统中，可以随时用于分析并递交给营销决策者。其数据分析方式主要有四种。

1）数据挖掘

数据挖掘一般是指从大量的数据中通过算法搜索隐藏于其中信息的过程。数据挖掘通常与计算机科学有关，并通过统计、在线分析处理、情报检索、机器学习、专家系统（依靠过去的经验法则）和模式识别等诸多方法来实现上述目标。通过数据挖掘发现的潜在消费模式可以帮助营销人员调整营销组合策略、开发新产品，并预测消费者行为。

2）顾客建档

顾客建档指利用数据仓库信息帮助厂商了解目标群体的特征和行为。通过这一过程，厂商能真正了解到是谁在购买哪种产品，以及他们对促销活动和价格变动有哪些反应等。顾客建档还包括以下几种用途。

（1）为促销活动挑选目标群体。

（2）寻找并维系终身价值较高的顾客。

(3) 了解大顾客的重要特征。
(4) 向顾客推荐可以交叉销售的产品。
(5) 明确回应率较高的目标市场,以便降低直复营销的成本。

3) RFM 分析

RFM 是在数据库中寻找三种信息:其中 R 近度(recency)代表最近购买时间,指上次购买至现在的时间间隔;F 频度(frequency)代表购买频率,指的是某一期间内购买的次数;M 额度(monetary)代表总购买金额,指的是某一期间内购买商品的金额。经过研究发现:

(1) 近度值越大会员越久没来消费,会员的活跃度越低,可能是流失的会员,近度值越小会员越有可能与企业达成新的交易,相对的会员活跃度越高。对于活跃度低、可能流失的会员,可通过赠送"电子优惠券"等形式将其重新唤醒。

(2) 频度值越大会员的消费意向越高,活跃度越高同时也意味着忠诚度越高,频度值越小会员的消费意向越低,有可能会流失这部分会员。对于消费频度低的会员,可通过到店兑换礼品、参加免费活动、会员活动日等方式增大会员的到店频率。

(3) 额度值越大会员产生的价值越高,是商家的主要盈利点,额度值越小会员的购买力越低或者购买欲望越低。对于消费额度低的会员,可设置套餐购买、消费满多少送多少、办理储值卡等模式提高客单价。

通过这三个指标来制订营销方案,拉动消费意向低、消费额度高的会员多消费,拉动消费额度低的会员提高消费额度等方式来提升 RFM 三项指标的状况,从而为企业创造更大的价值。

4) 报告生成器

营销人员可以随时利用数据仓库进行数据挖掘、顾客建档及 RFM 分析,分析结果也可传送至参与决策的工作人员手中。研究报告生成器可经常通过数据仓库内的信息自动生成易读的且高质量的营销报告。这些报告可以被放置在内联网或外联网的营销知识数据中,以供所有人浏览。

6.3.2 调研报告

调研报告是指阐述调研结果并根据调研得出适当结论的正式的演示或书面陈述。营销调研报告是写给发起调研项目的顾客或者管理团队的。

1. 报告的组成部分

调研报告的格式可能出于两个原因而需要调整:一个是获得适宜的正式程度,另一个是降低报告的复杂性。不正式的报告每一个部分都要短一些,而且有些部分会被省略。一般来说,随着报告正式程度降低,前言部分逐渐减少,而报告主体的复杂性和长度也随之降低。本书给出的格式属于最为正式的报告,如组织内部的大型项目的报告或者调研机构为顾客所作的报告(图 6-9)。

1) 前言部分

(1) 标题页。标题页应该说明报告的标题、报告是为谁准备的,由谁准备的以及发布或公布的日期。

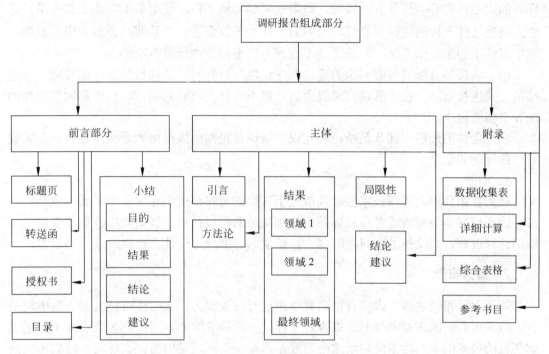

图 6-9　调研报告格式

资料来源：威廉·齐克芒德，巴里·巴宾. 营销调研精要[M]. 北京：清华大学出版社，2010：466.

（2）转送函。转送函的目的是向接收者发布或传递报告。

（3）授权书。授权书是批准调研人员进行项目的证明信，详细说明项目由谁负责并描述可用于支持该项目的资源。报告中的授权书最好是原始文件的复印件。

（4）目录。目录应该列出报告的标题和子标题，并标明所在的页码。

（5）小结。小结简短地解释进行调研项目的原因、考虑到了问题的哪些方面、结果是什么以及应该做些什么。小结是报告的关键部分。研究表明，几乎所有的管理者都会阅读报告的小结，而只有少数人会阅读报告的其他部分。小结包括四个要素：① 说明报告的目的，包括最重要的背景信息和报告的具体目的。② 给出方法论和重要发现。③ 得出结论。结论是建立在调研发现的基础上的，并对发现作出解释。④ 根据结论提出行动建议或意见。很多情况下，管理者希望在小结中不要包括建议。

2）主体部分

主体是报告的主要部分。

（1）主体始于简介部分，该部分介绍项目必要的背景因素，以及调研的目标。接下来讨论方法论、结果、调研的局限性，最后是根据结果得出的结论和建议。

（2）调研方法论部分应当涉及四个话题：其一，调研设计。调研是探索性的、描述性的还是因果调研。数据是原始的还是二手的；调研结果是通过调查、观察还是实验得出的。其二,样本设计。目标总体是什么,使用的是哪种抽样方法,样本单元是什么,样本的大小,应答率是多少。其三,数据收集和实地工作。使用多少实地工作人员,这些人接受过什么样的培训和监督,他们的工作经过核查了吗。其四,分析。应当说明研究中所使用的统计学方法,但是此处不应该与结果部分的信息有重叠。

(3) 结果部分应当按照一定的逻辑顺序说明与目标有关的项目结果。结果应当以连续的方式进行叙述,设计成具有说服力的,但不要过度吹嘘的项目。应当利用总结性的图表来辅助讨论。

(4) 主体的最后一部分是结论和建议。结论是根据结果得出的看法,建议则是采取具体的行动的意见。

3) 附录

任何在主体中会显得技术性过强或过于详细的材料都应列在附录中。其中包括只有部分读者感兴趣的材料或者与目标并不直接相关的附属材料。例如数据收集的表格、详细的计算过程、高度技术性问题的讨论、结果的详细或综合性表格以及参考书目等。

2. 口头报告

除了书面报告之外,许多营销研究要求进行口头报告,有时还可能会要求有中期报告。口头报告的准备原则与书面报告是一样的,汇报者需要知道:许多听众并不真正了解研究的技术细节,也不能判断这个研究是否是一个高质量的研究。然而,他们可以判断这个研究的表现形式是否专业的,是否具有启发性,或者是否组织得好。好的表达可以掩饰不好的研究,但是高质量的研究不能提升不好的表述。

口头报告的陈述结构有两种形式:一种是在阐明一般目的和具体目标后,阐述所有的证据,最后给出结论;另一种是在阐明一般目的和具体目标后,直接引入结论,最后给出证据。哪种结构更好,要根据公司的文化和陈述者的舒适度来定。有效的口头报告可以考虑采用可视化工具——PPT、活动挂图或者黑板等(表6-5)。

表6-5 准备有效表述可视化文件的技巧

1. 保持简单
2. 每一张幻灯片用1分钟的时间,表述一个主要观点,用少量的文字
3. 在你陈述之前,给听众发幻灯片的打印稿
4. 标注页码以方便提问及讨论
5. 用大号字体
6. 如何表述复杂概念:从基础开始,并且用3~4张幻灯片来逐步展开

资料来源:小吉尔伯特·A.丘吉尔. 营销调研方法论基础[M]. 北京:北京大学出版社,2010: 459.

有效的口头陈述的关键就是要适应受众。用较少的时间进行正式表述,不超过整个时间的1/3或者1/2,留一些提问和讨论的时间。口头陈述的独特优点之一就是可以进行互动,这有利于澄清困惑和强调特别注意的问题。报告的口头陈述要简单明了,以便听众可以在思想上随着陈述者所陈述的问题去思考。陈述者应当避免使用调研术语,尽量采用简短且为受众所熟悉的词语。陈述者应当与受众保持目光接触,并重复要点,标准的方式是:"告诉他们你将告诉他们些什么,然后再告诉他们你刚才告诉过他们什么"。

普瑞纳公司的网络调研

雀巢普瑞纳公司是瑞士雀巢公司收购的一家经营猫、狗饲养用品的公司,旗下品牌有 Friskies、Aipo、Purina Dog Chow、Fancy Feast 等。雀巢公司如今经营着 30 多家品牌网站,服务对象有普通消费者、兽医、营养学家和食品科学家、饲养员和宠物爱好者等。雀巢公司需要知道企业网站和在线广告是否有助于增加离线的商品交易?具体来说需要解决以下三个问题。

(1)我们的消费者使用我们的品牌网站吗?
(2)除了这些品牌网站以外,我们是否还应该在其他网站上为在线广告投入资金?
(3)如果真的需要在其他网站上投放在线广告,那么哪些网站比较合适呢?

美国著名的数字媒体调研公司 comSore Media Metrix 开展调研的样本专题小组囊括了 150 万名网络消费者。Knowledge Networks 市场调研公司的样本专题小组则由 2 000 万户经常购买日用品的家庭构成。结合这两个数据发现,其中有 5 万名消费者同时属于这两个不同的样本专题小组,于是这 5 万名消费者最终成为普瑞纳公司本次调查的研究对象。在调研过程中,工作人员将这些研究对象分为三个小组,其中两组受调查者将在日常网上冲浪时看到 Purina O.N.E.品牌狗粮的旗帜广告。这三个小组分别为一个对照小组(无广告影响)、一个低广告影响率测试小组(1~5 次广告影响)和一个高广告影响率测试小组(6~20 次广告影响)。在两组受广告影响的受调查者随意浏览网页时,旗帜广告就会随机显现。接下来,公司对三个受调查小组的所有成员进行测评,判断他们对普瑞纳的品牌意识、购买意向和广告知晓度。最后,研究者把该网络调查的结果与对 Knowledge Networks 公司的样本专题小组实际离线购买行为的调查结果进行了比较。

雀巢公司的营销人员对这项研究的结果非常感兴趣。起初,旗帜广告的点击率很低(平均为 0.06%),后来,当受调查者被问到"在想到狗粮时,您第一个想到的品牌是什么"时,两个受广告影响的测试小组中有 31%的成员提到普瑞纳。相比之下,未受到广告影响的对照小组中仅有 22%的成员提供此品牌。这个结果明显地显示出广告的影响程度。此外,与低广告影响率的小组相比,在高广告影响率小组中提到此品牌的人多出 7%。接下来,研究人员研究了购买普瑞纳产品的网络调研小组成员浏览网页的习惯,得出的结论是这些顾客平时访问最多的是有关家庭、健康和生活的网站。这些信息可以帮助该公司决定在哪些类型的网站放置旗帜广告。在所有此类网站中,petsmart.com 网站和 about.com 网站的点击率最高,因此应该是广告投放的首选。

(资料来源:朱迪·斯特劳斯,雷蒙德·弗罗斯特. 网络营销[M]. 5 版. 时启亮,等,译. 北京:中国人民大学出版社,2013.)

本 章 小 结

本章介绍了网络营销调研种类、方法和过程等内容。"信息技术与市场调研"一节强调：现在的营销活动是由数据驱动的战略，数据在营销决策中的重要地位；接着介绍了网络营销调研的类型以及网络调研的特点；然后是从发现问题到得出结论、提供报告的调研过程的介绍。在"网络调研数据来源"一节，分别介绍了内部数据、外部二手数据、一手数据三种不同数据来源，以及各自的优点和缺点。重点介绍了一手数据的调研方法，如在线实验法、在线专题小组调查、在线观察、在线自填问卷调查法等。最后一节介绍了网络调研数据分析和报告，重点介绍了定量分析和定性分析，还有调研报告的结构和口头报告。

思 考 题

1．为什么说现在的营销活动是数据驱动的战略？
2．举例说明技术进步对营销调研方法有什么影响。
3．与传统调研相比，网络营销调研具有哪些特点？
4．网络调研的二手数据有哪些优点和缺点？
5．网络调研的一手数据有哪些优点和缺点？
6．在线自填问卷调查法有哪些优点和缺点？

实 践 活 动

1．做一次关于"共享单车"的网络调研，要求必须按照完整的调研过程来进行。
2．在你所在的学校做一次关于国产电视剧质量的网络调研，并在网络上收集关于国产电视剧质量的二手数据，然后比较自己获得的一手数据与二手数据之间的差别，并分析产生差别的原因。
3．策划一次以当下热点的营销问题为主题的在线专题小组调研，并总结在线小组调研操作流程以及优点和缺点。
4．将"共享单车"和在线专题小组调研所获得的资料进行量化分析和定性分析，结合调研设计看看能得出哪些结论。

第三篇 工具与方法篇

第三篇　エネルギー資源論

第 7 章

网络营销工具与方法——搜索引擎

学习目标

了解搜索引擎的历史和现状,搜索引擎的原理。掌握搜索引擎的分类和功能,搜索显示结果的解读,搜索引擎优化的影响因素。熟练掌握搜索引擎的链接方式和收费模式,用户浏览搜索结果行为,搜索引擎营销的特点,关键词的选择。

青玉案·元夕

东风夜放花千树。更吹落、星如雨。宝马雕车香满路。凤箫声动,玉壶光转,一夜鱼龙舞。蛾儿雪柳黄金缕。笑语盈盈暗香去。众里寻他千百度。蓦然回首,那人却在,灯火阑珊处。

(宋)辛弃疾

"Google"一词是由 Google 公司创始人拉里·佩奇和谢尔盖·布林创造出来的。1998年他们为新创的搜索引擎公司命名时,为了能够代表海量数据索引和巨大的信息量,安德森建议了"Googol"一词,指的是 10 的 100 次幂,代表互联网上的海量资源。这显然是一个充满勃勃野心的创业梦想,用创始人佩奇的话说:"我们的任务就是要对世界上的信息编组。" Google 公司最终没有采用 Googol 可能是因为版权的问题,当他们注册 Google.com 的时候,Googol.com 已经被注册。

维基百科:"谷歌"(经过整理)

7.1 搜索引擎的历史和现状

7.1.1 搜索引擎的历史

无论是 Google 还是百度,它们的创始人在为企业命名时,都不约而同地认为搜索引擎将成为海量信息检索的有效工具。今天互联网所创造的数据量比他们创业时更加巨大,用户要想找到自己所需要的信息犹如"大海捞针",搜索引擎的地位也自然更加重要。

我们可以从两个不同的角度来理解搜索引擎。从技术角度来说,搜索引擎(search engine)是根据一定的策略、运用特定的计算机程序收集互联网上的信息,对信息进行组织和处理后显示给用户,即为用户提供检索服务的系统。从用户的角度看,搜索引擎提供一个搜索框页面,在输入要搜索的关键词(关键字)并提交后,搜索引擎就会返回与输入内容相关的信息列表。

下面我们截取其历史中的几个关键点,简要介绍搜索引擎的历史。

搜索引擎的创始。1990 年,加拿大麦吉尔大学(University of McGill)计算机学院的师生开发出 Archie。当时,万维网(World Wide Web)还没有出现,人们通过文件传输协议(file transfer protocol,FTP)来共享交流资源。Archie 能定期收集并分析 FTP 服务器上的文件名信息,提供查找分布在各个 FTP 主机中的文件。用户必须输入精确的文件名进行搜索,Archie 告诉用户哪个 FTP 服务器能下载该文件。虽然 Archie 收集的信息资源不是网页,但与搜索引擎的基本工作方式是一样的:自动收集信息资源、建立索引、提供检索服务。所以,Archie 被公认为互联网搜索引擎的鼻祖。

人工目录检索的诞生。1994 年斯坦福大学的两位博士生,杨致远和大卫·菲洛共同创立雅虎(Yahoo!)。以雅虎为代表的网站分类目录查询开始流行。网站分类目录由人工整理维护,精选互联网上的优秀网站,并简要描述,分类放置到不同目录下。用户查询时,通过一层层地点击来查找自己想找的网站。也有人把这种基于目录的检索服务网站称为搜索引擎,但从严格意义上讲,它并不是搜索引擎。

商业模式的发现。1998 年 Goto(后改名 Overture)正式开始搜索结果位置的服务(pay for placement),谁付钱多,谁就排在前面,这在当时饱受非议。它是后来所有主流搜索引擎最主要收入来源点击率收费(pay-per-click,PPC)的鼻祖。

谷歌创立。1996 年 Google 创始人创立 BackRub,1997 年才更名为 Google。2000 年 Yahoo!开始使用 Google 搜索数据,培养日后最强的竞争对手。2002 年 Google 推出 PPC 形式,成为今天 AdWords 的主流,由 Overture 发明的 PPC 终于被 Google 发扬光大了。Google 成为网上赚钱机器。2004 年 8 月 Google 上市,2007 年 Google 推出按转化付费的广告形式。

百度成立。2000 年百度成立,起初作为搜索技术提供商向其他网站提供中文搜索服务和数据。2005 年 8 月百度公司上市,在中文搜索领域占有绝对优势。

三足鼎立。2004 年搜索引擎 Yahoo!、Google、Bing 三足鼎立局面开始形成。起初 Yahoo!收购了几大搜索公司后,推出自己的搜索引擎,不再使用 Google 数据和技术;11 月微软推出自己的搜索引擎 MSN Search,不再使用第三方搜索,2009 年又推出 Bing,在美国的市场占有率为百分之十几。

独占鳌头。2010 年 Yahoo!放弃自己的搜索,改用微软的 Bing。2016 年 7 月 25 日,美国电信巨头威瑞森(Verizon)以 48 亿美元收购 Yahoo!核心资产,Yahoo!时代终结了。此后,搜索引擎领域通常是 Google 推出新服务,其他搜索引擎跟进。

7.1.2 搜索引擎的规模和市场份额

1. 全球搜索引擎市场现状

通过对搜索引擎历史的回顾,我们对全球搜索引擎市场的情况已经有所了解。2016 年 4 月,全球第一大搜索引擎 Google-Global 的份额已突破 70%,升至 71.44%,环比上月增加 3.65%。排名第 2、3、4 的搜索引擎 Bing、百度与 Yahoo-Global,份额却无一例外被明显蚕食，依次跌至 12.36%、7.29%、7.18%。其中，百度的份额较上月缩小 1.57%，降幅最明显（图 7-1）。

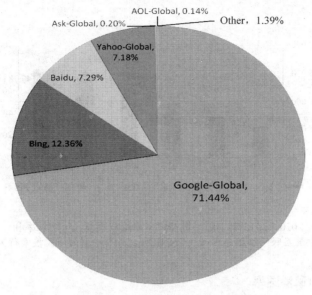

图 7-1　2016 年 4 月全球搜索引擎市场份额分布
数据来源：市场研究公司 Net Applications 的数据，IDC 评述网（idcps.com）报道.

2. 中国搜索引擎市场规模

截至 2015 年 12 月，我国搜索引擎用户规模达 5.66 亿，使用率为 82.3%，用户规模较 2014 年年底增长 4 400 万，增长率为 8.4%。搜索引擎是中国网民的基础互联网应用，截至 2015 年，使用率仅次于即时通信（图 7-2）。

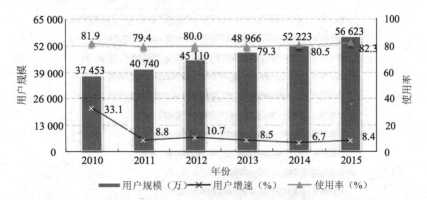

图 7-2　2010—2015 年中国搜索引擎用户规模、年增长率和使用率
注：搜索引擎用户是指过去半年内在互联网上发生过搜索行为的网民。
数据来源：中国互联网络信息中心（CNNIC）. 2015 年中国网民搜索行为研究报告.

截至 2015 年 12 月，手机搜索用户数达 4.78 亿，使用率为 77.1%，用户规模较 2014 年底增长 4 870 万，增长率为 11.3%。手机搜索是整体搜索引擎市场快速发展的持续推动力。2011年至今，手机搜索用户规模年增长速度一直快于搜索引擎领域整体，在全国互联网渗透率、搜索引擎使用率长期保持小幅增长的背景下，手机搜索使用率的增长幅度更大（图7-3）。

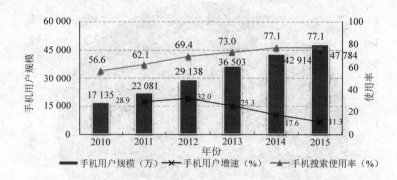

图7-3　2010—2015年中国手机搜索引擎用户规模、年增长率和使用率
数据来源：中国互联网络信息中心（CNNIC）. 2015年中国网民搜索行为研究报告.

3. 各类搜索引擎渗透率

截至2015年12月，94.6%的搜索用户通过综合搜索网站搜索信息，其次是购物、团购网站的站内搜索和视频搜索，渗透率分别为86.3%和84.4%。其他种类搜索引擎的使用涉及地图、新闻、分类信息、微博、导航等各类互联网应用，渗透率远超50%；此外还涉及APP搜索和旅行网站搜索，渗透率也超过45%。搜索行为贯穿于用户互联网使用的方方面面，"无上网，不搜索"的大搜索局面已经形成（图7-4）。

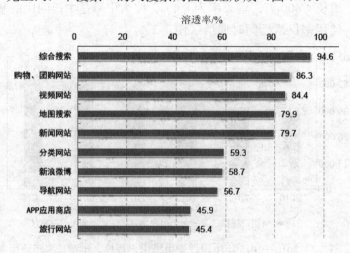

图7-4　各种类型搜索引擎渗透率
注：渗透率指询问网民最近半年内是否使用过某类搜索引擎或某个搜索网站，
渗透率=回答半年内使用过某类搜索引擎或某个搜索网站的网民/搜索引擎用户样本总数。
数据来源：中国互联网络信息中心（CNNIC）. 2015年中国网民搜索行为研究报告.

4. 综合搜索引擎品牌渗透率

截至 2015 年 12 月，在搜索引擎用户中，百度搜索的渗透率为 93.1%，其次是 360 搜索/好搜搜索和搜狗搜索（含腾讯搜搜），渗透率分别为 37.0%和 35.8%。搜索引擎市场集中度有逐年提高的趋势（图 7-5）。

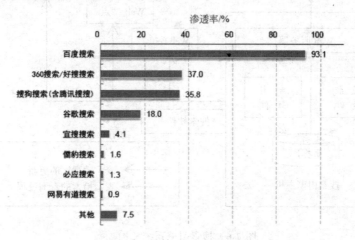

图 7-5　综合搜索引擎品牌渗透率
数据来源：中国互联网络信息中心（CNNIC）.2014 年中国网民搜索行为研究报告.

7.2　搜索引擎的功能和收费模式

7.2.1　搜索引擎的原理

当用户查找某个关键词的时候，所有在页面内容中包含了该关键词的网页都将作为搜索结果被搜出来。在经过复杂的算法进行排序后，这些结果将按照与搜索关键词的相关度高低，依次排列。在搜索引擎的后台，有一些用于收集网页信息的程序。所收集的信息一般是能表明网站内容（包括网页本身、网页的 URL 地址、构成网页的代码以及进出网页的连接）的关键词或者短语，接着将这些信息的索引存放到数据库中。

搜索引擎的系统架构和运行方式吸收了信息检索系统设计中许多有价值的经验，也针对万维网数据和用户的特点进行了许多修改，如图 7-6 所示的搜索引擎系统架构。其核心的文档处理和查询处理过程与传统信息检索系统的运行原理基本类似，但其所处理的数据对象即万维网数据的繁杂特性决定了搜索引擎系统必须进行系统结构的调整，以适应处理数据和用户查询的需要。

搜索引擎工作原理如图 7-7 所示。

（1）爬行和抓取。搜索引擎派出一个能够在网上发现新网页并抓文件的程序，这个程序通常称为蜘蛛（spider）。搜索引擎从已知的数据库出发，就像正常用户的浏览器一样访问这些网页并抓取文件。搜索引擎通过这些爬虫去爬互联网上的外链，从这个网站爬到另一个网站，去跟踪网页中的链接，访问更多的网页，这个过程就叫爬行。这些新的网址会被存入数据库等待搜索。所以跟踪网页链接是搜索引擎蜘蛛发现新网址的最基本的方法，反向链接成为搜索引擎优化的最基本因素之一。搜索引擎抓取的页面文件与用户浏览器得到的完全一样，抓取的文件存入数据库。

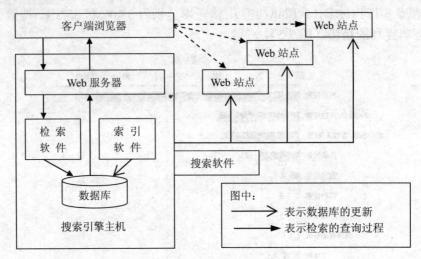

图 7-6　搜索引擎系统架构

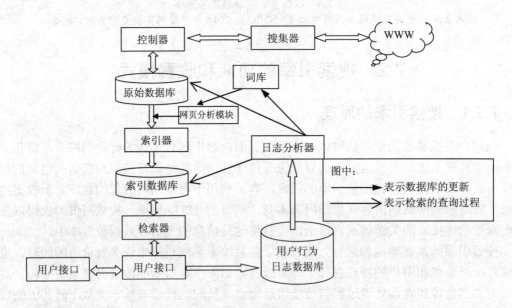

图 7-7　搜索引擎工作原理

（2）建立索引。蜘蛛抓取的页面文件分解、分析，并以巨大表格的形式存入数据库，这个过程即是索引（index）。在索引数据库中，网页文字内容，关键词出现的位置、字体、颜色、加粗、斜体等相关信息都有相应记录。

（3）搜索词处理。用户在搜索引擎界面输入关键词，单击"搜索"按钮后，搜索引擎程序即对搜索词进行处理，如中文特有的分词处理，去除停止词，判断是否需要启动整合搜索，判断是否有拼写错误或错别字等情况。搜索词的处理必须十分快速。

（4）排序。对搜索词处理后，搜索引擎程序便开始工作，从索引数据库中找出所有包含搜索词的网页，并且根据排名算法计算出哪些网页应该排在前面，然后按照一定格式返回到"搜索"页面。

再好的搜索引擎也无法与人相比，这就是为什么网站要进行搜索引擎优化。没有 SEO 的帮助，搜索引擎常常并不能正确地返回最相关、最权威、最有用的信息。

7.2.2 搜索引擎的分类和功能

1. 搜索引擎的分类

我们可以根据不同的标准对搜索引擎进行分类。可以根据其使用特点和用途分为大型综合类搜索引擎、专用搜索引擎、购物搜索引擎等。根据用户的地域范围划分为国际综合大型搜索引擎，如谷歌、雅虎、Infoseek、Excite 等；中国大陆/简体中文（GB 码）搜索引擎，如百度、中搜、搜狗、新浪等。目前，应用最广泛、认可度最高的是从技术上对搜索引擎进行分类。下面简要介绍从技术上对搜索引擎划分的三种类别。

1）全文搜索引擎

全文搜索引擎是基于机器人或搜索蜘蛛技术发展而来的搜索引擎，主要有谷歌、百度、Lycos、Excite 等。全文搜索引擎的自动信息收集功能分两种。一种是定期搜索，即每隔一段时间（如 Google 一般是 28 天），搜索引擎主动派出"蜘蛛"程序，对一定 IP 地址范围内的互联网站进行检索，一旦发现新的网站，它会自动提取网站的信息和网址加入自己的数据库。另一种是提交网站搜索，即网站拥有者主动向搜索引擎提交网址，它在一定时间内（2 天到数月不等）定向向你的网站派出"蜘蛛"程序，扫描你的网站并将有关信息存入数据库，以备用户查询。由于搜索引擎索引规则发生了很大变化，主动提交网址并不保证你的网站能进入搜索引擎数据库，因此目前最好的办法是多获得一些外部链接，让搜索引擎有更多机会找到你并自动将你的网站收录。

当用户以关键词查找信息时，搜索引擎会在数据库中进行搜寻，如果找到与用户要求内容相符的网站，便采用特殊的算法——通常根据网页中关键词的匹配程度，出现的位置/频次，链接质量等——计算出各网页的相关度及排名等级，然后根据关联度高低，按顺序将这些网页链接返回给用户。

2）目录索引

目录索引，顾名思义，就是将网站分门别类地存放在相应的目录中，因此用户在查询信息时，可选择关键词搜索，也可按分类目录逐层查找。如以关键词搜索，返回的结果跟搜索引擎一样，也是根据信息关联程度排列网站，只不过其中人为因素要多一些。

基于目录式搜索发展而来的搜索引擎，主要有雅虎、新浪、网易、OpenDirectory、MSN、AltaVaista 等。与全文搜索引擎相比，目录索引有许多不同之处。

第一，全文搜索引擎属于自动网站检索，而目录索引则完全依赖手工操作。用户提交网站后，目录编辑人员会亲自浏览你的网站，然后根据一套自定的评判标准甚至编辑人员的主观印象，决定是否接纳你的网站。如果审核通过，你的网页才会出现于搜索引擎中，否则不会显示。

第二，全文搜索引擎收录网站时，只要网站本身没有违反有关的规则，一般都能收录成功。而目录索引对网站的要求则高得多，有时即使登录多次也不一定成功。

第三，在登录全文搜索引擎时，我们一般不用考虑网站的分类问题，而登录目录索引时则必须将网站放在一个最合适的目录。

第四，全文搜索引擎中各网站的有关信息都是从用户网页中自动提取的，所以从用户的角度看，我们拥有更多的自主权；而目录索引则要求必须手工另外填写网站信息，主动权并不在用户。如果工作人员认为你提交网站的目录、网站信息不合适，他可以在未经过你同意的情况下，随时对其进行调整。

目前，全文搜索引擎与目录索引有相互融合渗透的趋势。原来一些纯粹的全文搜索引擎现在也提供目录搜索。

3）元搜索引擎

元搜索引擎（meta search engine）不是一种独立的搜索引擎，它最显著的特点是没有自己的资源索引数据库，是架构在许多其他搜索引擎之上的靠协同模式发展而来的搜索引擎。元搜索引擎主要有 AskJeeves、WebSeeke、MetaCrawler、Lookfor 等。元搜索引擎在接受用户查询请求时，可以同时在其他多个搜索引擎中进行搜索，并将其他搜索引擎的检索结果经过处理后返回给用户。元搜索引擎为用户提供一个统一的查询页面，通过自己的用户提问预处理子系统将用户提问转换成各个成员搜索引擎能识别的形式，提交给这些成员搜索引擎中，然后把各个成员搜索引擎的搜索结果按照自己的结果处理子系统进行比较分析，去除重复并且按照自定义的排序规则进行排序，返回给用户。

2. 搜索引擎的功能

对于企业和经营管理者来说，搜索引擎的功能主要体现在以下三个方面。

1）作为企业市场信息发现的工具

企业的营销决策需要建立在一定的信息基础上。网络市场中的信息量大，变化迅速，搜索引擎可以帮助企业快速发现信息的变动，把握市场机会。管理人员可以利用搜索引擎获得以下信息：市场供给信息，如供货商和原材料货源信息等；市场需求信息，如消费者需求量的变化和偏好的转变等；市场竞争信息，如竞争者市场活动信息；生产设备、技术、知识和使用经验等信息；企业人员、机构、财务、咨询等相关信息。

2）增强企业信息检索的能力

在网络时代，信息大量地充斥于网络世界中，信息本身已经不是廉价稀缺的，如何能找到自己需要的信息成为关键。现在，稀缺的不是信息，而是信息检索的能力。搜索引擎的使用可能增强企业的信息检索能力，有效的查询方法更能达到事半功倍的效果。任何一个搜索引擎在技术和信息分布方式等方面都有自己的特点，是否选择了合适的搜索引擎会影响信息查询的效率和效果。有时候使用单个搜索引擎的查询也有局限，需要选择不同搜索引擎来查询，然后综合比较查询结果。为了获取足够和准确的信息，还需要根据不同的需求和搜索目的使用不同的关键词或关键词组合来查询。

3）作为营销信息传播的工具

在网络市场上，消费者和企业的信息传递是双向的。消费者通过搜索引擎寻找商家，企业通过搜索引擎广告引导顾客主动来找企业。消费者通过搜索引擎接触到企业从不同媒体发出的信息，企业也可以利用网络技术来整合多种媒体的营销传播过程，使其按照一个声音说话。

7.2.3 链接方式和收费模式

1．链接方式

搜索引擎运营商提供的链接方式主要有以下几种。

（1）免费链接。不收取任何费用，允许企业自行将其域名等进行链接注册，在为企业提供有限服务的同时，也为运营商增加了信息资源。

（2）付费购买链接关键词。利用关键词链接查询优化或登录分类目录。

（3）购买关键词定位广告（AD words）或通栏广告。

（4）链接关键词或关键词定位广告按用户竞价排序排名。所谓的竞价排名是指由顾客为自己的网页购买关键词排名，按点击计费的一种服务。网站付费后才能出现在搜索结果页面，付费越高者排名越靠前。

2．收费模式

链接的收费模式主要有以下四种。

（1）按点击率收费（pay-per-click，PPC），即有人点击时才收费，而且是按竞价排名位置和实际点击的次数来收费。

（2）按实际看到率收费（cost per million，CPM），即按有多少人访问该页面并实际看到企业的信息（或广告）来收费。

（3）按关键词定位广告位置竞价排名收费。如果对于某个重要的关键词，众多企业都希望在它下面做广告，那么谁放在第一个，谁排在最好的位置，谁先谁后，就成了运营商可以用来赚钱的资源。通常运营商会采取让企业参与竞价的方法，通过竞争决定排名。百度的竞价规则是，起价为每点击一次收费0.3元，每叫价一次加0.3元。在一些高附加值、专业性强和业务转化率高的行业，在美国竞价高达每点击一次收费十几美元。

（4）按页面、关键词热度固定比例收费。运营商通常都会定期公布关键词点击统计，目的是告诉企业哪些关键词受市场关注度最高。在不同热度的关键词页面上，广告费用会有很大的区别。于是，运营商也会按关键词热度和广告在页面所占的位置比例收取费用。

目前市场上，前两者是最受企业青睐的付费模式。

7.3 搜索用户的行为分析

7.3.1 搜索结果显示格式

1．常规搜索结果列表

用户在搜索引擎搜索框中输入关键词，单击搜索按钮后，搜索引擎在很短时间内返回一个搜索结果页面。图7-8所示为百度的搜索结果页面，它就是常规的搜索结果页面排版格式。

图 7-8 百度的搜索结果页面

页面主体有两部分最为主要：一是广告，二是自然搜索结果。图 7-8 中，页面左侧最上面的三个结果，以前标注为"推广链接"，现在往往明确标注为广告，左上面最多 3 个广告。通常每个页面会列出 10 个自然搜索结果，有的显示"百度快照"字样。搜索广告是由广告商针对关键词进行竞价排名的结果，广告显示广告商无须付费，只有搜索用户点击广告后，广告商才按竞价价格支付广告费用。

页面搜索框下面是垂直搜索链接，用户点击后可以直接访问图片、视频、地图等搜索结果。搜索框右下方显示满足搜索关键词的结果总数，如图 7-8 中所显示的 72 500 000 条结果。这个搜索结果数是研究竞争程度的依据之一。

自然搜索结果的下面标注为"推广链接"的三个结果重复出现，内容与页面顶部完全相同。其下面则是显示相关搜索。搜索引擎根据用户搜索数据，列出相关的其他搜索词。

页面右侧顶部及左侧底部的广告，并不是每次搜索有广告商竞价时都会出现，只有点击率和质量分数达到一定水平的广告才会出现在左侧顶部或底部。

百度搜索结果的右侧比左侧略微复杂。右侧并没有明确的自然搜索的结果，而是分类显示结果。右侧上部多以图片为主，"其他人还搜"则混杂有广告的图片，有时难以区分；"相关产品"的图片为广告无疑，而其下面的"尚书人物"也混杂有广告；"高端产品在这里"提供的是网友搜索自动排序生成的问题，同时给出关注点和关注热度；右侧最下面的带有"推广链接"的一系列结果是广告无疑。

推广信息出现的位置，即推广信息出现在何处，是由出价和质量度共同决定的。高质量、高度吻合网民搜索需求的推广结果，将优先展示在首页左侧，余下的结果将依次展现在首页及翻页后的右侧。

百度搜索结果页面与 Google 大致相同，区别在于广告部分的显示方法，谷歌的搜索结果中广告相对明显一些。

2．经典搜索结果列表

我们再来看看每一个搜索结果页面的展现格式。图 7-9 所示为百度的经典搜索结果列表，主要分三部分。

图 7-9　百度的经典搜索结果列表

第一行是页面标题，通常取自页面 HTML 代码中的标题标签（title tag）。这是结果列表中最醒目的部分，用户单击标题就可以访问对应的网页。所以页面标题标签的写法，无论对排名还是点击率都有重要意义。

第二行、三行、四行是页面说明。页面说明有的时候取自页面 HTML 中的说明标签

（description tag），有的时候是从页面可见文字中动态抓取相关内容。所以显示什么页面说明文字是用户查询时才决定的。

最后一行显示三个信息。最左侧是网址和百度数据库中页面最后更新的日期，用户可以看到页面来自哪个网站，以及目录、文件名信息。

然后是百度快照链接，用户可以单击百度快照，查看存储在百度数据库中的页面内容。有的时候页面被删除或者有其他技术问题不能打开网站时，用户至少还可以从百度快照中查看想要的内容。用户所搜索的关键词在标题及说明部分都用红色高亮显示，用户可以非常快速地看到页面与自己搜索的关键词相关性如何。如图7-9中的"机械手表"四个字。

Google经典搜索结果列表与百度大致相同。

3. 整合搜索结果

随着大家对信息的要求越来越多样化，搜索引擎也一直在寻求改变，除了标准的网页显示和经典的显示结果，还整合多种搜索结果，如把图片、新闻、网页混合在一块显示，往往能满足多元化的需求。这就要求企业在做网站时最好能通过更多的方式来展现给用户。百度的整合搜索结果如图7-10所示。

图7-10 百度的整合搜索结果

4. One-box

某些关键词会触发Google One-box结果，直接在搜索结果页面上显示相关信息，用户不用点击到其他网站上查看。百度同样具有显示这种搜索结果的功能。如图 7-11 显示搜索"万科 A"时显示的股票实时行情的 One-box。

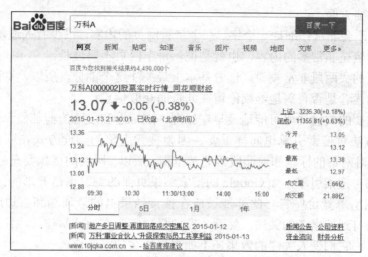

图 7-11 One-box

7.3.2 用户怎样浏览和点击搜索结果

用户搜索关键词后，搜索引擎通常返回 10 个结果。用户对这 10 个结果列表的浏览和点击有很大差别。本节介绍用户在搜索结果页面上的浏览方式，包括目光关注度及点击的一些研究。

1．搜索结果页面

页面浏览最主要的研究方法是视线跟踪（eye-tracking），使用特殊的设备跟踪用户目光在结果页面上的浏览及点击数据。

1）杰柯伯·尼尔森的研究报告

杰柯伯·尼尔森是美国长期研究网站可行性的著名网站设计工程师。2006 年 4 月他发表一项名为《眼睛轨迹》的研究报告。报告发现，人们大多不由自主地以"F"字母形状的模式来阅读网页。尼尔森指出，网页的阅读模式和人们从学校里养成的读书习惯迥异，这份研究报告是从 232 名读者阅览几千张网页的实验中得出的结论。研究者发现，读者的阅读行为在浏览不同性质的网站和肩负不同的阅读任务时都表现出基本上恒定的习惯。这种压倒性的阅读就宛如英文字母 F 的形状，并且包括下面三个方面。

（1）读者的眼睛首先是水平运动，常常是扫过网页内容的最上半部分。这样就形成了一条横向的运动轨迹，这是 F 字母的第一条横线。

（2）读者的眼光略微下移，很典型地扫描比第一步范围较短的区域。这就又画了 F 字母的第二条横线。

（3）读者朝网页走边的部分进行垂直扫描。有时候，这个行为会很慢而且很有系统性，这样画了 F 字母中的那条竖线。

尼尔森的 F 形状网页浏览模式也就是网民浏览网页的视觉原理。F 形状网页浏览模式对网页设计甚至业务流程的页面组织都具有重大的意义，这就是网页的设计和推广要考虑的五个重要方面。

（1）读者不会非常仔细地一个字、一个字看网页的内容，很少有人通篇都看。所以，每页不一定要填充非常多的内容，也就是说，每个网页不要过长。

（2）网页的头两段非常重要，读者基本上最关注这个部分。所以，这两段的写作好坏能直接影响读者是否有兴趣继续停留在此页面获取信息。

（3）将重要的关键词尽可能地及早在标题、副标题和段落的前部显示给读者。这个安排内容的方法对搜索引擎也同样重要，因为搜索引擎的阅读方式在迎合人的阅读习惯。搜索引擎对网页的标题和前面段落非常重视，所以，网页的优化要充分考虑这一点。

（4）人们对搜索引擎，如 Google 的搜索结果页面的浏览也是 F 形的。

（5）搜索引擎竞价广告，除非能被放在搜索结果页的最顶端和右边广告区的前两位，否则无法得到搜索者的关注。然而，获取最顶端和右边前两位，往往点击费用很昂贵。即便如此，它们受人关注的效果还不如自然排名的前两位。

2）enquiro.com 公司的实验结果

enquiro.com 是专门做这方面的实验及统计的公司。2005 年年初，enquiro.com 联合 eyetools.com 和 did-it.com 两家公司进行了一次很著名的视线跟踪实验，实验数据于 2005 年 6 月发表，提出在 SEO 业界很有名的金三角图像，也有人称其为"F 型"浏览图像，如图 7-12 所示。

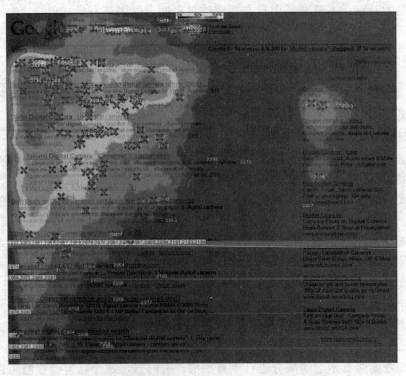

图 7-12　著名的用户视线分布金三角

图 7-12 中的颜色区块代表用户目光的停留位置及关注时间，图像中的 X 号代表点击。从图中我们可以看到，典型搜索用户打开搜索结果页面后，目光会首先放在最左上角，然后向正下方移动，挨个浏览搜索结果，当看到感兴趣的页面时，横向向右阅读页面标题。排在最上面的结果得到的目光关注度最多，越往下越少，形成一个所谓的"金三角"。金三角中的搜索结果都有比较高的目光关注度。这个金三角结束于第一屏底部的排名结果，用户向下拉页面查看第二屏结果的概率大为降低。以往的研究声称人们是在考虑之后再决定去点击哪个搜索结果，但是现在的研究结果认为，人们并不是思索一会儿再去点击一个链接的，而是很快地作出决定，而这个决定是根据人的眼光落在哪里而进行的。这纯粹是由你的网站在搜索结果中所处的位置来判断的。

这个浏览统计是针对 Google 搜索结果页面做的。后来 enquiro.com 针对雅虎及 MSN 搜索结果页面做的实验也得到大致相同的结果。

2. 搜索引擎用户广告识别和接受度

目前，搜索引擎仍然是互联网广告市场中最成熟的商业模式，相关企业营业收入一直处于强劲增长态势。网络购物市场快速发展，由网络零售平台开放业务带来购物搜索的广告收入规模也不容小觑，淘宝及天猫、京东、亚马逊等平台的广告收入占比逐年增加。

1）搜索用户对主要广告位的识别

搜索引擎页面主要有 6 个广告位，分别对应于图 7-13 中的 1 号位置到 6 号位置，各广告在页面中的具体位置介绍如下。

1 号位置：位于页面顶部的广告位。

2 号位置：位于页面右侧顶部的广告位。

3 号位置：位于页面中间偏上位置的广告位。

4 号位置：位于页面右侧中间位置的广告位。

5 号位置：位于页面中部的广告位。

6 号位置：位于页面底部的广告位。

调研数据显示，超过五成的用户能够识别出搜索页面中的品牌专区、百度微购、顶部及右侧的关键词广告，其中有 63.5%的用户能够识别出右上侧的图片展示广告（2 号位置），这一部分的广告为用户识别度最高的广告。底部关键词广告（6 号位置）的用户识别度最低，但也达到了 46.2%，这表明中国搜索引擎用户对搜索广告的整体识别度较高（图 7-14）。

调研数据显示搜索引擎广告拥有比较高的点击率，在看到 6 个主要广告位后采取实际行动（如点击）的用户占比均在 8%以上，其中有 17.7%的用户在看到品牌专区后会采取实际行动，有 30.2%的用户在看到品牌专区后会仔细阅读，这表明品牌专区是各类搜索广告形式中用户点击率最高的广告形式（图 7-15）。

图 7-13　中国搜索引擎页面主要广告位

资料来源：艾瑞咨询.2014年中国搜索引擎用户行为研究报告.

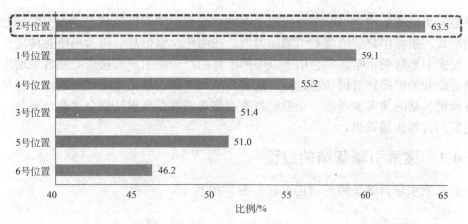

图 7-14 中国搜索引擎用户对搜索广告识别情况
资料来源：艾瑞咨询. 2014 年中国搜索引擎用户行为研究报告.

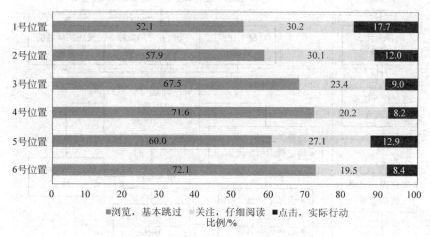

图 7-15 中国搜索引擎用户对搜索广告后续行为
资料来源：艾瑞咨询. 2014 年中国搜索引擎用户行为研究报告.

2）搜索引擎用户对广告接受度

根据调查结果，截至 2014 年 6 月，在过去半年内进行过搜索的用户中，有 48.8%注意到了搜索结果中的推广信息或广告，有 51.2%的用户没有注意到推广信息或广告。

用户对搜索引擎广告的信任程度不高，明确表示信任的用户占比不足 6%，而有接近 1/3 的用户对搜索引擎广告非常不信任。搜索引擎虚假、诈骗广告引发的不良事件近些年屡见不鲜，尤其是医疗健康领域虚假广告频现，个别国家明令禁止或限制的广告类别也会出现在搜索结果中，对消费者的搜索引擎使用体验造成了不良影响。对此，部分搜索引擎提供了网站信用认证服务、建立消费者赔付机制，以保障消费者合法权益，全力营造可信的信息搜索环境。

7.4 搜索引擎营销

搜索引擎营销（search engine marketing，SEM）是一整套的技术和策略系统，用于引导更多的访问者从搜索引擎中寻找商业网站。搜索引擎营销是基于搜索引擎平台的网络营销形式，根据用户使用搜索引擎的习惯，在用户检索信息时将营销信息传递给目标顾客。搜索引擎营销策略通常会出于以下两个目的：一是引导有需求的顾客主动来找，二是整合企业的多媒体营销传播过程。前者是从顾客和市场角度考虑问题，后者是从企业自身营销传播的角度来考虑。企业的搜索引擎营销就是要设法整合这两个部分，进而达到更好的营销传播效果。

7.4.1 搜索引擎营销的过程

企业搜索引擎营销策略的制定过程如图 7-16 所示。

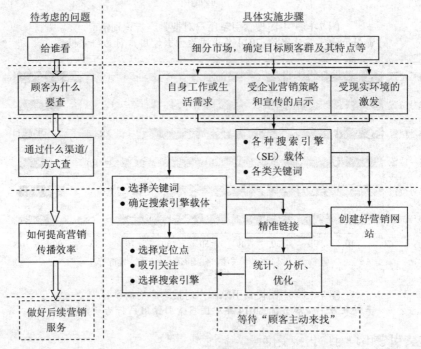

图 7-16　企业搜索引擎营销策略的制定过程

第一阶段要考虑的问题是：企业的网络营销和搜索引擎营销应该"给谁看"。这需要企业细分市场，确定营销的目标顾客群及其特点等。

第二阶段是从顾客角度来思考"顾客为什么要查"。一般有三种原因：① 自身生活或工作的需要；② 受企业营销策划和宣传的启示；③ 受现实环境的激发。企业应该从这三个角度选择关键词和搜索载体。

第三个阶段是研究"顾客会通过什么渠道（习惯用哪些搜索引擎）或什么方式（可能会用哪些关键词）查"。这是企业开展 SEM 的基础。

第四个阶段是根据前面的分析，选择关键词，确定搜索载体，精准链接，统计、分析、优化，创建好营销网站等。

这四个阶段工作都做好了，企业的多媒体营销传播得到整合，则可坐等顾客上门，真正达到"顾客主动来找"的营销目的。

7.4.2 搜索引擎营销的特点

1．受众广泛且针对性强

中文搜索引擎每天响应 50 亿次搜索请求，如此庞大的潜在顾客群体，即使搜索某个关键词的比例很小，并且产生较低的实际交易比例，由某个关键词带来的销售量也会是一个很大的数量。

除了庞大的潜在顾客群，搜索引擎营销最大的特点是针对性强。传统营销虽然极力拓宽渠道，加强对潜在顾客的接触，但是转化率还是比较低。搜索引擎可以通过关键词帮您锁定有需求的顾客。当企业选定自己希望推广的关键词，企业的推广信息就会出现在搜索这些关键词的潜在顾客面前。还可以通过地域筛选、时间筛选，帮企业锁定最需要的顾客。通过将企业的推广信息，按设定的地域、时间进行投放，精确覆盖特定地区、特定时间段的潜在顾客。顾客主动搜索相关的信息，看到信息后主动寻找企业，因此用户更有可能转化为消费者。

从庞大的潜在群体中精准地区分目标顾客群体，这是搜索引擎的价值所在，也是搜索引擎营销持续存在和成长的关键。

2．方便快捷

搜索引擎的开户流程方便快捷。

第一步，注册。您可以通过电话、在线申请等方式与百度取得联系。

第二步，咨询。专业顾问会主动致电您，提供网络营销咨询服务，解答您的疑问。

第三步，签订合同。您将获得一个百度推广账号，登录系统后台即可提交推广方案，开始在百度进行推广。

第四步，上线推广。推广方案审核通过，就可以在百度进行推广了。

这个过程中所需要的推广方案也是简洁明了的。只需要编辑好相关的广告内容和选择好关键词，然后为这些关键词购买排名。在向搜索引擎提交竞价广告时只需要填写一些公司名称、账户、关键词和着陆页等必要信息就可以发布了。只要事先准备好，这个过程只需要几个小时，甚至几分钟的时间就可以完成。当用户在搜索这些关键词时，就会看到排名较前的公司促销广告的链接。

搜索引擎营销更新也很方便。搜索引擎营销不仅可以对很多浏览者产生作用，而且在促销活动结束时也可以很快地删除公司促销广告的链接，不会有任何滞后反应。新的促销信息的发表更是非常方便，只要添加一个全新的页面，在人气和流量较高的页面中添加指向该页面的链接即可。

3．投资回报率高

企业营销活动希望用最少的钱达到最好的宣传和推广效果，也就是获取最高的投资回报率。在北美和欧洲的市场上，搜索引擎通常被认为是比网页广告更为有效的方式，企业对搜索引擎的投资回报率也表示满意。

搜索引擎营销的门槛低,几千元就可以做推广。开户费用:预存推广费用 6 000 元+服务费(预存推广费和服务费根据地区情况可能有所变动,具体费用由顾客和服务提供方另行约定)。计费模式:按点击效果计费,展现免费,推广企业可以拥有海量的免费展现机会。

搜索引擎可以帮助企业迅速提高销售额。数以万计的百度推广顾客用亲身的体验证明,百度推广低投入,高产出,可以帮助企业在短时间内迅速提升销售额。可以帮助企业扩大品牌知名度。通过百度,企业将有更多公平的机会与业内公司、国际性大公司同台竞技,获取顾客关注,扩大品牌知名度,可以带来更多的电话咨询和网站流量。使用百度推广,可促使潜在顾客主动给企业打电话,为企业带来更多订单。

4. 可控性强

搜索引擎营销的可控性主要体现在四个方面:对广告内容、广告时间、广告成本和无效点击的控制。

第一,内容是由搜索引擎广告商自己控制的,广告商有自己修改和优化广告内容的权限,这些对于广告商非常重要。因为广告发布本身是一个不断测试的过程,广告商如果在运行中发现什么问题或者有需要改动的地方,就可以随时修改广告内容,大大提高了广告的反馈效率,增强了广告的投放效果。

第二,广告商可以选择最合适的时间投放自己的广告,就好像电视广告商选择黄金时间段投放广告一样。这对一些产品和服务具有明显周期性的广告商很有好处,不但可以节约成本,而且可以大大提高广告效果。

第三,对广告成本的控制是基于每次点击付费(CPC)的付费方式。广告商花在搜索引擎营销上的成本可以很简单地由点击量和 CPC 的价格得到。自主出价,实际每次点击费用取决于您为关键词设定的出价、关键词的质量和排名情况。还可以根据企业的需要设置分地域、分时段投放,设置每日、周推广花费上限,合理管理您的预算。

第四,过滤各种无效点击。百度专业的过滤系统会通过数十个参数和诸多复杂算法分析多项数据以及搜索用户的历史行为判断是否为正常点击,一旦被判断为无效点击,则该点击将被过滤而不计费,后台可直接查看无效点击报告,其中主要包括以下几种无效点击:您的竞争对手由人工或作弊软件产生的点击;其他公司抓取百度网页等行为产生的无意点击;由于人为双击、浏览器刷新等原因导致的连续多次点击。

7.4.3 搜索引擎营销的实现方式

(1)付费链接/竞价排名(paid placement):通过诸如 Google AdWords 和百度竞价排名这类广告服务将内容广告在搜索引擎上通过关键词搜索显示出来,有时多指"付费搜索"、"点击付费"广告和"竞价排名"广告。

(2)内容定向广告(contextually targeted text Ads):显示在搜索联盟成员的内容站点而不是搜索站点的广告。例如通过诸如 Google Adsense 和 Yahoo Search "content Match"这类程序搜索到的新闻文章、博客等。

(3) 付费收录（paid inclusion）：通过向搜索引擎和类似黄页站点付费的行为，使得某个网站和网页能够被收录到服务器的索引信息中，但是不需要被显示在搜索结果列表上的某个特殊位置，如最早有雅虎搜索的"Site Match"。

(4) 搜索引擎优化（search engine optimization，SEO），是一种通过了解搜索引擎的运作规则来调整网站，以期提高目的网站在有关搜索引擎内排名的方式。

7.5 关键词营销策略

搜索引擎的关键词是指用户搜索产品或信息时使用的特定词，这些词可以将用户直接带到企业的站点。企业选择和使用关键词不是一劳永逸的，必须进行持续研究。这一方面是来自市场变化的需要，企业前期网站创建和推广时得到的关键词，需要随着人们搜索兴趣的变化而调整。每天产生的大量新网站也会在一些关键词上与你的网站竞争，分散你的流量，挑战你的优势。另一方面，企业对已经采用的关键词也需要进行管理，根据关键词产生的流量和转化率的不同，对其成效进行分类监督。既有很多流量又有很高转化率的关键词，将成为核心关键词；有很多的流量但是没有高的转化率的关键词，可以倾向于品牌展示；有很少的流量，但有很高的转换率的关键词，将成为重点关键词，需要尽力维护；既没有很多的流量，也没有很高的转换率的关键词，可以放弃。

7.5.1 关键词的类型

按照搜索目的的不同，关键词大致可以分为三种类型。

1. 导航类关键词

导航类关键词指的是用户在搜索特定网站时，他知道自己想去哪个网站，只是不记得网址或懒得自己输入网址，所以在搜索引擎中直接输入品牌名称或与特定品牌有关的词。通常这类关键词结果排在第一的就应该是用户想访问的官方网站。为什么用户明确知道想访问哪个网站，却在搜索引擎搜索？这是因为现在的用户把搜索引擎当书签使用，懒得把网站放入收藏夹，也懒得自己输入网址，干脆到搜索引擎搜索，然后直接点击第一个结果。

如图7-17所示，导航类关键词常常搜索量巨大，约占所有搜索的10%，这是一个不小的比例。甚至在Google搜索百度、在百度搜索Google的都大有人在。

有的导航型关键词非常明确，如163邮箱登录、苏宁易购官方网站。这种关键词最符合用户意图的结果通常只有一个，没有其他解释。有的导航型搜索稍微有些模糊，如搜索京东、淘宝，用户既有可能是想访问京东商城或淘宝网站，也有可能是想看新闻或评价等。尽管用户可以搜索任何品牌、商标，任何人都可以对这个关键词竞价，但是在广告文案中不允许出现其他公司的注册商标和品牌名称。当企业的品牌名称被搜索时，只要网站做得质量不是太差，网站排在第一相对容易做到。

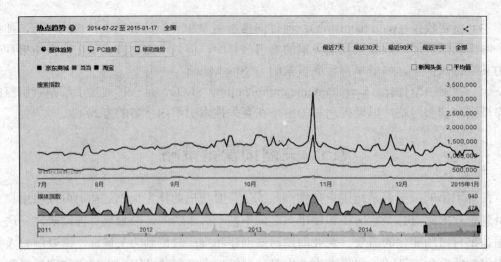

图 7-17　导航类关键词常常搜索量巨大

在自然搜索方面,用户搜索竞争对手品牌时,你的网站排到前面并没有法律或道义方面的限制,只要不使用欺骗性手法,如在页面上暗示与原商标、品牌有关系(其实没关系)、售卖劣质甚至非法产品。搜索导航类关键词,你的网站排在前面,从直接竞争对手的品牌搜索中获得流量,是一个可以接受而且目标比较精准的方法。

2. 交易类关键词

交易类关键词指的是用户明显带有购买意图的搜索。例如"智能手机网上购买""华为手机价格"等。交易型关键词占全部搜索的10%左右。

显然,交易类关键词的商业价值最大,用户已经完成商品研究比较过程,在寻找合适的卖家,离网上交易只有一步之遥。吸引到这样的搜索用户,转化率是最高的。所以在进行关键词研究时,发现这类交易意图比较明显的关键词,可以考虑特殊页面专门优化。交易类关键词在网站上的分布需要非常精确,把用户直接导向最能说服用户购买的页面,而不是分类或帮助等无关页面。

3. 信息类关键词

信息类关键词指的是没有明显购买意图,也不含有明确网站指向性的搜索。如"旅游图片""跑步方法"等。这类关键词占总搜索数量的其他80%。

信息类搜索数量最多,变化形式也最多。用户通常还处在了解需求、商品研究阶段。针对信息类关键词进行优化,是网站长尾页面的任务。虽然这类关键词并不一定导致购买,但是在用户进行商品研究时进入用户视野也是非常重要的。好的网站设计、出色的文案,让搜索信息的用户记住网站或品牌名称,经常会导致用户以后直接搜索网站名称,也就是导航类关键词,进而实现转化。网站内容越多,出现在信息类关键词结果的概率越大。

7.5.2 关键词的选择

选择恰当的关键词是搜索引擎营销的关键，选择正确的关键词，才能确保搜索引擎营销的方向正确。确定什么样的关键词决定了网站内容规划、链接结构、外部链接建设等重要后续步骤。

1. 选择关键词的原则

1）关键词要与网站内容相关

目标关键词必须与网站内容有相关性。堆积与本网站不相关的热门关键词带来的流量，不是产生订单的有效流量。就算搜索该关键词的访客来到网站，也不会买你的产品或服务，转化为顾客。当然，这不一定适用于所有网站，如新闻门户或纯粹依靠广告盈利的信息类网站。很多门户类网站包罗万象，内容相关性判断也比较模糊。对这些网站来说，只要有流量，就有一定的价值，网站并不依靠本身的转化盈利。

2）选择搜索次数多、竞争程度小的关键词

很显然，最好的关键词是搜索次数最多、竞争程度最小的那些词，这样既保障 SEO 代价最低，又保障流量最大。现实中，大部分搜索次数多的关键词，也是竞争大的关键词。不过，通过大量细致的关键词挖掘、扩展，列出搜索次数及竞争程度数据，还是可以找到搜索次数相对多、竞争相对小的关键词。

3）主关键词不可太宽泛

这实际上是上面两点的自然推论。关键词宽泛，竞争太大，所花代价太高，搜索词意图不明确，转化率也将降低。一般行业通称都是过于宽泛的词，如"股票""旅行"之类。把目标定在这种宽泛的词上，要么做不上去，要么费了很大力气做上去却发现转化率很低，得不偿失。

4）主关键词也不可太特殊

网站主关键词，或者称为网站核心关键词，既不能太长、太宽泛，也不能太短、太特殊，需要找到一个平衡点。太特殊或太长的词，搜索次数将大大降低，甚至没有人搜索，不能作为网站主关键词。如"服装"这个词太宽泛，那么选择"冬季服装"比较适当。根据不同公司业务范围，可能"冬季羽绒服"更合适。但是如果选择"冬季 140 克羽绒服"就太狭窄了。这种已经属于特殊的关键词，可以考虑以内页优化，放在网站首页肯定不合适。太特殊的关键词还包括公司名称、品牌名称、产品名称等。

5）提高转化率，具有商业价值

不同的关键词有不同的商业价值，就算长度相同，也会导致不同的转化率。在做关键词研究时，SEO 人员可以通过各种方式查询到大量搜索词，通过常识就能判断出不同词的购买可能性。购买意图强烈、商业价值较高的关键词应该是优化时最先考虑的，无论内容规划，还是内部链接安排，都要予以侧重。例如搜索"液晶电视原理"的用户购买意图就比较低，商业价值也低，他们很可能是在做研究，学习液晶电视知识而已。而搜索"液晶电视品牌排行榜"的用户商业价值有所提高,很可能是在寻找液晶电视都有哪些品牌以及品牌的评价。搜索"液晶电视价格",购买意图大大提高,已经进入产品比较选择阶段。而搜索"液晶电视五一促销活动",其商业价值进一步提高,一个大减价信息就可能促成用户作出最后的购买决定。

2. 关键词竞争程度判断

关键词选择最核心的要求是搜索次数多、竞争程度小。搜索次数可以通过搜索引擎本身提供的关键词工具查看,比较好量化,容易确定。竞争程度判断起来就要复杂得多。我们可以罗列出几个用于判断关键词竞争程度的因素,但每个因素无法单独、准确地说明关键词的竞争情况,必须综合考虑诸多因素才能判断竞争程度。况且这些因素中有的难以量化,如竞争对手网站优化水平,无法给出一个确定数值。多个因素来表现竞争程度时权重的确定也往往需要基于经验来判断,主观性很强。

1)搜索结果数

搜索结果页面右上角都会显示这个关键词返回的相关页面总数。这个结果数是搜索引擎经过计算认为与搜索词相关的所有页面,也就是参与这个关键词竞争的所有页面。

显然,结果数越多,竞争程度越大。通常结果数值在 10 万以下,竞争很小,稍微认真地做一个网站,就可以获得很好的排名。权重高的域名经过适当优化的内页也可以迅速获得排名。结果数达到几十万,说明关键词有一定难度,一个质量和权重都不错的网站才具有竞争力。结果数达到一两百万以上,说明关键词已经进入比较热门的门槛。新网站排名到前几位的可能性大大降低,需要坚持扩展内容,建立外部链接,达到一定域名权重才能成功。结果数达到千万级别以上,通常是行业通用名称,竞争非常激烈,只有大站、权重高的网站才能获得好的排名。

2)intitle 结果数

使用 intitle:指令搜索得到的结果页面数如图 7-18 所示。

图 7-18 指令搜索得到的结果页面数

单纯搜索关键词返回的结果中包括页面上出现关键词，但页面标题中没有出现的页面，这些页面虽然也有一点相关性，但很可能只是偶然在页面上提到关键词而已，并没有针对关键词优化，这些页面针对这个特定关键词的竞争实力很低，在做关键词研究时可以排除在外。标题中出现关键词的页面才是真正的竞争对手。

3）竞价结果数

竞价结果数指搜索结果页面右侧以及最上和最下面有多少个广告结果，也是衡量竞争程度的指标之一。一般来说，广告商内部有专业人员做关键词研究和广告投放，他们必然已经作了详细的竞争程度分析及盈利分析，只有能产生效果和盈利的关键词，他们才会去投放广告。如果说搜索结果数还只是网上内容数量带来的竞争，竞价数则是拿着真金白银与你竞争的真实存在的竞争对手数目。

搜索结果页面右侧广告最多显示 8 个，比较有商业价值的关键词通常都会显示满 8 个广告结果。如果某个关键词搜索页面右侧只有两三个广告，说明关注这个词的网站还比较少，竞争较低。

要注意的是，竞价数需要在白天工作时间查看。广告商投放竞价广告时，经常会设置为晚上停止广告。对于经常晚上工作的 SEO 人员来说，如果半夜查看搜索结果页面，没看到几个广告商，就认为没有多少人参与竞价，很可能导致误判。

4）竞价价格

几大搜索引擎都提供工具，让广告商投放前就能看到某个关键词的大致价格，能排到第几位，以及能带来多少点击流量。显然，竞价价格越高，竞争程度也越高。当然也不能排除两三个广告商为了争抢广告位第一名而掀起价格战，把本来竞争程度不太高的关键词推到很高的价格。实际上如果广告商只想出现在第四、第五位的话，竞价价格大幅下降，参与竞价的广告商人数也没有那么多了。

另外，某些利润率高的行业，搜索竞价经常超出自然排名真正竞争程度，如律师服务、特效药品等。这些行业产品及服务的特性决定了一个订单的利润可能是成千上万，企业可以把竞价提到相当高的程度，甚至一个点击几十元钱也不罕见。而销售书籍、服装、化妆品等，利润不太高，竞价价格也不可能太高。广告价格的巨大差异，并不能说明自然搜索竞争程度真的有这么大差别。

5）竞争对手情况

自然结果排在前面的主要竞争对手情况，包括外部链接数量质量、网站结构、页面关键词优化等。这部分很难量化，而且本身包含了众多因素。

6）内页排名数量

搜索结果页面前 10 或前 20 位中，有多少是首页，有多少是网站内页，这在一定程度上说明了竞争水平。一般来说，排在前面的内页数越多，说明竞争越小。通常网站首页是权重最高的页面，排名能力也最强。如果一个关键词排在前 20 位的多数是网站内页，说明使用首页特意优化这个关键词的网站不多。如果自己网站首页针对这个关键词，获得好排名的机会比较大。如果有权重比较高的域名，分类页面甚至产品页面也都有机会。

要注意的是，这里所说的内页指的是一般网站的内页。如果排在前面的有很多大型知名门户的频道首页，这种内页实际上应视同网站首页。这种权重高的网站，频道首页权重也比一般网站首页高得多。

7.6 搜索引擎优化

7.6.1 搜索引擎优化的特点及过程

搜索引擎优化（search engine optimization，SEO）是通过了解各类搜索引擎如何抓取互联网页面，如何进行索引，以及如何确定其对某一特定关键词的搜索结果进行排名等技术，在此基础上，对网页作相关优化，使其搜索引擎的搜索结果排名提高，从而提高网站访问量，最终提升网站的影响力和销售能力。

我们要通过搜索引擎自然排名优化实现四个层次的营销目标：第一，被搜索引擎收录；第二，在搜索结果中排名靠前；第三，增加用户的点击率；第四，将浏览器转化为顾客。在这四个层次中，前三个可以理解为搜索引擎营销的过程，而只有将浏览器转化为顾客才是最终目的。

搜索引擎优化领域经常提到"搜索引擎规则"和"搜索引擎算法"，人们往往认为洞悉了规则和算法就可以提升网站在搜索引擎中的排名。为了搜索引擎优化而优化可能走入误区，甚至适得其反。搜索引擎不是公益组织，也不是慈善家，而是商业产品，是以盈利为其最终目的，是通过"为用户提供最精准的优质内容"来赢得顾客。所谓的规则和算法就是通过一系列的技术手段，模拟真实用户的评判标准，去判断网站内容是否优质。想让搜索引擎爱上我们的网站，给予更好的排名，为企业带来更多的流量，就需要我们先帮助搜索引擎留住用户，先实现搜索引擎的商业价值。因此，应该围绕"为用户提供最精准的优质内容"这一核心理念去进行优化，帮助搜索引擎留住顾客、赚到了钱，搜索引擎才能关照我们。

搜索引擎优化是非常好的推广方式，但不是哪个企业都有能力熟练掌握技术，也不是人人都有能力将指定的关键词优化到搜索引擎结果页的首页。若没有条件实施搜索引擎优化，却又想要在搜索引擎结果中抢占好位置，关键词竞价排名则是一个好的选择。关键词竞价排名与搜索引擎优化之间具有替代关系（表7-1）。

SEO的完整过程如下。

（1）竞争研究：包括关键研究和竞争对手研究。

（2）SEO计划：诊断网站，找出不足之处，提出优化方案及外链建设方案。

（3）网站优化：结构调整和页面优化。

（4）外链建设：通常与网站优化同时进行。

（5）效果监测及流量分析：检验SEO成效，发现问题。

（6）策略修改：基于监测数据，调整上述过程。

竞争研究我们在"关键词营销策略"一节已经分析过了，此处将重点研究网站优化、外链建设、效果监测及流量分析与修改。

表 7-1 关键词竞价排名与搜索引擎优化对比

比较因素	竞价排名	搜索引擎优化排名
付费	按点击量计费,无点击不收费;随着竞争对手的增加价格将上涨	一次性付费,点击不需要付费
对网站影响	除了做竞价增加的流量,其他没什么变化	关键词带来流量,并提升网站总体流量,改善用户体验,提高访客黏性
显示形式和覆盖面	可以显示在百度第一页,但形式单一。只在付费的搜索引擎网站显示	若有人做竞价,百度的关键词只能显示在竞价后面的位置;而 Google 则可以显示在左侧第一页。可以在多数热门搜索引擎上排名靠前
时效性	只在广告期间或预算内有效果	网站质量得到提高,能长期保持在搜索引擎上有好的排名;营销效果持久有效
成本	百度有 50 多万家企业顾客,平均每家顾客投入 2 万元就可以做一年的推广。成本高,上升快,而且难以预见	一般只需 3 000~6 000 元的优化费用,就可以使您的网站的关键词长时间稳居首页,无难以预见的成本

7.6.2 搜索引擎排名因素调查

2013 年搜索引擎分析网站 searchmetrics.com 对 30 万个在谷歌排名靠前的网站进行了各项指标的综合分析,并总结出了在谷歌中影响网站排名的各大因素。这些影响网站排名的各项相关指标主要针对的是美国谷歌,但鉴于搜索引擎的共通之处,部分内容同样适用于其他搜索引擎的分析。

影响网站排名的各大因素指标有社会化、反向链接、页面技术、页面内容,共四大类。近年来呈现以下特点。

(1) 关键词链接相关性和域名相关性的重要性有所降低。与前几年相比,目前网站排名影响因素中,链接或是域名中关键词相关性的重要程度明显降低了许多。同时反向链接也受到了一定的影响。纯关键字优化的时代似乎已经过去了,现在的谷歌更加重视的是自然链接配置文件。关键字链接已经丧失了其原有的影响力,而且如果是过度优化还可能带来负面的影响。

(2) 品牌效应可以打破很多算法规则。在前几年的调查中,品牌效应在各大规则面前占据了绝对有利的地位。目前也是一样:搜索引擎的很多算法规则在具有"品牌效应"的网站面前并没有什么影响力。"品牌效应"可以说是一种脱离了 SEO、脱离了搜索引擎算法的推广方式。似乎在谷歌眼中"品牌效应"就应该在搜索结果排名中扮演"优胜者"的角色。

(3) 社会反响对网站排名的影响还是很大的。社会反响这一因素对于网站排名的影响一直都很大。排名好往往都是那些社会反响好的、受到更多网民青睐的网站。因此,网站的内容经常被分享对于网站排名是很有利的。

根据综合分析结果显示,那些在谷歌中排名靠前的网站往往都拥有相对较好的社会反响。其实,这些网站本来就是给网民看的,只要网民喜欢,在搜索结果中处于领先地位完全不是问题。这也就是用户体验的重要性的体现。

(4) 高质量的网站内容。内容为王,始终是真理。网站内容的好坏和网站排名的好坏一直都是息息相关的。相比以前,目前的网站排名影响因素中网站内容质量所占的比重明显变大了。在一定程度上,网站排名好往往表示网站内容和媒体集成在数量和质量上都有一定的过人之处。此外网站站内链接结构合理与否也会产生很大的影响。

(5) 反向链接的数量对网站排名的影响还是很大。反向链接一直都是网站 SEO 最重要的指标之一。研究结果表明,一般情况下,网站的反向链接越多,网站的排名就越好。现在不仅反向链接的数量重要,它的质量更加重要了。如今的反向链接亦是越来越趋向于多样化了。

(6) 页面技术依旧是基础功能之一。网站建设一直都是网站排名的基础。网站结构是否符合标准往往决定了网站排名的好坏。若网站建设不符合结构标准,不符合用户的浏览习惯,是很难得到用户的青睐的,也很难在搜索结果中获得好排名,因此页面技术被视为网站获得好排名的先决条件。

7.6.3 网站优化和外部链接建设

早期的网站设计的思维以"美"为指导思想,倾向于设计者的偏好,以设计者的审美观来组织网站。后来发现网站结构的组成应该以用户为对象,重视用户体验,需要被用户接受。而后网站设计思路调整为充分考虑人机对话,该设计思路讲究能让使用者接受导航模式、方便他们在网站里面浏览、能让他们在最短的时间里接触到最重要的信息。实际上,搜索引擎成为用户访问网站的最大贡献者,众多用户依靠着搜索引擎的引导才到达某个网站,此后网站设计思维中融入了迎合搜索引擎方式。SEO 视角的网站设计与迎合浏览用户的网站设计基本思路是一样的,不同的是 SEO 更偏向于迎合搜索引擎。

网站内的优化大致可以分为两部分:一个是网站结构调整,另一个是页面上针对关键词的相关性优化。网站结构是 SEO 的基础,网站结构的优化比页面优化更重要,掌握起来也更困难。

1. 网站结构优化

从 SEO 角度看,网站结构优化目的是让用户有良好的体验,通常用户体验好的网站也是搜索引擎喜欢的网站。网站结构优化还有利于页面收录,给重要页面分配权重。

网站结构优化需要注意以下几个内容。

1) 合理的链接结构

网站的结构有两方面的意思:一个是物理结构,另一个是链接结构。物理结构指真实的网站目录及文件位置所决定的结构。链接结构也称为逻辑结构,是指网站内部链接形成的网络图。对于搜索引擎来说,链接结构比物理结构重要。人们往往误认为,物理目录结构比较深的网址,不容易被收录。实际上,如果这个页面在网站的首页上有一个链接,对于搜索引擎来说它就是一个仅次于首页的链接结构意义上的二级页面。收录难易在于页面处于链接的位置与首页有几个点击距离,而不是目录层次。树形链接结构使权重在网站上均匀分布，深层内页可以从首页 4~5 次点击距离达到。

2）清晰的导航系统

清晰的导航系统是网站设计的重要目标，对网站信息架构、用户体验影响重大。从用户角度看，网站导航系统需要解决两个问题，即我现在在哪里，用户处于网站总体结构的哪个部分？下一步要去哪里，即用户点击哪里才能完成目标？

3）URL 设计

统一资源定位符（uniform resource locator，URL）也被称为网页地址，是对可以从互联网上得到的资源的位置和访问方法的一种简洁的表示，是互联网上标准资源的地址。互联网上的每个文件都有一个唯一的 URL，它包含的信息指出文件的位置以及浏览器应该怎么处理它。URL 设计总的原则是首先从用户体验出发，URL 应该清晰友好、方便记忆，然后才考虑 URL 对搜索引擎排名的影响。URL 越短越好，尽管收录 URL 对长短要求并不严格，但是用户对于长的 URL 不便于记忆，因此不利于复制和传播。

4）内部链接及权重分配

经典树形结构应该是比较好的链接及权重分配模式，但是由于不同网站采取的技术不同，要实现的功能、网站目标、重点要解决的营销问题都可能不同，必须具体问题具体分析。如重点要推广的内页，可在首页做链接；将隐藏太深的产品或比较热门的分类页面尽量放在导航中。

2．页面优化

1）页面标题

页面标题是包含在 Title 标签中的文字，是页面优化最重要的因素。用户访问时，页面标题文字显示在浏览器窗口最上方；在搜索引擎结果页面上，页面标题是结果列表中第一行文字，是用户浏览器搜索结果时最先看到的、最醒目的内容。页面标题优化需要注意不同页面标题不能重复，每个页面都要有自己独特的标题；字数限制在 15~25 个为宜，精练不堆砌。关键词尽量出现在标题前面，公司/品牌名放在标题最后。

2）描述标签

描述标签是超文本标记语言（缩写为 HTML）。一般超文本标记语言的结构包括"头"部分（head）和"主体"部分（body），其中"头"部分提供关于网页的信息，"主体"部分提供网页的具体内容。其重要性比 Title 低很多，主流引擎多不用其作为排名算法因素，但对点击率有影响，通常 77 个汉字、156 个字符。小型网站人工撰写描述标签，用一两句通顺的句子说明页面主题；大中型网站生成方式是从正文第一段截取。

3）正文中的关键词

正文中的关键词需要注意词频和密度（次数和比例）。一般来说，篇幅不大的页面出现两三次关键词就可以了，篇幅较大的页面出现 4~6 次也就足够了，不要堆积关键词。建议正文第一句话就出现关键词，包括论点（关键词）、论据（2~3 个）、总结（关键词）。

3．外部链接建设

网站的外部优化主要就是指外部链接建设。超文本链接或者简称超链接是互联网的基石。互联网可以理解为一个由无数页面所组成的、相互之间交叉链接的巨大网络。

通常外部链接的难度越大,价值越高。一个高质量的外部链接常常比几百个低质量链接有效得多。内容是根本,站长在自己网站上不能提供足够内容时,才会以外部链接的形式导向其他提供相关内容的网站,要想让对方链接到你的网站,你必须为对方网站用户提供价值,最重要的价值就是网站内容。进行外部链接建设时,应该使外部链接构成自然、随机、来源广泛,呈现出健康正常的状态,并且随着时间平稳增长。

外部链接建设方法有以下几种。

(1)友情链接,或叫交换链接,是外链建设最简单也最常见的形式。外网站常开设专用链接页面,中文网站常在首页。友情链接已被搜索引擎大幅降权。友情链接页面放在首页或放在分类页面。

(2)网站诱饵。链接诱饵指的是创建有用、有趣、吸引眼球的内容,从而吸引外部链接。链接诱饵可以是新闻诱饵、资源型诱饵、争议性话题、插件等。

(3)其他外链建设方法。例如:在自己网站上做链接,再交换几个中等的网站;建在企业网站独立域名上的博客(非第三方免费博客平台);文章发表到其他网站链接回到本网站;合作伙伴网站;百科及问答类网站,加上与词条相关的链接;购买链接;等等。

7.6.4 SEO 效果监测与策略修改

SEO 实施的成效如何,只有通过监测才能知道。监测可以了解 SEO 对网站流量及盈利的贡献,判断 SEO 工作的方向是否正确。不同的网站盈利模式、产品特性、用户行为方式、业务流程都会形成不同的网站目标,网站目标的正确设定和测量直接影响 SEO 效果的监测及策略修改。检查各项指标、分析流量,发现可能存在的问题,并进行策略修改是一个不间断的调整过程。

1. 非流量数据监测

1)收录数据

(1)总收录数。查询搜索引擎对某个网站的总收录页面数,再加上站长自身知道的网站实际页面数,计算出收录比例(收录比例=总收录数/网站总页面)。收录比例达 70%~80%的是优化比较好的网站。

(2)特征页面收录。在搜索引擎直接输入页面的 URL 查询,没有结果就是没有收录。检查特征页面收录情况,可以快速、直观地发现哪些地方链接少、权重低。

(3)各分类收录数。网站收录不充分可能有以下原因:域名权重、网站结构、内部链接分布不均、分类权重不高、搜索引擎不友好因素、内容原创不够。

2)关键词排名监控

需要检测首页关键词、分类关键词、产品文章页面关键词。关键词排名监控的局限性在于,关键词排名与流量非直接对应关系,挑选没意义的关键词排在前面无意义,不能作为 SEO 的唯一标准;搜索引擎引入个性化排名和地域性排名,使 SEO 查到的排名与用户看到的不一样。

3)外部链接数据

外部链接包括整网总链接数、首页链接数、链向网站总域名、特征页面链接数,还可以查看外链总体增长趋势、哪个链接诱饵得当、哪个新闻公关活动成功、对手链接是否突增。

4）转化与销售

无论是收录、排名和流量，最终都是为了转化。记录网站每个时期的转化和销售数字，可以更直观地看到 SEO 给整个网站带来的实际好处。

2．流量数据监控

（1）网站服务器将访问信息、服务器动作、文件调用记录下来生成纯文本的日志文件，主机上在控制面板中会提供下载。

（2）流量统计分析。常用的流量统计分析工具有 Google Analytics（GA）和百度统计等。以 Google Analytics（GA）为统计分析工具介绍如下指标。

① 访问数。某段时间网站被访问总人次。

② 绝对唯一访问数。某段时间访问网站的实际人数<访问数，基于统计代码的软件是通过在用户电脑中设置 cookie 识别；基于日志分析的是通过 IP 地址识别。

③ 页面访问数（PV）。某段时间被访问的页面总数>访问数，是网站推出网络显示广告的重要依据。

④ 平均页面访问数（AV）。平均页面访问数=页面访问数/访问数，该指标反映了网站黏度，与网站类型有关（论坛、社区类的达到十几页），不同流量来源网站平均页面访问数也不同。

⑤ 跳出率。只看了一个页面，未点击其他页面就离开网站为跳出，跳出率=跳出次数/页面访问次数。跳出率是反映网站是否满足用户需求的指标，但要根据网站类型具体分析（博客的跳出率高是为了看新文章，电子商务的跳出率如果达到 60%则需注意）。

⑥ 流量来源。有三种主要流量来源：第一，直接访问（书签或地址栏输入，代表了忠诚用户）；第二，点击流量；第三，搜索流量。针对关键词的统计数字清楚显示出，哪些关键词带来流量大，是否符合预期。哪些黏度、转化率高、价值大，哪类主题的内容关键词多，对搜索流量贡献大，哪类对收入贡献大。哪类内容要花更多精力，哪些意想不到的关键词带来了好的排名和流量。

3．策略改进

1）保证收录充分

通过查询总收录数与网站实际页面总数之间差距，可以粗略发现收录是否充分。如果发现收录不充分，就要进一步寻找原因所在。研究是整体所有分类收录都有问题，还是部分分类收录有问题。如果是整体问题，可能是域名权重过低，网站导航出现技术问题，或者存在大量复制内容。如果是部分分类问题则需要检查是否链接结构有问题，增加指向这些分类的内部链接，或者给这部分分类建立外部链接。

2）提高搜索流量

通过搜索流量群体细分，可以知道哪些页面带来了搜索流量。通过具体页面可以显示用户进入页面的来源（如直接点击、搜索引擎等），还有搜索流量是由哪些关键词带来的。将这些信息与 SEO 原来的计划进行对比就知道哪些重要部分或热门产品页面需要加强了。

3）挖掘关键词

当查看关键词带来流量时，除了预期中的目标关键词，还可能发现完全没有想到的、五花八门的搜索词。如果这些关键词与网站主题有一定相关度，以前没有发现，可以考虑是否可以增加这些搜索词。查看关键词流量时还要注意转化率这个指标，不同的关键词转化率相差很大，有时还看不出明显的逻辑性。可以通过投入更多链接、增加更多相关内容的关键词来提高转化率。

4）长尾效应

大型网站长尾流量往往占总流量的很大一部分。如果大型网站收录几十万或是上百万的帖子，其中前 10 个关键词带来的流量占到 50%左右，说明内部链接权重分配和页面优化有问题。

5）增强外部链接成效

检查链接诱饵到底吸引了多少外部链接。查看来自其他网站的点击流量，可能有意想不到的网站点击流量过来，访问对方网站，分析为什么会链接过来，有时可以发现链接伙伴，增加更多的链接机会。

旅行社搜索引擎营销——长尾关键词和组合关键词

网络是一个非常多元的社会，每个人在网络上的行为模式有共性也有特性。在搜索这件事情上，共性就是人都会用搜索，特性就是别人不会用和你一样的关键词搜索。例如，现在你可以问自己，假如你要去香港旅游，你会搜索什么关键词。

我想搜索的关键词是：办理香港游的旅行社。

但你的答案也许是：什么旅行社办理香港游？深圳旅行社香港游，从深圳到香港旅游，跟团去香港旅游……

当然你也可以简单输入"香港旅游"这个词去搜索。别为自己输入这个看起来不够精准的关键词不好意思，深圳的旅行社把这个词竞价提得非常高，点击一次就是十几块钱。我想提醒各位，即使你拥有超级发散的思维联想能力，能就一个问题想出无数的关键词，可是仍代替不了海量网民层出不穷的搜索灵感。因此，我建议换一种方式来挖掘关键词。

我们把很容易联想到的关键词当作核心关键词，如"香港旅游""港澳旅游"这样和产品服务直接相关的关键词；然后把不同网民搜索你的产品或服务时可能会用到的发散关键词作为另一类关键词，我们叫它长尾关键词。长尾关键词的特点是，很多关键词哪怕在一段时期内只有一个人搜索，但由于长尾关键词总数量无穷无尽，所以汇集起来的流量也是个很惊人的数目。

挖掘长尾关键词的几种方法。在这个长尾关键词链条里，把有用的关键词先挖出来，留待分析，这是获得长尾关键词的第一个来源。我建议任何关注搜索引擎的企业都应该定期观察流量统计器上的关键词，因为在这里总会找到被你遗漏的长尾关键词。假如你的网站没有安装流量统计器（建议你马上安装一个），利用百度和谷歌的关键词推荐功能也能挖掘出关键词。 如果你已经有百度和谷歌的推广账户，你就可以利用它们后台提供的关键词分析工具来了解别人是在用哪些关键词搜索，这些在百度和谷歌关键词推广网站上不难看到操作说明帮助。我们很容易通过输入核心关键词找到网民是在用哪些相关关键词搜索，每个关键词流量是多少，甚至包括竞价的激烈程度。除了流量统计器里统计的长尾关键词、搜索引擎底部相关搜索推荐关键词，以及搜索引擎账户后台里的关键词推荐工具外，网络上还有各种关键词分析工具，你可以用"关键词分析工具"去搜索相关的工具进行试用。把主动挖掘和长尾分析两种方法结合起来，企业就不会为找不到足够的关键词而苦恼了。

越长的关键词越精准。每个人的搜索习惯不同，关键词就会很发散。我们不能武断地下结论说用"香港旅游"搜索的人就一定不是旅行社的潜在用户，但这个关键词的确让我们无法判断他是想找一家旅行社，是需要香港旅游相关的资料，还是要去香港自助游。

你要投放广告，你的营销动机是定位在品牌推广上呢，还是获得销售线索或者是在线交易呢？品牌推广是适合途牛网、携程网等大企业的策略，对中小旅行社而言，应该去挖掘最精准的关键词直接投放广告，获得销售线索，进而获得在线交易。

越来越多的人都明白这样的一个搜索技巧：当你使用的关键词信息越丰富，你得到想要的结果的可能性越高。反过来，对于旅行社而言，越是信息丰富的关键词，越容易判断潜在顾客的搜索动机。

目前很多中小旅行社在"深圳旅行社""香港旅游"等核心关键词上争得头破血流，却很少利用长尾关键词做竞价排名，这是为什么呢？这个问题一直让我百思不得其解，直到有一天一位朋友向我请教百度的分词技术时，我才恍然大悟。很多朋友并不了解搜索引擎对关键词的定义。有人以为只要用百度短语匹配方式投了"香港旅游"这个关键词，那么"到香港旅游""去香港旅游""从深圳到香港旅游""从深圳到香港旅游报价"等关键词就会自动覆盖。其实无论是哪个搜索引擎，这些词都是独立的关键词，要投放广告，就得一一投放，并非包含关系。我到现在还记得朋友惊讶的表情："照这样说，关键词岂不是没完没了，搜索引擎得找我们收多少钱啊？"

关键词是需要组合的。

有很多同行的朋友问我：目前百度投放只精确到广东省，如果我的潜在顾客只在深圳市，如果投放"清远旅游"这个关键词，会有珠三角其他城市的潜在顾客找到我的网页，从而浪费了大量的广告费，那我怎么办呢？

这个问题是可以解决的。对谷歌而言，提供了一种在指定城市区域投放的模式，也就是在你所在城市划定一个区域，比如离某个地标直径 30 公里的圆内，是你的投放范围，那么在这个区域内的 IP 访问时就可以看到你投放的广告。不过界定一个 IP 是不是属于某个区域，在技术上还存在很大误差。

对于百度等其他搜索引擎，投放最小地区的单位是省一级，这样对本地同城运营的服务行业似乎是个难题。其实只要稍加思考，用组合关键词就可以轻松解决。以清远旅游为例，我用"清远旅游"为原始关键词在百度搜索，然后在搜索页面底部出现的百度推荐的"相关搜索"关键词中不断搜索、挖掘下去，大致得到这些关键词：

深圳到清远旅游

深圳到清远

深圳清远

深圳清远漂流
深圳到清远漂流
深圳到清远二日游
深圳清远两日游
深圳到清远一日游
深圳去清远
……

现在大家可能更明白组合关键词的作用了吧？只有在深圳的人才会加上地名去搜索，只有在深圳的人才会搜索"深圳清远旅游"。假如你的旅行社在深圳，不妨考虑这样的地理组合关键词："深圳清远旅游""深圳到清远旅游哪家好"等，这不就相当于限制了你的投放区域了吗？

顺着这种思维，其实你还可以找到更多的关键词组合方式。我很愿意分析这样的关键词组合："目的地+报价、价格、费用、询价、多少钱、要花多少钱、要带多少钱、特价"等，因为这种关键词搜索者是有购买意向的顾客的可能性更大。

（资料来源：世界经理人. http://blog.ceconlinebbs.com/BLOG_ARTICLE_73620.HTM.）

本 章 小 结

本章介绍了搜索引擎的历史和现状、搜索用户行为分析、搜索引擎营销、关键词营销、搜索引擎优化等内容。首先，回顾了搜索引擎历史，介绍了谷歌已经成为搜索引擎领域绝对领先者，形成谷歌推出新产品，其他搜索引擎跟随的总体态势。在搜索引擎的功能和收费模式方面，按点击率收费和按实际看到率收费是最受企业青睐的付费模式。在"搜索用户的行为分析"一节，重点介绍了用户对搜索结果列表的浏览和点击差别性形成的金三角，在金三角中的搜索结果都有比较高的目光关注度。在"搜索引擎营销的特点"一节中，介绍了搜索引擎营销的受众广泛且针对性强、方便快捷、投资回报率高、可控性强等特点。在"关键词营销策略"一节中，分析了选择关键词的原则，以及如何对关键词竞争程度进行判断。最后一节是"搜索引擎优化"，介绍了影响网站排名的社会化、反向链接、页面技术、页面内容等因素指标，然后分别介绍了网站结构优化、页面优化和外部链接建设，以及搜索引擎优化监测和策略修改。

思 考 题

1. 为什么谷歌能成为搜索引擎行业的领导者？
2. 搜索引擎功能、链接方式和收费模式之间是什么关系？
3. 用户搜索"金三角"对搜索广告的关注有哪些影响？
4. 搜索引擎技术是如何决定其营销特点的？
5. 进行关键词营销时，选择关键词的原则和方法有哪些？
6. 搜索引擎优化与关键词营销有何异同点？

7．进行网站结构优化应该注意哪些内容？

实 践 活 动

1．登录百度，选择"站长与开发者服务"中的百度指数，分别输入两个热销的商品或者知名的演员，比较二者在百度指数中各个分类的差别，并分析产生差别的原因。

2．登录百度，在"站长与开发者服务"中选择"百度推广"（http://e.baidu.com/），先了解产品服务、成功案例、表现形式、推广费用等信息。然后注册和登录百度推广，根据百度推广的后台操作手册，熟悉百度推广的后台操作。

3．以自己喜欢的几个产品作为关键词，分别查看百度搜索结果首页，总结和讨论搜索结果首页的结构是什么样的。

4．将熟悉的产品作为关键词，分别在 PC 网络的百度搜索框中和手机百度 APP 中搜索，将两种结果进行对比，看看有什么异同点，并讨论产生这种差异的原因。

5．假设你要创办一个旅游服务网站，需要选择哪些相关关键词？通过大家讨论和调研，按照关键词选择的原则和竞争程度判断的方法进行选择。

6．在网上搜索搜索引擎营销的成功案例，结合案例分析搜索引擎营销的特点。

7．以当当网站为例，分析如何进行网站结构优化和页面优化。

第 8 章

网络营销工具与方法——社交网络

> **学习目标**
>
> 　　了解社交网络网站、微信、微博的历史和现状。掌握社交网络相关理论,三种社交网络类型的特点和用户使用行为差异。熟练掌握三种类型社交网络的使用技巧、营销策略和盈利模式。

8.1　社交网络介绍

　　社交网络(social network service,SNS)是指以"互动交友"为基础,基于用户之间共同的兴趣、爱好、活动等,在网络平台上构建的一种社会关系网络服务。社交网络是互联网上各个群体与不同地理位置的人之间的互动。其核心是通过博客、网站反馈、评论、留言板、RSS 和其他工具,把互联网变成一个大型的、昼夜不停交流的平台,在这个平台上,时刻有人就各种主题进行交流。所有的社交网络的工具都可以被归入"社交媒体",并可以在整个万维网中找到。社交网络属于目前社会化媒体中较为主流的一种形式,包括社交网站(social network site)、微博、即时通信工具等。

8.1.1　社交网络相关理论

1. 六度分隔理论

　　六度分隔理论(six degrees of separation)也被称为小世界理论,是假设世界上所有互不相识的人,只需要很少中间人就能够建立起联系的理论。20 世纪 60 年代,美国哈佛大学心理学教授斯坦利·米尔格兰姆设计了一个连锁信件实验。米尔格兰姆把信随机发送给住在美国各城市的一部分居民,信中写有一个波士顿股票经纪人的名字,并要求每名收信人把这封信寄给自己认为是比较接近这名股票经纪人的朋友。这位朋友收到信后,再把信寄给他认为更接近这名股票经纪人的朋友。最终,大部分信件都寄到了这名股票经纪人手中,每封信平均经手 6.2 次。

　　这种现象,并不是说任何人与人之间的联系都必须通过 6 个层次才会产生联系,而是表达了这样一个重要的概念:任何两位素不相识的人之间,通过一定的联系方式,总能够产生必然联系或关系。显然,随着联系方式和联系能力的不同,实现个人期望的机遇将产生明显的区别。

近几年，人们越来越关注社会网络，很多网络软件也开始支持人们建立更加互信和紧密的社会关联，这些软件被统称为社会性网络软件（social network software）。社会性网络软件的核心思想是一种聚合产生的效应。人、社会、商业都有无数种排列组合的方式，如果没有信息手段聚合在一起，就很容易损耗掉。虚拟的网络空间让人们之间的联系更加便捷，打破人与人之间的分隔更容易。熟人之间通过"六度分隔"产生的聚合，将形成一个可信任的网络，这其中的商业潜能是无可估量的。

2. 强关系和弱关系理论

根据美国社会学家马克·格兰诺维特（Mark Granovetter）提出的人际关系理论，人际关系网络可以分为强关系网络和弱关系网络两种。强关系是指个人的社会网络同质性较强，即交往的人群从事的工作、掌握的信息都是趋同的，并且人与人的关系紧密，有很强的情感因素维系着人际关系。反之，弱关系的特点是个人的社会网络异质性较强，即交往对象可能来自各行各业，因此可以获得的信息也是多方面的，并且人与人关系并不紧密，也没有太多的感情维系。格兰诺维特认为，关系的强弱决定了个人获得信息的性质以及个人达到其行动目的的可能性。

格兰诺维特认为"弱关系的力量"在于弱关系促成了不同群之间的信息流动。弱关系传播了人们原本不太可能看到的信息。由一个人的弱关系分享的信息不太可能被局限于小范围内。因此，看到一个弱关系分享的内容，会导致一个人分享该信息的可能性增加近 10 倍。相比而言，由强关系分享的内容则只会增加 6 倍。简而言之，弱关系最有可能向好友提供一些他们原本难以获取的信息。

中国社会显然是一个强关系社会，而美国社会则显然是一个弱关系社会。所以你会发现，在中国办事靠的是你有足够强的"关系"，而在美国想要成功，你要掌握足够多的"信息"。而 SNS 作为社交的网络化形态，同样具有类似的形态。用通俗的话来说，就是这个平台上的人，你认识多少，深度交流的情况如何，如我会说腾讯、人人网，更多的属于强关系，而新浪微博则是典型的弱关系。

3. 意见领袖与多级传播理论

意见领袖是指在人际传播网络中经常为他人提供信息，同时对他人施加影响的"活跃分子"，他们在大众传播效果的形成过程中起着重要的中介或过滤的作用，由他们将信息扩散给受众，形成信息传递的多级传播。意见领袖是多级传播中的重要角色，是人群中首先或较多接触大众传媒信息，并将经过自己再加工的信息传播给其他人的人，具有影响他人态度的能力。他们介入大众传播，加快了传播速度并扩大了影响。

意见领袖由拉扎斯菲尔德（Paul Lazarsfeld）提出。拉扎斯菲尔德等在 1940 年美国总统大选期间，围绕大众传播的竞选宣传，对选民进行调查，以证实大众传播媒介在影响选民投票方面将具有非常强大的力量，但调查研究的结果却让研究人员非常意外。大多数选民获取信息并接受影响的主要来源并不是大众传播媒介，而是一部分其他的选民。这一部分选民与媒介关系密切，频繁地接触报刊、广播、广告等媒体，对有关事态了如指掌。于是那些经常与他们交往的大多数选民便从他们那里间接地获得了竞选的所有重要信息，并且听取他们对许多竞选问题的解释。这一部分选民就被拉扎斯菲尔德等称为"意见领袖"（也译为舆论领袖）。拉扎斯菲尔德据此认为在传播过程中存在两级传播，就是说大众传播并不是直接流向一般受众，而是要经过意见领袖这个中间环节，再由他们转达给相对被动的一般大众，其模式如下：大众传播——意见领袖——一般受众。

后来，拉扎斯菲尔德等又对购物、流行、时事等领域进行了多次调查，同样证实了意见领袖在这些领域的存在。意见领袖作为媒介信息和影响的中继与过滤环节，对大众传播效果产生了重要的影响。事实上，这种传播方式不仅只是在两个层次间进行，而且常常是"多级传播"，一传十，十传百，由此形成信息的扩散。生活中由于种种原因，许多受众并不经常接触媒介上的信息，其信息来源往往是那些意见领袖。有的信息即使直接传达到受众，但由于人的依赖、合群、协作心理促使他们在态度和行为上发生预期的改变，还须由意见领袖对信息作出解释、评价，在行为上作出导向。

8.1.2 社交网络的历史和现状

1. 社交网络的五个发展阶段

论坛时代：论坛是最早的社交网络形态，也是在 Web 2.0 的概念出现之前就已经存在的 Web 2.0 产品形态；论坛具有较高的互动性，但是论坛信息以内容为核心，本质上并非真正的社交网络。论坛今天仍然存在于网络世界，尽管已经不受瞩目，但还是许多有深度内容的发源地。

博客时代：博客以个人主页为核心，朋友或者陌生人之间都可以自由地或者在一定的权限之下进行相互访问，并评价留言等。从博客开始，互联网社交进入以人为核心的时代。

社交网站时代：社交网站是真正意义上的社交网络，整个网络以用户之间的社交关系为核心，针对特定用户来说，信息以 time line 的方式展现，内容也以个人的生活状态信息为重点。

微博时代：从微博开始，社交网络发展到快速信息时代，信息内容碎片化，数据量大，刷新速度快。微博不同于社交网站之处还在于微博的社交关系多属于弱关系，这种松散的社交关系决定了微博的媒体化特征明显。

多元化社交时代：当前互联网社交已经发展到多元化社交时代，各种社交形式共同推进，并且不断完善自身形态。新的社交形式也在不断出现，如各种兴趣社区，以及移动端的各种新型社交应用等。

2. 社交网络的发展现状

在社交应用中，整体网民覆盖率最高的是即时通信，其次为社交网站，最后为微博。即时通信（IM）在整体网民中的覆盖率达到了 89.3%，即时通信工具一直是网民重要的互联网应用之一，传统的聊天工具 QQ、阿里旺旺等是网民互联网交流沟通的重要工具，近年来伴随移动互联网的快速发展，针对移动设备而推出的移动即时通信工具（mobile instant messaging，MIM）也迅速普及，微信、易信、来往等工具纷纷出现。

2016年，互联网平台的社交功能稳步发展，直播等服务为综合社交应用带来用户和流量的增长，实现了平台的泛社交化。同时针对不同场景、不同垂直人群、不同信息承载方式的细分社交平台进一步丰富和发展。排名前三的典型社交应用均属于综合社交应用。微信朋友圈、QQ空间作为即时通信工具所衍生出来的社交服务，用户使用率分别为85.8%、67.8%。微博作为社交媒体，得益于名人明星、网红及媒体内容生态的建立与不断强化，以及在短视频和移动直播上的深入布局，用户使用率持续回升，达到37.1%。垂直类社交应用中，豆瓣作为兴趣社交应用的代表，用户使用率为8.1%（图8-1）。在手机端，2016年网民最常使用的APP排名中，微信（79.6%）和QQ（60.0%）在前两位。

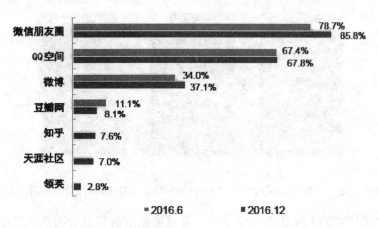

图8-1　2016.6—2016.12中国网民典型社交应用使用率
资料来源：中国互联网络信息中心（CNNIC）．中国互联网络发展状况统计报告（2017）．

即时通信、社交网站、微博这三类应用既有社交网络的基本属性，又有各自的特点，社交网站、即时通信偏于沟通、交流，微博则更偏向信息传播，人们习惯从中获取新闻资讯，三类应用互为补充。调查的结果显示，33.7%的网民同时使用社交网站、微博和即时通信工具这三类产品，用来满足他们各个层次的需求，用户的重合度高（图8-2）。

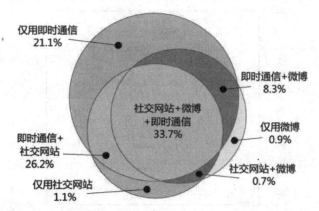

图8-2　社交类应用的用户重合度
资料来源：中国互联网络信息中心（CNNIC）：P020140822379356612744．

8.1.3 社交网络用户使用行为差异

社交网站、微博、微信虽然同属于社交网络应用，但满足的是用户不同方面的需要，用户在使用不同产品时，使用的功能也完全不一样。以 QQ 空间为代表的社交类网站，用户主要用它来上传照片、发布更新状态、发布日志/评论；以微信为代表的即时通信工具，用户主要用它来聊天或者是关注朋友圈，这两类应用主要是用来沟通、交流，维系当前的熟人关系；微博的使用主要是关注新闻热点话题和关注感兴趣的人，微博社交媒体的属性更为明显（图8-3）。

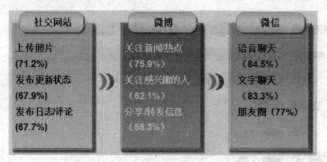

图 8-3 不同社交应用主要使用功能
资料来源：中国互联网络信息中心（CNNIC）：P020140822379356612744。

依据格兰诺维特的人际关系网络理论，可以依据掌握信息的同质性程度和双方情感关系的紧密程度两个维度，把社交应用中的各类联系人划分成强关系社交圈子和弱关系社交圈子。强关系社交圈子有：现实生活中的朋友、亲人/亲戚、老师/领导、同学、同事等，这些圈子个人关系较为紧密，或者接触的人群或掌握信息较为相似。弱关系的圈子有：陌生人、明星、网友（仅限于网上接触并未在现实生活中接触的朋友）等群体（图8-4）。

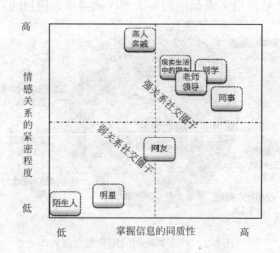

图 8-4 社交应用中各类联系人关系图
资料来源：中国互联网络信息中心（CNNIC）：P020140822379356612744。

社交关系弱，信息的传播呈现点对面的趋势，传播速度快，加上微博平台有效的监督机制，明星大V和垂直行业的V用户一起充分发挥"意见领袖"的作用，实现传播速度和质量的双重保证。社交关系较强，彼此之间有现实感情维系，信任度高、影响深，美中不足的是传播速度慢，在营销中可以带来再次消费与口碑效应。从社交关系的强弱来看，微信、社交网站的联系人更倾向于强关系，微博的联系人更倾向于弱关系。

微信、社交网站的强关系体现在：现实生活中的朋友、同学出现在联系人名单中的比例都在80%以上，亲人/亲戚出现的比例在75%以上，同事出现的比例在70%左右，老师/领导出现的比例在50%~60%。微博的弱关系体现在：现实生活中的朋友、同学、亲人/亲戚、同事、老师/领导等强关系联系人出现比例低于微信和社交网站，而明星这种极弱关系联系人出现的比例较高。

8.1.4 社交网络对相关产业的影响

1. 社交网络与新闻资讯

社交网络普及后，网民网上收看新闻资讯的渠道从单一的新闻资讯类媒体转变成以新闻资讯类网站为主体，微博、社交网站并存的格局。调查数据显示，当用户网上浏览新闻资讯时，除了新闻资讯类网站以及新闻顾客端外，21%的网民会通过微博关注新闻，13.9%的网民会通过社交网站关注时下发生的热点问题。

网民之所以使用社交网络收看新闻资讯，是因为社交网络能从多方面满足网民接触新闻的需求。首先，62.0%的网民表示"喜欢看大家都关注的热点新闻"，社交网络的属性决定了进入关系圈内进行分享的话题多是圈内热点或共同关注、感兴趣的热点。如微博搜索热点、社交网站热点话题推荐等，网民通过这些渠道能更快地接触到正在发生的热点事件。其次，45.2%的网民喜欢看短新闻，微博能很好地满足网民此类需求。最后，还有41.9%的网民喜欢看别人转发的新闻，20.9%的人喜欢看到新闻后转发到社交网络上面，20.1%的网民喜欢看新闻后作评论，而社交网络能很好地满足网民这些需求。

对于社交类网民来说，关注热门事件或话题时，首选的社交平台是新浪微博，提及率为17%，其次是论坛/贴吧，提及率为6.3%，与新浪微博之间拉开较大差距，最后是人人网和豆瓣网，用户从这两个渠道关注热门事件或话题的比例较小。

2. 社交网络与网络购物

社交网络的基础在于人与人之间的关系和交互，这样的关系可能是亲戚、朋友、同事、同学等亲近关系，也可能是兴趣爱好相同或经历类似的感情共鸣关系，还可能是有信任感的意见领袖。电商企业通过这些关系中的部分人推荐或分享传播购物信息，将带动整个社交圈子里的人对企业和产品的认知与信任，最终转化为销售。

调查数据显示当前网民分享购物信息的比例较低，导致通过购物分享传递购物信息的力度不大。在有过网上购物经历的网民人群中，仅有3.5%的网络购物网民常常分享购物信息，19.8%的人偶尔分享购物信息，二者之和仅占23.3%，高达76.7%的网络购物网民从不分享购物信息。与2013年同期相比，愿意分享购物信息的网民占比上升了3.7个百分点，在商家的推动下，在部分意见领袖及关系亲近者的参与下，越来越多的网民认可并分享购物信息。

当前网民购买别人推荐的产品的意愿不高。仅有 35.8%的网络购物网民表示会购买别人推荐的产品，64.2%的人表示不会购买。愿意购买的比例与 2013 年同期相比提升了 7.6 个百分点，经过不断的实践和市场教育，越来越多的网民已经逐步认可分享在社交应用上的购物信息并对这些信息产生了信任。

3. 社交网络与网络视频

网络视频是流媒体的代表性产品，随着我国基础宽带的建设、智能手机的普及和移动网络的升级，网络视频的传播渠道已经发生了深刻的改变。不少企业将社交应用作为推广网络视频的重要渠道，以争取更大范围的覆盖、更精准地到达目标受众。用户的分享是网络视频通过社交应用推广的重要前提。调查数据显示，网络视频用户中，有 35.8%的人分享或转发过网络视频，其中 6.1%的人常常分享网络视频，29.7%的人偶尔分享，分享过网络视频的用户比例高于分享过购物信息的用户比例。同时，65.8%的网络视频用户会在微博或社交网站里收看别人推荐的视频。

最后，愿意在微博或社交网站里点击进入视频网站收看视频的比例也较高，达到了 55.1%。由于网民在微博与社交网站里分享和收看视频的积极性较高，网络视频企业可通过视频推荐、确认核心人物转发等多种方式促进用户在社交网站里收看视频，从而增加视频的覆盖率、点击率，提升网络视频网站的流量。

8.1.5 社交网络应用的商业化

1. 网民对商业产品的参与程度

从网民对商业产品的参与程度来看，社交网站、微博、微信这三类产品的商业化模式呈不同特征，社交网站的商业化主打站内购物和付费游戏，微博的商业化产品最丰富，目前用户参与较多的是周边信息搜索和站内广告，微信用户的商业化产品参与偏重于公众号的订阅和扫一扫购买商品（图 8-5）。

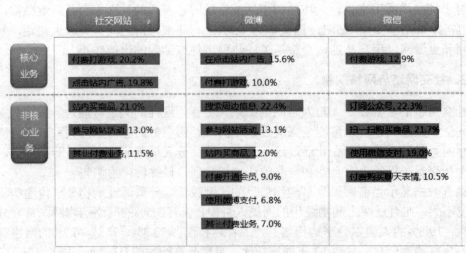

图 8-5　各社交应用网民对商业活动的参与程度

资料来源：中国互联网络信息中心（CNNIC）：P020140822379356612744.

2. 社交网络商业化对网民使用体验的影响

社交网络商业化行为，尤其是发布广告等内容，势必会影响用户体验，如何在盈利和用户体验方面做好平衡，是社交网络商业化过程中尤其要注意的问题。就当前商业化举措对网民体验的影响方面，64.5%的微博用户认为微博的商业化活动对使用体验没有影响，社交网站的这一比例为56.7%，相对而言，微博商业化对用户的体验影响较小。

8.2 社交网站

社交网站指基于用户的真实社交关系，为用户提供一个沟通、交流平台的网站，如Facebook。社交网站一般鼓励用户尽可能地提供真实信息，这有助于用户个人表达及与其他人互动。在中国，这类网站主要包括QQ空间、朋友网、人人网、开心网、豆瓣网、微视、啪啪等。

8.2.1 社交网站的历史、类型和特点

1. 社交网站的历史

论坛（bulletin board system，BBS）作为第一代社交网络，网络社区的开放性和虚拟性得到了充分体现，这不仅表现在互联网的超越时空界限上，还表现在社区成员"见面不相识"的网上虚拟交际中，所以第一代网络社区通常被称作"虚拟社区"。然而，第一代网络社区虚拟性的交际方式一方面给人们带来了巨大的新鲜感和前所未有的自由；另一方面也因其过分注重商业化而略显冷漠，同时，成员的虚拟身份使得虚拟社区存在言论规制难、不真实等方面的问题。因此，强调实现"真正的人与人对话"、以人和社区为中心的第二代社交网络逐渐兴起，新型的社交网站（SNS）便是其中的典型代表。

1）SNS网站的第一次浪潮

成立于2003年3月的美国SNS网站Friendster被视为全球社交网站的鼻祖。2003年，SNS网站从美国兴起，短短5个月就风靡整个北美地区。借鉴Friendster模式，我国SNS网站随后出现。2003年8月，海归精英刘健和饶磊创立了中文SNS网站"友友觅"UUme，是核心服务为"通过朋友认识朋友"的第二代在线约会交友。2004年1月，马云和其搭档刘勇推出了面向全球华人的社交娱乐网站"亿友"YeeYoo，并将自身定位为基于社会化网络的交友服务提供商。随后不到一年的时间内，国内涌现出了十几家类似的社交型网站。

然而，Friendster出现不久便遇到了发展"瓶颈"，2004年，注册人数超过了服务器负载的规模，致使网站运行缓慢甚至无法登录，这使得用户极为不满，由此导致Friendster在美国的用户大幅流失。与此同时，SNS的寒流在国内也开始出现，由于当时我国SNS的概念和市场远未成熟，"友友觅"UUme和"亿友"YeeYoo面临严峻考验，随后两家网站逐渐转型，其他SNS网站也基本未能存活，国内第一次SNS浪潮就此终结。

2）SNS网站的第二次浪潮

Friendster面临的困境很快被后来者Myspace打破，成立于2003年9月的Myspace

是目前全球第二大社交网站，它为全球用户提供了一个集交友、个人信息分享、即时通信等多种功能于一体的互动平台。2005年7月，Myspace被新闻集团以5.8亿美元收购，随后发展成为广受欢迎的SNS网站。

Myspace在美国的成功掀起国内新一轮的SNS风暴，2005年前后，大大小小近百家"中国Myspace"开始涌现，比较知名的有碰碰网、51.com、猫扑等。但是，如同第一次浪潮中"中国的Friendster"们一样，2006年年底，"中国的Myspace"也几乎全面遭遇滑铁卢，51.com、猫扑等网站纷纷转型。

3）SNS网站的第三次浪潮

Myspace出现不久，其超越者Facebook便诞生了。Facebook创建于2004年2月，是目前全球第一的社交网站，其创办者马克·扎克伯格当时为哈佛大学的学生，最初Facebook网站的注册仅限于哈佛大学的学生，随后扩展到美国的大部分高校，在全球范围内有一个大学后缀电子邮箱的人（如.edu等）都可以注册。最终Facebook向全球所有网民开放，任何用户只要输入有效的电子邮件地址即可加入。2008年5月，Facebook首次超过Myspace，成为全球最大的SNS网站。2009年12月，Facebook的独立人次达到4.69亿，从而取代AOL成为世界第四大网站。

伴随Facebook的神话以及国内市场的成熟，我国SNS网站进入真正的成长期。这一时期我国的SNS网站大都借鉴Facebook而来，2005年12月，中国内地最早的校园SNS社区校内网成立，2009年8月，校内网正式更名为人人网。人人网目前在中国大学生市场中处于垄断地位。创办之初，人人网为了保证注册用户的在校大学生身份，对注册信息进行了相关的限制，如必须具有特定大学的IP地址或大学电子邮箱才可注册，同时还鼓励大学生用户实名注册，上传真实照片。之后，人人网的用户逐步向已经毕业的大学生过渡，越来越多的白领通过人人网去寻找老同学，建立新关系。

真正将SNS概念推广到中国主流网民群体中的网站是开心网（kaixin001.com），2008年2月，程炳皓成立北京开心人信息技术有限公司，创建开心网，将市场目标锁定为都市白领人群，并很快受到都市白领的热捧。

SNS网站能在国内推广开来，其最大的价值来源于SNS的真实性和实用性。SNS网站一般要求用户使用真实的姓名和头像，为了在网上找到现实中的朋友，用户往往会主动注册自己的真实信息，通过这种相对真实的信息，用户可以向朋友分享自己喜欢的东西，转发自己喜欢的帖子，或者通过其他用户提供的资源解决问题。同时，SNS还可以将用户现实中的人际关系资源完全挖掘出来，从而在网上轻松地认识"朋友的朋友"，扩展人脉。

然而，无论是校内网、开心网，还是近几年出现的"Facebook模式"网站如若邻、海内等，它们在功能设置、服务模式、应用等方面十分相近，这导致SNS市场同质化现象非常严重，创新严重不足。在这种环境下，用户对SNS的应用也只能停留在较浅的层面，在过了新鲜期后，会出现用户的流失现象。

当然，无论SNS网站面临何种困境，其作为第二代网络社区的代表，与第一代网络社区相比，在网民的自主性和真实性上迈出了至关重要的一步。首先，相对于第一代网络社区中通过内容展示用户的方式，第二代网络社区更侧重于以用户为中心，以用户的意识及行为作为关注的焦点，并满足用户的多样化需求，用户的自主性因此大大增强。其次，在第二代网络社区中基本实现了实名注册，这大大强化了真实的社会联系，增强了网络社区的信任度。可以说，第二代网络社区是以现实社会关系为基础，模拟或重建现实社会的人际关系网络，并将其数字化，是网络社区人际交往模式的一次革命。这种网上社区与网下关系相结合的社区一体化趋势将成为未来网络社区的发展方向之一，也有利于网络社区完成真正的价值实现。

2．社交网站的类型

现实生活中，具有类似的兴趣、人口统计特征或生活方式的人形成社区，社交网站也是如此。社交网站分为三类：一般社交网站、利基社交网站和社交书签网站。

1）一般社交网站

一般社交网站（generalist social networking site）的内容适合每一个人，其吸引的受众不分年龄、种族、性别或兴趣，试图建立最广泛的社区。如Facebook，这些网站大多用于与朋友群保持联系，结识新朋友，展示艺术创作和其他娱乐活动。因此，在这些网站上年轻人占最大的比例。

一般社交网站的好处是，这些网站的开发人员不必生成大量内容，只要集中精力开发交互式通信应用程序。他们依靠自己的用户通过博客、留言和公告栏、文件（如视频、图片、艺术作品和音乐）上传、文件的评论以及在线小组讨论来创建内容。鼓励用户创建许多有趣的内容，这些内容将吸引更多的人登录网站。如果内容有足够的吸引力，这些新的访问者也会邀请他们的朋友和家人登录网站，网站就会获得成功。

一般社交网站将其独特的网页或文件提供给用户，使他们能通过添加自己的图片、标题和个人信息（年龄、性别、州和城市、学校等）来定制这些网页或文件。一些网站允许用户通过改变网页设计以及添加背景颜色、壁纸、自定义按钮和加亮区来使他们的文件个性化。用户能上传照片、艺术作品或喜爱的歌曲和视频，张贴性格和智力测验的结果，以及建立个人博客，用户可以上网寻找想要与他们的个人网站建立链接的人，或者邀请不是网站会员的人加入他们的社交网，由此来建立他们的个人社交网。一旦他们建立起一个网络，网站用户就可能使用他们的文件，通过私人邮件或公告栏与网络内的人交流。用户也能访问其他人的文件，在用户发布的帖子上留言。

在一般社交网站上创建个人资料的人们，非常热衷于与社交网上的其他人进行公开的交流。这导致产生了大量的内容，而且越来越多的在线用户为此花费时间。因此，在成功的网站上不仅用户的数量和每个用户的访问量增长，而且用户在网站上停留的时间相对延长，这些都是网上广告顾客关注的关键测量因素。

传统行业中一个行业有多个竞争对手，甚至上百家。一般社交网站几乎不能容忍太多竞争对手，因为成功依赖于经常访问的庞大人群，而且对这些人而言，一天当中只能用于维护他们网络上的个人信息的时间是有限的，一般社交网站是一种"孤注一掷"的行业。

因为一般社交网站吸引大量年轻的成年人受众，以这些人为目标市场的广告商会被这一类型的网站所吸引，并把它们作为其品牌成长的载体。一般重度社交网络用户（在社交网站上花费时间很多的约20%的群体）比所有的互联网用户更有可能访问在线零售商店。调查显示，约80%的互联网用户访问在线商店，95%的重度社交网站用户访问在线商店，休闲导向的零售网站，如那些销售音乐、图书、电影、活动门票、时装和科技产品的网站，在活跃的社交网站中排名最高。

通常营销人员通过在线横幅广告和展示广告，以及赞助网络活动等来接触社交网络受众。因为一般社区网络可以吸引非常广泛的人群，所以广告商利用网站特殊工具的优势，来划分受众并向最合适的用户，即最有可能对其产品感兴趣或购买的用户展示他们的广告。

2）利基市场社交网站

利基市场社交网站（niche market social networking sites）是基于某种特定的主题或兴趣，或者针对某个特定群体的社交网站。这些网站致力于建立一个基于共同兴趣或需求的用户社区，而不是仅仅扩大用户群的规模。由于这些社区的成员是一群特定的用户，因此会比一般的社交网站的规模要小，但是对于那些有特定目标顾客的营销人员来说却是十分有价值的。每个利基网站针对的是不同的顾客和主题，因此它们提供给社区的方法和应用程序也各不相同。利基网站大致可以分为以下五大类。

（1）兴趣与爱好类。对于人们的每种爱好基本上都有相应的社交网站。每个网站的内容都与主题相关，提供的社交媒体应用程序也都用于开发这些主题。这些网站的用户都十分热衷于分享他们的兴趣爱好，因此，与志同道合的人建立网上联系的渴望会促使他们注册，并成为社区的活跃分子。SkiSpace.com社交网站由滑雪世界冠军博德·米勒（Bode Miller）创建，该网站将世界各地不同水平的滑雪爱好者聚在一起，分享故事，传授技巧，发表图片和视频，点评场地，并上传最近滑雪项目的博客。网站上还有论坛，大家可以开展各种讨论，探讨的话题从某个雪山的情况到最好用的器械。用户还可以为网站提供的滑雪活动制订出行计划。

（2）商业类。商业网站可以让职场人士通过网络扩展业务。建议和推荐在商业活动中有很高价值，特别是在寻找新的顾客、供应商和员工时。在线商业网站提供了更有效地扩大人际交网的手段。用户可以在个人资料中更新网上简历或在某个商业领域社区中获得相关信息。

（3）征友类。大多数征友网站与其他社交网站最大的区别就是前者是个人"密友"网站。由于约会是一对一的活动，而且注册的目标是最终与一个人约会，然后从网站上删除账号，因此想建立一个大的朋友互动社区就不适合采用这种模式。但是征友网站可以建立私人的朋友列表，找到他们想要联系的用户资料，也可以加入聊天室、发布征友公告、给其他用户发邮件或即时信息。

（4）购物类。购物类社交网站的数量一直在上升，与消费者的产品评论和电子商务的增长齐头并进。在这些网站上，用户为自己创建个人信息文件，发布关于他们购买的产品信息，写产品推荐，以及邀请朋友加入他们的网络。论坛的主题涉及设计、时尚乃至最好的销售地点。在社交方面，网站允许人们讨论各种产品，并可以立即看到哪个产品最受欢迎、讨论得最多。

这些网站上的广告商通常是零售商和消费品营销人员，他们力图接触一个社区的人，这些人看重购物，并总是寻找最好的产品和交易。展示广告是接触用户的一个主要的工具，也是各个部门展示特定产品的特色、促进销量的有力工具。

（5）家庭与生活类。这些小型社交网站帮助人们与家人保持联系，或者建立一个拥有共同生活方式的社区。Famzam.com 网站把家人聚在一起，并使远方的亲戚能够了解彼此的生活。与其他社交网站一样，这些网站可以分享照片和视频，并发表博客。此外，家庭网站还会建立共享日历，在生日、纪念日以及聚会、婚礼、毕业等特殊日子里，相关的亲人就会被置顶。其他的应用程序包括食谱分享和展示用户网站中成员之间关系的家谱。

3）社交书签网站

社交书签网站允许用户存储、组织和分享他们发现的有趣的想要返回的网页的书签。除了书签是由公众保存之外，这些书签扮演的角色与最受欢迎的浏览器的书签功能是一样的。使用社交书签的用户可以向整个社区或者仅向其私人网络开放其喜爱的网页列表。基于社交的书签与浏览器的书签的另一个不同是，浏览器书签被放在文件夹中，而大多数社交书签网站鼓励用户保存带有标记（tag）的书签，以便其他用户可以轻松地通过搜索引擎找到它们。

用户之所以聚集到社交书签网站，是因为这些网站使用户有机会看到与其他读者相关的信息，也能分享他们觉得重要的信息，如 Digg.com。社交书签网站也开始使用其他的社交网络应用程序，如用户个人信息文件、RSS 源以及对每篇新发布的相关文章提出意见和投票的功能。国内书签网站有 365key（http://www.365key.com/）。

营销人员使用这些网站发布展示广告来接触广大的、处于信息饥渴状态的、活跃的受众。然而，这些网站也可以把公司的错误放在聚光灯下，甚至能通过社交书签使关于品牌的小的负面新闻产生更大的影响。

3．社交网站的特点

（1）聚合性。SNS 用户基数宏大，自然聚合。SNS 网站海量用户散布极其普遍，囊括各个地区及各个行业，这些海量的用户中，他们又依照必定的规矩聚合在一起，形成多种群体，这些群体即为营销不可或缺的精准群体。

（2）真实性。由于 SNS 网站采取实名制，为生疏冰凉的网络人际关系增加了更多信任，同时主动过滤掉了大批的虚伪信息，自然拉近了网络用户之间的关系。真实的人脉关系，体现了社区真实世界的回归，这为网络营销提供了很大的方便，解决了起码的信赖问题。

（3）粘黏性。牢固的现实交际圈和 SNS 网站社交圈能够将绝大多数的用户牢牢留在 SNS 网站上，并且坚持着黏性的沟通往来，这种用户之间的黏性远高于其他非社会性网站，且会大大提高网络营销的效力。

（4）互动交流频繁。社交网络上的用户彼此之间交互作用明显。用户与社交网站（媒体）之间的界限模糊，用户与媒体、用户与用户之间可以实现自由的互动。

（5）关系重于内容。社交网站上更重要的是关系而不是内容。社交网站或者是现实社会的人际关系的影像，或是因为共同的话题聚集在网站上。一个网站的用户也很容易因为有共同的爱好，在网站内形成更小的圈子深度交流。交流的内容由用户产生，而不是像门户网站那样由内容网站自身生产，大众接受。社交网站提供各种工具和手段方便用户共享内容。

8.2.2 社交网站的使用行为

1. 社交网站渗透率

根据 CNNIC 的数据，社交网站整体用户覆盖率为 61.7%，这主要得益于 QQ 空间的高覆盖，遥遥领先于其他社交网站；其次为人人网，使用过的用户比例为 16.4%；朋友网、开心网、豆瓣网覆盖率分别位列第三、四、五位（图 8-6）。

	渗透率/%	经常访问率/%
社交网站整体	61.7	
QQ空间	57.3	54.0
人人网	16.4	2.7
朋友网	14.8	1.1
开心网	10.2	0.9
豆瓣网	9.3	1.5
51.com	8.5	0.6
微视	8.3	0.4
啪啪	6.1	0.2

图 8-6　社交网站渗透率
资料来源：中国互联网络信息中心（CNNIC）：P020140822379356612744.

2. 主要功能

社交网站有两个主要功能：一方面是认识更多的人，另一方面就是维系当前的熟人关系。调查结果显示，用户在社交网站上使用较多的功能依次为上传照片、发布/更新状态、发布日志/日记/评论、分享/转发信息、看视频/听音乐，这些内容的使用比例都在 60% 以上，这些都是社交网站的基本功能，各个功能之间的使用率无明显差异（图 8-7）。

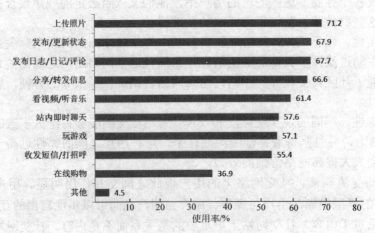

图 8-7　网民使用社交网站功能
资料来源：中国互联网络信息中心（CNNIC）：P020140822379356612744.

3. 站内联系人

社交网站联系人中，同学、现实生活中的朋友占比最高，在 88%左右；其次是亲人或亲戚，关注比例为 75.6%，同事的关注比例为 68.4%，排在第四位。本次调查的几大社交网站，都是基于熟人关系链的在线交互，因此在社交网站的联系人中，以同学、同事、亲朋好友为主。

4. 使用频次和设备

从用户对社交网站的使用频率来看，57.9%的用户每天都会使用社交网站，另外有 20%以上的用户每周都会访问 2 次以上，用户黏性较强。手机成为人们访问社交网站的主要设备，90.1%的用户会用手机访问社交网站。社交网站平台供应商们应加强在移动端的布局，产品设计要符合移动端的特征，让用户有更好的使用体验，以增强用户黏性。

8.2.3 社交网站的营销策略

1. 社交网站营销的影响

1）直接点击流量

很多热门的社交网站服务的用户数量巨大，某个网站如果被推荐到首页可以带来巨量直接流量。前面提到的网站 Digg.com 就是一个热门的社交网站之一，被挖掘到首页的新闻或是博客帖子能给原出处网站在一天内带来数万点击流量。一些小网站没有做好准备，当自己的博客帖子被挖掘到首页后，网站服务器很快就会瘫痪。

2）品牌和知名度

社交网站用户众多而且用户之间分享、互动频繁，使得品牌信息极容易被迅速传播，尤其是当品牌信息与社会焦点或危机事件相关联时。被推荐到首页的文章或是帖子中出现公司的名称、品牌或是 LOGO 能被数十万甚至更多用户看到，并且继续向其他用户扩散。这种品牌传播效力，不亚于大部分传统媒体。很多在社交网络爆发的新闻，能使默默无闻的公司一夜成名。

3）名誉和危机公关管理

社交网站容易帮助建立品牌知名度，也容易爆发负面新闻。用户互动性强，传播速度快，一旦有吸引眼球的、有新闻价值的负面信息，往往在企业意识到之前就已经无法控制地流传、爆发。在自己的网站发布正面消息无法达到这种效果，因为通常搜索引擎只会把一个网站的一个页面列在前面。但社交网站数目众多，而且大多具有很高的权重，在这些网站上提交的新闻、博客内容，既有可能是负面新闻，也有可能是正面新闻。有时候在前 10 个搜索结果中哪怕只有一个是负面新闻，也会产生很大影响。营销人员需要监控主要社会化网站，并且有能力鉴别哪些信息有可能爆发，怎样在爆发之前迅速反应处理。

但这并不是解决问题的根本，营销人员应该多下功夫把正面信息排到搜索结果的前面，把负面信息推到后面。社会化网络提交内容后，给这些正面信息网页建立几个链接，很可能就会把正面信息页面推到前面。搜索引擎把某个社交化网络负面消息排到前面，说明这个社会化网站权重已经够高，你需要把正面信息页面权重提高一点点，超过负面信息就可以了。

4）链接建设

目前社交网站的主要用户是 IT 及互联网应用水平比较高的群体，这批用户自己拥有博客和网站的比例，要大大高于所有网民的平均比例。在社交网站上流行的文章也因此更容易被这些用户转载到自己的博客和网站上。文章中的版权信息和内容中的自然链接，都变成了外链建设的不错方式。

2. 社交网站的营销

（1）社交网站帮助广告商增加其网站流量的方法很简单，如 Facebook 需要经过以下四个步骤（与百度推广类似）。

第一步：Facebook 要求广告顾客指定希望其广告链接的网络地址。

第二步：通过人口测量（如网站用户的人口统计学特征）缩小广告所要到达的人群范围。

第三步：广告顾客为其广告撰写标题和正文的副本，是否有图片等。

第四步：营销人员确定每日预算，更高的竞标价格获得更好的曝光效果。

这样 Facebook 能让营销人员控制其广告传播的对象（细分人群将看到他们的广告），并有效控制他们的广告经费（他们想要为每次点击花多少钱）。

（2）有效利用社交网站需要经过下面几个步骤。

① 网站调查，熟悉情况。营销之前必须先了解社区基本情况，哪些话题受欢迎，哪些话题会被用户讨厌。很多社交网站不仅有挖掘或推荐文章的功能，还有"踩"的功能。受欢迎的内容会被迅速挖掘到首页，一些广告意味明显的内容也会被迅速踩下去，而且可能被其他用户拉入黑名单。

营销人员应先了解每个社交网站的用户喜欢什么，社区文化和风气什么样，投其所好才能有效果。如 Digg 网站虽然不排斥任何内容，但是用户传统上还是偏重于 IT 行业，尤其推崇跟 Google 等有关系的、比较新潮、比较酷的内容。

② 账号建立和培养。首先选择一个独特易记的用户名，上传容易被辨别的照片。在不同的社交网站最好使用相同的照片和用户名，而且两者尽量保持一致，这样比较容易建立品牌知名度。不断加好友，对好友所推荐的文章内容也帮助推荐一下，可能的情况下，参加讨论和投票。培养账号需要持续一段时间，在社交网站上混个脸熟，让大家知道你的存在，并对你有好感，你以后提交含有一些营销信息的内容，才不至于不假思索地就把你踩下去。在培养一个强有力的账号前，最好不要提交自己的网站内容，可以适时地回应好友分享的内容，提交一些其他网站的内容。

转帖是目前社交网站最火的应用之一，由于其是通过网友转发的形式传播，能够像病毒一样快速蔓延，所以成为 SNS 网站中最有效的推广手段。做好转帖应注意以下两点：一个是内容素材，内容可以是文字、视频或图片等，关键是要吸引人，只有优质或有趣的内容才会更容易被转载，如热点新闻、热点事件等。另一个是增加投票或是观点，发布转帖时，可以为内容设置互动投票或互动观点。如果观点或投票比较有代表性，能够引起共鸣，那将大大增加帖子的传播率。

③ 提交和分享内容。只有在大家已经接受了你的账号后，才可以适当提交一些含有营销信息的内容。如自己博客的帖子，但是也不要太过明显和频繁。还是要和推荐其他网站内容相结合，同时与其他好友和用户的交流与互动不能停止。社交网站营销是一件很费时间的工作，但是个别高手能从中得到其他渠道无法达到的爆发性效果。

④ 成为和接近超级用户。大部分社交网站都有一个显著特点，那就是少数超级用户深度影响整个社群方向，控制着社群主体内容。这些超级用户也可以被称为社区意见领袖，他们是社区中真正有传染力的传播者。不过这些超级用户不是一朝一夕能够培养出来的，他们付出的时间和精力也都超过常人。网络营销人员也可以尽量吸引超级用户的注意，与他们成为好友，使你提交的内容被他们推荐，这样也常有不错的效果。

巧用领英（Linkedin）开发客户

领英（Linkedin）作为全球最大的职场社交平台，致力于向全球职场人士提供沟通平台，已经成为外贸业务员寻找客户的重要方法之一。分享几个利用领英寻找客户的重要方法，希望能够对大家有所帮助。

1. 利用公司主页找客户

（1）详细创建公司主页信息。在领英创建公司主页的时候会让你填写公司名称、带有公司域名的邮箱等。只要你在你的个人档案中把公司简介、网址、领英主页地址、你的职位以及职位概述等写清楚，你的联系人就能够看到你的公司，并且有可能去你的主页查看。同时，客户在搜索行业名、产品名或者城市等信息的时候，有可能搜查到你的主页。这算是比较精准的搜索，很有可能这就是你要找的客户。

（2）重视 follower。每个人的主页上面都有个 followers，如果他人浏览你的主页并对你的产品感兴趣就会点击 follow，点击 follow 的越多，客户在搜索行业名、产品名时你的主页出现的概率会越高。这样可以增加你的曝光率和点击率。所以你也可以多和他人互动，就和微博求点赞一样。领英主页是为了能让客户找到你，所以能做多好就做多好。

2. 主动搜索

（1）找准搜索关键信息。如搜索行业名、产品名、公司名称等，可以查看到公司的主页，从这些主页中找到客户公司的员工加为好友。

（2）利用关联性建立人脉网络。在主动寻找客户进行沟通开发时，可以通过和沟通人的良好关系基础获得其他公司成员的联系方式。主动出击寻找客户，往往会有意想不到的收获。

3. 完善个人档案信息

个人档案信息越详细越好，最好不要留白，每一个项都要写清楚。领英中档案也是分级别的，级别高的话，会有人主动地加你为好友，他们很可能就是你的目标客户。即使没有加你为好友，在访客名单中的人你可以主动去加，他们也有可能是你的客户。领英还有类似 QQ 的功能，如通过搜索加人、推荐你可能认识的人。

4. 加入领英 groups

发布广告应遵循适量原则，这个选项只有英文页面才会有，你可以给一些关键词然后搜索 groups，申请加入后可以为自己发布一些广告。

小贴士：在中国的群组一般不允许发布广告，发布广告的都会被踢出去，外国的群组也是大同小异。发广告不能太过分，不能不停地刷屏。有些客户会发布采购需求或者销售产品，如果看到与你们产品相关的信息你可以主动联系。这就是你的目标客户。

5. 主页编辑框发表产品信息

领英主页有一个类似 QQ 空间说说的板块，目前不支持发图，只能够发文字。可以将公司的产品信息发在上面，你的所有好友都能够看到。如果客户有兴趣自然会去联系你。领英在开发客户方面不需要花费较多时间，只要在创建初期把所有的信息都填写完整，客户看到你的信息自然会主动找上门来。特别是外贸淡季的时候，主动去领英上找找客户，也许会有意想不到的收获呢。

（资料来源：https://www.leadong.com/id24190.html.）

8.3 即时通信（微信）

即时通信类应用又被称作聊天软件、聊天工具、即时通信工具等，英文为 instant messaging，简称 IM，指能够通过有线或者无线设备登录互联网，实现用户间文字、语音或者视频等实时沟通方式的软件。IM 是由三个以色列青年在 1996 年开发出来的，取名叫 ICQ。1998 年当 ICQ 注册用户数达到 1 200 万时，被 AOL（American On-Line）看中，以 2.87 亿美元的天价买走。2008 年 ICQ 有 1 亿多用户，主要市场在美洲和欧洲，已成为世界上最大的即时通信系统。

8.3.1 即时通信（微信）的特点

随着即时通信工具的发展，部分工具已经从传统满足人们聊天社交功能的基础上，发展成为社交活动平台。此外，针对移动设备而推出的移动即时通信工具也迅速普及，微信、易信、来往等工具纷纷出现，并且产生了巨大影响。

1. 微信与微信营销

微信（wechat）是腾讯公司于 2011 年 1 月 21 日推出的一个为智能终端提供即时通信服务的免费应用程序，微信支持跨通信运营商、跨操作系统平台通过网络快速发送免费（需消耗少量网络流量）语音短信、视频、图片和文字，同时，也可以使用共享流媒体内容的资料和基于位置的社交插件"摇一摇""漂流瓶""朋友圈""公众平台""语音记事本"等服务插件。目前，微信是亚洲地区最大用户群体的移动即时通信软件。

微信提供公众平台、朋友圈、消息推送等功能，用户可以通过"摇一摇"、"搜索号码"、"附近的人"、扫二维码方式添加好友和关注公众平台，同时微信将内容分享给好友以及将用户看到的精彩内容分享到微信朋友圈。微信公众号通过朋务号、订阅号、企业号实现了将人与商品/朋务、资讯/信息及企业的连接，对微信"连接一切"的使命起着关键的支撑作用。而且互动方式灵活多样，可以实现订阅内容+分享+评论+朋友圈转发等。

微信支付功能是集成在微信客户端的支付功能，用户可以通过手机完成快速的支付流程。微信支付直接连接消费者和卖家，实现交易的闭环。微信支付向用户提供安全、快捷、高效的支付服务，以绑定银行卡的快捷支付为基础。支持支付场景包括微信公众平台支付、APP（第三方应用商城）支付、二维码扫描支付。

微信平台的功能越来越完善，正一步步地实现其连接一切的目标，同时，微信功能的完善也逐渐使用户将更多的零碎时光（每个人的时间都是有限的）花费在微信的使用上，从而会减少对其他 APP 的使用。

微信营销是网络经济时代企业营销模式的一种，是伴随着微信的火热而兴起的一种网络营销方式。微信不存在距离的限制，用户注册微信后，可与周围同样注册的"朋友"形成一种联系，订阅自己所需的信息，商家通过提供用户需要的信息，推广自己的产品，从而实现点对点的营销。

微信营销是以安卓系统、苹果系统、Windowsphone 系统的手机或者平板电脑中的移动客户端进行的区域定位营销，商家通过微信公众平台二次开发系统展示商家微官网、微会员、微推送、微支付、微活动、微 CRM、微统计、微库存、微提成、微提醒等，已经形成了一种主流的线上线下微信互动营销方式。

2．微信营销的特点

（1）高到达率。营销效果很大程度上取决于信息的到达率，这也是所有营销工具最关注的地方。与手机短信群发和邮件群发被大量过滤不同，微信公众账号所群发的每一条信息都能完整无误地发送到终端手机，到达率高达 100%，还可以实现用户分组、地域控制在内的精准消息推送。

（2）高曝光率。曝光率是衡量信息发布效果的另外一个指标，信息曝光率和到达率完全是两码事，与微博相比，微信信息拥有更高的曝光率。在微博营销过程中，除了少数一些技巧性非常强的文案和关注度比较高的事件被大量转发后获得较高曝光率之外，直接发布的广告微博很快就淹没在了微博滚动的动态中，除非你是刷屏发广告或者用户刷屏看微博。而微信由移动即时通信工具衍生而来，天生具有很强的提醒力度，如铃声、通知中心消息停驻、角标等，随时提醒用户收到未阅读的信息，曝光率高达 100%。

（3）高接受率。正如上文提到的，微信用户已达几亿之众，微信已经成为或者超过类似手机短信和电子邮件的主流信息接收工具，其广泛性和普及性成为营销的基础。一些微信大号动辄数万甚至十数万粉丝。除此之外，由于公众账号的粉丝都是主动订阅而来，信息也是主动获取，完全不存在垃圾信息遭到抵触的情况。

（4）高精准度。事实上，那些粉丝数量庞大且用户群体高度集中的垂直行业微信账号，才是真正热门的营销资源和推广渠道。如酒类行业知名媒体佳酿网旗下的酒水招商公众账号，拥有近万名由酒厂、酒类营销机构和酒类经销商构成粉丝，这些精准用户粉丝相当于一个盛大的在线糖酒会，每一个粉丝都是潜在客户。

（5）高便利性。移动终端的便利性再次增加了微信营销的高效性。相对于 PC 电脑而言，未来的智能手机不仅能够拥有 PC 电脑所能拥有的任何功能，而且携带方便，用户可以随时随地获取信息，而这会给商家的营销带来极大的方便。

（6）形式灵活多样。可以用漂流瓶、位置签名、二维码和公众平台等形式开展推广。通过微信开放平台，应用开发者可以接入第三方应用，还可以将应用的 LOGO 放入微信附件栏，使用户可以方便地在会话中调用第三方应用进行内容选择与分享。

（7）高信任度。微信的点对点产品形态注定了其能够通过互动的形式将普通关系发展成强关系，从而产生更大的价值。通过互动的形式与用户建立联系，互动就是聊天，可以解答疑惑，可以讲故事甚至可以"卖萌"，用一切形式让企业与消费者形成朋友的关系，你不会相信陌生人，但是会信任你的"朋友"。

8.3.2 即时通信（微信）使用行为

1．即时通信工具渗透率

根据调查显示，近几年有 89.3%的用户使用过即时通信工具，其中使用过 QQ 的用户比例接近 80%，领先于其他即时通信工具；其次为微信，过去半年使用过的用户比例为 65%；阿里旺旺、YY 或 YY 语音、陌陌的覆盖率都在 10%以上，分别位列第三、四、五位。QQ、微信的用户忠诚度较高（图 8-8）。

	渗透率/%	经常访问率/%
即时通信工具	89.3	
QQ	77.8	72.5
微信	65.0	55.3
阿里旺旺	20.7	9.2
YY或YY语音	14.8	6.9
陌陌	10.2	4.8
飞信	9.8	3.2
QQ Talk	5.6	2.8
人人桌面	4.2	0.3
米聊	2.9	0.1
易信	2.7	0.7
来往	2.7	0.4
Line（连我）	1.8	0.5
Skype	1.8	0.5
微米	1.5	0.1
Whats-app	0.6	0.1

图 8-8　即时通信工具渗透率

资料来源：中国互联网络信息中心（CNNIC）：P020140822379356612744。

2. 微信使用功能

微信最早的出发点和核心就是社交工具，与他人交流沟通是微信用户最主要的目的，网民在微信上使用较多的内容分别为语音聊天、文字聊天，二者使用比例均在80%以上。此外，使用朋友圈的比例为77%，群聊天的比例为61.7%，社交因素在微信应用里表现较强（图8-9）。

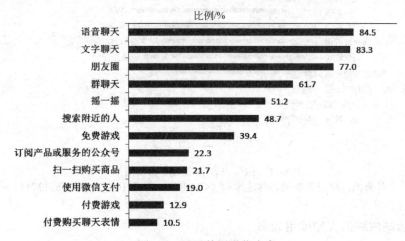

图8-9　网民使用微信内容
资料来源：中国互联网络信息中心（CNNIC）：P020140822379356612744.

微信用户关注的公共账号中，41.5%的微信用户会关注新闻媒体类账号，微信是用户获取新闻资讯的一个重要手段；此外，明星名人、行业资讯的关注度也都在20%以上（图8-10）。

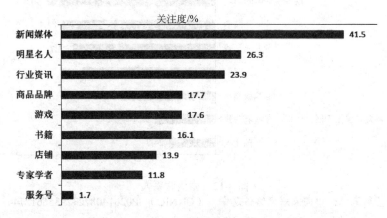

图8-10　网民微信公众号关注度
资料来源：中国互联网络信息中心（CNNIC）：P020140822379356612744.

目前，微信支付的功能涉及打车、话费充值、彩票、购物、公益等多方面，根据调查的结果来看，微信支付的各项业务中，知名度最高的是滴滴出行，52.3%的微信用户表示知道滴滴出行，29.1%的微信用户使用过滴滴出行。2014年伊始，滴滴出行与快的打车的烧钱补贴大战,给这两个打车软件积累了大量的用户;手机话费充值的知名度为51.8%,排在第二位,使用率为32.6%,排在首位;Q币充值的知名度为40.7%,排在第三位(图8-11)。

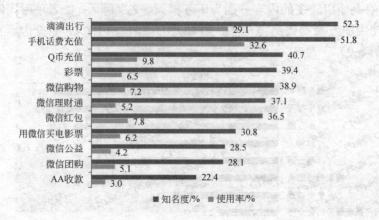

图 8-11　微信内容的知名度和使用率
资料来源:中国互联网络信息中心(CNNIC):P020140822379356612744.

3. 微信站内联系人和使用频率

微信也是基于熟人关系链的在线社交,微信联系人中,主要有现实生活中的朋友、同学、亲人/亲戚、同事,占比在70%~90%(图8-12)。从微信的使用频次来看,31.4%的用户每天都使用微信,此外有24.9%的用户每周使用两次以上。

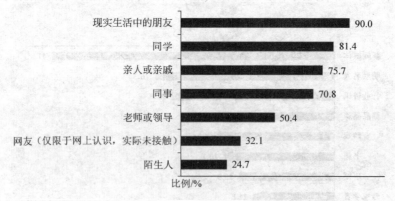

图 8-12　微信联系人
资料来源:中国互联网络信息中心(CNNIC):P020140822379356612744.

8.3.3　即时通信(微信)营销模式

1. 草根广告式——查看附近的人

产品描述:微信中基于LBS的功能插件"查看附近的人"可以使更多陌生人看到这种强制性广告。

功能模式：用户点击"查看附近的人"后，可以根据自己的地理位置查找到周围的微信用户。在这些附近的微信用户中，除了显示用户姓名等基本信息外，还会显示用户签名档的内容。所以用户可以利用这个免费的广告位为自己的产品打广告。

营销方式：营销人员在人流最旺盛的地方后台 24 小时运行微信，如果"查看附近的人"使用者足够多，随着微信用户数量的上升，可能这个简单的签名栏会变成移动的"黄金广告位"。

2．品牌活动式——漂流瓶

产品描述：移植到微信上后，漂流瓶的功能基本保留了原始、简单、易上手的风格。

功能模式：漂流瓶有两个简单功能：① "扔一个"，用户可以选择发布语音或者文字然后投入大海中；② "捡一个"，"捞"大海中无数个用户投放的漂流瓶，"捞"到后也可以和对方展开对话，但每个用户每天只有20次机会。

营销方式：微信官方可以对漂流瓶的参数进行更改，使得合作商家推广的活动在某一时间段内抛出的"漂流瓶"数量大增，普通用户"捞"到的频率也会增加。加上"漂流瓶"模式本身可以发送不同的文字内容甚至语音小游戏等，如果营销得当，也能产生不错的营销效果。而这种语音的模式，也让用户觉得更加真实。但是如果只是纯粹的广告语，是会引起用户反感的。

3．朋友圈——品牌广告

微信朋友圈，是用户在微信上通过一些渠道认识的朋友形成的一个圈子。微信朋友圈打出的广告又叫 Feed 广告，借鉴的来源是 Facebook 和 Twitter 正在使用的信息流广告。说白了，就是根据用户的性别、年龄、偏好、消费记录等打造用户的标签系统，用算法为每位用户个性化和精确地定制广告。所以刷到什么样的广告，在某种程度上意味着大数据对你消费能力和消费品位所下的一个结论。而正因为显示出不同的内容，于是大量微信用户纷纷在朋友圈中晒出自己被推送了什么广告。腾讯人工智能对你的识别分类如下：年收入 100 万元以上，消费能力强，收到的是宝马广告；买不起苹果六，但买得起小米的，收到的是 vivo 的广告；连小米都买不起的，收到的是可口可乐的广告；而那些喜欢在朋友圈吹水（闲聊），特别闲，但没有收到朋友圈广告的，微信是在告诉你，没钱就好好干活儿，别刷手机了。

4．O2O 折扣式——扫一扫

产品描述：二维码发展至今其商业用途越来越多，所以微信也就顺应潮流结合 O2O 展开商业活动。

功能模式：将二维码图案置于取景框内，然后你将可以获得成员折扣、商家优惠，抑或是一些新闻资讯。

营销方式：移动应用中加入二维码扫描这种 O2O 方式早已普及开来，坐拥上亿用户且活跃度足够高的微信，价值不言而喻。

5. 互动营销式——微信公众平台

产品描述：对于大众化媒体、明星以及企业而言，如果微信开放平台+朋友圈的社交分享功能的开放，已经使得微信成为一种移动互联网上不可忽视的营销渠道，那么微信公众平台的上线，则使这种营销渠道更加细化和直接。

6. 微网站

微网站源于 Web APP 和网站的融合创新，兼容各大操作系统，可以方便地与微信、微博等应用链接，适应移动客户端浏览市场对浏览体验与交互性能要求的新一代网站。将企业微网站植入微信公众平台，关注公众平台即可访问网站。所有微网站中显示的所有文章及板块，都可以通过设置关键词实现自动回复。公众平台搭配"微网站"如虎添翼，在保留公众平台所有优势的前提下，提升展示形象，更好地与顾客互动。把公司开设在微信上，把自己的生意装到用户的手机里，在移动互联网上，只需要企业通过微网站发布产品和服务，让客户了解自己，并通过后续的跟进，达成成交的关系。

7. 微信商城

这里的微信商城，并非微信"精选商品"频道升级后的腾讯自营平台，而是由商户申请获得微信支付权限并开设微信店铺的平台。微商多是直接在朋友圈卖货的个体商家。微信商城的发展也面临诸多问题，如朋友圈广告刷屏惹人反感，破坏朋友圈生态；商家鱼龙混杂，假冒伪劣商品横行，消费者维权困难等。

微商另一种活法：大V店模式全揭秘

2015 年年初"大V店"低调登场，很快因为幕后投资人是俞敏洪而迅速受到关注。

在微店产品满天飞，且腾讯已经大手笔投资口袋购物旗下微店的背景下，大V店似乎是"赶了晚集"。这个后来者的底牌是什么？如何在已经充满质疑的行业中继续前行？亿邦动力网从大V店创始人吴方华、大V店合作伙伴等方面了解到以下几个信息，它们也基本上是大V店试图区别于现有微店类产品的关键要素。

1. "自媒体联盟"属性

或许是注意到了微商群体在过去一段时间内因刷朋友圈卖货引起的"公愤"，大V店有意寻找具有自媒体属性的妈妈群体，鼓励卖家们培养自己的公众号，从自己擅长、有话语权的某个领域生产优质的内容，以内容吸引精准用户，培养信任感，然后再配合购物的引导。因此，从这个层面上来讲，大V店的卖家未来会是买家在某个领域的私人导购。

2. 统一供货，发放佣金

虽然大V店的终端销售者是个体卖家，但这些卖家并非商品的直接拥有者，而是更加类似"淘宝客"的角色。

据了解，所有大V店卖家的货源均由大V店官方提供。据吴方华介绍，目前大V

店的货源包括童书、玩具、奶粉、家居、童装、洗护用品等多种，供应商包括乐高、智高、牛栏、美素、爱他美等母婴品牌商以及多家出版社。

在这种情况下，大 V 店卖家不需要自己寻找货源，而所有商品的收款方则是大 V 店，卖家获取的主要是销售佣金。

值得注意的是，虽然大 V 店负责统一供货，但吴方华称，其并没有选品团队，大 V 店所有的选品都由卖家决定，然后由大 V 店向上游采购。

3. 统一仓储和物流

这也是大 V 店与目前国内主要微店类平台的重要不同，其选择包揽所有卖家的发货和物流配送，因此，卖家们无须自建仓库，也不需要自己发货。

亿邦动力网了解到，目前大 V 店通过自建仓库以及与第三方物流服务商合作的方式来解决配送仓储问题。其合作的仓储物流服务商包括跨境易、中远国际、广州和宁波的保税仓等。

4. 跨境进口业务将扮演重要角色

从上文提到的物流服务商中可以看出来，跨境业务在大 V 店扮演着不小的角色。这意味着，其在选品方面会更多面向国内稀缺的资源，直接向国外供应商采购。

5. 向卖家收费

在大 V 店近日的发布会上，吴方华正式宣布大 V 店将向卖家们收取 99 元费用，作为一个门槛。在国内目前免费大行其道的微店类产品中，也算是一个"异类"。

从上面几个点中可以看出，大 V 店试图在货源、仓储、物流、收款等方面有绝对的掌控力，其本质上更偏向于 B2C 模式而非 C2C。在吴方华看来，B2C 模式的微商相比 C2C 更有前途。

不过大 V 店的投资人俞敏洪可能考虑的因素并没有这么多。"其实（投资大 V 店的原因）特别简单，就因为它是为妈妈们服务的。妈妈可以不去工作也能赚钱，这样妈妈们就有更多时间照顾孩子。而孩子的成功，百分之七八十的因素，与妈妈有关。"俞敏洪这样解释道。

不过，也有业内人士对亿邦动力网表示，虽然精准的用户定位、更加有信任度的 B2C 模式让大 V 店有别于现有微店产品，但其模式仍然有诸多不确定因素。例如，真正有实力做成自媒体的妈妈不会太多，规模发展会受到一定影响；另外，妈妈自媒体的不断增加，未来难免会出现同质化竞争，再加上近期国内母婴跨境电商市场本来已经竞争很激烈，未来大 V 店面临的对手确实还有很多。

（资料来源：亿邦动力网讯. http://www.ebrun.com/20150126/122304.shtml.）

8.4 微　　博

微博即微博客（micro blog）的简称，是一个基于用户关系的信息分享、传播以及获取平台，用户可以通过 Web、WAP 以及各种客户端组建个人社区，以 140 字左右的文字更新信息,并实现即时分享。微博晚于一般意义上的社交网站诞生,其发展速度以及使用行为与社交网站相比都有较大的不同。

8.4.1 微博的历史和特点

1. 微博的历史

2006年美国网站Twitter开始推出微博客服务,凭借其短小精练的信息、快速高效的传播速度以及以手机发送短信的即时发布形式,迅速风靡美国并发展到其他国家。美国第45任总统唐纳德·特朗普(Donald Trump)尤其喜欢通过Twitter发表各种看法,网民戏称其是"Twitter治国",世界其他地区的人们也通过特朗普的言论熟悉了Twitter。

随着Twitter的发展,国内的微博服务也开始兴起。2007年,叽歪、饭否、做啥相继上线,到2009年,由于监管和网站资金链断裂、运营等问题,叽歪、饭否、做啥等网站相继关闭,它们属于国内微博的拓荒者。2009年8月,新浪在国内门户网站中率先推出微博服务,新浪微博测试版上线。新浪微博上线之后,搜狐微博、人民网微博、凤凰网微博、网易微博、腾讯微博纷纷上线,国内微博市场形成了以门户网站为主要运营商的竞争局面。微博从2007年兴起,到2010年基本格局已定,门户网站为目前主要竞争者。2013年上半年时,新浪微博注册用户达到5.36亿,2012年第三季度腾讯微博注册用户达到5.07亿,微博成为中国网民上网的主要活动之一。

2. 微博的特点

(1)信息获取具有很强的自主性、选择性。用户可以根据自己的兴趣偏好,依据对方发布内容的类别与质量,来选择是否"关注"某用户,并可以对所有"关注"的用户群进行分类。

(2)微博宣传的影响力具有很大弹性,与内容质量高度相关。其影响力基于用户现有的被"关注"的数量。用户发布信息的吸引力、新闻性越强,对该用户感兴趣、关注该用户的人数也越多,影响力越大。只有拥有更多高质量的粉丝,才能让你的微博被更多人关注。此外,微博平台本身的认证及推荐亦有助于增加被"关注"的数量。

(3)内容短小精悍,形式多样。微博的内容限定为140字左右,内容简短,不需长篇大论,门槛较低。可以发布图片,分享视频和音乐等文件,同时还可以发起话题和投票。微博的多种媒体形式让信息传播更加生动鲜活。

(4)信息共享便捷迅速。可以通过各种连接网络的平台,在任何时间、任何地点即时发布信息,其信息发布速度超过传统纸媒及其他网络媒体。例如你有200万听众(粉丝),你发布的信息会在瞬间传播给200万人。一些大的突发事件或引起全球关注的大事,利用各种手段在微博客上发表出来,其实时性、现场感以及快捷性,甚至超过所有媒体。

(5)裂变式传播(One to N to N)。微博的传播路径:一个是粉丝路径。A发布信息后，A 的诸多粉丝，都可以实时接受信息。另一个是转发路径。如甲觉得 A 的某条微博不错，他可以"一键转发"，这条信息立即同步到甲的微博里，同时，甲的诸多粉丝，都可以实时接收信息，以此类推，实现极速传播。这种裂变传播的速度是几何级的，远远高于之前任何一种媒介产品的传播速度和传播广度。

3．微博与社交网站的区别

微博与社交网站在使用目的上存在区别。70%以上的 SNS 用户目的是关注朋友，而微博用户最重要的目的是了解新信息。同时，关注名人、讨论热点话题也占比较高。

在商品信息源可信度方面，除较为相信熟人和企业用户之外，SNS 用户更易相信熟人的朋友，而微博用户则更易相信行业专家和体育娱乐明星。

微博在传播、交流方面优于社交网站，在操作上与社交网站相差无几，在私密方面不如社交网站。

8.4.2 微博使用行为

1．微博渗透率

数据显示，有 43.6%的网民使用过微博，其中使用过新浪微博的网民比例最高，为 28.4%，21.7%的网民经常访问新浪微博，用户忠诚度高。

2．使用功能

传统媒体时代，信息内容的传播是人们通过阅读、收看、收听之类的订阅方式，多个人从少数信息源获得信息的。在微博这样的社会化媒体出现之后，信息内容的传播是通过人与人之间的"关注""被关注"网络，一层层传播开来。这种传播方式覆盖面广、速度快，同时有信任关系的存在，信息的被接受程度比较好。

从对微博功能的使用情况来看，微博天生就是一个传播和媒体的工具。微博消息发布后，会经历一个相对较慢的传播过程，而当用户转发积累到某个点的时候，会出现一个非常快速的增长过程。这是典型的"蒲公英式"传播，尤其是凭借大 V 的号召力，可以完成非常广泛的传播，但它又影响到同时其他微博帮助传播，而这些微博都拥有一定数量的粉丝，其本身就有很大的传播率，所以能迅速形成信息洪流，快速传播。

从对微博功能的使用情况来看，新浪微博用户对微博主要功能的使用率较高，与整体相比，新浪微博用户活跃度更高。80.3%的新浪微博用户通过新浪微博关注新闻/热点话题，新浪微博已经成为一个大众舆论平台，成为人们了解时下热点信息的主要渠道之一；68.1%的新浪微博用户关注感兴趣的人，60.3%的新浪微博用户主动发微博（分享/转发信息），另外 50%左右的新浪微博用户在微博上发照片、看视频/听音乐，各种需求均可以在新浪微博上实现，新浪微博成为他们生活中的一个主要沟通交流平台。如图 8-13 所示。

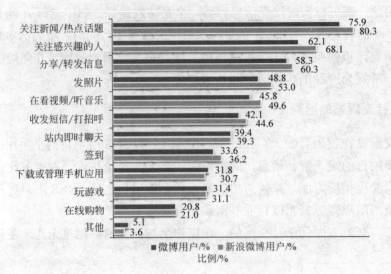

图 8-13 网民使用微博功能
资料来源：中国互联网络信息中心（CNNIC）：P020140822379356612744.

3. 站内联系人

微博联系人中，现实生活中的朋友、同学占比最高，均在 70% 以上；其次是同事、明星，50% 以上的微博用户会关注（图 8-14）。与社交网络不同，微博除了熟人关系链的在线交互外，还有基于生人网络弱关系链和虚拟空间相关性的社交关系模式。在微博中，我们除了与现实生活中的朋友进行互动外，还会关注明星大 V、垂直行业 V 用户，形成一个非常庞大的追随网络，还会因为对某一话题的关注，而迅速走到一起，从而造成很大的传播效应，这也是微博社交媒体属性的一个重要基因。

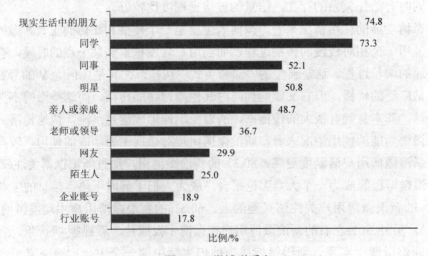

图 8-14 微博联系人
资料来源：中国互联网络信息中心（CNNIC）：P020140822379356612744.

4. 使用频次、时长和设备

用微博会形成习惯，根据调查，31.4%的微博用户会每天使用微博，另外有近 25%的用户每周会登录微博 2 次以上，微博成为他们生活中一个非常重要的社交媒体。新浪微博用户中，40.7%的用户每天都会登录微博，25.9%的用户每周会登录 2 次以上，用户活跃度和用户黏性均高于微博用户整体。

从每次的使用时长来看，34.4%的用户每次登录的使用时长在 11～30 分钟，此外有 24%的用户每次登录的使用时长在半小时以上，用户黏性较强。与整体微博用户相比，新浪微博用户每次登录时长在 10 分钟以内的用户占比较低，时长在 10 分钟以上的用户占比较高，整体的使用时长相对较长。

随着智能手机的普及和移动互联网的发展，手机成为人们刷微博的主要设备之一，近 85%的微博用户会在手机端使用微博，近 90%的新浪微博用户用手机上微博，随时关注微博动态，随时参与微博话题，新浪微博是他们移动互联生活中重要的一环。

5. 用户对企业微博的态度和行为

企业微博发布的内容中，微博用户首要关注的是优惠促销信息和活动，其次是有价值的生活和行业信息。而用户对于介绍品牌或产品信息则期待度较低。

微博用户在对企业微博营销活动的结果中最为认可的是更多地了解了该企业和品牌（产品），其次是客户对于品牌的忠诚度。因此对于急需扩大知名度的中小企业来说，在微博上发起营销活动，是迅速扩大影响力的有效方式。

微博用户最为接受的微博营销活动依次是转发、投票、转发并@好友。而分享有关品牌的心得体验，或者参加线下实体活动则接受度较低。

8.4.3 微博商业模式

1. 微博商业化生态系统

随着微博的商业化进程不断推进，微博的商业生态系统将不断完善，现在和未来一段时间内，根据微博平台上现有的商业模式，梳理微博商业化链条上的各个角色的利益导向，得到图 8-15。微博平台处于核心，除此之外，企业用户（广告主）、微博营销公司、第三方应用公司、第三方调研公司和个人用户、机构用户等都参与到微博商业化的生态系统中来。

2. Twitter 商业模式

（1）实时搜索：收购 Summize 公司，侧重专题过滤与提供话题搜索，实时数据监控。
（2）广告：Promoted Tweets 模式，这是 Twitter 上的主要广告合作模式和收入来源。
（3）高级账户收费：针对企业用户收费，提供流量分析、品牌宣传等服务。
（4）移动与客户端业务：Tweetie 和 Twitterific 等付费软件客户端出售。
（5）平台开放与合作：开放 API，鼓励开发者进行应用服务开发。

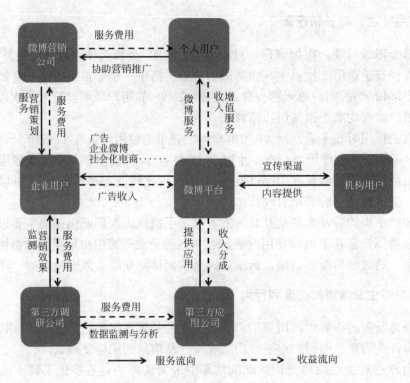

图 8-15 微博商业生态图
资料来源：艾瑞咨询报告

（6）战略合作：与品牌企业战略合作，拓展业务领域，提升品牌影响力。

3．微博的商业价值

微博的商业价值主要体现在以下三个方面。

（1）对于微博平台，微博积累了庞大的用户群数据，因此平台本身可以推出营销计划，成为新的利益增长点。

（2）对于个人，首先要用心经营微博，不管是名人大 V，还是一些草根达人，只要用心经营，都可以获得大量的粉丝数。接下来个人微博就可以借助庞大的粉丝群体，发布言论，树立个人品牌，建立个人声誉。

（3）对于企业微博来说，商业价值表现在以下几方面。

第一，微博是企业信息发布的平台。无论是媒体企业还是商业企业，都不想错过新媒体的传播，因此我们能看到各种品牌企业的微博。这些企业微博不断地发布信息帮助企业迅速提升品牌知名度，推广新产品和新服务。

第二，微博是企业的快速客服通道。当用户对企业的产品或服务发出了质疑、请求帮助等信息时，对微博用户实时跟踪的企业便可以快速了解到。并通过微博、邮件或电话等方法回复，快速解决用户的问题，能够较为有效地提高顾客的满意度。

第三，微博是企业深度了解消费者的平台。微博用户在微博上记录了自己日常的真实想法、爱好、需求、计划、感想等，企业通过微博可在一定程度上了解到消费者对产品的态度、需求、期望、购买渠道和购买考虑因素，有助于企业深度了解消费者，从而制定或者优化营销策略。

第四，微博可以作为企业口碑监测的平台。微博平台具有搜索功能，以及实时监测功能，及时发现企业的负面言论、品牌的负面评价，避免陷入公关危机。

8.4.4 微博营销策略

微博营销是指通过微博平台为商家、个人等创造价值而执行的一种营销方式，同时也是指商家或个人通过微博平台发现并满足用户的各类需求的商业行为方式。微博营销以微博作为营销平台，每一个用户（粉丝）都是潜在营销对象，企业利用更新自己的微型博客向网友传播企业信息、产品信息，树立良好的企业形象和产品形象。每天更新内容就可以跟大家交流互动，或者发布大家感兴趣的话题，来达到营销的目的。

该营销方式注重价值的传递、内容的互动、系统的布局、准确的定位，微博的火热发展也使得其营销效果尤为显著。微博营销涉及的范围包括认证、有效粉丝、话题、名博、开放平台、整体运营等，当然，微博营销也有其缺点：有效粉丝数不足、微博内容更新过快等。

微博营销策略应注意以下几点。

1. 注重微博内容

（1）注重价值的传递。企业博客经营者首先要区分企业微博的"索取"与"给予"，企业微博是一个给予平台。截止至2011年，微博数量已经以亿计算，只有那些能对浏览者创造价值的微博自身才有价值，此时企业微博才可能达到期望的商业目的。企业只有认清了这个因果关系，才可能从企业微博中受益。

（2）注重微博个性化。微博的特点是"关系""互动"，因此，虽然是企业微博，但也切忌仅是一个官方发布消息的窗口那种冷冰冰的模式。要让人感觉像一个人，有感情，有思考，有回应，有自己的特点与个性。

一个浏览者觉得你的微博和其他微博差不多，或是别的微博可以替代你，都是不成功的。这和品牌与商品的定位一样，必须塑造个性。有个性的微博才具有很高的黏性，可以持续积累粉丝与专注，因为其有了不可替代性与独特的魅力。

（3）注重发布的连续性。微博就像一本随时更新的电子杂志，要注重定时、定量、定向发布内容，让大家养成观看习惯。当用户登录微博后，能够想着看看你的微博有什么新动态，这无疑是成功的最高境界，虽很难达到，但我们需要尽可能出现在用户面前，先成为用户思想中的一个习惯。

2. 加强互动性

微博的魅力在于互动，拥有一群不说话的粉丝是很危险的，因为他们慢慢会变成不看你内容的粉丝，最后很可能离开。因此，互动性是使微博持续发展的关键。第一个应该注意的问题就是，企业宣传信息不能超过微博信息的10%，最佳比例是3%～5%。更多的信息应该融入粉丝感兴趣的内容之中。

"活动内容+奖品+关注（转发/评论）"的活动形式一直是微博互动的主要方式，但实质上奖品比企业所想宣传的内容更吸引粉丝的眼球，相较赠送奖品，你的微博只有认真回复留言，用心感受粉丝的思想，才能换取情感的认同。如果情感与"利益"（奖品）共存，那就更完美了。

3．增加粉丝

微博营销的关键是人气，就是需要先拥有足够的粉丝。如何增加粉丝，除了微博的内容外，以下几点需要注意。

（1）设置合适的标签。微博有个标签功能，可以设置 10 个符合自己特征的标签，如站长、编辑等。设置合适的标签，将会极大地增加曝光率，那些对相关标签感兴趣的人，就有可能主动成为你的粉丝。

（2）主动关注别人。主动出击关注别人是一种很直接的方法。如果企业是销售产品的，那我们就可以进行一些精准的关注。例如，美国一家制药企业生产一种抗抑郁药，它们的微博营销策略之一就是主动在微博上搜索"郁闷""抑郁"等关键词，来找到潜在的抑郁症患者。如果我们只是想海量增加粉丝数，只要找到那些粉丝多、活跃度高的用户，主动关注他们进行互听，然后等着他们回听或是回粉。

（3）加热门话题和争议话题。热门话题可以极大地增加曝光率和关注率。有时也可以发布一些有争议的内容，引发别人的关注与转发，增加自己的粉丝数和曝光率。

（4）转帖和评论别人。发现好帖时，可以转发，并且给那些与内容相关且粉丝多的人发邮件，主动邀请他们帮我们转发。可以在广播大厅里挑那些粉丝多的人发布的微博进行评论，评论力求有特色、引发别人共鸣。这样当他对我们的评论进行回应时，自然就变相地为我们做了推广。

4．借助知名微博主的影响力

微博中的社交关系是现实社交关系链的扩张性虚拟迁徙。微博的影响力同时也代表了一种关系的信用值，按照新浪微博的计算方法，微博影响力由活跃度（原创微博、转发次数、评论次数、私信数）、传播力（原创被转发与被评论数）和覆盖度（粉丝数）共同决定。

借助拥有大量粉丝人气和较高影响力的微博主的平台（如草根达人、意见领袖、文化名人、人气明星），一则可以和更多的潜在用户接触，"发生关系"，达到广而告之的效果；二则扮演意见领袖的人往往也具有消费引导的功能。或是具有某些专业领域的特征，或是一些生活趣味的汇集，或是提供娱乐讯息，或是对社会热点有明晰的评论与态度，或是仅仅靠语言个性魅力打动人。

企业广告应力图激励人们做意见领袖，或使他们模仿意见领袖。市场调查时重点应放在意见领袖身上，而不仅仅是"代表性"样本上。赠送产品样品时，应送到可能成为意见领袖的人手中。组建"时尚意见委员会"时，尽量由目标市场中可能成为服装款式意见领袖的人组成。

微博是无可争议的自媒体，借具有大量粉丝受众的微博账号做推广，也是一种打广告的方法。值得一提的是，这种方法和渠道多为营销公关公司利用，开展专业的微博营销有偿服务业务，且根据粉丝量的多少不同微博账户有收价等级。

5．多账号组成的微博矩阵

微博矩阵是指在一个大的企业品牌之下，开设多个不同功能定位的微博，与各个层次的网友进行沟通，达到360度塑造企业品牌的目的。换句话说，矩阵营销是在保持整体协作的企业文化的同时，便于针对不同的产品受众进行精准营销。是内部资源在微博上的最优化排布以达到最大效果。

6．企业品牌拟人化，提高亲和力

社交媒体时代，传播强调人性化与个性化，"官方话"和"新闻稿"除了在严肃事件中扮演信用角色，在社交与娱乐至上的场所就显得格格不入。企业用一个很人性化的方式去塑造自身的形象，不仅可以拉近和受众的距离，达到良好的营销效果，而且品牌的美誉度和忠诚度会大大提高。

品牌拟人化，是指通过饱含个性、风趣、人情的语言，使品牌账号富有"人"的态度、性格与情感，真正与消费者互动，从而获得消费者的认可，这种认可不是传统单纯的买卖关系，也不是粉丝的追捧，而更像是建立并维系一种"友情"关系。这样品牌的忠诚度和美誉度很强，用户会支持这个企业的产品，而且会主动地参与到这个品牌的塑造过程，也是实现口碑营销的绝佳途径。

美国的百思买

美国百思买公司是全球最大的零售企业，每年圣诞节都会有大型促销活动，这些促销活动的信息以前都是靠广告通知消费者的。为了聚拢 2009 年圣诞节购物潮的人气，百思买打出 Twitter 的大旗，组织了 2 500 名员工上 Twitter 上发送产品促销信息。结果 2009 年圣诞节，百思买获得了比任何一年都要好的促销效果。

百思买 2 500 名员工的微博团队，是由百思买公司最热情的、最有产品知识的员工组成的，他们或者来自门市店，或者来自公司总部。他们通过 Twitter 的电脑屏幕，回答客户对产品的各种疑问，解决技术难题和客户售后服务。百思买也利用 Twitter 成千上万客户的反馈，及时更改和制定各种促销政策。

在百思买的 Twitter 账号上，有密密麻麻的百思买在线员工的照片，任何一个客户都可以随意通过点击其中一个百思买员工的 Twitter 账户，要求给予回复。这些回复完整公布在网站上，有个性的回复会得到客户的赞扬，并且引发互动。公司负责人说，用户可以 24 小时与我们的员工交流。在感恩节周末最紧张的销售中，公司员工在 Twitter 上依然回答了客户 2.5 万个问题。

美国一些做滞销库存的公司

美国的服务业将在规定时间还没有出售的座位、房间，称为"滞销库存"。这些滞销库存很难销售掉。但是有了 Twitter 以后，这些公司发现如果实时公布这些信息，即便是在最后 1 分钟，仍然会有许多匆匆忙忙的客户在观看信息以后，发出马上购买的回复。

美国联合航空公司在 Twitter 上发布一项促销计划，在周三和周四促销周末的机票座位。捷蓝航空的廉价促销计划，是在公司的网站上建立一个独立的票价类别，并派员工把这些信息更新到 Twitter 上去。他们在每周一早晨发布未来两周内的促销信息。例如他们推出的从伯班克到拉斯维加斯的 9 美元特价单程机票，让许多 Twitter 上的用户惊喜不已。在 Twitter 上捷蓝航空已有 55 万个关注者。

还有许多酒店也是这样，它们把还没有被订出去的房间放到 Twitter 上，有效提高了入住率。许多饭馆在 Twitter 上推销暂时还没有预订出去的餐桌。商店用它来推销掉库存过剩的商品。甚至还有按摩师用它来招揽客户。

美国的 Kogi

这个案例很有趣。Kogi 是美国一家名不见经传的流动快餐店，专门用流动汽车销售煎玉米卷。这样的流动汽车如果进入一些热闹地段，会受到警察的干预甚至驱赶。Kogi 为了钻进城市热闹地段，常常和警察捉迷藏。

有了 Twitter 以后，Kogi 变得机灵起来。它在每一个热闹地段滞留的时间并不长。它的办法是在 Twitter 上发表下一站流动汽车会在哪里停下的消息，结果在汽车还没有到达前已经有客人排队了。流动汽车抓紧时间销售，在警察到来以前又开始赶往新的预约好的地点。Kogi 在短短 3 个月之内迅速成为美国知名度最高的流动快餐店之一，引起了美国人的广泛关注，甚至被包括《纽约时报》《新闻周刊》等在内的主流媒体所报道。

美国一家小比萨店

2009 年 4 月，美国新奥尔良一家比萨店 NakedPizza 在一些媒体中引起轰动。引起轰动的原因是这家店使用了 Twitter 来影响它们的生意。客户们通过 Twitter 向 NakedPizza 下订单、询问价格、告知要送达的地址；而 NakedPizza 则通过 Twitter 向客户传播打折信息、新品种的 Pizza，报告 Pizza 是否已经送出。

此前，NakedPizza 每年会花费 6 万美元在直投广告上，花 2.5 万美元在电子邮件广告上。现在,它们拆除了店铺前面标有订餐电话的广告牌,取而代之的是一块以 Twitter 为主题的新广告牌。广告牌上一边是形象生动的小鸟元素,一边是偌大的 Twitter 字样。在它们看来,Twitter 已经成了它们和目标消费者沟通的媒介以及获得相互认同的"暗号"。

现在,这家比萨店在 Twitter 上已经有 6 000 多个关注者。不要小看这个数字,这些关注者都是比萨店周围几公里的客户。现在,Twitter 给这家比萨店带来的销量,已经超过总销量的 15%,并且仍呈上升趋势。

本 章 小 结

本章介绍了网络营销工具和方法中的社交网络。第一节,介绍了与社交网络相关的六度分隔、强关系和弱关系、意见领袖与多级传播等理论,社交网络的使用现状,以及对相关产业的影响。然后分别介绍了社交网络的主要形式,包括社交网站、微信、微博。每一种形式都介绍了其发展的历史、使用行为、相关的商业模式,以及营销策略。以 Facebook 为代表的社交网站具有黏性高、互动交流频繁、关系重于内容的特点。其主要功能为认识更多的人和维系当前的熟人关系。以微信为代表的即时通信工具有高到达率、高曝光率、高接受率、高精准度、形式灵活多样等特点,网民在微信上使用较多的内容分别为文字聊天、语音聊天。微博具有信息获取自主性强、内容短小精悍、形式多样、裂变式传播等特点,微博用户多用微博来关注新闻/热点话题。

思 考 题

1. Web 2.0 时代对于网络营销的影响有哪些?
2. 为什么微博会产生裂变式的传播效果?
3. 社交网站、微信和微博三者的用户使用行为有哪些差异?
4. 论坛作为第一代网络社区为什么没有衰亡,未来前景如何?
5. 社交网站与微博的商业模式有哪些不同?
6. 微信做了哪些商业化方面的尝试,未来的商业模式是什么?

实 践 活 动

1. 登录领英社交网站(https://www.linkedin.com),注册并通过该网站来推销你自己。
2. 打开微信,查看所有内容中的广告来源、形式,并评估其广告效果。
3. 请设计问卷,调查网民的微信支付和支付宝手机使用习惯上有什么差别。
4. 跟踪某知名企业的微博号,记录其微博内容,分析该企业是如何用微博营销的。
5. 跟踪某热映影片或畅销书,并查阅豆瓣网(https://www.douban.com)等论坛上相关评论,分析论坛对该影片或是畅销书是否有影响,如果有,是什么样的影响?

第 9 章

网络营销工具与方法——电子邮件和联署计划

学习目标

了解电子邮件的历史，垃圾邮件与许可电子邮件的区别。掌握电子邮件营销和联署计划的含义。熟练掌握电子邮件营销策略和营销效果监测，联署计划营销系统构成及佣金，联署计划营销如何实施。

9.1 电子邮件营销

自从人类历史上第一封电子邮件发出以后，电子邮件逐渐成为互联网最基础的应用之一，但是质疑之声也不绝于耳。2010 年，Facebook 创始人扎克伯格表示，电子邮件过于麻烦、笨重，已经不适合互联网时代的要求，将慢慢消亡。不过，电子邮件强大的生命力显然超出了这些挑战者的想象，用户可以热衷于 Facebook、微信和 Twitter 这样的新沟通平台，但他们从来也没有抛弃过电子邮件，电子邮件依然是互联网历史中生命力最强的应用产品之一。在 2013 年，全世界每天发送的邮件大约为 1 500 亿封，相当于地球上每个人每天收到 21 封，如果仅计算电子邮件用户，那么他们每天平均收到 79 封。

9.1.1 电子邮件及其历史

电子邮件（electronic mail,E-mail）又称电子信箱，是指通过电子通信系统进行书写、发送和接收的信件。它是一种用电子手段提供信息交换的通信方式，可以是文字、图像、声音等多种形式。电子邮件用户可以得到大量免费的新闻、专题邮件，并实现轻松的信息搜索。电子邮件结合了电话通信和邮政信件的优势，它能像电话一样快速地传递信息，又能像邮政信件一样，具备收件人的信息、邮件正文等。

1. 电子邮件地址

电子邮件在 Internet 上发送和接收的原理可以很形象地用我们日常生活中邮寄包裹来形容：当我们要寄一个包裹时，我们首先要找到任何一个有这项业务的邮局，在填写完收件人姓名、地址等之后包裹就寄出了，而到了收件人所在地的邮局，对方取包裹的时候就必须去这个邮局才能取出。同样地，当我们发送电子邮件时，这封邮件是由邮件发送服务器发出，并根据收信人的地址判断对方的邮件接收服务器，从而将这封信发送到该服务器上，收信人要收取邮件也只能访问这个服务器才能完成。

电子邮件地址的格式由三部分组成。第一部分"USER"代表用户信箱的账号，对于同一个邮件接收服务器来说，这个账号必须是唯一的；第二部分"@"是分隔符；第三部分是用户信箱的邮件接收服务器域名，用以标志其所在的位置。

USER+@+域名，其中：@是"at"的符号，表示"在"的意思。域名（如126.com）为域名的标识符，也就是邮件必须要交付目的地的域名，而"USER"则是在该域名上的邮箱地址。

后缀一般代表了该域名的性质与地区的代码。域名真正从技术上而言是一个邮件交换机，而不是一个机器名。

2．电子邮件的诞生

据电子邮件的发明人雷·汤姆林森（Ray Tomlinson）回忆，电子邮件的诞生是在1971年秋季（确切的时间已经无法考证）。发明电子邮件时，汤姆林森是博尔特·贝拉尼克·纽曼研究公司（BBN）的重要工程师，当时，这家公司受聘于美国军方，参与Arpanet网络的建设和维护工作。汤姆林森对已有的传输文件程序以及信息程序进行研究，研制出一套新程序，它可通过电脑网络发送和接收信息，再也没有了以前的种种限制。为了让人们都拥有易识别的电子邮箱地址，汤姆林森决定采用@符号，符号前面加用户名，后面加用户邮箱所在的地址，电子邮件由此诞生。

虽然电子邮件是在20世纪70年代发明的，但它却是在80年才得以兴起。70年代的沉寂主要是由于当时使用Arpanet网络的人太少，但网络的速度也仅为56 Kbps速度的1/20。受网络速度的限制，那时的用户只能发送些简短的信息，根本不能想象像现在这样发送大量照片；到80年代中期，个人电脑兴起，电子邮件开始在电脑迷以及大学生中广泛传播开来；到90年代中期，互联网浏览器诞生，全球网民人数激增，电子邮件被广为使用。

关于电子邮件发生的最大变化是基于互联网的电子邮件的兴起。人们可以通过任何联网的计算机在邮件网站上维护他们的邮件账号，而不是只能在他们家中或公司的联网电脑上使用邮件。这种邮件是由Hotmail推广的。1996年，Hotmail向全球提供免费电子邮件服务，其很快成为一大热门网站。1998年，微软用4亿美元收购此网站。Hotmail的成功使一大批竞争者得到了启发，很快电子邮件成为门户网站的必有服务，如雅虎、netscape、Exicite和Lycos等，都有自己的电子邮件服务。

3．中国电子邮件历史

1987年发出中国的第一封邮件的是德国的维纳·措恩教授。他当时在德国卡尔斯鲁厄大学计算机中心任教。1987年9月，措恩教授在北京出席一个科技研讨会。经过一番调试后，他将北京的计算机应用技术研究所和卡尔斯鲁厄大学计算机中心实现了计算机联结。9月20日，他起草了一封电子邮件"跨越长城，我们可以到达世界的任何角落"，并与中国的王运丰教授一起署名后发出，成功地传到卡尔斯鲁厄大学的一台计算机上。

此后，清华大学校园网和中国科学院高能物理研究所等先后开通电子邮件应用。

1997 年，中国也有了免费电子邮件服务，提供者是网易。1999 年雅虎正式推出邮件服务，并于同年进入中国市场。而后，中国人成功开发了国内首个千万级别邮件系统——Core-mail 1.0，实现不宕机在线扩容，开启了 Core-mail 邮件系统时代。很快，163.net、网易、263.net 都用上 Core-mail 邮件系统，之后网易、263、中华网、Tom 网等 60%的免费邮件门户网站都使用 Core-mail 邮件系统。

2004 年 4 月 1 日，谷歌推出 Gmail，容量为 1 G，完胜当时 3 M 的 Hotmail 免费邮箱、4 M 的雅虎免费邮箱，就连百兆级别的国内邮箱品牌也相形见绌。下半年，在网易的推动下，中国迎来 G 邮箱大战。中国电子邮件行业正式进入海量存储时代。中国邮件行业竞争激烈，免费与收费市场之争，个人邮与企业邮市场的较量，推动着邮箱业的蓬勃发展。与此同时，行业巨头崭露头角，而在过程中掌握邮件核心技术的盈世 Core-mail，始终是这段历史的主角。

此后，中国电子邮件行业进入稳定发展期。这个阶段，政府、机构、企业单位出于安全性、保密性、易扩展性等考虑，越来越青睐收费企业邮箱以及自建邮件系统，收费邮箱进入品牌集中时代。经过 30 多年的蓬勃发展，无论是个人沟通还是商务办公，电子邮件已经成为我们必不可少的工具。近年来，邮件的商务功能不断地丰富，邮件归档、邮件审计、海外云镜像加速、移动办公成为中国邮件行业的关键词。未来，随着移动互联网、云计算技术的深入，电子邮件也将不断更新。

9.1.2 电子邮件营销

电子邮件营销（E-mail direct marketing，EDM）是在用户事先许可的前提下，通过电子邮件的方式向目标用户传递价值信息的一种网络营销手段。

E-mail 营销的起源可以追溯到 1994 年 4 月 12 日，移民签证律师坎特和西格尔夫妇把一封"绿卡抽奖"的广告信发到他们可以发现的新闻组，这在当时引起了轩然大波，他们的"邮件炸弹"使很多服务商的服务处于瘫痪状态。这两位律师在 1996 年还合作编写了一本书，书名是"网络赚钱术"，书中介绍了他们的这次辉煌经历：通过互联网发布广告信息，只花了不到 20 美元的上网通信费用就吸引来了 25 000 个顾客，赚了 10 万美元。他们认为，通过互联网进行 E-mail 营销是前所未有的几乎无须任何成本的营销方式。

此后，随着电子邮件应用的飞速发展，有企业开始萌发借此展开营销的信息传播的设想。E-mail 群发技术的产生，将这种信息传播方式推向了极致。企业只要以很低的成本，经过简单的技术处理，就可通过 E-mail 群发方式向市场大量地发送产品、营销或商务信息，并且效果很好。

1. E-mail 营销的分类

1）根据营销价值和地址资源的所有形式来划分

E-mail 营销有三个基本因素：基于用户许可、通过电子邮件传递信息、信息对用户是有价值的。三个因素缺少任何一个，都不能称为有效的 E-mail 营销。

因此，真正意义上的 E-mail 营销也就是许可 E-mail 营销（permission e-mail marketing，PEM）。未经许可就直接发送的电子邮件，称为未被要求的商业电子邮件（unsolicited commercial E-mail，UCE），也称为垃圾邮件（junk E-mail），或叫非法兜售的网络小广告（spam）。基于用户许可的 E-mail 营销与滥发邮件（spam）不同，许可营销比传统的推广方式或未经许可的 E-mail 营销具有明显的优势，如可以减少广告对用户的滋扰、增加潜在顾客定位的准确度、增强与顾客的关系、提高品牌忠诚度等。

根据许可 E-mail 营销所应用的用户电子邮件地址资源的所有形式，可以分为内部列表 E-mail 营销和外部列表 E-mail 营销，或简称内部列表和外部列表。

内部列表也就是通常所说的邮件列表，是利用网站的注册用户资料开展 E-mail 营销的方式，常见的形式有新闻邮件、会员通信、电子刊物等。

外部列表 E-mail 营销则是利用专业服务商的用户电子邮件地址来开展 E-mail 营销，也就是以电子邮件广告的形式向服务商的用户发送信息。许可 E-mail 营销是网络营销方法体系中相对独立的一种，既可以与其他网络营销方法相结合，也可以独立应用。

2）按受众类型来划分

个人电子邮箱：电子邮箱的供应对象是个人用户，分为收费和免费两种，即个人免费电子邮箱和个人收费电子邮箱。

企业电子邮箱：电子邮箱的供应对象是企业用户。企业电子邮箱主要用于企业内外部信息的沟通，表现形式为企业域名为企业电子邮箱的后缀名。

3）按是否支付费用来划分

免费邮箱：一般指不用支付任何费用就可以使用的电子邮箱产品。目前国内个人电子邮箱中的绝大部分都为免费电子邮箱。

收费邮箱：用户需要为使用电子邮箱服务付费，具体又分为面向个人消费者的 VIP 邮箱和面向企业的企业邮箱。

2．电子邮件营销特点

电子邮件营销具有以下特点。

（1）成本低廉，传播迅速。与常规的销售邮件相比，电子邮件节省了纸张、印刷、邮递等费用，不管发送到哪里，用户都只需负担网费。实时性和实效性也比传统邮件更高。电子邮件可以在几秒钟之内发送到世界上任何指定的目的地，与世界上任何一个角落的网络用户联系。

（2）受众面广，信息丰富全面。超过半数的互联网使用者每天都会收取或发送电子邮件。只要你拥有足够多的 E-mail 地址，就可以在很短的时间内向数千万目标用户发布广告信息，营销范围可以是中国全境乃至全球。文本、图片、动画、音频、视频、超级链接都可以在电子邮件中体现。

（3）个性化定制。根据社群的差异，制定个性化内容，根据用户的需要提供最有价值的信息。

（4）针对性强，反馈率高。可以精确筛选发送对象，将特定广告和产品信息投放给潜在顾客群体，针对性非常强。直接使用电子邮件作为传播媒介，这让用户更容易反馈信息，从而让你更好地了解顾客需求。

（5）具备追踪分析能力。借助一系列的邮件营销管理系统，你可以精确地跟踪邮件开启率、点击率、转换率等信息。根据顾客的购买周期来控制邮件发送的时间和频率。

3. 电子邮件营销的主要功能

（1）提升品牌形象。规范、专业的电子邮件营销对于品牌形象有明显的提升作用。

（2）产品推广或销售。产品推广或销售是电子邮件营销最主要的目的。

（3）维护顾客关系。电子邮件首先是一种互动的交流工具，然后才是其营销价值，这种特殊功能使得电子邮件营销在维护顾客关系方面比其他网络营销手段更有价值。

（4）顾客服务。在电子商务和其他信息化水平比较高的领域，电子邮件也是一种高效的顾客服务手段，通过内部会员通信等方式提供顾客服务，可在节约大量的顾客服务成本的同时提高顾客服务质量。

（5）网站推广。通过电子邮件可以主动向用户推广网站，并且推荐方式比较灵活，简单的广告、新闻报告、案例分析等均可出现在邮件内容中。

（6）资源合作。经过用户许可获得的电子邮件地址是企业的宝贵营销资源，可以长期重复利用，并且在一定范围内可以与合作伙伴进行资源合作，如相互推广、互换广告空间。

（7）市场调研。利用电子邮件开展在线调查是网络市场调研中的常用方法之一，具有问卷投放和回收周期短、成本低廉等优点。

开展电子邮箱营销需要解决三个基本问题：向哪些用户发送电子邮件，发送什么内容的电子邮件，以及如何发送这些邮件。这里将这三个基本问题进一步归纳为 E-mail 营销的三大基础。

（1）E-mail 营销的技术基础。从技术上保证用户加入、退出邮件列表，并实现对用户资料的管理，以及邮件发送和效果跟踪等功能。

（2）用户的 E-mail 地址资源。在用户自愿加入邮件列表的前提下，获得足够多的用户 E-mail 地址资源，是 Email 营销发挥作用的必要条件。

（3）E-mail 营销的内容。营销信息是通过电子邮件向用户发送的，邮件的内容对用户有价值才能引起用户的关注，有效的内容设计是 E-mail 营销发挥作用的基本前提。

当这些基础条件具备之后，才能开展真正意义上的 E-mail 营销，E-mail 营销的效果才能逐步表现出来。

4. E-mail 营销的技术基础

1）邮件列表发行平台的选择

经营邮件列表所面临的基本问题中，发送邮件列表的技术保证是基础中的基础，无论哪种形式的邮件列表，首先要解决的问题是，如何用技术手段来实现用户加入、退出以及发送邮件、管理用户地址等基本功能，我们将具有这些功能的系统称为"邮件列表发行平台"。发行平台是邮件列表营销的技术基础。经营自己的邮件列表，可以自己建立邮件列表发行系统，也可以根据需要选择专业服务商提供的邮件列表发行平台服务，实际中具体采用哪种形式，取决于企业的资源和经营者个人偏好等因素。

(1) 建立邮件列表发行系统。不同类型的邮件列表，其经营方式也有一定差别，但在基本原理上是相近的，下面我们以建立一份电子刊物为例来介绍建立邮件列表的主要问题。建立邮件列表可以选择免费邮件列表发行平台，也可以通过邮件列表服务商自行建立邮件列表平台。

经营一份电子刊物需要的最基本的功能应该包括用户订阅（包括确认程序）、退出、邮件发送等，一个完善的电子刊物订阅发行系统还包含更多的功能，如邮件地址的管理（增减）、不同格式邮件的选择、地址列表备份、发送邮件内容前的预览、用户加入/退出时的自动回复邮件、已发送邮件记录、退信管理等，这些都需要后台技术的支持。随着用户数量的增加和邮件列表应用的深入，还会出现更多的功能需求，这都需要后台技术不断完善。

(2) 选择第三方的邮件列表发行平台。一般来说，邮件列表专业服务商的发行平台无论在功能上还是在技术保证上都会优于一般企业自行开发的邮件列表程序，并且可以很快投入应用，大大减少了自行开发所需要的时间，因此与专业邮件列表服务商合作，采用专业的邮件列表发行服务是常用的手段。当企业互联网应用水平比较低，邮件列表规模不是很大，并不需要每天发送大量电子邮件时，没有必要自行建立一个完善的发行系统。另外，如果用户数量比较大，企业自行发送邮件往往对系统有较高要求，并且大量发送的邮件可能被其他电子邮件服务商视为垃圾邮件而遭到屏蔽，这时，专业邮件列表服务的优势更为明显。国外一些发行量比较大的邮件列表，很多也都是通过第三方专业发行平台进行的，如与网络营销相关的电子刊物 *AIM Ezine*、*Ezine-tips* 等。但出于对用户资料保密性等因素的考虑，一些电子商务网站因为要发送大量的电子邮件，通常需要利用自己的邮件系统发行。

2）E-mail 营销的地址资源

(1) 免费邮件列表服务的网站。邮件列表对用户的影响是直达式的，蕴含着很大的商机，邮件列表的先驱们都想率先占据这块阵地，从而培育出一批大型的邮件列表服务商，如国外的 egroups、topica 等。随着互联网在中国的不断发展壮大，邮件列表服务也风起云涌，产生了一批提供免费邮件列表服务的网站，它们的基本功能是大致相同的，但其稳定性、规模、便捷性以及其他相关功能方面却有不同之处。为了方便列表的创建者和订户选择较好的服务商，中国的下列邮件列表服务商可供企业比较选择，如索易网、希网网络、网易、搜狐等。

(2) 许可 E-mail 地址资源获取。在用户许可的情况下，引导更多的用户自愿加入邮件列表，从而获得尽可能多的用户 E-mail 地址资源，是 E-mail 营销发挥作用的必要条件。有些邮件列表建立之后，缺少持续的有效管理，所以加入邮件列表的用户数量比较少，E-mail 营销的优势难以发挥。可见，通过有效的方法和技巧获取 E-mail 地址资源，加上长期有效的推广和管理，才能做好 E-mail 营销。

网站的访问者是邮件列表用户的主要来源，因此网站的推广效果与邮件列表用户数量有密切关系。通常情况下，用户加入邮件列表的主要渠道是通过网站上的"订阅"框自愿加入，只有用户首先访问网站，才有可能成为邮件列表用户，如果一个网站的访问量比较小，每天只有几十人，受限于用户资源规模，邮件列表的效果就不理想。因此，企业需要采取一定的推广措施吸引用户的注意和加入，如充分利用网站进行推广，使用合理的地址收集软件，提供多种订阅渠道，充分挖掘现有网站用户，合理设置奖励措施等。

3）营销邮件的常用内容格式

（1）营销人员应该注意电子邮件发信人名称和标题。发信人名称使用企业或是杂志的正式名称，并且保持一贯性，不要轻易改动。例如你的企业叫"淘淘网"，发信人名称就使用"淘淘网"。订户注册淘淘网时就应该已经注意到这个名称，再加上收到确认邮件以及定期收到淘淘网的邮件，订阅者自然会记住这个名字，并且产生信任感。

邮件标题要准确描述本次邮件的主要内容，避免使用高调的广告用语，用词尽量平实。MailChimp 是一家专业邮件营销服务商，它们通过对 4 000 万电子邮件的打开率进行跟踪调查得出结论：好的标题能使邮件阅读率达到 60%～87%，而不好的标题，邮件阅读率只有 1%～14%。

（2）邮件正文可以分为几部分。

其一，邮件抬头应该首先清楚表明：这不是垃圾邮件。您订阅了某某电子杂志，这是某某电子杂志 2017 年 10 月号。如果您不想再继续收到我们的邮件，请点击这里退订。

这段内容必须放在邮件最上面，让订阅者第一眼就看到，知道收到的是自己订阅过的电子杂志，确保订阅者不会把邮件当作垃圾邮件，并告诉如果想退订也很简单。

其二，简单的邮件内容目录。邮件如果是电子杂志，包含两到三篇文章的话，可以在这里列出文章名称及一到两句话的简要说明，让订阅者可以一目了然地了解邮件内容，再决定要不要继续阅读。当然如果每封邮件只有一篇文章，这部分可以忽略。

其三，邮件正文。电子杂志邮件的正文通常应该是两到三篇文章，在文章结尾处可以适度以扩展阅读的方式推销一下网站上的产品。另外，如果邮件中有卖出广告位给第三方广告商，可以穿插在文章中间，但应该以清楚的文字标明中间是广告内容（图9-1）。

其四，主要文章内容结束后，应该有一小段下期内容预告，列出下一期文章内容标题及简介，吸引订阅者期待下一期邮件，尽量减少退订率。

其五，页脚。这一部分必须包含用户注册信息，可采用这样的格式：

"您收到这封邮件是因为您在某月某日，从 IP 地址×××订阅了×××月刊。"然后是隐私权及退订选择："我们尊重所有用户和订阅者的隐私权。如果您不希望再收到×××月刊，请点击这里退订。"隐私权和点击这里退订两处文字链接到相应的隐私权政策页面和退订程序页面。

在页脚也可以鼓励订阅者把收到的邮件转发给他的朋友，但是应该强调，只能转发给订阅者认识的朋友，不要发给不认识的人，以免变成垃圾邮件。

图 9-1 电子邮件广告样例

9.1.3 垃圾邮件与许可 E-mail 营销

真正的 E-mail 营销不是发送垃圾邮件,但垃圾邮件对于许可 E-mail 营销的影响是如此之大,以至于研究和应用 E-mail 营销,不能不涉及垃圾邮件的问题。事实上,一些用户正是通过垃圾邮件来对 E-mail 营销产生印象的,甚至将 E-mail 营销与垃圾邮件等同起来。

1. 垃圾邮件的定义

凡是未经用户许可就强行发送到用户邮箱中的任何电子邮件称为垃圾邮件。中国互联网协会对垃圾邮件的定义如下。

本规范所称垃圾邮件,包括下述属性的电子邮件.

(1)收件人事先没有提出要求或者同意接收的广告、电子刊物、各种形式的宣传品等宣传性的电子邮件。

(2)收件人无法拒收的电子邮件。

(3)隐藏发件人身份、地址、标题等信息的电子邮件。

(4)含有虚假的信息源、发件人、路由等信息的电子邮件。

2. 垃圾邮件的危害

英国防病毒网络安全公司索防士(Sophos)发布的一项报告指出,来自美国的垃圾邮件占全球垃圾邮件数量的比例最高,达到 24%;紧随其后的是法国,比例为 6.7%;中国排在第三，为 6.2%。

垃圾邮件可以说是互联网带给人类最具争议性的副产品，它的泛滥已经使整个互联网不堪重负。其有以下危害。

（1）占用网络带宽，造成邮件服务器拥塞，进而降低整个网络的运行效率。

（2）侵犯收件人的隐私权，侵占收件人信箱空间，耗费收件人的时间、精力和金钱。有的垃圾邮件还盗用他人的电子邮件地址做发信地址，严重损害了他人的信誉。

（3）易于携带和传播电脑病毒，还可能被黑客利用。如在 2000 年 2 月，黑客攻击雅虎等五大热门网站就是一个例子。黑客先是侵入并控制了一些高带宽的网站，集中众多服务器的带宽能力，然后用数以亿万计的垃圾邮件猛烈袭击目标，造成被攻击网站网路堵塞，最终瘫痪。

（4）严重影响互联网服务提供商（ISP）的服务形象。在国际上，频繁转发垃圾邮件的主机会被上级国际互联网服务提供商列入国际垃圾邮件数据库，从而导致该主机不能访问国外许多网络。而且收到垃圾邮件的用户会因为 ISP 没有建立完善的垃圾邮件过滤机制，而转向其他 ISP。一项调查表明：ISP 每争取一个用户要花费 75 美元，但是每年因垃圾邮件要失去 7.2%的用户。

（5）滋生各类违法的商业行为。如提供假发票，提供各种色情和违禁商品与服务，这些行为通过垃圾邮件传播，使查处和打击相当困难，已经对现实社会造成了危害。

3．垃圾邮件的预防措施

预防垃圾邮件首先建议换用 Google 的 Gmail，其防垃圾邮件的能力是最强的。国内邮箱可以考虑的是网易的 163 邮箱以及 126 电子邮局，二者同样有很强大的杀毒反垃圾邮件功能。或者采用专业的垃圾邮件防御服务器，市场上比较好的有 Ironport、硕琦、梭子鱼、敏讯。还可以通过下列措施来预防。

（1）给自己的信箱起个"好名字"。如果你的用户名过于简单或者过于常见，则很容易被当作攻击目标。许多人习惯用自己姓名的拼音作为用户名，但一般过于简单，很容易被垃圾邮件发送者捕捉到。因此在申请邮箱时，不妨起个保护性强一点的用户名，如英文和数字的组合，尽量长一点，可以少受垃圾邮件骚扰。

（2）避免泄露你的邮件地址。在浏览页面时，千万不要到处登记你的邮件地址，也不要轻易告诉别人，朋友之间互相留信箱地址时可采取变通的方式，你可改写为朋友一看便知，而 E-mail 收集软件则不能识别，防止被垃圾邮件攻击。

（3）不要随便回应垃圾邮件。当你收到垃圾邮件时，不论你多么愤怒，千万不要回应，在这里"沉默是金"，因为你一回复，就等于告诉垃圾邮件发送者你的地址是有效的，这样会招来更多的垃圾邮件。另外还有一种花招，为了证明 E-mail 地址是否有效，很多垃圾邮件发送者在邮件中往往以抱歉的语气说："若您不需要我们的邮件，请回复，我们将不再向您发送邮件"，如果你真的回复，就上了他们的当了，最好的办法是不理不睬，把发件人列入拒收名单。

（4）借助反垃圾邮件的专门软件。市面上一般都能买到这种软件，如可用 BounceSpamMail 软件给垃圾邮件制造者回信，告之所发送的信箱地址是无效的，以免受垃圾邮件的重复骚扰。而 McAfeeSpamKiller 也可以防止垃圾邮件，同时自动向垃圾邮件制造者回复"退回"等错误信息，防止再次收到同类邮件。

（5）使用好邮件管理、过滤功能。Outlook Express、Foxmail 和 qqmail 都有很不错的邮件管理功能，用户可通过设置过滤器中的邮件域名、邮件主题、来源、长度等规则对邮件进行过滤。垃圾邮件一般都有相对统一的主题，如"促销"等，若你不想收到这一类邮件，可以试着将过滤主题设置为包含这些关键字的字符。

（6）学会使用远程邮箱管理功能。一些远程邮箱监视软件能够定时检查远程邮箱，显示主题、发件人、邮件大小等信息，你可以根据这些信息判断哪些是你的正常邮件，哪些是垃圾邮件，从而直接从邮箱里删除那些垃圾，而不用每次都把一大堆邮件下载到自己的本地邮箱后再删除。

（7）选择服务好的网站申请电子邮箱地址。中国没有针对垃圾邮件的立法，也没有主导开发反垃圾邮件的新技术，垃圾邮件的监测主要是靠互联网使用者的信用和服务提供商对垃圾邮件进行过滤。好的服务提供商更有实力发展自己的垃圾邮件过滤系统。

（8）使用有服务保证的收费邮箱，收费邮箱的稳定性要好于免费邮箱。随着技术更完善的新服务的出现和未来双向认证的电子邮件系统的出现，垃圾邮件渐渐远离人们的生活。

（9）基本内容过滤。基本内容过滤包括黑名单垃圾邮件过滤和白名单垃圾邮件过滤。黑名单垃圾邮件过滤，指利用黑名单垃圾邮件过滤软件查看收到的邮件的发件人是否为发送垃圾邮件者，然后将其删除或放入专门的邮箱备查。白名单垃圾邮件过滤，指利用白名单垃圾邮件过滤软件把发件人地址和可信的邮件发送地址表进行对比。

4．许可电子邮件营销

1）许可电子邮件与垃圾邮件的区别

许可式电子邮件可以做到从周期性的邮件中获得你需要的、有价值的信息和资源，如果你认为邮件内容对你没有什么帮助，则可以随时自由地拒绝来自发送方的邮件。

许可式电子邮件营销区别于垃圾邮件营销体现在以下几点。

（1）邮件发送方在发送电子邮件之前必须经过接收方的同意，也就说只能发送 option E-mail。

（2）营销邮件列表中的 E-mail 联系人即邮件接收方可以随时自由加入和自由退出邮件列表。

（3）保障邮件列表中的 E-mail 联系人的信息私有化，不能以任何方式共享或出售私人信息给第三方。

（4）发送方应尊重接收方的意愿，周期性地传递有价值的信息和资源，不发送与主题无关的信息、内容、广告。

2）许可 E-mail 营销要遵循的基本原则

（1）及时回复。在收到 E-mail 的时候，要养成顺手回复的习惯，即使是"谢谢，来信已经收到"也会起到良好的沟通效果，通常 E-mail 应该在一个工作日之内回复顾客，如果碰到比较复杂的问题，要一段时间才能准确答复顾客，也要简单回复一下，说明情况。实在没有时间回复，可以采用自动回复 E-mail 的方式。

（2）避免无目标投递。不采用群发的形式向大量陌生 E-mail 地址投递广告，否则不但收效甚微，而且会变为垃圾邮件，损害公司形象。

（3）尊重顾客。不要向同一个 E-mail 地址发送多封同样内容的信件，当对方直接或者间接地拒绝接受 E-mail 的时候，绝对不可以再向对方发送广告信件，要尊重对方。

（4）内容要言简意赅。顾客时间宝贵，在看 e-mail 的时候多是走马观花，所以信件要言简意赅，充分吸引顾客的兴趣，长篇累牍会使顾客放弃阅读你的 E-mail。在发送前一定要仔细检查 E-mail 内容，确保语句通顺，没有错别字。

（5）附上联系方式。信件一定要有签名并附上电话号码，以免消费者需要找人协助时，不知如何联络。

（6）尊重隐私权。征得顾客首肯前，不得转发或出售发信人名单与顾客背景。

（7）坦承错误。若未能立即回复顾客的询问或寄错信件，要主动坦承错误，并致歉。不能以没有收到 E-mail 做借口，这样会弄巧成拙，不但无法吸引顾客上门，反而会把顾客拒之门外。

9.1.4 电子邮件营销策略

营销邮件的内容总的原则是"为用户着想，对用户有用"，此外，邮件内容规划时需要注意以下几个方面。

1. 预防被误认为垃圾邮件的措施

这里并不是告诉大家如何去发垃圾邮件而避免被系统认定为垃圾邮件，只是为了让部分商务人士在第一次给顾客发邮件的过程中，减少其邮件成为垃圾邮件的概率。

（1）第一次发的邮件最好不要有图片和附件。如果你和顾客有联系，顾客回复了你的邮件，邮件系统查实你们之间有邮件来往，可以在之后的邮件中加入图片。

（2）信中最好不要有链接。有链接的话，则很容易被拦截，因为邮件系统会认为有潜在威胁。如果是公司的网址最好是取消链接效果，把前面的 http 去掉，这样顾客还是能够看到网站。

（3）不要用太奇怪的字体，最好用常规的字体。大家都知道用不同的字体，加上不同的颜色，可以吸引顾客，但还是和图片一样，再好看，如果给顾客打开的机会都没有，也是白费功夫。奇怪的字体系统会认为是广告邮件。

（4）标题是最关键的。比较另类的标题可以吸引人，不过也很危险，加大了拦截的可能性。笔者建议用朴实一些、正式一点的标题，避免标题和内容不一致，否则会令顾客反感。

（5）一定要有针对性地发邮件，不要群发。群发的拦截率超高，而且也不太尊重顾客。要向那些和自己产品相关的顾客发邮件，并且在发之前，要大概了解顾客的情况。一天发上千封邮件，倒不如发几十封到 100 封有针对性的邮件。在了解顾客的同时，你也可以从顾客相关的咨询中学到好多东西，这也是一种进步，可使自己更专业。邮件要有合理地排版，避免凌乱。

2. 吸引读者打开你的邮件

即使邮件顺利通过垃圾过滤器进入读者收件箱，也不意味着邮件就会被打开阅读。所有使用电子邮件的人都有这样的经历：每天收到几十、几百封邮件，其中95%是垃圾。所以大部分人打开邮件之前会先浏览一下发件人及标题，凡是看着像垃圾的，直接就删除了。吸引读者打开你的邮件越来越成为一个挑战。2006年12月，Return Path公司所做的一项调查列出了读者打开和阅读邮件的主要原因（表9-1）。

表9-1 读者打开和阅读邮件的主要原因

认识并信任发件人	55.9%
以前打开过发件人的E-mail，觉得有价值	51.2%
邮件标题	41.4%
经常阅读的邮件	32.2%
邮件预览吸引了读者	21.8%
打折信息	20%
免费运货促销	17.5%

数据来源：http://www.returnpath.biz/pdf/holidaySurvey06.pdf.

从这组数字我们可以看到，最能够促使读者打开邮件的不是促销打折，而是知道发件人是谁，信任发件人。所以很明显，要吸引订阅者打开你的邮件，首先要让他知道这封邮件是谁发的，而且要想方设法让订阅者记住你是谁。在打开邮件之前，用户通常只能看到两个信息：发件人以及邮件标题。电子邮件营销人员也只有这两个地方可以用心思，促使订阅者打开邮件。

3. 定期发送，不要过于频繁

成熟的电子邮件营销计划必须确定好邮件发送频率，并严格执行。千万不要突然连续发几封E-mail，然后隔几个月又没消息了。如果是电子杂志月刊或周刊，当然发送周期已经确定了，每月一次或每周一次。就算是定期的电子杂志形式，其他邮件列表也应该有一个适度的发送周期，通常以一个月一到两次比较合适。

在正式群发邮件之前，可以先测试一下每隔多长时间发送E-mail效果最好。例如网店站长可以测试在不同的时间段(一周、两周、三周等)给用户发送邮件，试验哪个时间段间隔用户的点击率最高，这样在实际操作时就采用这样的发送频率，效果远好于不经思考乱发一通。

这样订阅者既不会因为长时间没有收到邮件而忘了自己曾经订阅过这个邮件列表，忘了网站，甚至再次收到邮件时以为是垃圾邮件，也不会因为短时间内收到太多邮件而觉得厌烦，造成退订或报告垃圾邮件。建立固定的收到邮件的心理预期对留住订阅者、建立信任度是非常重要的。

4. 邮件内容与订阅承诺始终如一

营销邮件的内容不要偏离当初订阅时所承诺的方向。如果注册说明承诺邮件将以小窍门为主，就不要发太多广告。如果承诺是以新产品信息和打折信息为主，就不要发与用户实际上不相关的公司新闻。承诺发送什么内容，就要发送什么内容，这样订户才不会产生不满情绪。要知道用户对垃圾邮件的心理定义其实一直在变化中。垃圾邮件最先出现时，大家还觉得挺有意思，几乎所有人都不太反感。随着垃圾邮件增多，渐渐变成凡是收信人没主动要求的卖东西的邮件，就是垃圾邮件，这已经成为用户和网络服务提供商，甚至政府都公认的标准。现在又有一种倾向，很多用户觉得，就算我注册了，是我要求的，但内容不符合我的预期，这也是垃圾邮件。在这方面，用户行为完全不受营销人员控制，轻者退订，重者报告为垃圾邮件，会给服务器、域名带来不必要的麻烦。

5. 不要过度销售

营销邮件也要注意千万不可过度销售。除非邮件列表本身就是专门提供促销信息的，订户有心理预期，不至于太反感。绝大部分电子杂志订阅者看重的是对他自己有帮助的行业新闻、评论、技巧、窍门等实在内容，营销人员就应该以这些内容为主。营销目的当然还是要产生销售，但在营销邮件中不可以高调宣扬，只是简洁地在邮件正文结尾处加一句类似这样的话就可以了：要想了解更多窍门，请点击这里参观我们的网站。或者：××一书中有更多照顾婴儿的技巧，您可以点击这里参考。也就是说，在邮件中不要硬销售，而是提供对用户有帮助的信息，然后以扩展阅读的方式，推荐读者点击链接回到网站，在网站上完成销售。

6. 分众发送和个性化邮件

可以给阅读邮件的用户群再分类：狂热支持的和一般喜欢的。对于几乎阅读了大部分邮件的受众，可以给他们发送最有利润的产品广告；对稍感兴趣的用户可以发送利润稍低一点的产品和服务。对于几乎不感兴趣的受众应定期发送邮件，争取拉拢过来。这样做，才能让 E-mail 群发的转化率最大化。

如果能力允许，整个邮件都要强调个性化，也就是说在标题中巧妙插入订阅者的名字，吸引订阅者打开邮件。在邮件内容中也要在适当的地方插入订阅者名字。下面比较两个邮件的开头文字：

亲爱的读者：

　　欢迎您打开××周刊第 30 期。在这一期我们为您准备了……

　　加入个性化的正文：

亲爱的××：

　　感谢您对我们的支持。在××周刊第 30 期，我们为您准备了……

这两个开头哪个显得更贴心，更能吸引订阅者继续阅读，显而易见。

订阅者名字的动态插入在设计电子邮件营销系统时就要考虑进去。这对一个程序员来说难度并不大，但营销人员必须记得提醒程序员要包含这个功能。

7．HTML 邮件设计

现在的邮件通常都是 HTML 格式。从原理上来说，整个 HTML 邮件可以设计成和网页一样，但在实际中却不是如此。

如果邮件设计者还是按普通网页尺寸设计，展现在读者眼前的很可能是变形错位的排版，具体效果完全无法预测。

邮件设计应该尽量简单。HTML 邮件允许使用图片，也应该使用，但最好只用两到三张图片。实际上只要在邮件头显示网站或电子杂志 logo，在邮件尾插入 1×1 像素的跟踪隐藏图片就足够了。其他的都靠颜色、字体和排版来展现风格。为避免不可预期的排版错误，HTML 邮件的排版设计越简单越好。

8．及时回复邮件，重视黄金顾客

有顾客回应，应当及时回复发件人。这点并非每个公司都能做到。可以想象，一个潜在顾客给你发出了一封询问产品的邮件，一定在急切地等待回音，如果等了两天还没有结果，他一定不会再有耐心等待下去，说不定早就成了你的竞争对手的顾客。在现实生活中，我们都会有同样的感受：4~6 小时内收到回复邮件都会让人感觉棒极了；8~12 小时内的回复邮件说明你一直在工作，同时我仍被列为受重视的顾客；一天内的回复邮件说明我未被遗忘；两天后的回复邮件说明我对于你来说已无所谓。

抓住 20%的黄金用户。经过长时间的分析和实验，邮件营销也有二八定律，大部分的收件人对不同的广告其实反应都差不多，只有 20%的用户才会对定制的邮件反应敏感。因此不用特别花精力在设计独特的邮件上面，监测用户的点击率，抓住 20%的黄金人群会对下一步的策略调整起重要的作用。

9.1.5 电子邮件营销效果监测

任何营销活动都必须能测量营销效果，计算投资回报率，才能去伪存真，把精力和时间放在有效的营销手法上，剔除无效赔本的营销活动。电子邮件营销同样如此。不过电子邮件营销的效果监测并不是很直接，需要一些技巧才能实现。网上的一些文章及有关电子邮件营销的书籍也会论述邮件送达率、阅读率、点击率的重要性，但很少见到有资料探讨怎样测量电子邮件的送达率、阅读率、点击率。电子邮件营销的阅读率、点击率、投资回报率计算在实现上有一些技巧。

1．邮件列表注册转化率

邮件列表注册转化率就是完成电子杂志注册人数与访问网站的独立 IP 人数之比。测量方式是参考网站流量统计中的独立 IP 人数，提交电子杂志注册表格后所显示的确认网页次数，以及电子杂志数据库中最终完成双重选择加入的总人数。

已确认页面显示次数除以独立 IP 数，就得出注册转化率，但还不是最终完成注册的转化率。以电子杂志数据库中的总人数除以独立 IP 数，才是最终电子杂志转化率。计算都是以某段时间为标准，如按日、周或月得出的转化率。

通常电子商务网站销售转化率在 1%左右属于正常。邮件列表或电子杂志的转化率应该更高，达到 5%～20%都属正常。

与转化率功能相似的另外一个监测指标是订户总数。一般网站不可能一下达到几万电子杂志订户，每天增加十几二十个都很正常，持之以恒一年就可以达到几千个订户。几年下来，你就有上万订阅者。订户人数增长率也应该给予重视。在网站流量保持平稳的情况下，如果增长率明显降低，站长就应该检查一下是否有技术问题，给予的订阅礼物是否已经过时，不再有吸引力，必要时在网站上作一个用户调查，看看是什么原因造成订户增长率下降。

2．退订率

订阅用户点击邮件中的退订链接后，其电子邮件地址将从数据库中删除，电子邮件营销系统后台应作相应记录。退订是无法避免的，但退订率如果不正常的高，如达到百分之二三十，营销人员就要审查自己的邮件内容是否太高调、太商业化，是否发送邮件次数过多，邮件内容是否与当初标榜的电子杂志宗旨保持一致，文章是否对用户有助益。只要邮件内容保持高质量，真正对主题感兴趣的用户通常不会轻易退订。就算对某期电子杂志内容不感兴趣，也不能断定对以后内容都不感兴趣，除非连续几期接到的邮件都是通篇广告。如果营销人员确信邮件内容是高质量的，退订的那部分大概也不是你的目标用户，而是为了免费礼物而订阅，或者只是因好奇而订阅。

3．邮件送达率

以发送邮件总数（通常就是数据库中的订户总数）减去接收到的退还邮件数目，就是送达的邮件数。以送达邮件数除以发送总数，就得到送达率。送达率显示邮件已进入用户邮箱的比例。不过进入邮箱却不一定意味着用户能看到这封邮件。邮件有可能直接就进了垃圾文件夹，有可能用户只看了标题就删除了，这些邮件也都是被计算在已送达数字之内的。所以实践中送达率是一个必须知道，但实际意义却比较小的数字。用来衡量用户看到邮件的真实情况，误差比较大。在实践中，邮件打开率或者叫阅读率，比送达率更有意义。

4．邮件打开率（阅读率）

邮件打开率显示的是用户真正打开邮件的比例。测量方法是在邮件的 HTML 版本中，嵌入一个 1×1 像素的跟踪图片文件。每封邮件的跟踪图片文件的文件名都不同，如第一期杂志图片文件名为 tracking200801.jpg，第二期杂志的跟踪图片文件名为 tracking200802.jpg。当用户打开邮件，邮件客户端就会调用位于网站服务器上的这个跟踪图片文件。从服务器日志中记录的这个图片文件被调用的次数就可以知道相应邮件的被阅读次数。

和网站访问一样,这个文件调用还可以分为独立 IP 调用次数以及总调用次数。每一个独立 IP 代表一个用户,独立 IP 调用次数除以发送邮件总数,就是比较准确的邮件阅读率。追踪图片文件总调阅次数往往会更高,因为同一个用户可能多次打开这个邮件。邮件打开率或阅读率才真正代表邮件信息展现在用户面前的比例。

当然,如果更仔细分析,这样得出的邮件打开率也还并不一定能代表用户真的认真阅读了邮件内容。很有可能用户打开邮件,只看了两秒钟就去看另外一个邮件了。用户真正仔细阅读邮件内容的次数是无法计算的。另外一个不精确的地方是,如果用户选择订阅纯文本格式邮件,或者他的邮件客户端因为某种原因只能显示成纯文字版本,这样的阅读次数从技术上没有办法进行统计。好在现在所有的邮件客户端以及免费 Web 邮件都支持 HTML 邮件,除非用户特意设置成只阅读纯文字版本。

5. 链接点击率

在每一封邮件中营销人员都不可避免地会适当推广自己的产品或服务,形式就是提供一个指向自己相应网页的链接,吸引用户点击链接来到网站,产生销售。不过营销邮件中的链接不能是普通的 URL。如果在邮件中放上普通的 URL,营销人员将无法把来自电子邮件的点击与直接在地址栏输入 URL,或从浏览器书签访问网站区别开。在网站流量统计中,这些访问都是没有来路的,都被算作直接流量。正确的方法是,每一期电子杂志中的营销链接都给予一个特定的跟踪代码。这样,服务器日志文件以及邮件营销系统都可以鉴别这些点击是来自电子邮件,也可以区别出是来自哪一期电子杂志。这些点击 URL 整合在电子邮件营销系统程序中,由程序自动计算被点击次数,生成相应的点击率。

如果电子邮件营销系统不具备点击统计功能,站长可以在服务器端人工设定 URL 转向,然后通过网站流量统计系统计算访问次数和点击率。电子邮件点击率是更为精准的测量电子邮件营销效果的指标,表明用户不但看了你的邮件,而且对你所推广的产品产生了兴趣。

6. 直接销售率

当然最有效的电子邮件营销是要产生销售。要统计从电子邮件产生的具体销售数据,就需要综合运用上面所讨论的链接点击统计和联署计划。简单说,每一期电子杂志的所有链接,都给予一个特定的联署计划 ID,这样,凡是电子邮件带来的销售数字都会被联署计划程序准确记录。具体原理和做法请参考联署计划部分。这里要强调的是,通过这种方式统计实际销售数字,是非常强有力的电子邮件营销效果监测手段。它能告诉营销者电子邮件营销带来的实际销售金额和利润率。各种营销活动,无论是吸引眼球,提高点击访问,还是宣传品牌,其宗旨都无非是产生销售。借助联署计划程序的灵活运用,电子邮件营销也可以精确统计投资回报率。

Jack & Jones 电子邮件营销案例

时尚男士服装品牌 Jack & Jones 开展了一次大胆创意的许可电子邮件推广活动。截至活动结束，目标消费人群（男性，年龄介于 22~30 岁，居住在北京）中有 47% 打开了 Jack & Jones 的推广信息邮件。比点击率更有说服力的是，数百名消费者对邮件的回应是实地前往了指定的专卖店，并实现了购买。Jack & Jones 是怎样通过使用许可电子邮件实现品牌推广，以及带来回应的呢？

1. 测试邮件标题

在活动正式开始之前 15 天，发出的第一封 HTML 格式邮件的标题是"跟女人没有关系"。就是这封邮件在活动期间在目标消费人群中带来了高达 47% 的回应率，高居回应率榜首。

2. 邮件创意：用他的脑袋

一打开邮件，闯入大家眼帘的是一个叫 Larry 的人的光光的后脑勺。脑袋旁边的文字注解是："嗨，哥们儿！不用剃光头，你也可以像他那么酷！我回头告诉你！"结果有 6 000 个人想知道答案。

点击后出现的邮件的下一个画面上，Larry 转过头来，还向消费者讲解了有关活动的详情，告诉他们可以在指定的时间和专卖店找到他，并享受一个特别优惠的价格。此外，为了更好地达到跟踪的目的，Jack & Jones 在活动中还设立了一个密码，只要每个到现场的消费者说出"Jack & Jones"就算通过。然后，Jack & Jones 还在邮件里面设立了一个传递邮件的功能，使用户可以将邮件和有共同兴趣的朋友分享。结果有超过 600 人传递给了朋友。

3. 提醒邮件

为了可以尽善尽美地发挥电子邮件这个媒体的优势，Jack & Jones 希望可以再次接触表示出兴趣的用户。活动开始前 3 天，向曾经打开过第一封邮件的用户发出第二封邮件。这次的创意还是沿用了上封邮件的 Larry 的光头，但这次他只是从邮件页面走过，好像在催促大家见面时间快到了。千万不要错过这个机会啊！

4. 线下活动内容

在活动当天，当 Larry 比预定提前一小时到达现场的时候，就已经有慕名前来的用户守候在那里了。在接下来的 3 个小时里，Larry 亲身见证了消费者是如何对一封设计合理、基于许可的 HTML 格式的邮件作出回应的：他一直都在应接不暇地接待着他们。在这 3 个小时里，Jack & Jones 平均每两分钟售出一件 POLO 衬衣。

毫无疑问，使得本次活动大获成功的一个最重要因素就是活动开始前的邮件发送测试。很多公司就是因为缺少耐心或远见，而忽略了这样一个简单的多元素测试。如果他们给没有打开第一封邮件的用户发第二封邮件，看看是否有助于提高点击率和最终销售额，应该挺有意思的。整体来讲，这是一个令人印象深刻、经过深思熟虑的推广策划，同时还有具有强大的创意及明确的策略支持。也许 Larry 现在应该给自己买顶帽子，不至于在购物的时候受到骚扰。

（资料来源：人人网. http://blog.renren.com/share/230492141/1218714096.）

9.2 联署计划营销

9.2.1 联署计划营销概述

在传统的营销渠道，企业为了扩大经营规模、稳定销售渠道、团结分销成员和服务分销成员，通常会采用会员制营销。会员制营销模式采用系统的管理和长远的渠道规划，利用企业的产品、品牌、视觉标识、管理模式以及利益机制来维系分销渠道，并组建相对固定的会员组织，发挥利益共享、模式共享、信息沟通和经验交流的作用，它是深层的关系营销。互联网环境下，会员制营销更是简单易行。

1. 联署计划历史

1）联署计划

联署计划又称为网站联盟，英文为 affiliate program、referral program、associate program、profit sharing program、partners program 等。不管名称是什么，操作方式都是一样的。

从广告的角度看，联署计划营销是一种按效果付费的网络广告方式。某网站（通常是商业网站）为自己的产品设置一个联署计划程序，其他站长可以参加这个联署计划，或者说参加这个网站联盟。参加联盟的站长会得到一个联盟网站链接，站长把这个代码放在自己的网站上，或通过其他形式推广这个联署计划链接。访问者通过联署计划链接来到这个商业网站后，购买的任何东西所产生的销售额，站长都将得到一份佣金。

联署计划需要有程序来实现对联署计划链接的点击及购买情况进行跟踪。一般是通过在用户电脑中设置 cookie 来实现的。联署计划程序通过联署链接和 cookie 来判别某一个销售是属于哪一个站长介绍来的。

2）联署计划的起源和发展状况

联署计划虽然不是亚马逊首创，但是亚马逊网站当年的成功使用对联署计划的推广功不可没。1996 年亚马逊书店通过建立联署计划营销的新方式，为数以万计的网站提供了额外的收入来源。亚马逊公司采用提成的方式鼓励其他网站将 Amazon 公司的广告链接到自己网站上去，任何一个拥有自己的网站的公司或机构都可以注册成为 Amazon.com 公司的合作伙伴，它们将亚马逊公司的广告放在自己网站醒目的位置，然后从 Amazon.com 公司的网站上选择一些重要的图书。当顾客点击了要购买的书后，顾客根据购物程序完成购买。不久合作机构就可以收到出售书的手续费提成。通过这种方式，亚马逊公司节省了许多营销费用，而且取得了良好的效果。

在欧洲，在联署计划营销领域处于领先地位的公司是 Zanox 公司，它是成立于 2000 年的一家综合网络营销服务提供商。2007 年 Zanox 公司在网络会员制营销方面拥有 100

多万个遍布全球的加盟网站，其广告顾客主要是 2 000 多家国际公司。除了网络会员制营销，Zanox 公司提供的网络营销服务还包括搜索引擎营销、电子邮件营销、网络购物和顾客忠诚度解决方案等。会员网站加盟后会收到大量的广告投放需求，其中包括广告主要求的内容、投放方式、结算方式等信息，加盟网站的网页、电子邮件和其他信息发布渠道都可以作为广告载体。通过每一笔交易，相应的加盟网站都能得到一笔佣金。Zanox 公司平台支持 13 种语言，佣金可以以 200 种货币支付。

联署计划在中国的推广始于 2000 年，卓越联盟店、当当网联盟计划、易趣创业联盟等网站都应用了联署计划开展营销活动。到 2003 年联署计划营销已经在国内许多网络公司广泛应用。不仅受到大型电子商务网站的重视，而且也扩展到其他网络服务领域，如搜索引擎的竞价排名、竞价广告等。

2. Google AdSense

Google AdSense 是个合成词。其中 ad 是 "广告" 之意，sense 是 "感知" 之意，综合起来的意思就是相关广告。Google 通过程序来分析网站的内容，并且投放与网站内容相关的广告。Google AdSense 是由 Google 公司推出的针对网站主（简称发布商）的一个互联网广告服务。

如果一个网站加入 Google AdSense，即成为 Google 的内容发布商，就可以在自己网站上显示 Google 关键词广告，Google 根据会员网站上显示的广告被点击的次数支付佣金，当某个月底佣金累计达到 100 美元时即可向用户支付广告点击佣金。Google AdSense 是一种获取收入的快速简便的方法，适合于各种规模的网站发布商。它可以在网站的内容网页上展示相关性较高的 Google 广告，并且这些广告不会过分夸张醒目。由于这些所展示的广告内容同用户在您的网站上查找的内容相关，因此，最终您的内容网页不仅仅会为您带来很好的经济效益，还能够得以充实网站内容页面。

Google AdSense 开创了一个新的广告模式。以前的很多广告商主要靠在各种页面高频率地轰炸网友的眼球，而不管这个网友对广告内容是不是感兴趣。但是 AdSense 却通过分析网页内容后，提供一些和内容相关的广告，因为内容相关的广告更容易引起读者的兴趣，使广告成为一种真正有用的信息，而且也不会给网友太多的骚扰。

1) Google AdSense 的特点

（1）接触面广，充分发挥网站的创收潜力。通常与广告顾客签约并维护与他们的合作关系需要专人进行，Google AdSense 能够为您完成这些工作。而且启动之后基本上不需要对 AdSense 计划进行任何维护。当您在网站上展示 Google 广告时，您就可以发掘您网站的最高收益潜力。Google 将相关的 CPC 和 CPM 广告放入同一竞价系统中相互竞争。该竞价立刻生效，并在结束时，AdSense 将自动展示最大收益的文字或图片广告于您的网页，同时也给您创造最大收益。

（2）随时更新，内容发生变化时，广告也会变化。Google AdSense 技术并不是只停留在简单的关键字匹配或类别匹配上。无论你的网站的网页数量有多么巨大，或者内容有多么专业或宽泛，Google AdSense 都会努力理解网站内容，然后自动投放针对特定网页的相关广告。内容发生变化时，Google AdSense 广告也会跟着发生变化。并且，由于

Google AdSense 的广告还能够按国家、地区定位,所以全球性企业无须额外付出努力,即可针对不同地区展示不同的广告。

(3) 维护顾客的企业规范,捍卫客户权利。捍卫您的企业规范也是 Google 的职责所在。Google 致力于维护顾客的企业规范。正是基于这一原因,Google AdSense 采取了许多保护措施,如竞争性广告过滤器、广告审核等。

(4) 敏感内容过滤,设置默认广告。有时,某些广告可能不适合一些网页。例如,Google 会自动过滤掉不适合在报道灾难性事件的新闻网页上展示的广告。万一 Google 无法向您的网页投放具有针对性的广告,允许您展示您所选择的默认广告。这确保您最大限度地提高自己广告空间的使用效率。

(5) 借助于在线报告跟踪收入情况。加入 AdSense 计划后,您能够借助于可自定义的在线报告详细了解网页展示次数、点击次数以及点击率等信息,从而监控广告效果。您还可以快速、方便地跟踪特定广告格式、颜色和网页的效果,并且洞察其中的发展趋势。借助于我们灵活的报告工具,您可以根据需要随意对网页进行组合,从而按照网址、域、广告类型和类别等查看结果,了解收入情况,您可以随时检查收入情况。

2) Google AdSense 推广

Google AdSense 推广只有被点击的广告才能收钱,只有用户关心的内容用户才会点击。所以应该吸引用户的关心,增加点击率。

提高 AdSense 的点击率的基本方法是调整广告位置以及广告和颜色,一般网页的左上部和上部的点击率是最高的,另外采用矩形框的方式,将广告和文章内容融合在一起也会提高广告的点击率。颜色的调整主要是广告背景和文字颜色,将其调整得和网站整体风格一致,也可以提高相应的点击率。

提高点击率的另一个方法是控制广告显示内容,用户只会点击感兴趣的广告,因此通过 AdSense 的竞争性广告将垃圾广告的域名都加入黑名单,这样那些低点击率的广告就不会再显示了。

3. 百度网盟

百度网盟推广是百度联盟的重要组成部分。百度联盟提供最具竞争力的互联网流量变现专业服务,致力于帮助伙伴挖掘流量的推广价值,同时为推广顾客提供最佳回报。百度联盟已推出了搜索推广合作、网盟推广合作、开放平台合作、新业务合作等多种业务合作形式。到 2011 年,百度联盟累计注册网站已经超过了 50 万,日均曝光量超过了 45 亿次;并与国内外 500 余款知名软件、几十家网吧应用服务提供商合作,将搜索服务推送到上亿台电脑终端上,影响力几乎覆盖所有中国网民。

其中的百度网盟推广合作业务可以分析您网站页面的内容,并将与主题最相关的百度推广投放到网站相应的页面,为推广顾客和网站主带来推广内容投放效益的最大化。网站用户通过点击该文字链产生收入,网站主就可以从百度获得相应的分成。

1) 什么是网盟推广

百度网盟以 60 万家优质联盟网站为推广平台,通过分析网民的自然属性(地域、性别)、长期兴趣爱好和短期特定行为(搜索和浏览行为),借助百度特有的受众定向技术帮助企业主锁定目标人群,当目标受众浏览百度联盟网站时,以固定、贴片、悬浮等形式呈现企业的推广信息。

2)百度网盟推广与百度搜索推广的关系

百度网盟是百度搜索引擎营销的延伸和补充,突破了仅在网民搜索行为中实施影响的限制,在网民搜索行为后和浏览行为中全面实施影响。网盟推广与搜索推广一脉相承,当网民使用百度时,搜索推广将企业的推广信息展示在搜索结果页面,而当网民进入互联网海量的网站时,网盟推广可以将企业的推广信息展现在网民浏览的网页上,覆盖了网民更多的上网时间,对网民的影响更加深入持久,有效帮助企业提升销售额和品牌知名度。网盟推广和搜索推广相结合,能够形成对潜在目标顾客的全程、全方位深度影响,帮助企业收获更好的营销效果。

3)百度网盟推广的优势

百度网盟目前能够覆盖超过 95%的中国网民,每日有超过 80 亿次的展现机会。同时,依托于百度庞大的网民行为数据库和精准的受众定向技术,以及丰富多样的创意形式,百度网盟与搜索推广一起,能帮助企业主锁定更多人群,以更低的成本产生更大范围、更长时间、更深刻的影响,帮助企业提升知名度、获取访客、促成订单、挽回流失顾客。

9.2.2 联署计划营销系统构成及佣金

1. 网站联盟系统成员构成及价值

1)联署计划营销三要素

联署计划营销三要素包括广告商、联盟会员和联盟营销平台。

广告商又称网络服务提供商,是指联署计划的发布者,一般来说就是拥有自己的网站并希望通过发布网络联盟活动来推广自己的产品或服务。广告主按照网络广告的实际效果(如销售额、引导数等)向联盟会员支付合理的广告费用,节约营销开支,提高营销质量。

联盟会员俗称网络运营商,是指合法拥有一个或多个有一定流量的网站,或者具备在一个或多个网站投放广告进行网络效果营销获取收益能力的机构或者个人,是联盟效果营销平台交易对象中提供和经营网络流量与访问用户的一方。联盟会员通过网络联盟营销管理平台,选择合适的广告主并通过播放广告主广告提高收益,同时节约大量的网络广告销售费用,轻松地把网站访问量变成收益。

网络联盟营销平台为联盟会员提供广告主的商品销售、会员注册等效果广告及值得信赖的第三方的用户访问跟踪、实时报告系统、佣金结算、营销等方面的服务,此外还包括网络营销的咨询、策划、创意、广告投放、效果监测等广泛的增值服务。

2)联署计划营销的商业链

站长:网站的维持者,用户浏览的网页内容皆出自站长管理之手。站长们创造各色的网站,丰富网络天下,方便网友交流,同时提供广告位。

广告商:希望在对应的网站上投放广告的企业。

网盟：聚齐各色网站，链接上万家甚至几十万家的网站，形成网站联盟。同时架起与广告主之间的桥梁，广告主通过网盟在网站上投放广告，网站通过加入网盟获得企业的利润。

用户：用户点击网站联盟，浏览其中的网站，获得需求满足，同时接收广告内容。

在全球首先试水网盟的是亚马逊。在中国，较为常见和热门的网盟有百度网盟、谷歌网盟和盘石网盟等。

目前，百度网盟拥有 30 多万网站联盟，而谷歌联盟虽立足全球市场，却已退出中国内地，盘石网盟是全球最大的中文网站联盟，三者似有三足鼎立之势。

3）联署计划是一种三赢网站推广方式

联署计划营销是利于广告商、站长及用户三赢的，非常有效的网络营销渠道。

（1）对广告商来说，只有在用户完成特定任务，产生了营销效果后，才支付广告费用。没有营销效果时，广告商不必支付任何费用。

在 20 世纪末互联网泡沫崩溃前，最通用的广告方式是按显示付费。广告商的旗帜广告在其他网站被显示 1 000 次，广告商需要支付广告费用若干元，不管显示的广告是否产生了效果。那时候广告费最高可以达到每千次显示 20 美元。这 1 000 次显示，并不保证任何广告效果。可能没有任何人点击来到广告商的网站，可能有 1%的人点击，但没有人购买任何东西。无论效果如何，广告商都要支付这 20 美元广告费。

以今天的观点来看，这样的广告费高得惊人。这恐怕也是当年互联网泡沫破灭的原因之一。很多网站拿到投资后，把很大一部分花费在网络广告上。但因为自身网站盈利模式、转化率问题，以及用户对网络广告尤其是旗帜广告从感觉新鲜，到习惯，到无视，最后到讨厌，点击率快速下滑。很多网站把巨额预算花光，却没有产生应有的效益，导致关门大吉。

在那场互联网泡沫破灭后，很快兴起了按点击付费的广告方式。最典型的代表就是搜索竞价，这比按显示付费合理很多。广告商花的广告费，不仅仅保证广告确实被显示，而且保证确实有用户来到了广告商的网站。广告商要做的是提高网站本身的转化率。只要访问者产生的利润超过点击广告的成本，网站就可以保证盈利。

几乎在同时，以联署计划为代表的按效果付费广告方式也迅速发展起来。联署营销模式对广告商来说就更安全保险。在大部分情况下，只有在产生了销售后，广告商才需要支付佣金。只要所付出的佣金在销售利润之内，广告商就没有任何商业风险。

（2）对参加联署计划的站长来说，这也是一个有效的网络赚钱方式。就像前面说过的，在网络上赚钱并不是一个快速致富的捷径。在电子商务网站上直接进行销售活动，就更不是一件轻松的事。自己直接在网站上销售产品或服务，需要考虑和处理的事情非常多，如进货和库存、现金周转、发货及物流、网络欺诈的预防、售后服务、提高网站易用性和用户体验、提高网站的销售转化率、员工的培训管理及工资成本、需要完成的法律手续、税务等。

要照顾到这方方面面，并不是每个站长都能胜任的。有的站长擅长建网站，有的站长擅长写高质量的原创内容，有的站长擅长运营聚集大量人气的社区网站。而站长通过种种方式得到流量之后，并不必然就能转化为盈利。

很多时候，站长自己靠流量来直接销售的话，要考虑到种种方面的工作，成本将会大大提高，盈利反倒没有参加联署计划好。

参加其他网站的联署计划，站长所要做的只是吸引用户点击联盟链接，用户转化率、发货、售后等都是由广告商网站自行完成。站长既能有效地利用自身的流量转化为盈利，又省去很多自己无法完成的麻烦工作。

顶级的联署计划站长往往能每月收入数万美元。对大部分小站长来说，这个目标可能是可望而不可即的，但确实是可以实现的。很多站长的能力和注意力都集中在流量上，联署计划就提供了一个让站长把精力放在自己擅长的事情上，而又能有效盈利的方式。

（3）联署计划对用户也是有利的。如果没有联署计划，用户可能根本没有机会看到广告商的网站，也就没有机会买到自己想要的产品或服务。无论用户是以哪种方式来到广告商的网站，产品或服务的价格以及服务水平都是完全一样的，并不会因为顾客是从联署计划链接来到广告商网站，要付出的价格就更高些。对最终购买的用户来说，价格和产品等都是一样的，没有任何区别。

2．佣金的结构和支付方式

站长得到的佣金也可以有多种形式，按照用户指定行为的不同，可以分成三种付费形式。

1）付费方式选择

（1）按点击付费（pay per click）。按点击付费非常类似于搜索竞价排名。用户只要点击联盟链接，广告商就要支付站长一定数额的佣金。用户无须在网站上完成其他行为。一般广告商把按点击付费作为联署计划营销的辅助手段，很少作为联署计划的主要目的。

按点击付费，广告商需要根据历史数据计算出平均每个访问者能带来的预期利润。假设网站每 100 个访问者中有 1 个人会购买，转化率就是 1%，销售额是 100 元，扣除所有成本，利润是 30 元，可以计算出，每一个访问者的预期利润是 0.3 元。也就是说每个点击可以承担的费用最多是 0.3 元。

按点击付费是危险性比较高的付费方式，当然比按显示付费还是安全多了。不同来源的访问者所带来的转化率及预期价值并不相同。如搜索引擎的一些长尾关键词，访问者目的明确，转化率也比较高。但是从联署计划来的一部分访问者，有可能是误点击，有可能是网站广告不实，还有可能是站长误导。这样的流量质量不高，转化率也比较低。另一个风险是站长的各种欺诈点击。这种情况在搜索引擎竞价排名中也很常见。虽然 Google、百度这样的大公司都积极提高欺诈点击的判断率，但准确性到目前为止并不高。欺诈点击的比例有时高达 20%～30%。最新的调查数据显示，整个行业的欺诈点击率是 16.6%。使用联署计划程序，从技术上判断欺诈点击的准确率比 Google、百度这些公司相差甚远。这是广告商要按点击付费必须承担的风险，也是必须事先计算在佣金里的因素。

（2）按引导付费（pay per lead）。用户点击联盟链接来到广告商网站后，需要完成某个引导行为，如下载试用软件、注册用户账号、订阅电子杂志、注册为论坛会员、订阅博客 feed、填表索要样品等。这里的引导行为通常都是免费的，不需要用户花钱购买任何东西。

按引导付费需要更严谨的计算和可靠的历史数据。用户并不需要在网站上购买任何东西，广告商就需要支付佣金。所以广告商必须非常清楚，完成了引导行为的用户当中有多大比例会成为付费用户，平均购买金额是多少，平均利润是多少。

假设根据历史数据，网站电子杂志订阅者中有 5%会购买网站产品，这些订阅者的平均购买金额是 100 元，扣除所有成本，网站盈利 30 元，可以计算出每 100 个电子杂志订阅者为网站贡献 100×5%×30＝150 元利润，每个电子杂志订阅者可以带来的平均预期利润是 1.5 元。广告商就可以知道，每获得一个杂志引导用户，最多可以支付 1.5 元佣金。

现实情况通常更复杂，如网站历史数据得出的从电子杂志订阅者到付费用户的转化率，不一定等于通过联署计划来的电子杂志订阅者到付费用户的转化率，因为用户的来源不同，针对性和流量质量也可能不同。从搜索引擎来的用户通常是主动搜索相关关键词来的，针对性比较高，转化率也比较高。从联署计划来的流量质量参差不齐，可能是站长误导性语言吸引来的，也可能是站长高质量的评论吸引来的，因此转化率就会不同。

由于以上的原因，计算一定不是精确的结果，会有误差。因此佣金的确定需要留出一个缓冲区，如果按历史数据计算可以承担佣金 1.5 元，不妨按照 1 元处理。

（3）按销售付费（pay per sale）。用户点击联署链接来到广告商网站后，需要完成购买，产生销售额，广告商才按商定的金额支付站长佣金。对于广告商来说，按销售付费当然是最安全可靠的。如果没有产生销售和利润，广告商就不必支付任何费用。只要广告商计算出自己产品和服务的价格、成本、利润，就可以安全地确定出可以支付的佣金。

按销售付费佣金计算的安全性还在于，所有数字、价格、成本、利润都是广告商自己可以确定的，不需要猜测或预测任何数字，没有来自费用预测上的风险。按销售付费是最常见的佣金支付方式。

2）佣金数额及点击有效期限的确定

（1）佣金数额的确定。付给联署计划站长的佣金可以是销售额的百分比，也可以是一个固定金额。按引导付费通常是付固定金额，如每获得一个电子杂志订阅者，付佣金 1 元。按销售付费则可以根据网站自身情况确定付销售金额的一个百分比或固定金额。具体比例和金额取决于网站产品特征及利润高低。广告商必须对自身的成本和利润清楚计算后才能确定。

软件、电子书等产品一旦研发成功，生产和物流成本非常低，甚至是零，广告商比较适合付高百分比的佣金，如 50%，甚至可以是 80%。因为如果没有联署计划带来的顾客，广告商连一分钱也赚不到，即使付出 80%的利润，广告商的营销成本为零，利润还是正数。

本身生产、配送、销售成本都很高的产品，则只能付 5%～10%的佣金。例如亚马逊、当当等网站卖实体书，以及大部分实物产品。

（2）点击有效期限的确定。用户点击联署计划链接来到广告商网站时，通常联署计划程序会在用户计算机中设置一个 cookie，通过这个 cookie 对用户进行浏览和购买的跟踪。cookie 有一个有效期限，可以设置为 30 天、100 天等。cookie 的有效期就是联署计划链接点击的有效期。用户只要在有效期内购买，销售数字都会被计算在联盟网站名下。但是有效期过后，同一个用户产生的销售额就不会被计算在联署网站名下了。

因此广告商有效期设置的长短，既需要有吸引力，又需要公平。有效期太短，参加联署计划的站长会不满意，因为大部分时候用户来到一个网站并不会立即购买，而是继续搜索其他产品信息，对比、研究。等过一段时间确定了哪一家，再回到你的网站购买，这是非常正常的消费模式。联署计划的设计应该充分考虑到这种情况，给予足够长的有效期限，这样对联署站长才公平。

但是有效期设置也不宜过长，用户可能在数个月甚至一年后通过其他方式，很可能是广告主网站自身的其他营销方式，来到广告商网站。如果 cookie 还在有效期，广告商还是需要支付佣金，这对广告商也不公平。

所以广告商需要在两者之间选择一个平衡点，通常 30 天到几个月的有效期是一个比较好的选择。

（3）一次性佣金还是终身佣金。用户通过点击联署计划链接来到广告商网站，进行第一次购买，只要 cookie 还在有效期内，广告商必须付出佣金。但是如果这个顾客第二次、第三次继续在广告商网站消费，广告商是否还要支付佣金？广告商需要对这个问题作个选择。

像亚马逊用户通过联署计划链接来到网站买一本书，联盟的站长可以得到 5%～6%的佣金。下次同一顾客的销售额就和原来的联署网站没有关系了。显然这种方式对很多站长来说并不具有吸引力。

广告商业可以选择终身佣金。把联署计划设计为一旦用户通过联署计划链接完成购买，这个用户就成为那个联署网站名下的终身顾客，以后所有的消费，广告商都按商定的比例支付佣金。这种方式适合于重复消费性质的网站，如打印耗材、收费会员制网站、虚拟主机、按月收费的网上服务等。终身佣金并非不划算，因为没有联署计划网站，就没有这个销售额，"一次介绍，终身拿佣金"也是一个非常有吸引力的措施。

（4）最低支付金额的设定。绝大多数的联署计划程序都是等佣金积累到一定数额才支付给联署站长，如 50 元或是 100 元。这种积累支付的原因有：一方面需要考虑用户退货等情况，一般退货的时间可能几天，但也可能几个月。另一方面要考虑如果每笔佣金只是几块钱，要立即支付，效率太低、成本太高，不值得这样做。

积累支付额度设定太低，工作量将增加，成本提高；设定过高，对参加联盟的网站站长不公平。很多网站需要几个月甚至一年才能得到佣金，时间太久。

3）多层联署计划及参见联署计划的条件

（1）多层联署计划。联署计划可以设计成多层联署，也就是说某个站长 A 来到广告商网站，参加联署计划，他就是第一级联署网站，假设将获得销售额的 10%作为佣金。如果有其他站长 B 通过站长 A 的联署计划链接来到广告商网站，同样也参加了联署计划，那么站长 B 就成了第二级联署网站，站长 B 同样也将获得 10%的佣金。同时，多层联署计划的特点是，站长 A 将从站长 B 产生的销售中获得一个佣金，如 5%。以此类推，也可以有三级甚至四级联署网站。在实践中采取多层联署计划的，一般也就到第二级。

听起来有点类似于多层次传销,但其实本质是不同的。传销卖的是传销计划,而不是产品。而联署计划卖的是产品或服务,联署计划本身只是众多网络营销手段之一。

多层联署计划的好处显而易见,可以鼓励站长不仅多带来消费顾客,也鼓励他们多向其他站长推荐你的联署计划。推荐的下级站长越多,站长 A 所得到的佣金也越多。这种方式非常有利于快速推广联署计划。当然是否采用这种方式,广告商需要看网站销售产生的利润是否足以支付多层佣金。

(2)参加联署计划的条件。对于哪些网站能够参加联署计划,不宜设置太高条件。

首先,联署计划应该是免费参加的。在网上可以看到一些竟然还需要收费才能参加的联署计划,可以断定,这样的联署计划效果不会好。其他站长是在帮你推广产品,哪还有向站长收钱的道理。如果有网站联署计划要收费才能参加,奉劝站长完全不必考虑。

另外,对网站的流量也不适宜设定要求。有的网站规定联盟网站需要达到日流量多少个 IP,或 Alexa 排名达到前多少名才能参加,这些限制都是不合理的。基本上广告商无法知道其他站长网站的真实流量,Alexa 排名的误差也相当大,无法判断真实流量。做出流量上的限制,只能降低其他站长的积极性,而不是提高联盟网站质量。所以通常建议广告商欢迎所有网站参加联署计划,并且免费。当然,需要适当监控联署网站是否有非法内容和使用垃圾推广手段,对那样的网站取消其资格是合理的。

9.2.3 联署计划营销的实施

1. 联署计划营销步骤

成功的联署计划营销必须开展大量的工作,营销管理者需要规划、设计和实施联署计划。概括来说,联署计划营销需要以下步骤。

(1)了解现状。了解竞争对手和所在行业的网络会员制营销实施现状,包括会员计划、佣金制度和推广措施等。

(2)设计佣金制度。根据企业的实际情况和市场状况,设计具有吸引力的佣金制度。

(3)多渠道推广网络会员制计划。应对会员资格进行控制,只有具有一定规模和资质的商家才能成为会员。如果不加以控制,可能会引发虚假广告、商品侵权等问题。

(4)为会员提供良好的服务。其包括提供最大支持,帮助会员成功销售产品;快速回复会员的邮件,提供销售技巧和建议;为加盟会员提供新闻邮件;加强会员培训。如果只是提供联署计划链接,其他一概不管,很多不太有经验的站长,可能不知道怎么去推广他的联署计划链接。如果商家能够提供一些窍门及培训,对商家和站长来说都有益处。

(5)准确跟踪会员的销售情况。及时跟踪企业整体的销售情况和会员的业绩,并对主要会员进行相应的业务指导。

(6)奖励优秀会员。可以根据会员的销售情况,定期或者不定期地奖励优秀会员。参加联盟的大部分人都是注册后,放上链接就再也不管了,几乎很少产生点击,更不要说销售了。往往 80%通过联署计划产生的销售,集中在少数 10%的超级活跃站长。所以作为商家,怎样发现和帮助这种有潜力的站长,可能是整个联署计划能否成功的关键点之一。

2. 联署计划营销中广告商与联署会员的关系

站长和广告商是联署计划的一体两面。只有站长和广告商双方努力，联署计划才能取得好的成效，对站长及广告商也都能产生更多利益。联署计划营销实施需要处理好二者的关系。

1）广告商对站长的管理

要想让站长成为广告商的推销员，需要从以下几点努力。

（1）联署计划具有吸引力。在推广联署计划时，联署计划本身就是你的产品，广告商需要确定这个产品是有吸引力的。产品或服务质量有保证，其他站长才会放心地替你推广。优质的联署计划需要具备以下特点。

① 需要支付在行业中有优势的佣金。与竞争对手相比，佣金过低是最大的致命伤。

② 联署计划程序的跟踪功能需要尽量完整准确，不要让会员担心白白替你带来流量却赚不到钱。

③ 需要尽快支付佣金，至少要按时支付。允许会员自己设定最低支付额。

④ 需要提供给会员尽可能多的工具，协助他们推广。

⑤ 最好提供终身佣金或重复佣金。

⑥ 需要反复测试自己的网站，提高转换率，从而提高会员盈利。

（2）网站上列出联署计划统计数据。最重要的、最有说服力的是统计数据：你的网站平均转化率是多少；会员每介绍一个顾客，佣金的具体数字是多少；最好的联盟站长每月从广告商网站赚取多少佣金。这些具体的统计数据是最有说服力的。网站联署计划介绍网站就是一个推销联署计划给站长的过程，文案的写作起着举足轻重的作用，需要写出有说服力的网站文案。

（3）推广联署计划。只要确定联署计划是适合自己的网络营销方式后，就完全可以把联署计划本身当作一个产品加以推广了。目前常用的推广方式有登录联署计划网站目录、搜索竞价排名、销售信等。其中最方便和有力的是论坛营销和销售信。

（4）寻找超级联盟站长。招募到会员参加联署计划只是第一步。如果会员只是注册，而没有积极推广联署计划链接，也没有任何作用。据统计，参加联署计划却没有带来任何销售的会员占到参加联署计划会员总数的70%。80%的联署计划销售，也许来自10%的会员。这极少数能产生大量销售的联署会员，就是超级联盟站长。

对待超级联盟站长，不能像对待普通站长那样，而要给予额外的礼遇，吸引他们的注意。联系他们时，一定要写个性化的邮件内容，让对方知道你对他有所了解，感受到被重视。

给予超级联盟站长特殊的高佣金。如果正常佣金是20%，就给超级联盟站长30%～40%，不然超级联盟站长可能不屑于推广你的网站。把超级联盟站长吸引过来后，还要继续保持联系、鼓励、表扬，使他们不轻易离你而去。

2）站长怎么通过联署计划赚钱

只有帮助站长成功了，广告商才能成功，广告商也应该向站长提供通过联署计划赚钱的窍门。通过联署计划赚钱的窍门有以下几个。

（1）需要网站流量足够大。联署计划赚钱的前提是网站流量足够大。联署计划其实就是一个数字游戏，如果说参加联署计划的网站每天有独立访问用户两万个，其中有10%会点击网站上的联署计划链接，那么就有 2 000 人将来到广告商的网站，如果广告商的转化率是2%，那么就可能会有 40 个人完成引导或销售，这个比例确实不是很高，所以要想通过联署计划赚钱，必须有很高的流量，不然很难有好的收入。

（2）选择适合网站主题的联署计划。站长需要选择与自己网站主题相关联的联署计划，如果你的网站是谈论医药的，就不要在网站上放什么房地产的联署链接，否则效果好不到哪去的。但是联署计划的产品与服务不一定非得与网站主题一样，只要顾客感兴趣就可以，因为顾客本身就是奔着你的网站主题去浏览你的网站的，所以说要抓住顾客的心理，了解他们有哪些需求。例如网站是关于旅游的论坛，那这些用户群的特征很明确，就是他们有足够的时间，有一定的闲情逸致，喜欢旅游，喜欢大自然，那么这群用户可能会对户外帐篷、旅游鞋、运动衣、遮阳伞、防晒霜等感兴趣，站长在选择联署计划时就可以往这一方面考虑，这样效果就会很明显。

（3）不断测试，寻找最合适的联署计划。通过联署计划赚钱，不是注册联署计划，放上链接就啥也不管了这么简单。用户的消费习惯、爱好、行为方式千变万化，很多时候就算是站长选对了与自身网站相关的产品做推广，也未必能有好的效果。所以说站长应该花时间做测试，用数据说话，找出最合适自己的联署计划及推广方式。可以测试旗帜链接与文字链接，链接放在网站的不同位置，链接文字用不同的措辞，写不同的商品评论，在不同时间给用户发 E-mail 等。各种参数、各种变化都有可能造成联署计划链接点击率不同，最后的转化率也不同，所以要不断测试，一个小小的改变就可能将点击或销售提高很多。

3．联署计划营销的风险管理

联署计划是一个风险小、收益大的营销方式，几乎所有网站都可以从中受益。但是联署计划还是存在一些风险。除了前面讨论过的佣金确定方面的风险外，还存在广告商和联署网站的利益冲突管理风险。

1）发表虚假信息或使用垃圾手段推广

有的会员站长为了提高点击率，不惜在自己的网站上发布虚假或不良信息，诱使用户点击联署计划来到广告商网站。很多时候用户不一定清楚广告商网站和联署计划网站之间的关系与区别，有可能把联署计划网站上看到的虚假产品信息当成真实的产品信息，把垃圾手段当成广告商的行为。

错误信息带来的销售对广告商是一种潜在的威胁。虽然佣金可以在退货期内取消，但是一个不满意的顾客所造成的时间上的浪费，以及有可能在网上表达自己不满而造成品牌及形象上的损失，这种伤害是无法估量的。用户如果没有意识到他所看到的虚假产品信息实际上是联署网站上擅自发布的，更可能对广告商的合法性及道德水准产生怀疑。

有时站长会使用如发垃圾邮件、捆绑流氓软件、在博客论坛发垃圾留言等垃圾手段推广。所以在联署计划条款中，广告商应明确列明联署计划网站不得发布任何与广告商网站信息相抵触的虚假信息，或者使用垃圾手段推广，违反者取消其联署计划账号，已积累的佣金也立即取消，并保留追究法律责任的权力。

2）品牌及商标的正确使用

联署计划条款中应该明确，站长参加联署计划，协助广告商推广产品或服务，绝不意味着联署计划变成了广告商的一部分。联署会员既不是广告商的雇员、投资者，也不存在隶属关系。联署会员只是广告商在网络推广领域的合作伙伴之一。

所以联署网站只是在取得广告商同意的情况下才可以使用广告商的公司或产品名称、图标、文字内容。但是不可以宣称联署网站是广告商的一部分，也不可以暗示联署网站与广告商有特殊关系。如果不明确这一点，有的网站可能借品牌地位好的广告商来提高自己的信任度，目的不在于帮广告商推广产品或服务，而是推广自己的其他东西。

3）竞价排名中可能产生的冲突

由于搜索引擎竞价排名的特殊运作方式，广告商和联署网站之间也有可能产生各种利益冲突。例如有的搜索引擎规定同一个 URL 网址，在竞价排名中只能出现一次，即广告商网站的主域名 abc.com 和联署计划链接 abc.com.12345，这两个 URL 是被视为同一个网页的，并且在搜索同一个关键词时只能出现一。如果联署会员使用竞价排名直接推广联署计划链接 abc.com.12345，就可能造成广告商自己的搜索竞价网址 abc.com 不能被显示。

对于竞价排名中可能产生的冲突可采用不同的方式来处理。有的在条款中明文禁止联署网站竞标某些关键词，尤其是与品牌名和公司名称相关的关键词。有的广告商认为，联署计划的效益比竞价排名要高得多，所以照顾好联署会员意义更重大，允许其他站长竞价任何关键词，广告商自己则放弃竞价排名推广方式。这些联署计划使用中要注意的利益冲突，只要提前计划好，也不难解决。从整体上说，联署计划还是一种低风险的营销方式。

骆驼网站联盟服务协议书（节选）

本网站联盟服务协议书，是对骆驼官方商城（以下简称为"骆驼官网"）及根据本协议注册为骆驼网站联盟会员的自然人的权利义务关系之约定。您首先应是自然人，方可依据本协议注册为骆驼网站联盟会员，您注册为骆驼网站联盟会员，即视为您同意接受本协议的约束，并愿意按照本协议的约定享受您的权利，并履行您的义务。您必须保证，您已仔细阅读、完全理解并接受本协议条款。

……

第二条　网站联盟会员操作流程

1. 您首先在阅读、理解并接受本协议的基础上，进行注册，一旦注册成功，您将被视为骆驼网站联盟会员，享受网站联盟会员的权利，并履行网站联盟会员的义务。

2. 您在登录骆驼网站联盟会员账号后，应立即填写您的完整资料，包括但不限于您的银行结算账号(目前支持支付宝打款或银行汇款两种方式，为保障账户安全,确定打款方式后不能随意更改，需变动请联系我们)，您应真实、准确、完整地提供该信息，如因您提供的银行账号信息不完整、错误而导致骆驼网站联盟无法向您进行结算的，将由您自行承担相应责任。

3. 用户可通过您设置的骆驼网站联盟的推广链接，访问骆驼官方商城，如用户发生了购买行为并符合相应条件，骆驼网站联盟将根据本协议的约定向您支付推广费。

第三条 推广费及支付

1. 自您成功注册为骆驼网站联盟会员之日起成立(cost per sales，CPS，按实际销售提成推广服务费模式)推广合作关系。推广费的支付条件及比例由骆驼网站联盟确定；您注册为骆驼网站联盟会员的行为即表示您完全接受本条款之约束。

2. 骆驼网站联盟与您共同确认：只有按本协议规定的可提成订单，才能参与提成并计算您可获得的推广佣金。目前骆驼网站联盟佣金发放制度是累积满100元发放。

3. 在您为骆驼网站联盟进行推广期间，骆驼网站联盟依据您推广的骆驼官方商城自有品牌商品的效果按照如下标准向您支付推广费：

普通会员：团购订单佣金：7%；普通订单佣金：10%；优惠券订单佣金：6%

网站主会员：团购订单佣金：7%；普通订单佣金：16%；优惠券订单佣金：6%

4. 数据核对及结算。

（1）骆驼网站联盟为您提供实时有效的订单报表，您可以在"会员中心—订单报表—订单记录中"查询您的业绩。

（2）推广隔月 20 日开始结算，您应于收到骆驼网站联盟提供的收益报表之日起 5 日内进行核对确认，如有异议，应于此期间以电子邮件方式提出，骆驼网站联盟将与您共同核对处理，并以此次核对结果为结算依据；如您在前述期限内未对收益报表进行确认，也未提出异议的，则视为您认同骆驼网站联盟提供的收益报表，骆驼网站联盟将据此与您进行结算。

（3）在双方确认收益报表后，骆驼网站联盟于您开始推广当月起算的第二个月月底前向您确定第一个月的推广费，结算金额确定后，用户可在每月 20~30 日开放提现功能，骆驼网站联盟将会统一在次月的 1~5 日内统一打款到您的账户，举例：5月结算4月的，6月结算5月的，7月结算6月的，以此类推，此后每月进行结算。

（4）骆驼网站联盟与您共同确认：每月的起结金额为人民币壹佰元整，如当月推广费不到壹佰元的，将累积到下一结算周期一并结算。

（5）您应明确：如骆驼网站联盟与您已确认收益报表后或骆驼网站联盟已向您支付推广费后，发生用户对已确认收益报表中的商品或已结算推广费的商品进行退货且骆驼网站联盟受理的，骆驼网站联盟有权在向您支付推广费（已确认收益报表尚未支付推广费的情形下）或在支付下一期推广费（已支付当期推广费的情形下）时，扣减前述退货商品的推广费。

（6）您应明确：骆驼网站联盟向您支付的佣金，根据国家法律规定，您需要承担相关的税收，如个人所得税。因此，当您同意该协议书时，您必须同意由广州骆驼户外用品有限公司以其公司所在地的相关税收政策代扣代缴相关税费后，向您支付剩余款项。

个人账户：上传身份证核对账号即可打款。

需提供发票或者收据，从提现佣金内扣除劳务税之后将剩余佣金汇入您的银行账户。

如产生推广服务费为 X 元，相关劳务税计算如下：

推广服务费 $X \leqslant 800$ 元，无劳务税。

推广服务费为 800 元，公式：$(X-800) \times 0.2$

推广服务费为 4 000 元，公式：$X \times 0.8 \times 0.2$

推广服务费为 20 000 元，公式：$X \times 0.8 \times 0.3 - 2\,000$

推广服务费为 50 000 元，公式：$X \times 0.8 \times 0.4 - 7\,000$

打款方式支持支付宝或银行汇款（适用所有银行账户），银行账户名称一定要具体到分行、支行或分理处；首次结算的会员需要提供身份证号码，确定打款方式不可随意更改。

注：每月 20～30 日未提交结算申请的，系统会累计到下月自动发放。届时累计产生的税金自理。

……

（资料来源：http://union.camel.com.cn/agreement.aspx.）

本 章 小 结

本章介绍了电子邮件营销和联署计划营销。目前，电子邮件虽然地位不再显赫，但仍是网络营销的基本工具。电子邮件营销是网络营销的典型代表，具有低成本、高覆盖、有针对性、易于跟踪的特点。针对垃圾邮件的盛行，"电子邮件营销"一节强调许可 E-mail 营销的一些基本原则，并介绍了预防被误认为垃圾邮件、吸引读者打开你的邮件、定期发送、不要发送过于频繁、不要过度销售等一些基本策略，最后介绍了电子邮件营销的效果监测的一些指标。在"联署计划营销"一节，首先界定了什么叫联署计划，它的起源和发展状况，重点介绍了谷歌 Google AdSense、百度网盟的联署计划。然后，介绍联署计划营销的三要素，即广告商、联盟会员和联盟营销平台。联署计划的佣金支付需要注意付费方式、佣金数额及期限等问题。最后介绍了联署计划营销的基本步骤和联署计划营销的风险管理。

思 考 题

1. 随着网络技术的进步，电子邮件的命运会如何？
2. 许可 E-mail 营销在哪些方面能避免垃圾邮件产生的危害？
3. 如何监测电子邮件的营销效果？
4. 为什么说联署计划是一种多赢的营销方式？
5. 联署计划营销需要哪些步骤？

6．联署计划如何选择广告商？

实 践 活 动

1．访谈不同的人群，请他们回忆自己在什么情况下使用到了电子邮件，用电子邮件做了什么。然后总结电子邮件的使用情况和功能。

2．根据你的网友群，自己创建一个邮件列表，尝试推广一些你喜欢的商品或服务。然后拟定指标进行营销效果监测。

3．在网上收集各大论坛中的联署计划营销项目，并分析这些项目的优缺点。

4．登录百度网站，查看百度网盟的介绍，了解其操作和优势。

第 10 章

网络营销工具和方法的综合应用

学习目标

掌握网站体验营销、互动营销、口碑营销、事件营销、病毒式营销和个性化营销等的基本概念与各自特点。熟练掌握以上各种营销的设计思路、基本要求、操作步骤等。

网民的参与使互联网的营销手段和方法层出不穷，一些新的营销理念也不断涌现，如网站体验营销、互动营销、口碑营销、事件营销、病毒式营销，还有精准营销、定制营销、基于位置服务的营销等。本章将诸多网络营销理念进行梳理，这些理念往往借助于前面讲过的工具和方法来发挥作用。在某一理念的指导下，这些工具方法之间相互作用，形成具有综合性的表现形式或是应用。

10.1 网站体验、互动和口碑营销

10.1.1 网站体验营销

约瑟夫·派恩和詹姆士·吉尔摩在《体验经济》一书中提出，所谓"体验"就是企业以商品为道具，以服务为舞台，以顾客为中心，创造出能使消费者全面参与、值得消费者回忆的活动。

1. 体验营销

体验营销是指通过看（see）、听（hear）、用（use）、参与（participate）的手段，充分刺激和调动消费者的感官（sense）、情感（feel）、思考（think）、行动（act）、联想（relate）等感性因素和理性因素，重新定义、设计的一种思考方式的营销方法。五种体验在使用上有其自然的顺序：感官—情感—思考—行动—关联。"感官"引起人们的注意，"情感"使体验变得个性化，"思考"加强对体验的认知，"行动"唤起对体验的投入，"关联"使得体验在更广泛的背景下产生意义。

此种思考方式并不是简单地把人假设为"理性消费者"，体验营销认为消费者的消费行为除了包含知识、智力、思考等理性因素以外，还包含感官、情感、情绪等感性因素。体验使每个人以个性化的方式参与消费，在消费过程中产生情绪、体力、心理、智力、精神等方面的满足，并产生预期或更为美好的感觉。

1998 年派恩与吉尔摩在《哈佛商业评论》"体验式经济时代来临"一文中提出：体验式经济（experience economy）时代已来临。他们将经济价值演进划分为四个阶段：货物（commodities）、商品（goods）、服务（services）与体验（experiences）。所谓体验经济，是指企业以服务为重心，以商品为素材，为消费者创造出值得回忆的感受。传统经济主要注重产品的功能强大、外形美观、价格优势，体验式经济注重思维认同，以此抓住消费者的注意力，改变消费行为，并为产品找到新的生存价值与空间。当咖啡被当成"货物"贩卖时，一磅可卖 300 元；当咖啡被包装为"商品"时，一杯就可以卖一二十元；当其加入了"服务"，在咖啡店中出售，一杯要卖几十元至 100 元。如能让咖啡成为一种香醇与美好的"体验"，一杯就可以卖到上百元甚至好几百元？增加产品的"体验"含量，能为企业带来可观的经济效益。

体验是复杂多样的，可以分成不同的形式。这些体验形式各自有自己所固有而又独特的结构和过程，是经由特定的体验媒介所创造出来的，能到达有效的营销目的。

2. 网站体验营销

网站体验营销指的是利用网络特性，为顾客提供完善的网络体验，提高顾客的满意度，从而与顾客建立起紧密而持续的关系。随着网络的普及，网络体验成为体验营销不可缺少的重要组成部分。网站体验营销包括以下几个方面。

1）感官体验

对于网站来说，感官体验是呈现给用户视听上的体验，强调舒适性。

设计风格：符合目标顾客的审美习惯，并具有一定的引导性。网站在设计之前，必须明确目标顾客群体，并针对目标顾客的审美喜好进行分析，从而确定网站的总体设计风格。要确保网站 logo 的保护空间和品牌的清晰展示而又不占据太多空间。

页面设计：页面速度方面，正常情况下，尽量确保页面在 5 秒内打开。页面布局要重点突出，主次分明，图文并茂。将目标顾客最感兴趣的、最具有销售吸引力的信息放置在最重要的位置。页面色彩可以与品牌整体形象相统一，"主色调+辅助色"不超过三种颜色，以恰当的色彩明度和亮度，确保浏览者的浏览舒适度。动画效果要与主画面相协调，打开速度快，动画效果节奏适中，不干扰主画面浏览。

图片设计：图片大小要适合多数浏览器浏览，图片展示要比例协调、不变形，图片清晰。图片排列既不能过于密集，也不能过于疏远。图标使用要简洁、明了、易懂、准确，与页面整体风格统一。广告位要避免干扰视线，广告图片要符合整体风格，避免喧宾夺主。

2）交互体验

对于网站来说，交互体验是呈现给用户操作上的体验，强调易用/可用性。

会员申请要介绍清晰的会员权责，并提示用户确认已阅读条款。会员注册要流程清晰、简洁，待会员注册成功后，再详细完善资料。表单填写要尽量采用下拉选择，需填写部分要注明填写内容，并对必填字段作出限制。表单填写后需输入验证码，防止注水，提交成功后，应显示感谢提示。

对于交互性的按钮必须清晰突出，以确保用户可以清楚地点击。点击浏览过的信息需要显示为不同的颜色,以区分于未阅读内容,避免重复阅读。若表单填写错误,应指明填写错误之处,并保存原有填写内容,减少重复工作。用户提问后台要及时反馈,后台显示有新提问以确保回复及时。用户在使用中发生任何问题,都可随时提供反馈意见。

在线调查方面,可以为用户关注的问题设置调查,并显示调查结果,提高用户的参与度。在线搜索提交后,显示清晰列表,并对该搜索结果中的相关字符以不同颜色加以区分。确保资料的安全保密,对于顾客密码和资料进行加密保存。无论用户浏览到哪一个层级、哪一个页面,都可以清楚知道看到该页面的路径。

3) 浏览体验

对于网站来说,浏览体验是呈现给用户浏览上的体验,强调吸引力。

栏目的命名与栏目内容准确相关,简洁清晰,不宜过于深奥,令人费解。栏目的层级最多不超过三层,导航清晰,层级之间伸缩便利。

在内容的分类方面,同一栏目下,不同分类区隔清晰,不要互相包含或混淆。每一个栏目应确保足够的信息量,避免栏目无内容情况出现。尽量多采用原创性内容,以确保内容的可读性。确保稳定的更新频率,以吸引浏览者经常浏览。段落标题加粗,以区别于内文。采用倒金字塔结构。

在频道首页或文章左右侧,提供精彩内容推荐,吸引浏览者浏览。在用户浏览文章的左右侧或下部,提供相关内容推荐,吸引浏览者浏览。提供 RSS 或邮件订阅功能。标题与正文明显区隔,段落清晰。采用易于阅读的字体,避免文字过小或过密造成的阅读障碍。可对字体进行大中小设置,以满足不同的浏览习惯。对于长篇文章进行分页浏览。面向不同国家的客户提供不同的浏览版本。

4) 情感体验

对于网站来说,情感体验是呈现给用户心理上的体验,强调友好性。

顾客分类是将不同的浏览者进行划分(如消费者、经销商、内部员工),为顾客提供不同的服务。对于每一个操作进行友好提示,以增加浏览者的亲和力。提供便利的会员交流功能(如论坛),增进会员感情。定期进行售后的反馈跟踪,提高顾客满意度。定期举办会员优惠活动,让会员感觉到实实在在的利益。根据会员资料及购买习惯,为其推荐适合的产品或服务。提供用户评论、投票等功能,让会员更多地参与进来。对用户提出的疑问进行专业解答。针对不同顾客,为顾客定期提供邮件/短信问候,增进与顾客间的感情。提供邮件好友推荐功能等。

5) 信任体验

对于网站来说,信任体验呈现给用户的是可信赖的体验,强调可靠性。

公司介绍要发布真实可靠的信息,包括公司规模、发展状况、公司资质等。将公司的服务保障清晰列出,增强顾客信任。为摘引的文章标注摘引来源,避免版权纠纷。提供准确有效的地址、服务热线电话等联系方式,便于查找。为顾客提供投诉或建议邮箱或在线反馈。对于流程较复杂的服务,必须设置帮助中心进行服务介绍。

3. 体验营销的操作步骤

(1) 识别顾客。识别目标顾客就是要针对目标顾客提供购前体验,明确顾客范围,降低成本。同时还要对目标顾客进行细分，对不同类型的顾客提供不同方式、不同水平的体验。

（2）认识顾客。认识目标顾客就要深入了解目标顾客的特点、需求，知道他们担心什么、顾虑什么。企业必须通过市场调查来获取有关信息，并对信息进行筛选、分析，真正了解顾客的需求与顾虑，以便有针对性地提供相应的体验手段，来满足顾客的需求，打消顾客的顾虑。

（3）顾客角度。要清楚顾客的利益点和顾虑点在什么地方，根据其利益点和顾虑点决定在体验式销售过程中重点展示哪些部分。

（4）体验参数。要确定产品的卖点在哪里，顾客从中体验并进行评价，在顾客体验后，就容易从体验参数对产品(或服务)的好坏形成一个判断。

（5）进行体验。在这个阶段，企业应该预先准备好让顾客体验的产品或设计好让顾客体验的服务，并确定好便于达到目标对象的渠道，以便目标对象进行体验活动。

（6）评价控制。企业在实行体验式营销后，还要对前期的运作进行评估。评估总结要从以下几方面入手：效果如何，顾客是否满意，是否让顾客的风险得到了提前释放，风险释放后多少移到了企业自身，企业能否承受。通过这些方面的审查和判断，企业可以了解前期的执行情况，并可重新修正运作的方式与流程，以便进入下一轮的运作。

向 VANCL 凡客学习极致体验营销

Vancl 凡客尽管是电商领域的一个新品牌，但创新却从未离开凡客。作为凡客的一名忠实用户，今天重点剖析下凡客的极致体验营销之道。

1. 周到的短信提醒服务

谈起凡客的服务体验，我首先要说的就是凡客细心、周到的短信提醒服务。

拿我自己订购衬衫为例。

当我在凡客网站选定一件衬衫点击购买后，10 分钟内定会收到凡客的第 1 条短信提醒，内容为：提醒我订单成功，正在配货。（打消我是否订购成功的疑虑）

订购第 2 天一早，还会收到凡客的第 2 条短信提醒，内容为：告知我货物已开始配送，配送员为×××，联系方式为：×××。（打消我对物流速度的疑虑）

短信虽小，功效却不容小觑。

互联网营销资深人士曹芳华曾总结说："电子商务与传统购物模式最大的差异是：对于已经习惯了'一手交钱一手交货'的消费者来说，电子商务在购买与实物体验之间存在时间差，消费者与商家之间的信息并不对称。"凡客的短信提醒服务，正好矫正了这一失衡。

你可能会说：卓越亚马逊、当当网、卖包包等电商网站也都提供类似的订单及发货提醒服务，只不过采用的方式为 E-mail。相比于邮件提醒，无论是从告知的及时性角度（手机可随身携带，E-mail 则需要借助 PC）还是感受的贴心角度，凡客的短信方式都更胜一筹。

凡客之后，麦考林等一批电商企业也都相继开始增加短信及时提醒服务，这时，最受益的肯定是消费者，所以我们要感谢凡客。

2. 极致的客户体验

凡客对客户体验的推崇是极致的，它逐层消除用户在网购中存在的各种顾忌和疑虑，短信提醒服务只是冰山一角。

凡客的极致客户服务还包括货到付款、满59元免运费、30天无条件退换货等，另外，凡客更是创造性地推出了当面验货、当面试穿的"变态式"极致体验服务。当收到凡客的产品时，你可以在快递员面前验货和试穿，满意才收货。

陈年说："这些网购体验、售后服务提升的措施，凡客视为一种对企业品牌的投入，体验式服务做得越好，用户对你的信任度越高。"凡客也因此创造了产品二次购买率高达50%以上的神话。（据悉，这一数据比电商企业平均的二次购买率高出2倍多）

3. 高投入带来高份额

凡客承认，这些创造式、变态式的体验服务为当前公司的运营带来了几乎20%成本的提升，但凡客的市场份额却在急速扩大。市场份额重于利润，这或是世界上任何一个互联网公司都意识到的问题。凡客无疑是认识更深刻并付诸创造性行动的企业之一。陈年说："作为一个全新的B2C企业，凡客没有可以参考的对象，只能应对客户的需求做不断的摸索。"这点值得很多企业学习。

（资料来源：营销琥珀堂. 张光明. 2011-08-01。）

10.1.2 参与及互动营销

顾客参与及互动营销是网络营销有别于传统营销的最大特色之一。只有网上的内容能引起顾客兴趣，顾客才会积极参与在线互动，网站才会有黏性，才能黏住顾客，传播经营理念，在实现顾客利益的基础上实现营销价值。

互动营销强调通过知识传播、信息服务、沟通、娱乐等手段，激发公众兴趣，促进共同参与，在参与、互动的过程中达到营销传播的目的。在互动营销中，互动的双方一方是消费者，一方是企业。只有抓住共同利益点，找到巧妙的沟通时机和方法才能将双方紧密地结合起来。互动营销尤其强调，双方都采取一种共同的行为。

企业在互动营销过程中将消费者的意见和建议充分用于产品的规划与设计中，为企业的市场运作服务。企业的目的就是尽可能生产消费者需求的产品，但企业只有与消费者进行充分的沟通和理解，才会有真正适销对路的商品。互动营销的实质就是充分考虑消费者的实际需求，切实实现商品的实用性。互动营销能够促进相互学习、相互启发、彼此改进，尤其是通过"换位思考"会带来全新的观察问题的视角。

1. 互动营销的基础

互动营销要抓住公众关心的话题，寻找适当的时机和方法，将公众的兴趣和利益结合起来。

（1）话题选择。在适当的环境下，选择适当的话题（或主题）非常重要。话题的选择要注意：抓住顾客关心的内容和感兴趣的话题；利用一些轰动性的新闻、事件或经典性的话题；留有充分的余地和想象、发挥、参与的空间；有时故意露出一些"破绽"和"问题"，可能会引发更多的关注。

（2）利益相关。利益是关乎营销永恒的主题。如果营销策划能使公众认为自己是受益者或利益相关者，则一定会被给予更多的关注和积极的参与。这里所讲的利益是广义的，它包括：一些可使顾客或消费者受益的信息、知识或服务；一些关乎顾客或消费者利益的话题；使公众有机会对新闻、事件或感兴趣的话题表达想法；提供一个沟通、娱乐、展示和表现的平台等。

（3）共鸣。话题和利益是打动消费者与产生共鸣的基础。有了共鸣，就会产生无穷无尽的共同语言，就有了参与和互动的渴望。当今社会上一些优秀的营销案例都紧紧把握了这一点，最终获得了很大的成功。

2. 互动营销的基本要求

1）参与互动营销的便捷性

实施互动营销，就是要访问者参与其中，互动营销是要访问者很方便地参与其中，而不是要经过复杂的过程才能参与其中，否则访问者参与互动的概率就会小很多，人是有惰性的，特别是网民，其惰性更大，若参与互动比较复杂，就会点点鼠标离开，不会参与其中。如申请试用产品、参与调查等应该便捷，申请表格应该简单明了，不涉及隐私等。在互动营销领域，IBM 应该是做得比较好的。IBM 的网站便于访问者参与，对于需要填的表格也很简单，极大地方便了访问者的参与。

2）互动营销对访问者要产生一定的好处

网络调查可以进行有奖调查、产品的免费试用。想要访问者参与互动营销，对访问者必须有利益的驱动，对访问者没有一定的利益驱动，其参与的概率会大为降低，因为毕竟无聊的人占少数。

3）访问者的用户体验要好

互动营销更要注重其用户体验，如果其用户体验不好，是不可能成为企业的潜在顾客或准顾客的，这就与互动营销的目的相违了。如果企业提供免费试用产品，那这个产品的用户体验要好，产品质量要过硬，并在使用过程中不断对其使用情况进行跟踪以及服务，不能因为产品是免费的，就放弃提供服务。就好像 Google 的 Adwords 广告，如果 Adwords 用户体验不好，进行了关键词投放则不产生效果，那么 80%以上的用户都不会续费再进行广告投放，可见，互动营销用户体验要好才可能获得成功。

3. 互动营销的组成部分

1）目标顾客的精准定位

能够有效地通过顾客信息的分析，根据客户的消费需求与消费倾向，应用顾客分群与顾客分析技术，识别业务营销的目标顾客，并且能够为合理地匹配顾客以适合的产品提供支撑。

2）完备的顾客信息数据

目前强大的数据库，可以把与顾客接触的信息记录下来，通过把接触信息、顾客反馈与顾客接触的特征进行有效的整合，为增强和完善顾客接触记录提供建议，为新产品开发和新产品营销提供准确的信息。

3）促进顾客的重复购买

通过顾客的消费行为，结合预测模型技术，有效地识别出潜在的营销机会，为促进顾客重复购买的营销业务推广提供有价值的建议。

4）有效的支撑关联销售

通过顾客消费特征分析与消费倾向分析，产品组合分析，有效地为进行关联产品销售和顾客价值提升提供主动营销建议。

5）建立长期的顾客忠诚

结合顾客价值管理，整合顾客接触策略与计划，为建立长期的顾客忠诚提供信息支撑，同时能够有效地支撑顾客维系营销活动的执行与管理。

6）能实现顾客利益的最大化

实现顾客利益最大化，需要稳定可靠、性价比高的产品，便捷快速的物流系统支持，以及长期稳定的服务实现对顾客心灵的感化和关怀。顾客权益的最大化是互动营销设计的核心理念，欺骗、虚假等手段只能使企业的互动营销走向灭亡。

一个企业要想发展，需要互动营销。将互动营销作为企业营销战略的重要组成部分来考虑，将是未来许多企业所要发展的方向。

10.1.3 网络口碑营销

1. 口碑和网络口碑

1）口碑

口碑（word of mouth）源于传播学，口碑传播指的是用户个体之间关于产品与服务看法的非正式传播。口碑传播被市场营销广泛应用，所以有了口碑营销。口碑营销是指企业在品牌建立过程中，通过顾客间的相互交流将自己的产品信息或者品牌传播开来。也就是通过购买者以口耳相传的方式将商品的有关信息传递给购买者的家人、朋友和生活中交往的人，从而促进他们购买决策的形成的一种营销方式。

口碑具有如下特征：① 口碑是一种非正式的、人际关系的传播；② 口碑的内容不仅涉及与产品、服务、品牌、公司相关的购买和消费过程，还包括与受众消费态度相关的理念和流行创意；③ 口头传播被受众看作基于非商业目的的交流，具有很强的真实性和影响力。口碑传播的信息对于受众来说，具有可信度非常高的特点。这个特点是口碑传播的核心，也是企业开展口碑宣传活动的一个最佳理由。

2）网络口碑营销

网络口碑营销，英文为 internet word of mouth marketing（IWOM），或 electronic word of mouth（eWoM）。网络口碑营销是口碑营销与网络营销的有机结合。网络口碑营销指通过网民在网络渠道（如论坛、博客、播客、微信和视频分享网站等）分享对品牌、产品或服务的相关讨论，来影响其他网民对品牌、产品或服务的认知和行动的一种营销方式。

传统的口碑传播相对于企业的传播方式而言，具有可信性高、具有针对性和互动性、易于形成流行、传播成本较低等特点。但是口碑传播过程难以准确掌握，而且口碑传播效果也不易测量。在信息时代，网络口碑传播除了上述基本特征之外，还具有一些新特性。

（1）网络口碑传播的效率更高。传统口碑传播主要表现为面对面的人际传播，受到口耳相传的限制，不仅参与者数量有限，而且信息扩散的速度也比较慢。但网络口碑传播则不同，它以互联网为依托，传播的内容可以通过网民浏览、复制和转载，在短时间内传播范围迅速扩大，真正做到无时不在、无处不在。所谓"处处皆中心，无处是边缘"，其分享与影响范围从日常人际关系圈扩展到广泛虚拟空间的无数网民，广度和速度是传统口碑传播所不能比拟的，传播效率极高。

（2）网络口碑传播的影响力具有双面性。现实的人际间的口碑传播一般使得口碑交流的双方有一定关系，无法做到匿名性，但在虚拟的互联网社会中，尽管实名制越来越普遍，但除非网民主动暴露自己，否则网民的身份难以被证实。传播的匿名性使得网民更能毫无顾虑地真实表达自己，尤其是主动地吐露出不满和抱怨。但是这种匿名和受到虚拟世界保护的行为很可能使言论失去严格的制约。在法不责众的心理下，网民很可能制造出一些言论和意见，从而使网络口碑失去真实性，变得难以捉摸，甚至会给公司的品牌带来巨大的破坏。

（3）网络口碑传播的持续性更强。网络口碑的传播渠道比传统口碑传播更加丰富，如即时通信工具、论坛、博客、微博、微信、电子邮件和社交网站等。此外，传统口碑传播渠道主要通过声音来传达信息，要求当事双方同步参与到整个传播过程；但网络口碑的信息主要以文字形式出现，也可以以图片、音频、视频甚至 Flash 等多媒体形式呈现，内容可以存储和查阅，便于阅读、参与讨论和传播。而且网民的大范围传播，以及互相激发创造性，会使信息内容不断丰富，常常使得讨论的热情得以长时间维持，网络口碑的内容因此不断累积，造成了网络口碑在数量上有了前所未有的规模，并吸引更多的眼球。

（4）网络口碑传播的效果容易测量。相对于传统口碑的传播方式来说，网络口碑比较容易测量。在互联网出现之前，口碑大多是消费者之间的口耳相传，是无形的，很难予以把握和实现精确测量。企业或者研究者无法进行测量，就更谈不上对口碑信息做出快速反应。而在网络口碑传播的时代，网络口碑内容存储、查阅和追踪的方便，为企业测量口碑提供了极大的可能，对于网络口碑的传播机制的理解将更加透彻。

2. 口碑营销的优势

1）宣传费用低

不少企业以其良好的服务在消费群体中换取了良好的口碑，带动了企业的市场份额。同时也为企业的长期发展节省了大量的广告宣传费用。一个企业的产品或服务一旦有了良好的口碑，人们会不经意地对其进行主动传播。口碑营销的成本由于主要集中于教育和刺激小部分传播样本人群上，即教育或开发口碑的意见领袖，因此成本比面对大众人群的其他广告形式要低得多，且结果也往往能事半功倍。口碑营销基本上只需要企业的智力支持，不需要其他更多的投入，节省了大量的广告宣传费用。所以企业与其不惜巨资投入广告、促销活动、公关活动等方式来吸引潜在消费者的目光，以产生"眼球经济"效应，还不如通过口碑这样廉价而简单奏效的方式来达到这一目的。

2）可信任度高和具有亲和力

一般情况下，口碑传播都发生在朋友、亲戚、同事、同学等关系较为亲近或密切的群体之间。在没开始口碑传播的过程时，他们之间已经建立了一种特殊的关系和友谊，相对于纯粹的广告、促销、公关、商家的推荐等而言，可信度较高。从消费者的角度看，相比广告宣传而言，口碑传播者传递的信息被认为是客观和独立的，被受传者所信任，从而使其跳过怀疑、观望、等待、试探的阶段，并进一步促成购买行为。另外，一个产品或者服务只有形成较高的满意度，才会被广为传诵，形成一个良好的口碑。因此，口碑传播的信息对于受众来说，具有可信度非常高的特点。这个特点是口碑传播的核心，也是企业开展口碑宣传活动的一个最佳理由。同样的质量，同样的价格，人们往往会选择一个具有良好口碑的产品或服务。况且，因为口碑传播的主体是中立的，几乎不存在利益关系，所以也就更增加了可信度。

3）针对性强，沟通效果好

口碑营销具有很强的针对性，它不像大多数公司的广告那样千篇一律，无视接收者的个体差异。人们日常生活中的交流往往围绕彼此喜欢的话题进行，这种状态下信息的传播者就可以针对被传播者的具体情况，选择适当的传播内容和形式，形成良好的沟通效果。当某人向自己的同事或朋友介绍某件产品时，他绝不是有意推销该产品，而只是针对朋友的一些问题，提出自己的建议而已。例如，朋友给你推荐某个企业或公司的产品，那么一般情况下，会是你所感兴趣，甚至是你所需要的。因此，消费者自然会对口碑相传的方式予以更多的关注，因为大家都相信它比其他任何形式的传播推广手段更中肯、直接和全面。

4）发掘潜在消费者，并影响其决策

专家发现，人们出于各种各样的原因，热衷于把自己的经历或体验转告他人，譬如刚去过的那家餐馆口味如何，新买的手机性能怎样等。如果经历或体验是积极的、正面的，他们就会热情主动地向别人推荐，帮助企业发掘潜在消费者。以空调为例，在购买过程中，消费者较多地关注的是使用效果、售后服务、价格、品牌和用电量等因素。而潜在用户中对于产品的使用效果、售后服务、价格、品牌和用电量等因素的信息主要来自第一次购买的群体；第一次购买群体的口碑，是最值得潜在用户信赖的传播形式。在作出购买决策时，尤其是在使得消费者决定采取和放弃购买决策的关键时刻，口碑的作用更不能被忽视。

5）打造品牌忠诚度

运用口碑营销策略，激励早期使用者向他人推荐产品，劝服他人购买产品。随着满意顾客的增多会出现更多的"信息播种机""意见领袖"，企业赢得良好的口碑，拥有了消费者的品牌忠诚，长远利益自然也就能得到保障。

3. 网络口碑营销的技巧

良好的口碑营销效应需要经过获得关注、收集信息、深入了解、购买体验、感受分享等步骤形成。在这个过程中，口碑营销成功有几个关键点需要注意。

1）寻找意见领袖

如果你的企业是生产农作物种子，那么找农业科技人员、村主任来讲述你的品牌故事和产品质量，就是个很好的主意。在 Web 2.0 时代，每个人都可能是一个小圈子里的意见领袖，关键是营销人员是否能慧眼识珠，找到这些意见领袖。意见领袖是一个小圈子内的权威，他的观点能广为接受，他的消费行为能为粉丝狂热模仿。

2）制造"稀缺"，生产"病毒"

"病毒"不一定是关于品牌本身的信息，但基于产品本身的口碑可以是"病毒"，这就要求你的产品要足够"cool"，要有话题附着力，这样才容易引爆流行，掀起一场口碑营销风暴。苹果公司就擅长"病毒"制造和口碑传播。一提到 iPhone 这个名字，它就能让无数苹果粉抓狂，让营销业内人士羡妒不已。这样一款产品虽然价格昂贵，但它提供众多个性化的设计，并且带有鲜明的符号，不让它的消费者讨论似乎都很难。在这里，消费者的口碑既关于产品本身，又是传播速度极快的"病毒"。重要的是，它总是限量供应，要购从速。拥有它的人就是"时尚达人"，仿佛一夜之间便与众不同，身价倍增，他们当然更愿意在亲朋好友间显摆，高谈阔论一番。

3）多媒体营销传播

口碑营销可能充满着偏见、情绪化的言论，具有很强的不可控性。因此，口碑营销并不是解决眼下传播效果差、投资回报率低这一顽疾的救命稻草，它只是营销人员的传播工具之一而已。互联网为消费者的口碑传播提供了便利和无限时空，然而，要让众多消费者关注某个产品，传统广告的威力依然巨大。口碑营销必须辅之以广告、辅助材料、直复营销、公关等多种整合营销方式，相互取长补短，发挥协同效应，才能使传播效果最大化。

4）实施各类奖励计划

天下没有免费的午餐，这个道理或许每个人都明白，但人性的弱点让很多人在面对免费物品时总是无法拒绝。给消费者优惠券、代金券、折扣等各种各样的消费奖励，让他们帮你把网站推荐给朋友，和朋友分享网站购物体验，完成一次口碑传播过程，你的口碑营销进程也会因此大大提速。让大家告诉大家，消费者就这样不由自主地成了商家的宣传员和口碑传播者。

5）放低身段，注意倾听

好事不出门，坏事传千里。营销人员当然可以雇用专业公司来做搜索引擎优化服务，屏蔽掉有关公司的任何负面信息。但堵不如疏，好办法是开通企业博客、品牌虚拟社区、微信公号等，及时发布品牌信息，收集消费者的口碑信息，找到产品服务的不足之处，处理消费者的投诉，减少消费者的抱怨，回答消费者的问题，引导消费者口碑向好的方向传播。值得注意的是，消费者厌倦了精心组织策划的新闻公关稿、广告宣传语，讨厌你说我听、我的地盘我做主的霸道，他们希望与品牌有个平等、真诚、拉家常式的互动沟通机会。再不放低身段，倾听来自消费者的声音，历史性的口碑营销机遇也会与你擦肩而过。

10.2 事件营销和病毒式营销

10.2.1 事件营销

事件营销（event marketing）是指企业通过策划、组织和利用具有新闻价值、社会影响以及名人效应的人物或事件，吸引媒体、社会团体和消费者的兴趣与关注，以求提高企业或产品的知名度、美誉度，树立良好品牌形象，并最终促成产品或服务的销售的手段和方式。简单地说，事件营销就是通过把握新闻的规律，制造具有新闻价值的事件，并通过具体的操作，让这一新闻事件得以传播，从而达到广告的效果。

1. 事件营销的特点

（1）针对性。事件营销的最主要的特点就是针对性。从某种意义上说，事件营销就是在每一个时间段最热门的事件上面捕捉商机，然后利用这件事情来产生新的创意，创造与这事件完全相关的事件。除此之外，就是自创事件，针对性地营销。

（2）主动性。不论是创意性营销还是借助事情营销，事件营销的主动权永远都是归营销者所有的，所以营销者具有充分的主动权。在做事件营销时一定要主动，要善于去发现事件，不要等到事件都出来很久了，你才去做营销。

（3）保密性。在做事件营销时，主动权就决定了事件的隐秘性，在我们没有做营销之前一切数据都是保密的，而且要有很高的保密性。

（4）不可控的风险。最新社会新闻往往突发性强，时间紧迫，传播掌控难度大。借力用力本来就是事件营销的核心所在，那么事件营销也就存在了被别人借用的可能，存在一些不可能预测到的风险。

（5）成本低。事件营销是利用现有的新闻媒体来达到传播的目的，由于所有的新闻都是免费的，在所有新闻的制作过程中也是没有利益倾向的，所以制作新闻不需要花钱。事件营销应该归为企业的公关行为而非广告行为。虽然绝大多数的企业在进行公关活动时会列出媒体预算，但从严格意义上来讲，一件新闻意义足够大的公关事件应该充分引起新闻媒体的关注和采访的欲望。

（6）趣味性。每一天都有很多的事件发生，但是不可能每一件事都成为热点。而言论自由，让事件呈现出百家争鸣的势态，从一般的心理角度来说，事件具有一定的可观性和趣味性，那就可以作为我们事件营销的素材了。

2. 事件营销的作用

1）形象传播

对于那些默默无闻的企业，如何快速建立知名度、迅速传播品牌形象是一个较大的难题。而通过事件营销，就可以攻克这个难题。事件营销的裂变效应，可以在最短时间内帮助企业树立形象，传播知名度和影响力。如著名涂料品牌富亚涂料，之前只是个名不见经传的小企业，但是因其老板当众喝自家生产的涂料而一夜成名，其产品安全环保的形象跃然纸上、深入人心，富亚涂料也因此迅速成为国内知名品牌。

2）新闻效应

最好的传播工具和平台是新闻媒体。事件营销最大的目的就是可以引发新闻效应。一旦引发媒体的介入，有了媒体的帮助及大力传播，那效果及相应的回报是巨大的。

3）广告效应

不管使用什么营销手段，其实最终的目的都一样，都是达到广告效应。而事件营销的广告效应要高于任何其他手段，效果可以说是最好的。这是因为一个热门事件往往都是社会的焦点，是人们茶余饭后的热点话题，而由于人们对事件保持了高度的关注，自然就会记住事件背后的产品和品牌，广告效果无法估量。

4）公共关系/顾客关系

事件营销可以极大地改善公关关系。例如在封杀王老吉的营销事件中，王老吉的正面公众形象一下就树立起来了，用户对于王老吉的认可程度达到了史无前例的高度。在用户追捧的过程中，王老吉的知名度和销售量也被推向了一个新的高潮。

3. 事件营销的切入点

事件营销的切入点归结为三类，即公益、聚焦和危机。这三类事件都是消费者关心的，因而具备较高的新闻价值、传播价值和社会影响力。

1）支持公益活动

公益切入点是指企业通过对公益活动的支持引起人们的广泛注意，树立良好企业形象，增强消费者对企业品牌的认知度和美誉度。随着社会的进步，人们对公益事件越来越关注，因此对公益活动的支持也越来越体现出巨大的广告价值。

2）"搭车"聚焦事件

这里的聚焦事件是指消费者广泛关注的热点事件。企业可以及时抓住聚焦事件，结合企业的传播或销售目的展开新闻"搭车"、广告投放和主题公关等一系列营销活动。随着硬性广告宣传推广公信力的不断下降，很多企业转向了公信力较强的新闻媒体，开发了包括新闻报道在内的多种形式的软性宣传推广手段。

3）危机公关

企业处于变幻莫测的商业环境中，时刻面临不可预知的风险。如果能够进行有效的危机公关，那么这些危机事件非但不会危害企业，反而会带来意想不到的广告效果。例如，生产家庭卫生用品的威露士在"非典"期间大力宣传良好卫生习惯的重要性，逐渐改变了人们不爱使用洗手液的消费观念，一举打开了洗手液市场。在通信企业也不乏这样的案例。在数次自然灾害中，手机成为受害者向外界求助的重要工具。事后，中国移动利用这样的事件，打出了"打通一个电话，能挽回的最高价值是人的生命"的广告语，其高品质的网络更是深入人心。

4. 事件营销的操作要点

（1）事件策划。营销人员最主要的就是策划事件内容，如何让帖子在平台上迅速蹿红，建议大家多看下那些成功案例，如王老吉、二月丫头、芙蓉姐姐当初蹿红的帖子可以拿来借鉴下，但是不要模仿。从他们的帖子中可以看出一个共同点，就是诉求和争议，如王老吉就是利用国人的良心、情感做文章，芙蓉姐姐就是利用热点争议。

（2）账号准备。要想做事件营销当然要选择好的平台，在该平台要有大量的论坛账号，寻找论坛时要寻找人气较大的，国内建议选择天涯、百度贴吧这样的大平台，再就是要准备大量的账号。

（3）发到论坛。当事件和账号都准备好了后就可以将内容发布在论坛上了，发布的时候一定要图文并茂，大家看看网络红人哪个帖子不是图文并茂？如天仙妹妹、芙蓉姐姐，这些操作者都是将事先准备好的图片选择好，才能最大化让帖子有争议，让网民回复，引起轰动。

（4）炒热事件。若刚开始你发布的帖子几乎没有人关心，那就需要自己找人将帖子炒热，将这些炒热事件分享到SNS社交网站上，以利于事件传播。

（5）媒体曝光。当事情已经发展到一定阶段，找主流媒体曝光，让信息在互联网最大限度曝光。

（6）事件维护。现在一般帖子红不过几天时间，需要团队整体策划和规划，多加维护，以让事件持续更久一点，让企业信息和知名度最大化曝光。

马桶盖事件营销

2015年伊始，著名财经作家吴晓波的《去日本买只马桶盖》的文章在网上成为热门事件，各种评论和转载不计其数，各类人群纷纷跳出来进行评论，有的网民对中国制造进行反思；有的网民宣泄爱国意气；还有的把此文章作为日本旅游的购物清单；等等。此后不久，杭州一位王先生在网上发布了一则微博，称其在日本旅游期间惊奇地发现，在大阪销售的一款松下马桶盖产地竟为杭州下沙。他在微博上表示："兜了一大圈，买到的居然还是自家门前生产的东西，那不是等于当了回人肉搬运工。"

当然也有大量的商家看到了机会，利用此次事件进行事件营销。

春节后，九牧卫浴、东鹏洁具、箭牌卫浴、恒洁卫浴等国内卫浴企业纷纷就"马桶盖事件"作出回应。

恒洁卫浴在致消费者的公开信中还原三个简单事实：

第一个简单事实是，马桶盖之争不宜上升到历史恩怨，中日两国在智能马桶制造领域，的确是各有所长。第二个简单事实是，在选用智能卫浴产品上，适合比崇洋更重要。第三个简单事实是，无论是捧杀还是棒杀，只要你始终抓住自己的核心竞争力并始终以中国的用户体验为中心，就能立于不败之地。

当然，恒洁卫浴不会忘将"睿洗恒洁第四代智能坐便器"的醒目图片附上。

恒洁卫浴董事长谢伟藩在一场行业论坛上表示：买马桶完全不用去日本买，我们的马桶一点都不输给日本。

2015年3月4日，九牧卫浴首次将智能马桶工厂向媒体开放，并启动"先用后买"的市场活动，消费者可免费试用30天，对产品不满意即可退货。九牧卫浴创新研发中心副总裁林山说："中国智能马桶行业发展已经多年，在产品功能和质量上完全可以和日本产品比较，甚至更适合中国家庭电源电压、卫生间干湿分区不明显等使用环境。"

东鹏洁具也表示，在3·15消费者权益保护日来临之际，将在全国各大门店推出优惠活动。正如在中国家电行业中本土品牌对国外品牌的成功阻击一样，智能马桶的未来尚未可知，国内品牌仍然大有希望。

松下电器中国有限公司家电营销公司总经理张凯介绍，有的消费者认为，可能中国、日本家电生产标准不一样，但是松下标准是一样的，松下是按松下标准来生产，不是完全按中国标准，但生产的都是一样的东西，只不过型号不一样。当然，也有一些细微的差别，如日本的电压不一样，为110～120 A。水质也不一样，所以我们要调节，中国人和日本人的生活习惯也不一样，所以我们要求有一些不一样的东西。但是去日本旅游的还是习惯买那边松下的产品，包括最近火的马桶盖。这有两个原因：一个是有很好的体验；另一个是旅游去了看比较集中，而在国内平时不太在意这个事情，突然间有这样一个体验自然买得比较多，其实现在在国内这些商品都可以买到。

有的朋友会非常好奇，既然品质一样，国内松下也卖马桶盖吗？国内什么时候开始卖？总经理张凯表示，松下卖这个东西已经超过10年的时间了，可能目前消费者不太了解，但由于一方面是中国人民的生活水平不断提高，对各方面的需求也不断提高；另一方面是很多中国人可能没有这方面的体验，因为酒店里很少有这个东西，但是日本基本所有的酒店里面都有这个，所以在国内还没有那么高的关注度。而国内和日本的价格呢？总经理张凯答疑道，其实是差不多的，所以大家可以关注一下。

总经理张凯认为，现在对松下来说是一个契机，松下应该更多地去宣传这个事情，让更多人了解，在国内也可以买得到，服务也很好，而且更适合中国当地习惯。并且，京东、淘宝网上松下都有销售，百货店也有，大型的量贩店也有，并且没有差别，品质一样，所以对消费者而言，在国内买还是去日本买，是一样的。

于是，松下也适时在推出的各类马桶盖广告中强调"买马桶盖不用去日本"。

10.2.2 病毒式营销

病毒式营销（viral marketing）是指通过用户的口碑宣传网络，信息像病毒一样传播和扩散，利用快速复制的方式使受众产生几何级增长速度。简单来说，就是通过提供有价值的产品或服务，"让大家告诉大家"，通过别人为你宣传，实现"营销杠杆"的作用。

历史上，最成功的以服务为基础的病毒式营销先驱是Hotmail。一开始它们很少有促销活动，但它们在发出的每封邮件底端都使用一个收尾线，该收尾线包括一个短小的玩笑以及它们的网址。公司由此获得显著发展。现在设想一下每天发出去的E-mail的数量，以及这些E-mail如何帮助Hotmail获得更多用户——这些用户又导致更多的E-mail

发出去。

相比其他营销、广告推广的手段而言，病毒式营销所需花费的成本接近于零，效益却要显著得多。企业借助病毒式营销不仅能促进大量的一次销售，而且还能"俘获"为数众多的忠实顾客，也就是如今网友们常说的"脑残粉"，为多次、持续营销奠定基础。病毒式营销已经成为网络营销最为独特的手段，被越来越多的商家和网站成功利用。

1. 病毒式营销特点

病毒式营销存在一些区别于其他营销方式的特点。

1）有吸引力的病原体

天下没有免费的午餐，任何信息的传播都要为渠道的使用付费。之所以说病毒式营销是无成本的，主要指它利用了目标消费者的参与热情，但渠道使用的推广成本是依然存在的，只不过目标消费者受商家的信息刺激自愿参与到后续的传播过程中，原本应由商家承担的广告成本转嫁到了目标消费者身上，因此对于商家而言，病毒式营销是无成本的。

目标消费者并不能从中获利，他们为什么自愿提供传播渠道？原因在于第一传播者传递给目标群的信息不是赤裸裸的广告信息，而是经过加工的、具有很大吸引力的产品和品牌信息，而正是这一披在广告信息外面的漂亮外衣，突破了消费者戒备心理的"防火墙"，促使其完成从纯粹受众到积极传播者的变化。

网络上盛极一时的"流氓兔"证明了"信息伪装"在病毒式营销中的重要性。韩国动画新秀金在仁为儿童教育节目设计了一个新的卡通兔，这只兔子相貌猥琐、行为龌龊、诡计多端、爱耍流氓、只占便宜不吃亏，然而正是这个充满缺点、活该被欺负的弱者成了反偶像明星，它挑战已有的价值观念，反映了大众渴望摆脱现实、逃脱制度限制所付出的努力与遭受的挫折。"流氓兔"的 Flash 出现在各 BBS 论坛、Flash 站点和门户网站，私下里网民们还通过聊天工具、电子邮件进行传播。很快这个网络虚拟明星衍生出的商品已经达到 1 000 多种，成了病毒式营销的经典案例。

2）几何倍数的传播速度

大众媒体发布广告的营销方式是"一点对多点"的辐射状传播，实际上无法确定广告信息是否真正到达了目标受众。病毒式营销是自发的、扩张性的信息推广，它并非均衡地、同时地、无分别地传给社会上每一个人，而是通过类似于人际传播和群体传播的渠道，产品和品牌信息被消费者传递给那些与他们有着某种联系的个体。例如，目标受众读到一则有趣的 Flash，他的第一反应或许就是将这则 Flash 转发给好友、同事，无数个参与的转发大军就构成了成几何倍数传播的主力。

3）高效率的接收

大众媒体投放广告有一些难以克服的缺陷，如信息干扰强烈、接收环境复杂、受众戒备抵触心理严重。以电视广告为例，同一时段的电视有各种各样的广告同时投放，其中不乏同类产品"撞车"现象，大大减少了受众的接受效率。而那些可爱的"病毒"是受众从熟悉的人那里获得或是主动搜索而来的，在接受过程中自然会有积极的心态；接收渠道也比较私人化，如手机短信、电子邮件、封闭论坛等。以上优势使得病毒式营销尽可能地克服了信息传播中的噪声影响，增强了传播的效果。

4）更新速度快

网络产品有自己独特的生命周期，一般都是来得快，去得也快，病毒式营销的传播过程通常是呈 S 形曲线的，即在开始时很慢，当其扩大至受众的一半时速度加快，而接近最大饱和点时又慢下来。当病毒式营销传播力衰减时，一定要在受众对信息产生免疫力之前，将传播力转化为购买力，方可达到最佳的销售效果。

2. 有效病毒性营销战略的六个要素

美国著名的电子商务顾问 Ralph F.Wilson 博士将一个有效的病毒性营销战略归纳为六个基本要素。一个病毒性营销战略不一定要包含所有要素，但是，包含的要素越多，营销效果可能越好。这六个基本要素如下。

1）提供有价值的产品或服务

大多数病毒式营销计划提供有价值的免费产品或服务来引起注意，如免费的 E-mail 服务、免费信息、具有强大功能的免费软件。"便宜"或者"廉价"之类的词语可以使人产生兴趣，但是"免费"通常可以更快引人注意。病毒式营销的回报具有滞后性，它们短期不能盈利，但是如果免费服务能刺激高涨的需求兴趣，后期会获利。"免费"吸引眼球，然后消费者会注意到其他东西，如带来了有价值的电子邮件地址、广告收入、电子商务销售机会等，于是就可以赚钱了。

2）提供无须努力就可以向他人传递信息的方式

"病毒"只在易于传染的情况下才会传播，因此，携带营销信息的媒体必须易于传递和复制，如 E-mail、网站、图表、软件下载等。病毒式营销在互联网上得以极好地发挥作用是因为即时通信变得容易而且廉价，数字格式使得复制更加简单，从营销的观点来看，必须把营销信息简单化，使信息容易传输，越简短越好。

3）信息传递范围很容易从小向很大规模扩散

为了像野火一样扩散，传输方法必须从小到大迅速改变，Hotmail 模式的弱点在于免费 E-mail 服务需要有自己的邮件服务器来传送信息，如果这种战略非常成功，就必须迅速增加邮件服务器，否则将抑制需求的快速增加。如果"病毒"的复制在扩散之前就扼杀了主体，就什么目的也不能实现了，只要你提前对增加邮件服务器作好计划，就没有问题。你的病毒式模型必须是可扩充的。

4）利用公众的积极性和行为

巧妙的病毒式营销计划可以利用公众的积极性和行为。通信需求的驱动产生了数以百万计的网站和数以十亿计的 E-mail 信息。为了传输而建立在公众积极性和行为基础之上的营销战略将会取得成功。

5）利用现有的通信网络

人是社会性的，每个人都生活在一个 8～12 人的亲密网络之中，网络之中可能是朋友、家庭成员和同事，根据在社会中的位置不同，一个人宽阔的网络中可能包括几十、几百或者数千人。例如，一个服务员在一星期里可能定时与数百位顾客联系。网络营销人员早已认识到这些人类网络的重要作用，无论是坚固的、亲密的网络还是松散的网络关系。互联网上的人同样也发展关系网络，他们收集电子邮件地址以及喜欢的网站地址，会员程序开发这种网络作为建立允许的邮件列表。学会把自己的信息置于人们现有通信网络之中，将会迅速地把信息扩散出去。

6）利用别人的资源

最具创造性的病毒式营销计划是利用别人的资源达到自己的目的。例如会员制计划，在别人的网站设立自己的文本或图片链接，提供免费文章的作者，试图确定他们的文章在别人网页上的位置，一则发表的新闻可能被数以百计的期刊引用，成为数十万读者阅读的文章的基础。别的印刷新闻或网页转发你的营销信息，耗用的是别人的而不是你自己的资源。

3. 病毒式营销的设计思路

第一，需要确定此次推广活动的营销目的是什么。是收集目标群体详细信息，扩大品牌知名度，提升品牌美誉度，还是增加销售量？一般来讲，病毒式营销比较适合做信息的收集和品牌知名度的提高。

第二，需要确定传播到达的目标群体。虽然病毒式营销在整个传播过程中，是由参与者自发进行的，但是我们在源头上的选择，要和我们的营销目的相贴切，这样才能做到传播渠道的预测。

第三，我们要清楚在营销活动的传播过程中，需要利用和借助的工具或平台有哪些。QQ、E-mail、社区论坛，还是其他？一般来讲，QQ 具有受众广、传播快、传播方便等优势，是较理想的平台。

第四，需要确定营销活动的传播方式。TOM 案例的传播只需复制邮件里最后那段话，粘贴到 QQ 对话框发送给对方便可；立顿奶茶则不但需要发送链接，还需要传播者为接收者作一定的解释和说明。这里，我们在设计自己的传播方案时，需要结合传播者的心理特征及传播的方便性等多方面综合考虑，确定合适的传播方式。

第五，设计好营销活动的传播途径，即选择好病毒式营销的传播源头。这个很重要，因为它直接影响到后面整个传播过程中的目标群体及这些人对活动的参与度、热情度，进而影响到整个活动的传播率和传播范围。

第六，要设计效果监控系统。活动在执行的过程中和结束后，我们需要有客观的可统计的数据对这次活动进行效果分析。如页面的流量、目标群体的精准资料数量与质量等。

4. 病毒式营销和口碑营销的区别

病毒式营销和口碑营销都旨在提高品牌及销售，两者都是以人为渠道，从不同角度发挥人的主动性，提供有价值的产品、服务、信息，并通过有效方式进行传播，实现品牌与销售的成功。

（1）从传播动机和观点看，病毒式营销基于有趣主动传播，传播的内容几乎是传播者不了解的，出于新鲜有趣，不对内容负责；口碑营销基于信任主动传播，传播的内容几乎是传播者了解并认可的，对内容负责。

（2）从传播效果看，病毒式营销满足的是知名度，通过高曝光率达成广泛认知，不代表认可；口碑营销满足的是美誉度，通过推荐现身说法达到信任认可。

通俗说，口碑主要解决美誉问题，如日本车省油，美国车耐撞，都是美誉度问题，没人会听完这些问"什么是日本车"。而开心网和 Hotmail 为人所知的方式就是通过"病毒"，解决的是知名度问题。什么时候用"病毒"，什么时候上口碑，取决于怎样的方式更能满足我们当前的营销需要。

百雀羚的《一九三一》"一镜到底"的病毒营销

百雀羚（上海百雀羚日用化学有限公司）创立于 1931 年，是国内屈指可数的历史悠久的著名化妆品厂商。悠久的历史，成就了百雀羚品质如金的美誉，百雀羚曾被多次评选为"上海著名商标"，并荣获"中国驰名商标"等称号。

2017 年 5 月，百雀羚"一镜到底"的广告《一九三一》"惊艳"了朋友圈。清明上河图式的手机竖版长图，旗袍、女特工、暗杀等引人入胜的民国元素，适时、恰当的品牌露出，让百雀羚的品牌曝光总量级达到 1 亿以上，并顺势成功地引爆百雀羚母亲节活动。

这则广告内容为：一位名叫阿玲的上海摩登女郎，梳妆完毕后徒步穿越上海 20 世纪 30 年代的老街，一路上火车站、百货公司、照相馆等老上海的经典建筑逐一呈现，外加商贩、人力车夫、游行的学生等元素，组成了一幅竖向的上海版"清明上河图"。猛然一看，似乎是一幅精美制作的老上海风俗画片，直到长镜头拉到最底，美女特工杀死了一个名叫"时间"的人，完成了"组织任务"，并且说出"我的任务就是与时间作对"，这时广大网友才恍然大悟，原来这是百雀羚的一则创意广告。

据了解，这则名为"一九三一"的广告是由一个名为"局部气候调查组"的微信公众号发布的，局部气候调查组表示，之所以一直采用长图，是想把要表达的知识点或细节通过视觉表现的方法表现出来，长图更多是一种风格，更习惯用长图把一个事情讲得非常全面且流畅。从阅读体验看，这种超长图符合无限向下滑动的小屏阅读习惯，适应智能手机而生的新图片传播形式，也比 H5 等要更人性也更活泼，"2.5D 场景+竖版"一镜到底的形式让用户阅读起来有代入感及空间感，能抓住用户眼球，是很大胆的创意运用。

这则广告自推出后经过多方转载，获得了多个"10 万+"的阅读量。广告制作的工作室负责人此前接受媒体采访时透露，4 月初百雀羚主动与该团队对接，并提出"与时间作对"的主题制作广告，前期创意沟通花费 1 个月左右，广告的制作和执行共用时 2 周。我们可以在百雀羚天猫旗舰店发现，百雀羚"神广告"推荐的母亲节定制款礼盒"月光宝盒"打出的广告语就是"与时间作对"。官方客服说"神广告"的圈粉实力不俗,而该产品目前的预订数量也已经超过 2 300 多件。

然而近日有自媒体公众号却发文称,百雀羚的创意广告多处人物形象来自明星剧照、淘宝模特,涉及郑爽、李东学、刘诗诗、董洁等人,涉嫌侵权。该自媒体在文章中通过图片对比等方式举证称,广告中部分人物形象由剧照抠像而来,而另一部分则是翻转后的镜像。例如,百雀羚的创意广告中民国女子走在街头的形象,来自《决战黎明》中刘诗诗的造型。来自侵权的质疑,将这则广告进一步推向了风口浪尖。

纵观此次刷屏事件,业界虽然褒贬不一,但作为一个现象级的品牌病毒营销,可圈可点的地方还是很多的。首先,最惊艳的是内容承载形式。在很长的一段时间里,手机的小屏限制了传播形式的创新,朋友圈被海报、H5、短视频等一众形式承包,让人一度有些审美疲劳,因而,此次在形式层面的微改进便能瞬间被受众感知,成为传播亮点,奠定刷屏的基础。其次,从内容上讲,精致复古的画风、线性的年代感以及充满神秘感的美女特工的暗杀故事与国民老品牌的气质无缝衔接,新奇的脑洞,紧凑的剧情是此次刷屏的主要原因,由此可见,内容创新依然是传播的主动力。最后,互联网整个传播大环境的变化。互联网事件大火之后必有反转的"戏路"也起了推波助澜的作用,从众口称赞到被质疑抄袭、转化率低等问题只不过经历了一晚上的时间,广泛的质疑声毫无疑问又推动了另一波传播声势的兴起,推高了品牌的网络热度,让品牌的曝光度又上了一个台阶。

10.3 精准、个性化营销

10.3.1 精准营销

1. 精准营销概述

精准营销(precision marketing)就是在精准定位的基础上,依托现代信息技术手段建立个性化的顾客沟通服务体系,实现企业可度量的低成本扩张之路。

精准营销的关键在于如何精准地找到产品的目标人群,再让产品深入到消费者心坎里去,让消费者认识产品、了解产品、信任产品到最后依赖产品。传统的营销方式成本大,见效慢。随着网络的发展,互联网精准营销以高性价比的优势,逐渐受到企业的青睐。

精准的含义是精确、精密、可衡量的。精准营销为买卖双方创造了得以即时交流的小环境,符合消费者导向、成本低廉、精准营销购买的便利以及充分沟通的要求,体现了现代营销的核心思想。

(1)精准营销就是通过可量化的,精确的市场定位技术,突破传统营销定位只能定性的局限,实现量化定位。

(2)精准营销的系统手段保持了企业和顾客的密切互动沟通,从而不断满足顾客的个性需求,建立稳定的企业忠实顾客群,实现客户链式反应增值,从而达到企业的长期稳定高速发展的需求。

(3)精准营销借助现代高效的分散物流,使企业摆脱繁杂的中间渠道环节及对传统营销模块式营销组织机构的依赖,实现了个性关怀,极大降低了营销成本。

(4)精准营销可以与现今大数据营销思路相辅相成。

2. 网络精准营销的手段

互联网精准营销主要是通过个性化技术来实现的。

1)网络推广

网络推广要做到精准营销,互联网环境下比较好用的工具有三个:搜索引擎的关键词搜索;数据库定时发出 EDM;在当下 SNS(微博、微信、社交网站等)大行其道的时候,不失时机地建立自己的粉丝圈子,也是相对精准的推广。

2)DSP 渠道

DSP(demand-side platform),就是需求方平台。这一概念起源于网络广告发达的欧美,是伴随着互联网和广告业的飞速发展新兴起的网络广告领域。DSP 整合了包括 Ad Exchange、媒体、Ad Network 中的海量流量,更重要的是,这些海量流量的背后对应的都是真实的目标受众,这让按受众购买成为现实。

3)电子商务

国内知名的电子商务网站,如淘宝、天猫、京东等都陆续引进站内个性化推荐系统,达到精准营销目的。网上商城通过个性化推荐系统、推荐搜索引擎深度挖掘出商城用户的行为偏好,打造个性化推荐栏,智能地向用户展示符合其兴趣偏好和购买意图的商品,帮助用户更快速、更容易地找到所需要的商品,让用户购物有更流畅、更舒心的体验。另外,个性化推荐栏也可以起到辅助用户决策、提高网购效率的作用。

10.3.2 个性化营销

个性化营销即企业建立消费者个人数据库和信息档案,与消费者建立更为个人化的联系,及时地了解市场动向和顾客真正需求,向顾客提供一种个人化的销售和服务。个性化营销把对人的关注、人的个性释放及人的个性需求的满足推到空前中心的地位。顾客根据自己需求提出商品性能要求,企业尽可能按顾客要求进行生产,迎合消费者个别需求和品位。企业采用灵活战略适时地加以调整,以生产者与消费者之间的协调合作来提高竞争力,以多品种、中小批量混合生产取代过去的大批量生产。个性化营销包括在从产品的生产、产品的流通到产品的使用的整个营销过程中。

1. 个性化营销的目标

1)更高效的新用户发展

有统计显示,获取一名新用户的成本远远大于保留一名现有顾客的成本。如果企业通过个性化营销,能够精确进行目标顾客定位,理解顾客的需要和需求,策划和执行高效的营销活动,通过最恰当的营销渠道和沟通策略向顾客传递正确的营销意图,将会大大降低获取新用户的成本。

2）更高的顾客忠诚度

顾客服务营销的一个最重要的目的就是提高顾客的满意度。个性化营销通过营销与服务流程的优化，改善顾客体验，从而提高顾客满意度，降低顾客流失率。

3）更大的顾客占有率

在激烈的顾客竞争中，仅仅简单将营销目标定位于保留顾客是远远不够的，而应当让顾客将更多的消费集中于该企业的产品和服务上，让顾客享用企业更多的产品与服务组合，或是提高顾客在某一产品或服务上的消费水平，即提高忠诚顾客的占有率变得越来越重要。个性化营销通过建立企业与顾客的新型互动关系，采用交叉销售、向上销售的方式来提高顾客的购买水平，从而实现更大的顾客占有率。

4）更佳的营销投资回报率

很多企业已经认识到，当定位于不同的顾客、不同的营销渠道、不同的产品和服务时，营销投资回报率经常会有较大的差异。要保证营销投资回报率，就需要理解顾客的生命周期价值，根据不同的顾客价值来优化并控制产品与服务的提供成本，加强营销风险管理能力。企业的营销经理都已经认识到，并非所有的顾客都应等同对待。企业应当为那些给企业带来高额利润的顾客提供更好的服务，而对于那些带来较低收益的顾客提供与其价值相对等的服务，并通过服务营销来提升顾客的收益贡献水平和利润贡献率。

2. 个性化营销的实施步骤

个性化营销的执行和控制是一个相当复杂的机制，它不仅意味着每个面对顾客的营销人员要时刻保持态度热情、反应灵敏，更主要也是最根本的是，它要求能识别、追踪、记录个体消费者的个性化需求并与其保持长期的互动关系，最终能提供个性化的产品或服务，并运用有针对性的营销策略组合去满足其需求。

建议企业通过完成下列四步来实现对自己产品或服务的"个性化营销"。

1）建立目标顾客数据库

营销者对顾客资料要有深入、细致的调查、了解，掌握每一位顾客的详细资料对企业来说相当关键。对于准备实施个性化营销的企业来讲，关键的第一步就是能直接挖掘出一定数量的企业顾客，且至少大部分是具有较高价值的企业顾客，建立自己的"顾客库"，并与"顾客库"中的每一位顾客建立良好关系，以最大限度地提高每位顾客的价值。仅仅知道顾客的名字、住址、电话号码或银行账号是远远不够的，企业必须掌握包括顾客习惯、偏好在内的所有尽可能多的信息资料。企业可以将自己与顾客发生的每一次联系都记录下来，如顾客购买的数量、价格、采购的条件、特定的需要、业余爱好、家庭成员的名字和生日等；个性化营销要求企业必须从每一个接触层面、每一条能利用的沟通渠道、每一个活动场所及公司每一个部门和非竞争性企业收集来的资料中去认识和了解每一位特定的顾客。

2）顾客差别化

个性化营销较之传统目标市场营销而言，已由注重产品差别化转向注重顾客差别化。从广义上理解顾客差别化主要体现在两个方面：一是不同的顾客代表不同的价值水平，二是不同的顾客有不同的需求。因此，个性化营销认为，在充分掌握了企业顾客的信息资料并考虑了顾客价值的前提下，合理区分企业顾客之间的差别是重要的工作内容。顾客差别化对开展个性化营销的企业来说，首先，可以使企业的"个性化"工作有的放矢，集中有限的企业资源从最有价值的顾客那里获得最大的收益，毕竟企业不可能有同样的能力与不同的顾客建立关系，从不同的顾客那里获取相同的利润；其次，企业也可以根据现有的顾客信息，重新设计生产行为，从而对顾客的价值需求作出及时的反应；最后，企业对现有顾客数据库进行一定程度和一定类型的差别化将有助于企业在特定的经营环境下制定合适的经营战略。

3）目标顾客互动

顾客互动能力即选择一个对企业和顾客都有利的互动方式的能力。顾客互动能力往往由渠道组合管理、顾客接触点管理、顾客沟通和顾客体验管理等来实现。面对个性化营销，企业向顾客提供了越来越多的"一对一"沟通选择，如现在有些企业通过网络站点向它们的目标顾客传输及获取最新、最有用的信息，较之利用顾客拜访中心大大节约了成本。当然，传统的沟通途径如人员沟通、顾客俱乐部等的沟通功效仍不能忽视。

4）企业行为定制

个性化营销建议的最后一步是定制企业行为。将生产过程重新解剖，划分出相对独立的子过程，再进行重新组合，设计各种微型组件或微型程序，以较低的成本组装各种各样的产品以满足顾客的需求。采用各种设计工具，根据顾客的具体要求，确定如何利用自己的生产能力，满足顾客的需要。个性化营销最终实现的目标是为单个顾客定制一件实体产品或提供定制服务。

AMAZON 个性化推荐系统

AMAZON 是一个虚拟的网上书店，它没有自己的店面，而是在网上进行在线销售，它提供了高质量的综合信息数据库和检索系统，读者可以在网上查询有关图书的信息。如果用户需要购买，可以把选择的书放在虚拟购书篮中，最后查看购书篮中的商品，选择合适的服务方式并且提交订单，这样读者所选购的书在几天后就可以送到家。

AMAZON 书店还提供先进的个性化推荐系统，能为不同兴趣偏好的用户自动推荐符合其兴趣需要的书籍。AMAZON 使用推荐软件对读者曾经购买过的书以及该读者对其他书的评价进行分析后，将向读者推荐他可能喜欢的新书，只要鼠标点一下，就可以买到该书了；AMAZON 能对顾客购买过的东西进行自动分析，然后因人而异地提出合适的建议，读者的信息将被再次保存，这样读者下次来时就能更容易地买到想要的书。此外，完善的售后服务也是 AMAZON 的优势，读者可以在拿到书籍的 30 天内，将完好无损的书和音乐光盘退回 AMAZON，AMAZON 将原价退款。当然 AMAZON 的成功还不止于此，如果一位顾客在 AMAZON 购买一本书，下次他再次访问时，映入眼帘的首先是这位顾客的名字和欢迎的字样。

沃尔玛：啤酒与尿布

"啤酒与尿布"的故事发生于20世纪90年代的美国沃尔玛超市，沃尔玛的超市管理人员分析销售数据时发现了一个令人难以理解的现象：在某些特定的情况下，"啤酒"与"尿布"两件看上去毫无关系的商品会经常出现在同一个购物篮中，这种独特的销售现象引起了管理人员的注意，经过后续调查发现，这种现象出现在年轻的父亲身上。

在美国有婴儿的家庭中，一般是母亲在家中照看婴儿，年轻的父亲前去超市购买尿布。年轻的父亲在购买尿布的同时，往往会顺便为自己购买啤酒，这样就会出现啤酒与尿布这两件看上去不相干的商品经常会出现在同一个购物篮中的现象。如果这个年轻的父亲在卖场只能买到两件商品之一，则他很有可能会放弃购物而到另一家商店，直到可以同时买到啤酒与尿布为止。沃尔玛发现了这一独特的现象，开始在卖场尝试将啤酒与尿布摆放在相同的区域，让年轻的父亲可以同时找到这两件商品，并很快地完成购物；而沃尔玛超市也可以让这些客户一次购买两件商品，而不是一件，从而获得了很好的商品销售收入。这就是"啤酒与尿布"故事的由来。

当然"啤酒与尿布"的故事必须具有技术方面的支持。1993年美国学者艾格拉沃（Agrawal）提出通过分析购物篮中的商品集合，从而找出商品之间关联关系的关联算法，并根据商品之间的关系，分析客户的购买行为。艾格拉沃从数学及计算机算法角度提出了商品关联关系的计算方法——Aprior算法。沃尔玛从20世纪90年代尝试将Aprior算法引入POS机数据分析中，并获得了成功，于是产生了"啤酒与尿布"的故事。

10.3.3 基于位置的服务

基于位置的服务（location based services，LBS），它是通过电信移动运营商的无线电通信网络或外部定位方式（如GPS）获取移动终端用户的位置信息，在地理信息系统平台的支持下，为用户提供相应服务的一种增值业务。基于位置的服务包括两层含义：首先是确定移动设备或用户所在的地理位置，其次是提供与位置相关的各类信息服务。如找到手机用户的当前地理位置，然后在寻找手机用户当前位置处1公里范围内的宾馆、影院、图书馆、加油站等的名称和地址。所以说LBS就是要借助互联网或无线网络，在固定用户或移动用户之间完成定位和服务两大功能。

1. LBS 发展历程

LBS的概念虽然提出的时间不长，但其发展已经有相当长的一段历史。LBS首先从美国发展起来，起源于以军事应用为目的所部署的全球定位系统（global positioning system，GPS），随后在测绘和车辆跟踪定位等领域开始应用。当GPS民用化以后，产生了以定位为核心功能的大量应用，直到20世纪90年代后期，LBS及其所涉及的技术才得到广泛的重视和应用。2009年3月，基于用户地理位置信息的手机社交服务网站

Foursquare 在美国上线，短时间内 Foursquare 注册用户规模便超过 100 万。其用户规模发展态势超过了当年的微博服务网站 Twitter，已跃然成为移动互联网业界、媒体、投资者重点关注的焦点，并掀起了一股 Foursquare 模式的模仿热潮。美国本土涌现出了 Loopt、Bright Kite、Yelp、Where、Gowalla 和 Booyah 等 LBS 社交网络服务商。Google、Apple、Facebook、Twitter 等更具竞争力的领先企业也加入 LBS 市场的角逐之中。可以说 Foursquare 掀起了 LBS 市场的新一轮竞争，这种全新的基于位置的社交服务体验给 LBS 市场带来了新的商机，也影响和改变了用户的工作与生活方式。

在我国，武汉大学李德仁院士早在 2002 年就提出开展空间信息与移动通信集成应用的研究，推动了我国 LBS 应用发展。在短短 10 年间，LBS 技术研究与应用在我国得到迅速发展。2006 年，互联网地图的出现加速了我国 LBS 产业的发展。众多地图厂商、软件厂商相继开发了一系列在线的 LBS 终端软件产品。此后，伴随着无线技术和硬件设施得到完善，LBS 行业在国内迎来一个爆发增长期。在 Web 2.0 浪潮的冲击下，受 Foursquare 模式的启发，国内也涌现出了诸多新兴的 LBS 服务提供商，他们专注于基于手机的 LBS 服务，利用 LBS 手机软件或 Web 站点向用户提供个性化的 LBS 服务。

LBS 的发展非常迅速，纵观其发展过程主要有以下四个特点。

（1）从被动式到主动式。早期的 LBS 可称为被动式，即终端用户发起一个服务请求，服务提供商再向用户传送服务结果。这种模式是基于快照查询，简单但不灵活。主动式的 LBS 基于连续查询处理方法，能不断更新服务内容，因而更为灵活。

（2）从单用户到交叉用户。在早期阶段，服务请求者的位置信息仅限于为该用户提供服务，而没有其他用途。而在新的 LBS 应用中，服务请求者的位置信息还将被用于为其他用户提供查询服务，位置信息实现了用户之间的交叉服务。

（3）从单目标到多目标。在早期阶段，用户的电子地图中仅可显示单个目标的位置和轨迹，但随着应用需求发展，现有 LBS 系统已经可以同时显示和跟踪多个目标对象。

（4）从面向内容到面向应用。"面向内容"是指需要借助于其他应用程序向用户发送服务内容，如短信等。"面向应用"则强调利用专有的应用程序呈现 LBS 服务，且这些程序往往可以自动安装或者移除相关组件。

2．LBS 提供的功能和模式

LBS 能够广泛支持需要动态地理空间信息的应用，从寻找旅馆、急救服务到导航，几乎可以覆盖生活中的所有方面。表 10-1 列出了 LBS 提供的常见功能。

表 10-1　LBS 提供的常见功能

信息查询（旅游景点、交通情况、商场等）	车队管理
急救服务	道路辅助与导航
资产管理	人员跟踪
定位广告	

LBS 现有以下几种模式。

1)休闲娱乐模式

(1)签到(check-in)模式。该模式主要是以 Foursquare 为主,一些国外同类服务还有 Gowalla、Whrrl 等,而国内则有嘀咕、玩转四方、街旁、开开、多乐趣、在哪等几十家。

该模式的基本特点如下:

用户需要主动签到以记录自己所在的位置。

通过积分、勋章以及领主等荣誉激励用户签到,满足用户的虚荣感。

通过与商家合作,对获得特定积分或勋章的用户提供优惠或折扣的奖励,同时也是对商家品牌的营销。

通过绑定用户的其他社会化工具,以同步分享用户的地理位置信息。

通过鼓励用户对地点(商店、餐厅等)进行评价以产生优质内容。

该模式的最大挑战在于要培养用户每到一个地点就会签到的习惯。而它的商业模式也比较明显,可以很好地为商户或品牌进行各种形式的营销与推广。而国内比较活跃的街旁网现阶段则更多地与各种音乐会、展览等文艺活动合作,慢慢向年轻人群推广与渗透,积累用户。

(2)大富翁游戏模式。该模式国外的代表是 Mytown,国内则是 16Fun。主旨是游戏人生,可以让用户利用手机购买现实地理位置里的虚拟房产与道具,并进行消费与互动等,将现实和虚拟真正进行融合。这种模式的特点是更具趣味性,可玩性与互动性更强,比签到模式更具黏性,但是由于需要对现实中的房产等地点进行虚拟化设计,开发成本较高,并且由于地域性过强导致覆盖速度不可能很快。在商业模式方面,除了借鉴签到模式的联合商家营销外,还可提供增值服务,以及类似第二人生(second life)的植入广告等。

2)生活服务模式

(1)周边生活服务的搜索。它是以点评网或者生活信息类网站与地理位置服务结合的模式,其代表有大众点评网、台湾地区的"折扣王"等。主要体验在于工具性的实用特质,问题在于信息量的积累和覆盖面需要比较广泛。

(2)与旅游的结合。旅游具有明显的移动特性和地理属性,LBS 和旅游的结合是十分切合的。分享攻略和心得体现了一定的社交性质,代表是游玩网。

(3)会员卡与票务模式。实现一卡制,捆绑多种会员卡的信息,同时电子化的会员卡能记录消费习惯和信息,充分地使用户感受到简捷的形式和大量的优惠信息聚合。其代表是国内的"Mokard(M卡)",还有票务类型的 Eventbee。这些移动互联网化的应用正在慢慢渗透到生活服务的方方面面,使我们的生活更加便利与时尚。

3)社交模式

(1)地点交友,即时通信。不同的用户因为在同一时间处于同一地理位置构建用户关系,代表是兜兜友。

(2)以地理位置为基础的小型社区。该模式建立以地理位置为基础的小型社区,代表是"区区小事"。

4)商业型模式

(1)LBS+团购。LBS 和团购都有地域性特征,但是团购又有其差异性,如何结合?美国的 GroupTabs 给我们带来了新的想象:GroupTabs 的用户到一些本地的签约商家,如一间酒吧,到达后使用 GroupTabs 的手机应用进行签到。当签到的用户到达一定数量后,所有进行过签到的用户就可以得到一定的折扣或优惠。

(2)优惠信息推送服务。Getyowza 为用户提供了基于地理位置的优惠信息推送服务,Getyowza 的盈利模式是通过和线下商家的合作来实现利益的分成。

(3)店内模式。ShopKick 将用户吸引到指定的商场里,完成指定的行为后便赠送其可兑换成商品或礼券的虚拟点数。

3. LBS 的发展

1)商家资源支持

最近一个奢侈时尚的先锋品牌"上海滩"的官方网站里就特设了一个"City Chic For iPhone"的 LBS 应用下载板块。当你在上海滩餐厅打开应用记载你的地理位置,签到达到一定数量就有机会享受"City Chic"代金券,获得上海滩限量版产品和独家折扣。国内社交定位客户端应该更多融合商家的品牌来满足消费者的购买欲,这需要品牌商家的支持和认同。就如 Foursquare 与 Bravo TV 达成合作,探索融合电视节目和位置社交服务的新商业模式一样,实际上也是 Bravo TV 对 Foursquare 的认同以及支持,最后是双赢的。

2)智能手机数量支持

国内的 LBS 普及还需要时间和市场的发展。智能手机才能真正完全发挥出社交定位客户端的功能,特别是现在越来越追求硬件升级的时期,软件也不能落后。

3)收费模式合理化

目前 Foursquare 中的应用主要分为移动应用、Web 网站、应用插件、可视化应用、游戏等类型,付费应用占 77%,免费应用只占 23%。

4)与 SNS 网站无缝结合

当签到信息发生变更的时候,用户能够通过 Foursquare 账号实现 Twitter 和 Facebook 账号同步更新,方便快捷地与朋友分享更新内容。而国内众多的客户端也能做到和微博、SNS 网站同步,但却没有做到无缝结合。实际上,社交定位客户端并不会阻挡微博和 SNS 网站的发展,只是社交定位网站是一块还没有吃过的蛋糕,而其他网站也想分那么一块。移动 LBS 的发展很大程度上依赖于其客户端的占有率即用户基数,社交定位的盈利模式虽然能看得清,但仍需要较大的探索,而且还有很大的创新空间。

APP 如何才能做到真正极致个性化

很多 APP 开发者和营销者因为 APP 活跃度和用户流失率而焦头烂额。个性化,使移动体验人性化，也许是从源头上更加贴近用户、解决这些问题的办法。专注于智能化会员营销的 Webpower 研究发现，被"宠惯"了的用户，已经习惯了具有及时性、相关性、定制化的交互设计和内容信息，在每次使用 APP 时，同样期待一个真正的个性化体验。

事实上，个性化交互确实也有助于加深终端用户和 APP 的紧密联系，导致了强大的结果。HubSpot 一项研究发现，有 68% 的商家认为基于行为数据的个性化对投资回报率有高影响力，74% 认为个性化对参与度的影响力大。

从用户角度来看，个性化也是必然。用户关心你是否给他精准推送了他关注的信息，以及从你推送的消息中能够得到多少有价值的东西。下面就让我们与 Webpower 的营销专家一起看看，如何从 APP 个性化开始，提升人性化的体验，为用户创造真正的价值。

（1）基于地理位置推送消息。基于实时地理位置（LBS）的属性，当用户的设备进入某个区域，就能收到商家推送的附近相关消息。对于具有线下店铺的零售商家和 O2O 企业，这种基于位置相关的推送消息可以很好满足用户的个性化需要。

（2）追踪站内用户的近期行为。记录用户的近期行为，可以创建一个好的用户体验。为什么呢？从我们自身体验来看，大量的网络信息极易分散注意力，让我们从一个目标转为另一个目标，如果再次进入 APP，可以继续获取这些被外部干扰切断的内容信息，对于体验度将是更好的提高！这个技巧的作用在一些音乐和影视类 APP 中已经得到证明。

（3）与用户交流利用用户属性。APP 用户的基本属性，一般包括"性别""年龄""城市"等基本人口统计学信息，更高级的可拓展到"兴趣爱好""家庭年收入"等更加个性化的内容。用户属性在营销中被广泛应用，如邮件营销中，经常基于这些属性进行邮件称呼、主题、内容、推荐产品等的个性化推送。试想，在 APP 中，你如朋友般称呼用户的名字，像熟人般提供用户所在城市的最新促销，真的会让用户感觉自己的特别，不经意间拉近了双方的距离。

（4）植入历史购买，促进转化。我们一直强调利用用户的商品浏览记录，但是已购买信息也是一个值得关注的转化点。结合用户喜好和已购买产品信息，可以很清晰地知道用户真实的转化点，缩短营销进程，而直击用户的促销推广，也推进用户一次次快速完成重复购买。Amazon 等知名电商，会自动记录用户的个人浏览历史和已购买历史，当用户再次打开 APP 时，为用户进行相应推送。对于具有重复性购买周期的消耗品，根据购买历史周期，在用户计划购买前进行精准推送。

（5）针对浏览历史推送 EDM 和短信。EDM、短信被证明是活动事件营销和会员关系营销的黄金搭档，APP 结合 EDM 和短信创建跨渠道的一致性体验，使用户在 APP 环境外也能自由与品牌保持互动联系，对维系 APP 的活跃度至关重要。如 Web power 这类具有多渠道整合技术和部署经验的服务商可以帮商家轻松完成 APP 多渠道营销布局，根据 APP 用户浏览历史去后续触发相关内容的邮件或短信，实现 Leads 培育及转化。

（6）基于用户数据推送站内内容。APP 用户的数据一般分为几类，第一类是之前已提到的用户的基本属性数据，性别、年龄、城市等；第二类是地理位置数据；第三类是用户的设备数据，如设备品牌、设备机型、系统版本等。第四类是用户的自定义标签。

如商家可以根据终端用户的行为偏向，给 APP 用户打上"用户活跃度高""运动迷""平均订单消费额 1 000 元以上"等个性化标签。商家通过对自己 APP 用户数据的一定积累，发送更加个性化的内容，为用户实现更好的体验。如北京即将举办一场体育赛事，在此之前，商家可以给用户标签是"运动迷"并且"地理位置在北京"的用户推送关于比赛的相关信息和体育产品。

（7）允许用户一键完成注册登录。目前大多数 APP 要求用户通过完成手机号码、邮箱填写等进行注册，这对于某些讨厌烦琐的用户来说常常意味着放弃注册，另外对于一些有冲动购买的用户，复杂的注册程序也可能导致放弃。在 APP 中，通过合理方式和流程，获取用户手机号码、邮箱地址等多渠道信息，建立更紧密的关联，甚至通过微信等社交媒体授权直接一键注册及登录 APP，可以极大地方便用户，提升 APP 使用体验。

（资料来源：http://blog.ceconlinebbs.com/BLOG_ARTICLE_239962.HTM.）

本 章 小 结

本章并不拘泥于某一种具体方法，而是介绍了多种营销方式，这些营销方式都是前面几章所讲的工具和方法的综合应用。第一节介绍了网站体验营销、互动营销、口碑营销，网站体验包括的内容和体验营销的操作步骤。互动营销强调通过知识传播、信息服务、沟通、娱乐等手段，激发公众兴趣，促进共同参与，在参与、互动的过程中达到营销传播的目的。口碑营销可以通过网民所在网络渠道来影响其他网民对品牌、产品或服务的认知和行动。第二节介绍了事件营销、病毒式营销。事件营销是通过事件的价值来增加品牌的知名度、美誉度，树立良好品牌形象。病毒式营销就是通过提供有价值的产品或服务，"让大家告诉大家"，通过别人为你宣传，发挥"营销杠杆"的作用。对以上两种营销方式都分析了设计思路或者操作要点。第三节介绍了精准营销、个性化营销、基于位置的服务等。精准定位和个性化服务是相辅相成的，精准营销的关键在于如何精准地找到产品的目标人群，个性化营销把对人的关注、人的个性释放及人的个性需求的满足推到空前中心的地位。基于位置的服务是基于移动终端用户的位置信息，在地理信息系统平台的支持下，为用户提供相应服务的一种增值业务。

思 考 题

1. 当网民浏览某网站时，会有哪些方面的体验？
2. 消费者参与互动的基础是什么？
3. 网络口碑营销的特点有哪些？
4. 事件营销有哪些作用？
5. 有效病毒式营销的六个要素有哪些？
6. 个性化营销的实施步骤有哪些？

实 践 活 动

1. 组织本班同学登录联想商城（https://www.lenovo.com.cn），选择各自喜欢的产品，并记录网站体验，然后讨论归纳出联想商城网站的体验还有哪些地方需要改进。

2. 登录天猫网站（https://www.tmall.com）搜索知名品牌的运动鞋店（如 Skechers），查看网店中的所有互动评论，并分析这些互动的口碑效应。

3. 选择本年度或者之前最有影响的网络事件营销案例，首先梳理清楚事件的来龙去脉，然后分析商家是如何实施整个营销过程的。

4. 注册亚马逊中国网站（https://www.amazon.cn）会员，看看该网站能提供哪些精准的个性化服务。

5. 访谈你身边经常外出旅游的人，记录他们接受哪些基于位置服务，这些服务给他们带来了什么影响。

第四篇　管　理　篇

第四篇 管理篇

第 11 章

网络产品与品牌

> **学习目标**
>
> 了解网络产品、在线顾客价值、在线品牌等基本概念。掌握网络对产品决策的影响，新产品开发中的价值共创，网络新产品开发战略。熟练掌握新产品传播，网络产品的品牌决策和在线品牌建设。

从互联网诞生以来，产生了大量的、纯粹的网络新产品，如 Google 和 Facebook 等，这些新产品在传统市场上是不可能出现的，它们的成功证明企业可以利用网络资源建立成功的品牌。当然其他一些网络产品（如歌曲）则是利用网络作为一种新的渠道，也有的是将网络当成虚拟门店。在网络环境中，无论提供什么样的产品，只有根据顾客的需求，同时顺应网络营销发展的趋势，制定产品策略，努力为顾客创造价值，才能从竞争中脱颖而出。

11.1 网络产品与在线顾客价值

11.1.1 网络产品

对网络产品的定义与对传统产品的定义并没有什么本质区别。现代营销将产品定义为任何能够提供给市场关注、获得、使用或消费，并可以满足需要或欲望的东西。广义而言，产品也包括服务、事件、人物、地点、组织、创意或上述对象的组合。所以从华为手机、中华轿车、一个应用软件、一次欧洲旅行、新浪网页到一项投资服务都可以称为产品。

近年来，服务作为一种特殊形式的产品受到了关注。服务业在世界经济中地位越来越重要，发达国家如美国服务业产值占 GDP 将近 65%，服务行业的就业机会占全美国工作职位的 80%左右。服务作为一种无形产品，本质上是不会带来任何所有权转移的可供出售的活动、利益或是满意度。我们通常将服务的这一特征概括为四个特点。

（1）服务的无形性。服务的无形性指在购买之前服务无法被看到、尝到、摸到、听到或者闻到。为了降低不确定性，购买者会寻找表明服务质量的"信号"，他们将从可见的地点、人员、价格、设备和沟通中得出关于质量的结论。

（2）服务的不可分性。服务的不可分性指服务不能与其提供者分离的特性，不管服务的提供者是人还是机器。有形产品先被生产，然后存储，接着被出售，再被消费。而服务是先被出售，然后在同一时刻被生产和消费。服务生产时消费者也必须在现场，供应商和消费者的互动是服务营销的一个独特特征，二者都会影响服务结果。

（3）服务的易变性。服务的易变性指服务的质量取决于由谁提供服务以及何时、何地、如何提供。服务的质量受到许多因素的影响，不同的情境、不同的人员、同一人员不同的精力和心情服务的质量都会有所变化。

（4）服务的易逝性。服务的易逝性指服务不能被存储以备将来出售或使用。因此，服务企业往往设计能够将需求和供给更好匹配起来的战略，如酒店和旅游胜地在非旺季制定较低的价格来吸引更多顾客。

一家公司的市场供应品往往同时包含有形的商品和无形的服务。在极端情况下，供应品可能由纯粹的有形商品组成，不包含与产品相关的服务。另外一个极端是纯粹服务，其供应品主要是由服务构成。当然多数情况是在两个极端之间存在多种商品和服务的组合。对于二者兼而有之的公司，有形商品和无形服务的地位各不相同。有的公司以提供有形商品为主，无形服务为辅助作用；而有的公司则相反，以提供服务为主，用信息和服务来捆绑销售。如强生公司利用互联网的双向、适时、互动和超越时空限制等特性，给顾客提供详细、有针对性的信息和服务，吸引消费者，然后再推出相应的产品。

随着产品和服务越来越商品化，公司意识到，消费者真正购买的不仅仅是单纯的产品和服务，他们购买的是那些产品能够带来的体验。公司应该创造并管理顾客对其产品或企业的体验。正如宝马公司的广告所宣传的那样："我们很早就意识到，你带给顾客的感受和你的产品一样重要。"

产品或服务的供应者需要在三个层次上考虑产品和服务，每一个层次都增加更多的顾客价值。

（1）核心价值。这是最基础的层次，它体现消费者到底要购买什么，即顾客寻找的解决问题的利益或服务是什么。一个购买苹果 iPad 的消费者购买的不仅仅是一个平板电脑，他们买的是休闲娱乐、自我表达以及与朋友和家庭的联系，一个面向世界的移动个性化窗口。

（2）实际产品。将核心价值转变为实际产品，他们需要开发产品或服务的特色、款式设计、质量水平、品牌名称和包装。

（3）附加产品。围绕核心价值和实际产品建立附加产品，提供额外的消费者服务和利益。如交付和信用、产品支持、担保、售后服务等。

11.1.2　在线顾客价值

顾客经常从网上大量令人眼花缭乱的产品和服务中作出选择。顾客最终购买的产品或服务一定提供了最高的顾客价值，即与其他竞争品相比，顾客对某一种市场提供物的总收益和总成本之间差异的整体评价。

顾客价值有以下几个基本特征。

1. 顾客价值是全方位的产品体验

它始于顾客对产品的知晓，然后是顾客与产品的所有接触点，结束于顾客实际使用产品,以及得到公司为顾客提供的售后服务,从而完成了顾客与产品接触的全过程。在线产品或服务的浏览网站的体验,电子邮件售后服务提醒,以及网站个性主页设置等都构成在线顾客的重要价值。

2. 顾客价值是顾客对产品或服务的一种感知价值

顾客通常不能准确或是客观地评价价值和成本,它往往基于顾客的个人的感知判断。对一些消费者来说,价值可能意味着以合理的价格获得合适的产品;但对另一些消费者来说,价值可能意味着支付较高的价格获得更好的产品。在企业为顾客设计、创造、提供价值时应该从顾客导向出发,把顾客对价值的感知作为决定因素。顾客价值是由顾客所持有的观念和态度决定的,而不是供应企业决定的。网络口碑的传播很容易影响到其他顾客,尤其是当顾客不能准确评价产品时,口碑的影响会更大。因此在线顾客价值更多的是单独顾客之间感知价值传播的交互作用累积的结果。

3. 顾客感知价值的核心是一种所得和付出的权衡

顾客感知价值是顾客所获得的感知利益与因获得和享用该产品或服务而付出的感知代价之间的权衡,即所得与所失之间的权衡。感知利失包括顾客在购买时所付出的所有成本,如购买价格、获取成本、交通、安装、订单处理、维修以及失灵或表现不佳的风险。感知利得则包括物质形态因素、服务因素以及与产品使用相关的技术支持、购买价格等感知质量要素。如此一来,提升顾客价值可以经由增加感知利得或减少感知利失来实现。

4. 顾客价值还包括不同层次的期望

如果使用产品后顾客发现没有达到预期,就会感到失望。顾客价值是从产品属性、属性效用到期望的结果,再到顾客所期望的目标,具有层次性(图 11-1)。

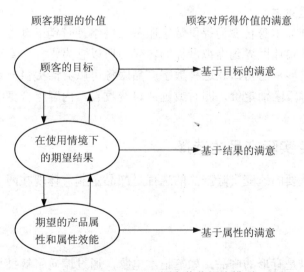

图 11-1　Woodruff 顾客价值层次模型

Woodruff（1997）认为顾客以途径—目标的方式形成期望价值。从最底层往上看，在购买和使用某一具体产品的时候，顾客将会考虑产品的具体属性和属性效能以及这些属性对实现预期结果的能力。顾客还会根据这些结果对顾客目标的实现能力形成期望。从最高层向下看，顾客会根据自己的目标来确定产品在使用情景下各结果的权重。同样，结果又确定属性和属性实效的相对重要性。Woodruff 同时强调了使用情景在顾客价值评价中的关键作用。当使用情景发生变化时，产品属性、结果和目标间的联系都会发生变化。该层次模型还指出，顾客通过对每一层次上产品使用前的期望价值和使用后的实际感受价值的对比，会产生每一个层面上的满意感觉。

11.2 网络对产品决策的影响

从营销的角度来说，重要的产品决策包括产品属性、品牌、包装、标签和产品支持服务等。网络环境下，除了包装外，其他都可以为实现网上交易而发生从实体到虚拟的转变。因此，网络产品的决策要有相应的调整，这种调整要符合既涉及产品的核心价值，又涉及产品的附属层次。

11.2.1 改变核心产品的选择

核心产品体现在消费者希望从网络上获得的收益或服务。网络改变核心产品的选择主要体现在以下两个方面。

一方面是网络的普及和使用本身就意味着巨大的产品商机。网络用户希望获得较好的网上浏览体验、较快的下载速度、清晰的网站结构、美观和实用的页面设计。网络用户希望能够进行安全交易、得到隐私保护、获得免费的信息和服务、有界面友好的浏览器和电子邮件、详细准确的价格比较等。这些需求导致数以千计的相关网站和产品产生，满足顾客需求，实现了顾客价值。随着网络的发展，顾客的需求还会不断地变化，大量的网络产品也会应运而生。

另一方面是将产品本身转变为提供数字服务。网络使营销活动发生了巨大的变革，最基本的变化就是从实体世界到虚拟世界的转变，所以它为媒体、音乐、软件和其他数字产品提供了在网上展示的窗口。这种数字产品服务可以灵活提供一系列产品的购买选择。如订阅费用分时段区别定价，即时或延期付费收看，内容组合捆绑销售，网站广告或点击付费等收入。

11.2.2 改变实际产品的选择

网络环境下最重要的改变实际产品的选择是产品定制，体现在两个方面，即大规模定制和个性化定制。

1. 大规模定制

大规模定制可以是有形的产品，如笔记本电脑，通过调研了解批量消费者的需求，采用网络预订的方式规模化定制产品。对于有形产品能规模化定制也得益于大规模定制的柔性制造技术的发展。大规模定制可以以低价出售,也可以以较高价格与其他附带软件、硬件或服务一起出售,提高附加值。无形产品也同样可以大规模定制,而且形式更为灵活。可以根据批量消费者的需要去组合产品或是服务,通过灵活的捆绑销售增加收益。

2. 个性化定制

对于客户来说,在网络环境下往往可以通过敲击键盘或点击鼠标自动地对产品或是服务进行个性化设计。如顾客根据自己的偏好,选择不同配置的戴尔电脑。信息产品的个性化设计往往根据顾客的需要重新组合就可以完成。服务类的用户个性化往往是用网上注册和其他技术手段接触用户,可以直接向用户问候,然后按照用户以前购买产品的记录为用户提供感兴趣的产品。

大规模定制和个性化的产品使顾客在产品设计中扮演更为主动的角色,从而向专业消费者靠近。"专业消费者"(prosumer)一词由未来学家托夫勒在1980年《第三次浪潮》一书中提出,用来说明未来会再次将生产与消费联合起来。后来人们对专业消费者进行了分类。

(1)在特定领域是业余爱好者,但对该领域基本设备的专业特性具备足够知识的消费者。(专业人员+消费者)

(2)能参与设计或定制自己所要购买产品的人。(制造者+消费者)

(3)能自己创造满足自身需要的产品,并可能将其进行销售的人。(生产者+消费者)

(4)能设法解决消费者与公司或市场之间的困难,并参与到待解决问题中的人。(主动+消费者)

当然,网络还改变了公司产品范围和产品组合。有些公司只在网上提供一部分产品,如在线时装零售商;有的公司在线提供的产品目录会比离线得到的产品信息小册子内容更全。还有如捆绑销售可以通过网络将相关互补的产品组合出售,如低成本航空公司就提供与旅行相关的互补服务,包括航班、酒店套餐、汽车租赁保险以及一系列的其他产品。

11.2.3 改变延伸产品的选择

从公司产品决策的角度说,许多O2O的产品并没有发生什么深刻的变化,它只是交易的订单、支付等发生在网络上,而实际的生产和供货以及售后服务完全是在线下进行的。网络实际上改变的是产品的附加层次或者延伸层次的选择。人们挑选产品的时候愿意在线获取信息,网站复制的关于产品选择的信息,在其他渠道都是由工作人员与顾客通过电话或者面对面这样的互动方式来提供的。如顾客想购买一台新电脑,延伸的产品可能包括售货员所提供的信息、使用说明手册、包装、保修书和后续技术服务咨询,这些都可以在网上获取。

11.3 网络营销的新产品开发战略

优秀的企业无疑都是善于开发和管理新产品的企业。每个新产品都是有周期的,都要经历诞生、成长等阶段，随着能为消费者创造新的或更大价值的新产品的出现而最终衰亡。应对产品的生命周期，企业既需要解决产品开发问题，善于开发新产品替代老产品，又需要管理产品生命周期的各个阶段的营销策略问题。

互联网环境提供了多种机遇，也催生了许多新产品和新企业。互联网作为一个信息均衡的平台，企业之间、企业与消费者之间的信息充分沟通，这就意味着激烈的竞争、产品的相互模仿以及极短的产品生命周期，这些都对产品的生命周期管理提出更严峻的挑战。

11.3.1 新产品开发中的价值共创

管理学家普拉哈德等提出企业未来的竞争将依赖于一种新的价值创造方法——以个体为中心，由消费者与企业共同创造价值。传统的价值创造观点认为，价值是由企业创造通过交换传递给大众消费者，消费者不是价值的创造者，而是价值的使用者。随着互联网兴起，消费者的角色发生了很大转变，消费者不再是消极的购买者，而转变为积极的参与者。消费者积极参与企业的研发、设计和生产，以及在消费领域贡献自己的知识技能，创造更好的消费体验，这说明价值不仅仅来源于生产者，而是建立在消费者参与的基础上，即来源于消费者与企业或其他相关利益者的共同创造，且价值最终是由消费者来决定的。

现实中，互联网环境下出现许多不同以往的商业合作关系，消费者和企业双方的协同设计模式更是层出不穷。许多公司把将要推出的软件，放到网上供用户直接下载，并鼓励用户传递反馈意见，然后公司根据反馈意见不断进行调整和改进，最后新版本应运而生。许多公司允许顾客加入网站内容的制作中来，在网络零售平台上，商家欢迎顾客对产品进行评价。在有的公司的网络社区中，都有顾客参与的论坛，讨论跟公司有关的话题。社交媒体的兴起，尤其是博客、微博和微信等都方便了企业与顾客的合作和交流，增进价值共创。

企业和消费者的价值共创或者顾客协同设计客观上使得新产品能够以更快的速度被开发出来。新的想法和概念可能由消费者提出来的，被企业采纳后，消费者积极参与测试，很快就能产生不同的产品选择。互联网技术还方便了超越国界的企业与企业之间的虚拟化合作，增进了企业之间的价值共创。

11.3.2 网络新产品战略

1. 新产品开发过程

新产品的开发一直有着很高的失败率。据估计，在已经成立的公司中，66%的新产品在推出两年内以失败而告终，96%的创新无法收回开发成本。因此，企业需要制订强有力的新产品开发计划，并建立系统的、顾客导向型的新产品开发流程来降低失败率。

图11-2阐述了新产品开发流程的八个阶段。

（1）创意生成。创意生成是对新产品构想的系统化的搜寻。新产品的构想来源广泛，可以来自企业内部，也可以来自企业外部，如顾客、竞争对手、分销商和供应商。一家公司通常需要生成数百甚至数千个构想才能找到一些好的构想。

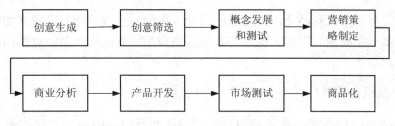

图 11-2　新产品开发流程的八个阶段

（2）创意筛选。后期的新产品开发的成本上升很快，所以大量的构想需要通过筛选机制逐步减少，以便发现优秀的构想，尽快淘汰那些较差的构想。营销人员提出 R—W—W（real，win，worth doing）新产品筛选框架，回答三个问题：第一个问题是这个产品构想现实吗？消费者对该产品是否真正有需求和购买欲望？是否会真正购买？该产品是否有一个清晰的产品概念？能令市场满意吗？第二个问题是我们能胜出吗？该产品能提供持续的竞争优势吗？企业有资源使该产品成功吗？第三个问题是值得去做吗？该产品是否符合企业的总体发展战略？它能提供足够的利润潜力吗？企业进一步开发新产品构想之前，应该能够对 R—W—W 的三个问题全部给出肯定的答案。

（3）概念发展和测试。产品构想只是企业希望为市场提供的一个可能产品的构思，有吸引力的产品构想需要发展成为可测试的产品概念。产品概念是用对消费者有意义的语言对新产品构想进行详细的描述。一个构念可能转化为几种产品概念，通过文字和图描述或者实物来对目标消费者进行测试。

（4）营销策略制定。接下来是基于产品概念为新产品设计最初的营销策略。营销策略计划包括三个部分：第一部分描述的是目标市场、计划产品定位、开始几年的销售量、市场份额以及利润目标。第二部分将描述第一年的计划价格、分销策略和营销预算。第三部分将描述预计的长期销售目标、利润目标和营销策略组合战略。

（5）商业分析。商业分析是指对某个新产品的销量、成本和利润进行分析，以便确定这些因素能否满足企业目标。如果分析通过，那么新产品概念就可以进入产品开发阶段。

（6）产品开发。在产品开发阶段，研发部门或工程部门要将产品概念转化为实体产品。这需要更多的投资，它决定新产品构想能否转化为可行的产品。研发部门将开发并测试新产品概念的一种或几种实体形式。研发部门希望设计一个令顾客满意，并且能在预算成本里快速投产的样品。开发一个成功的样品可能需要花费数日、数周、数月甚至数年的时间，这取决于产品本身和制造样品的方法。通常情况下，新产品要经过严格的测试以确保它能够全面有效地执行其功能，同时消费者可以在新产品中发现价值。

（7）市场测试。新产品通过了概念测试和产品测试，下一个阶段就要进行市场测试。在市场测试阶段企业在接近现实的市场环境中对产品及其营销方案进行测试。这样可以检验产品和整个营销计划，如目标市场和定位策略，4P营销组合等。测试的方式可以选择大规模和昂贵的标准市场测试，还可以进行控制市场测试或模拟市场测试，后两者会减少市场测试的费用并且加快测试进程。

（8）商品化。市场测试为管理层提供了足够的信息，以便最终决定是否推出新产品。

如果企业决定将该产品商品化，即将新产品导入市场，企业将面临高成本如购买或租赁制作设备和第一年高额的广告、促销与其他营销费用。商品化也要注意推出时机和市场范围的大小。

2. 新产品组合策略

企业应该如何将新颖的产品构思融入当前的产品组合中呢？兰姆和海尔等学者认为可以采用的新产品组合策略有六种。

（1）非连续创新产品。非连续创新产品指的是开发一种以前从来没有见过的新产品。在互联网领域，第一个网页制作软件、购物代理、搜索引擎等都属于这一类。社交网络也属于非连续创新产品，社交网络使网络用户拥有大量的沟通对象，既可以是为了娱乐，也可以是为了获得经济利益。非连续创新产品的风险极大，但是成功的回报也很丰厚，采用非连续创新产品战略的网络经营企业必须懂得顾客了解和接受新产品需要一个过程，因为这是他们从未做过的事。企业面临风险是因为顾客需要在充分熟悉产品、能够驾轻就熟、感觉物有所值以后才会转变他们的消费行为。

（2）新产品线。产品线是一组由于功能类似而关系密切，通过同类渠道销售给同一顾客群体，或处于特定价格范围内的产品。如果企业用一种现有的品牌，为不同的产品命名，就形成了新产品线。例如微软公司介绍和推广 IE 浏览器时，就创造了一种新产品线，因为网景公司已经开发出了浏览器，所以微软的浏览器并不能算是非连续创新。

（3）产品线的延伸。如果企业只是增加现有产品的花色品种，那只能算是产品线的延伸。谷歌公司有五条产品线，即搜索引擎、广告、网络应用、企业版产品和移动通信产品，总计几十种产品。如许多纸质媒体的网络版，实际上也是原来纸媒的产品线的一个品种，也是产品线的延伸。

（4）对现有产品的改进和调整。对现有产品的改进和调整也会形成一种新产品，它可以替代旧产品。像 Web 2Mail.com 网站的网络服务提供商允许用户不经过注册就能使用现有的电子邮件账户发电子邮件，这与 Hotmail 和雅虎公司的服务大不相同。在互联网上，企业不断地促进品牌发展，以增加顾客价值，保持竞争优势。

（5）重新定位的产品。重新定位的产品是将现有的产品定位于不同的目标市场，或者提供新的用途。如雅虎公司总是在不断重新定位，开始定位于网络搜索引擎，接着将自己定位为门户网站，后来将自己重新定位为搜索引擎。

（6）低价格的相同产品。这种战略用低价格与现有的品牌展开竞争，赢得价格上的优势。互联网发展过程中产生过许多的免费产品，这是因为企业希望先抢占市场，赢得客户群，然后再推出其他产品。

11.3.3　新产品传播

新产品推向市场的过程也是新产品传播的过程。企业需要回答以下几个问题：消费者对新产品的反应过程是什么样的？如何根据消费者接受程度的不同来制定营销策略？网络环境下新产品的传播特征是什么？

1. 消费者采用过程

创新产品的采用过程包含潜在消费者决定尝试或不尝试一个创新产品所经历的几个阶段。

（1）知晓（awareness）：消费者知道创新产品的存在。

（2）兴趣（interesting）：消费者对创新的产品或服务产生兴趣。

（3）评价（evaluation）：消费者对创新产品进行"精神试用"。

（4）试用（trial）：消费者试用创新产品。

（5）采用（adoption）：如果试用满意，消费者会决定重复使用这个产品。

2. 新产品采用的消费者分类

随着时间的推移，积极的口碑会提高满足需求、质量水平高以及有价值的产品的使用率。然而，并非所有的消费者都会同时采用新产品。罗杰斯（Rogers, 1983）根据消费者第一次采用新产品的时间的相对位置关系来对消费者分类，把消费者分为五种类型：创新者、早期采用者、早期多数者、晚期多数者和落后者（图11-3）。在营销领域，每一类代表一个细分市场，企业要有针对性地采取不同的营销策略。一般假定各种类型消费者的人数总体服从统计学上的正态分布。

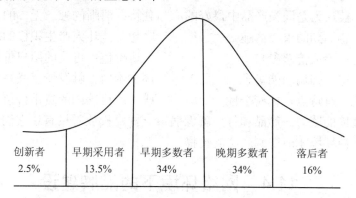

图 11-3　消费者分类：每种类别消费者比例

（1）创新者。创新者是新产品的最早期消费者。他们愿意冒险购买有可能存在问题、不合适或者很快会被淘汰的新产品，同时为新产品支付更高的价钱，因为他们希望成为第一个拥有新产品的人。

（2）早期采用者。早期采用者是指在新产品上市后紧随创新者购买新产品的消费者。他们喜欢冒险，有可能进行口碑传播，也有可能帮助其他人作购买新产品的决策。针对这部分消费者广告应该展示出他们对新产品的高度评价。

（3）早期多数者。早期多数者是指紧随早期采用者购买新产品的消费者。这部分消费者的数量大于前两种消费者的数量之和。早期多数者会等着产品价格下跌，在一部分人购买之后，他们才决定购买这款产品。针对这部分消费者广告要保证产品很受欢迎，并且提供给他们购买的动机。

（4）晚期多数者。晚期多数者是风险厌恶者，并且对新产品的接受很慢。他们会等到大多数消费者都使用了新产品之后才会购买。

（5）落后者。落后者是最后采用新产品的消费者。当他们购买时，创新者和早期采用者已经转换到最新的版本了。落后者是高度风险厌恶者，并且也是最后承认新产品价值的消费者。

3. 新产品的传播速度

借助于互联网的放大效应，新产品的传播速度会更快。马斯登（Masden，2004）的《引爆点》对此有很好的总结。马斯登认为营销人员在多米诺效应触发时，或者某种需求像传染病毒一样横扫大众时，应该建立一种产品或服务的"引爆点"。马斯登强调与此相关的三条主要法则。

其一，少数人法则。这一法则认为，新产品或服务的普及取决于"连接器"的最初采纳。所谓"连接器"是指具有社会联系并通过口碑和模仿行为来鼓励人们采纳新产品的人。在线情境下，这些"连接器"可能通过博客、微博、播客和电子邮件来传播他们的想法。

其二，黏性因素。这一法则指我们对某一产品或品牌的特点或特性的忠诚度。学者总结这类特质为以下方面。

优秀：被认为是同类产品中最好的　　独特：清晰的独一无二的差别
美学：感知到的审美情趣　　　　　　联想：能让人产生积极的联想
参与性：促成情感参与　　　　　　　表达价值：可见的用户价值标志
功能价值：强调功能需求　　　　　　怀旧价值：触发情感联系
人格化：有特点，标榜个性　　　　　成本：可感知的货币价值

其三，情境的威力。产品和行为就像病毒一样，投放时只有让它们适合物质环境、社会环境和精神环境才能得到广泛的传播。

11.4 网络环境下的品牌建设

11.4.1 在线品牌

品牌包括一个产品名称（如麦当劳）、一个产品标识（如 M 形的金色标记）和其他的识别信息。与品牌密切相关的是商标（trademark），商标可以是一个词、一个短语、一个标识或是一种设计，或者是词、短语、标识及设计的组合，用来区别其他公司的产品或服务。商标需要到政府部门注册，受到政府的保护，避免他人的模仿。商标更强调法律意义，营销中品牌更强调"个体对各种信息和体验的综合感知，用来区分一个企业的品牌和产品与其竞争者的品牌和产品之间的差异"。所谓"产品形成于工厂，品牌形成于人们的心智"。品牌是对顾客的一种承诺。通过传递这种承诺，可以在顾客中建立信任，使他们的风险降低，帮助顾客减少因转换产品产生的决策压力。

1. 在线品牌的重要性

在线品牌包括两个组成部分：一个是在网络上兴起的品牌，这类品牌又可以分为两类：一是与互联网直接有关的如搜索引擎、社交网站等，它们只存在于线上的虚拟世界中；二是与网络技术不直接相关，没有线下的销售渠道，只是存在网络渠道的新品牌，如新兴的网络服装品牌。另一个是原有品牌，通过网络渠道影响网民，如纸媒转换为数字媒体，现有品牌网上销售等。

网络对现有品牌来说是一把"双刃剑"，消费者对已有品牌会更信任一些。然而，这种忠诚度也会有所下降，因为网络会促使消费者尝试其他品牌。这种尝试很可能带来对于之前没有考虑过的品牌的购买行为。有经验的网络使用者会比没有经验的使用者更倾向于更换品牌。消费者的购买率决定于他们对于零售品牌或产品品牌的了解程度。对于很多顾客来说，如果他们对于零售品牌比较熟悉的话，那么即使是一个不知名的制造商的品牌，他们也会购买；而如果他们不了解零售商品牌的话，就不会购买了。如果他们既不了解零售商又不了解品牌的话，那么他们是肯定不会购买的。

年轻一代是伴随着互联网成长起来的，网络上新兴品牌对于他们来说更熟悉，很多品牌正是为了迎合他们产生的，所以很容易被年轻消费者接受。原有的品牌即便是一些知名品牌，在网络上对他们的影响也要小得多，这也促使许多线下的原有知名品牌，在进行网络销售时更换品牌，以网络新兴品牌的形象重新面对消费者。

2. 品牌资产

品牌资产是一个品牌的无形资产，可以按货币单位来计量。很多关于全球最有价值品牌的排名就是品牌资产计量的一种表现。正如"品牌存在于顾客的心智中"一样，品牌资产可以定义为顾客的品牌知识所导致的对营销活动的差异化反应（Keller，2008）。这一定义包括三个重要组成部分。

（1）品牌资产源于顾客的差异化反应。若没有差异产生，该品牌就会被看作普通商品或者是该产品的同类产品，竞争则更趋于建立在价格的基础上。

（2）差异化反应来源于顾客的品牌知识。顾客品牌知识是顾客在长期的经验中对品牌的所知、所感、所见和所闻。品牌知识包括品牌认知和品牌形象。品牌认知反映了顾客在不同情况下辨认该品牌的能力；品牌形象反映了顾客记忆中关于该品牌的联想。尽管品牌资产受到公司营销活动的影响，但最终还是取决于顾客对品牌的认知程度。

（3）顾客对营销的反应。顾客对品牌资产的差异化反应，表现在与该品牌营销活动各个方面有关的顾客观念、喜好和行为中（表 11-1）。

表 11-1 强势品牌的市场营销优势

对产品性能的良好感知	顾客对降价富有弹性
更高的忠诚度	更多的商业合作和支持
受到更少的竞争营销活动的影响	增强营销沟通的有效性
受到更小的营销危机的影响	有特许经营的机会

续表

更大的边际收益	具有品牌延伸的机会
顾客对涨价缺乏弹性	—

在网络上获取品牌资产的方式需要具备以网络为媒介的环境的独有特点。表 11-2 总结了在线情境下很重要的品牌资产的额外测量指标。它们包括：交互活动和用户定制这类数字媒体的特点，这些与创造公司顾客之间的关联度和良好的在线品牌体验是联系在一起的。用户的体验质量是重要内容。

表 11-2　品牌资产的传统测评和品牌资产的在线测评

品牌资产的传统测评 （阿克和乔基姆赛勒，2000）	品牌资产的在线测评 （克里斯托利德兹，彻纳东尼，2004）
溢价	在线品牌体验
满意度/忠诚度	互动
感觉质量	用户定制
领导潮流	关联度
感知价值	网站设计
品牌个性	顾客服务
组织协会	订单交付
品牌意识	品牌关系质量
市场份额	社区
市场价格和分销覆盖率	借助于网络分析的接触测量

11.4.2　网络产品的品牌决策

无论是线上企业还是线下企业，品牌决策都有相似的地方，如当考虑品牌名称和产品类别两个维度时，可以通过一个四象限矩阵来描绘企业可能的品牌选择（图 11-4）。

图 11-4　品牌策略组合

1. 原有品牌

沿用原有品牌就是仅作产品线延伸，在既定的产品类别中推出新的产品形式、颜色、口味或是附加形式等。产品线延伸是一种低成本、低风险的推出新产品的方法，但同时过度延伸可能使品牌面临失去特定内涵的风险。还有就是产品线的延伸不能与原有产品构成竞争关系，产品线延伸的理想效果应该是抢走竞争品牌的市场份额，而非抢走自己品牌的市场份额。

2. 品牌延伸

品牌延伸是指将一个现有的品牌通过新产品或改进产品延伸至一个新的产品类别。如星巴克通过超市包装的咖啡甚至是咖啡机延伸其品牌。品牌延伸使新产品能够迅速识别和更快接受，还节省了创立一个新品牌时的高额广告费。但是品牌延伸可能会混淆主品牌的形象，有时一个品牌名称可能对一个特定的新产品是不合适的，尽管该产品本身没有什么问题。

3. 多品牌

企业通常在同样的产品类别中引入多个品牌。百事可乐在美国市场至少有 5 种软饮料品牌（Pesi、Sierra、Slice、Mountain Dew 和 Mug root beer），4 种瓶装茶饮料和咖啡品牌，两种瓶装水品牌和两种水果饮料品牌。多品牌策略可以通过不同特性吸引不同的消费者细分市场，通过多品牌定位于多重细分市场，品牌组合可以获取的市场份额要比任何一个单一品牌可以获得的市场份额更大。多品牌的主要缺陷是企业资源分散在众多品牌上，每个品牌可能只占有很小的市场份额，很难建立一些高盈利水平的品牌。

4. 新品牌

企业在感受到现有品牌趋于衰落的时候可能会觉得需要新品牌。或者企业进入一个新的产品类别，但现有的品牌名称都不合适时，就可能创立一个新品牌。与多品牌相似，推出新品牌也会使企业的资源分散，因此，有的包装消费品企业实施大品牌战略，即放弃弱小的品牌，将资金专门投资于可以在其产品类中获得领先市场份额和成长性的品牌。

当一个企业有产品在线上销售时，通常会面临使用已有品牌和创造一个新的品牌之间的选择问题。如果原有品牌具有足够的知名度和价值，应用于新产品将很有意义。但是很多公司不愿意对其在线产品和离线产品使用相同的品牌，原因如下。

首先，如果一个新产品或者营销渠道具有较大的风险，公司就不想将好的品牌与失败的产品联系在一起，使品牌受到损害。

其次，有时一个强有力的、成功的网络品牌也会对离线品牌进行重新定位。大多数在线产品具有高科技、"酷"、年轻的形象，这样的形象会渗透到离线品牌。如果企业还采用原有品牌，需要对离线产品形象重新定位。在这种情况下，公司必须谨慎行事，确保在线品牌能为离线品牌带来预期的效果，并且确保延伸的产品系列不会使产品形象变得模糊。

最后，由于在线品牌和离线品牌有不同之处，公司有时候也想为一些新市场和渠道稍微改变一下名字。品牌的改变有利于对两种产品进行不同的定位。

5. 联合品牌

联合品牌是指两家公司将自己的品牌合在一起，为一个产品和服务命名。这种做法在网上十分普遍，只要两家企业的目标市场相似，合作的企业就可以通过声誉和品牌识别发挥协同优势。全球最大的互联网服务提供商 EarthLink 公司，早在 1998 年就与 Sprint 电话公司合作，用 EarthLink-Sprint 这个联合品牌作为公司的标识。它们不仅用联合品牌向 Sprint 公司的顾客提供互联网服务，还用这个联合品牌去吸引美国在线的顾客。

6. 互联网域名

统一资源定位器（uniform resource locator，URL）就是网站地址，有时也叫作 IP 地址，或者域名（表11-3）。域名也具有品牌属性和商业价值，它是企业网络市场中商业活动的唯一标志。

表11-3 戴尔域名

http://	www.	Support.	Dell.	com
超文本传输协议	万维网	三级域名	二级域名	一级域名

域名的命名除了按照国际标准选择顶级域名外，还要考虑到以下几个方面。

（1）与企业已有的商标或名称具有相关性。企业域名与企业名称统一，就可以营造一个完整的企业形象，便于消费者在线上和线下准确识别，两边的宣传相互补充和促进。如果企业名称与域名不相关，企业往往会丧失对其品牌的价值利用。例如时代华纳公司的 Pathfinder 是该公司的第一个网站，在该网站上用户可以浏览到很多公司非常有名的期刊，如《人物》（People）、《财富》（Fortune）等，但是 Pathfinder 不能很好地利用时代华纳品牌知名度，通过搜索 www.Pathfinder.com，出现的只是公司所有的杂志的网页。

（2）简单、易记、易用。域名作为一种地址，如果过于复杂，存在拼写困难，则会影响消费者使用域名的积极性，不利于顾客与企业网站之间进行信息交流。

（3）多个域名。申请时很容易出现多个类似域名，减弱了域名的独占性，导致顾客识别错误。为防止类似域名被其他企业注册混淆，企业一般要同时申请多个类似相关域名以保护自己。如可口可乐公司注册的域名包括 cocacola.com、coca-cola.com、coke.com 等。

（4）国际性。由于互联网的开放性、国际性，使用者可能遍布全世界，因此域名的选择必须能使国外大多数用户容易记忆和接受，这样更有利于开拓国际市场。

（5）公司名称被抢注。如果公司名称被抢注了，该怎么办？一种方法是被迫使用其他域名，另一种方法是从目前域名持有者手中购买名字，还有就是通过法律途径解决问题。

11.4.3 在线品牌建设

1. 品牌建设的步骤

凯勒（Keller，2008）强调创建强势品牌需要按照如下四个步骤，其中的每一步都是基于前一步成功实现的基础之上的（图 11-5）。

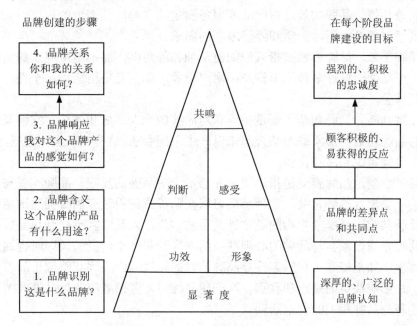

图 11-5　基于顾客的品牌资产金字塔
资料来源：凯勒. 战略品牌管理[M]. 3 版. 北京：中国人民大学出版社，2009：59.

（1）确保消费者对品牌产生认同，确保在消费者的脑海中建立与特定产品或需求相关联的品牌联想。

（2）战略性地把有形、无形的品牌联想与特定资产联系起来，在消费者心智中建立稳固、完整的品牌含义。

（3）引导消费者对品牌认同和品牌含义作出适当反应。

（4）将消费者对品牌的反应转换成消费者和品牌之间紧密、积极、忠诚的关系。

这四个步骤体现了消费者普遍关心的以下基本问题：

（1）这是什么品牌？（品牌识别）

（2）这个品牌的产品有什么用途？（品牌含义）

（3）我对这个品牌产品的印象或感觉如何？（品牌响应）

（4）你和我的关系如何？我们之间有多少联系？（品牌关系）

在图 11-5 中，只有当品牌处于金字塔塔尖时，才会产生具有深远价值的品牌资产。金字塔左侧倾向于建立品牌的"理性路径"，右侧则代表建立品牌的"感性路径"。绝大多数强势品牌的创建是通过这两个路径"双管齐下"来实现的。

2. 创建品牌的六个阶段

（1）品牌显著度。品牌显著度测量了品牌的认知程度，如在不同情形和环境下，品牌出现的频率如何？品牌能否很容易地被回忆或认出来？需要哪些必需的暗示或提醒？品牌的认知程度有多高？品牌认知是在不同情形下顾客回忆和再认出该品牌的能力，并在记忆中将品牌名称、标识、符号等元素与具体品牌联系起来。

（2）品牌功效。品牌功效是指产品或服务满足顾客功能性需求的程度。如品牌何种程度上满足了消费者实用、美学和经济方面的需求。

（3）品牌形象。品牌形象是指人们如何从抽象的角度，而不是从现实的角度理解一个品牌。一个品牌会有许多种无形资产：用户形象，购买及使用情境，个性与价值，历史、传统及体验。

（4）品牌判断。品牌判断主要是指顾客对品牌的个人喜好和评估。它涉及消费者如何将不同的品牌功效与形象联想结合起来以产生不同看法。这些判断类型包括品牌质量、品牌信誉、品牌考虑和品牌优势。

（5）品牌感受。品牌感受是指消费者在感情上对品牌的反应。品牌感受与由该品牌激发出来的社会流行趋势有关，这种感情可以在购买或使用该产品时强烈地感受到。

（6）品牌共鸣。品牌共鸣指的是这种关系的本质，以及顾客感受到与品牌同步的程度。品牌共鸣是通过顾客与品牌的心理联系的深度和强度来衡量的，同时也通过行为的忠诚度来体现，如重复购买和顾客搜寻品牌信息的程度等。品牌共鸣位于品牌资产金字塔的塔尖，是影响决策的焦点和重点。在创建品牌时，营销者应该以品牌共鸣为目标和手段，来诠释与品牌相关的营销活动。

3. 品牌定位

品牌定位是指设计公司的产品服务以及形象，从而在目标顾客的印象中占有独特的价值地位。通俗点说，定位就是在顾客群的心智或者细分市场中找到合适的"位置"，从而使顾客能以"合适的"、理想的方式联想起某种产品和服务。

品牌定位需要确定以下几个方面。

1）目标顾客

目标市场细分我们在前面的章节中已经介绍过了，这里不再赘述。需要指出的是，行为性细分通常在理解品牌建设问题上更有价值，因为它具有更清晰的战略性暗示。例如一个基于利益细分市场确定后，确立品牌定位的理想品牌的差异性就会相当清楚。以牙膏市场为例，一项研究表明，整个牙膏市场存在四个主要的细分市场（表11-4）。

表 11-4 基于利益的牙膏市场细分与产品定位

细分类型	利益	Close-Up	Aquafresh	佳洁士	高露洁（全效）
感觉型细分市场	追求香型和产品外观	√	将牙膏设计为三种不同类型的结合体，每种都具有不同的产品优势		√
交际型细分市场	追求牙齿的洁白	√			√
忧虑型细分市场	希望预防蛀牙			√	√
独立型细分市场	追求低价格				√

2）竞争特性

当企业决定以哪类消费者为目标市场时，通常也就决定了竞争的特性。因为其他企业可能早已或是将要以这类消费者为目标市场。消费者在购买时也会注意到其他品牌。

在进行竞争分析时要考虑很多因素，包括资源、能力、其他公司的可能动向等，以确定为哪一个市场的消费者提供服务能够得到最大的利润。

公司定义竞争时不要过于狭窄，通常竞争会发生在利益层次上，而不是属性层次。因此提供享乐利益的奢侈品不仅与其他耐用品之间存在竞争，还可能与"度假活动"发生竞争。

产品在消费者的脑海中通常按等级层次反映，因此，竞争也可以划分为许多不同层次。以 Fresea（一种葡萄汁——特色软饮料）为例，在产品类型层次，它与非可乐、特色软饮料竞争；在产品种类层次，它与所有软饮料竞争；在产品等级层次，它与所有饮料竞争。目标市场及竞争参照框架的选择，将决定品牌认知的广度以及品牌暗示的情景和类型。认清不同层次竞争的性质，对理想的品牌联想具有重要的启示作用。

3）品牌的异同点

品牌竞争参考框架的确定使品牌有了定位的基础，接下来则需要确立适当的差异点及与之匹配的品牌联想。

差异点联想。差异点是消费者与品牌相关联的属性和利益，消费者对这些属性和利益具有积极、正面的评价，并且相信竞争者品牌无法达到相同的程度。品牌的差异点可能包括性能属性或性能利益，此外差异点可以来自形象联想。

共同点联想。共同点是那些不一定为品牌所独有而实际上可能与其他品牌共享的联想。这些类型的联想有两种基本形式：品类型和竞争型。品类型共同点联想是那些在某一特定产品大类中消费者认为任何一个合理的、可信任的产品所必须具有的联想。竞争型共同点联想是那些用以抵消竞争对手差异点的联想。换句话说，如果某一品牌能在其竞争对手企图建立优势的地方与之打个平手，而同时又能在其他地方取得优势，那么该品牌就会处于一个稳固的，同时也可能是不败的竞争地位。

任何品牌不可能与其竞争者完全等同，消费者必须感觉到此品牌在某些特定的属性和利益方面非常优异，以至于他们不会从负面角度来考虑。即便他们从负面角度来考虑，他们也会基于其他潜在的对品牌有利的因素进行评价或决策。建立共同点比建立差异点更容易，因为建立差异点需要清晰地展示其优势方面。品牌定位的关键，与其说是建立差异点联想，还不如说是建立必要的竞争型共同点联想。

4. 品牌网站的成功要素

品牌网站是用来提供体验、支持品牌的。产品并不仅限于典型的网上销售，它们的焦点在于通过开发在线体验来支持品牌。对于网站本身，访问者的数量并不是最重要的，质量才是关键，因为品牌网站最可能吸引的是品牌倡导者，它们对于影响其他人形成品牌意识或者尝试品牌都是很重要的。品牌所有者应该决定品牌网站的内容，鼓励品牌忠诚者和品牌中立者来访问与重复访问品牌网站。为实现重复访问，提供高质量网站体验包括以下几方面。

（1）创造一个引人注目的、互动的体验经历，包括能够反映品牌的多媒体体验。传递了不愉快的体验经历的网站对于品牌意识的形成是很不利的，即便是视觉参与的可用性或者下载速度较差。

（2）考虑网站应该如何通过鼓励试用来影响销售周期。试用通常是在离线情境下开展的，因此如果试用装、优惠券或者奖励都能够使用，这些反应催化剂应该进行整合。

（3）在网站上开发一个交流程序，用于开启与最有价值顾客的对话历程。被用户许可的电子邮件、短信或其他社交网络媒体方式，能够用于向顾客推介新的产品或促销信息。

（4）应该强调实现顾客与品牌网站互动的重要性，以鼓励共同创造价值。例如，品牌能够鼓励用户分享和发表他们的评论、故事、照片或者视频，一旦参与了，访问者便可能重复访问网站，因为他们想要看别人作出什么评论。

小米手机：与消费者共创价值

小米科技 CEO 雷军曾说，小米正在打造一个特色生态链，也即由"消费者+合作伙伴+竞争对手+小米公司"构成的"系统"。在这个系统里，消费者被放在了首要的位置。小米手机的诞生为雷军的话作了最好注解，小米几代机的产生都是众多"米粉"创意与智慧的结晶，有超过 60 万的"米粉"参与了小米 MIUI 操作系统的设计和开发，根据他们的意见，MIUI 每周进行更新。

消费者和企业共同创造价值的时代已经来临。将消费者带入价值创造的过程是件美妙的事情，以前企业把消费者定位为销售目标，如今则把消费者视为价值的共创者。其最为人熟知的案例是宝洁公司的"开放式创新"，公司 CEO 雷富礼要求 50%的创新创意来自宝洁外部。在中国，这一实践在小米 1 代发布之时达到高潮，至今仍在持续。

美国学者普拉哈拉德曾提出：在未来的竞争中，你的顾客不再只是你产品的购买者，而是你的合作伙伴。只有能与消费者共同创造价值的企业，才能经得起时代的考验。在心理学中有一个名词叫作"自我卷入水平"，也就是人们对一件事情的参与程度。卷入水平越高，那么他对这件事情就越热心、越拥护。所谓的共同创造价值也就是使得消费者对某件产品的卷入水平提高。消费者为这件产品动过脑筋，甚至产品中有他的影子，这都能使得用户更加坚定地成为产品的拥趸。必须有消费者参与，双方共同创造，通过消费者的亲身体验实现价值，其中的关键便是找到与消费者的接触点。

在小米看来，客户不仅是消费者，还应该成为技术研发的伙伴，因此小米让发烧友参与手机系统的开发，根据发烧友的反馈意见不断改进，并每周更新。按照雷军的话说，MIUI 的功能 1/3 由"米粉"决定，2/3 由小米自己决定。互联网的兴起，为消费者卷入提供了多种多样的途径。简单地看看小米的论坛，你就会发现小米论坛的人气高得令人吃惊，"米粉"们在这里毫无保留地进行互动和分享。举例说明：一篇简简单单描述怎么样调设置能令手机运行加快的帖子，竟然从晚上 9 点到第二天早上 9 点就有 9 670 篇回复。在 60 万"米粉"的参与下，小米手机上诞生了一项项符合国人使用习惯的创新。

在产品开发的早期阶段，创意产出是众包（把工作外包给网络大众的做法）最普遍的应用结果。如小米让发烧友参与手机系统的开发，甚至还鼓励用户、媒体拆解手机。

在产品生命周期的较后阶段，企业可以充分利用共创的力量帮助消费者更好地使用产品和服务。例如，苹果、戴尔等企业拥有大型的活跃社区，消费者可以在这里提出关于产品的问题并找到答案。这样做不仅为需要解答问题的用户提供了直接的帮助，同时也进一步凝聚了有影响力的意见领袖及品牌拥护者，他们本身作为社区的一分子，乐于对其他用户的问题作出及时的响应。

小米的成功完全是依靠与消费者（所谓的"米粉"）共同创造价值的模式。通过互动产生粉丝心仪的产品，加强了体验感和参与感，除此之外，小米并没有任何竞争优势。小米要想走得更远，还需要将价值共创进行到底。

（资料来源：世界经理人 http://www.ceconline.com/strategy/ma/8800065456/01/.）

本 章 小 结

本章介绍了网络营销中的网络产品和品牌策略。在"网络产品与客户价值"一节，强调对网络产品的定义与对传统产品的定义并没有什么本质区别，都是可以满足需要或欲望的东西。在线顾客价值是产品体验，一种感知价值，所得和付出的权衡，包括不同层次的期望。在"网络对产品决策的影响"一节，分三个层次阐释，核心产品体现在消费者希望从网络上得到的收益，可以通过将产品本身转变为提供数字服务来实现；改变实际产品的选择方法是大规模定制和个性化定制；改变延伸产品的选择可以通过交易的订单、支付等发生在网络上，而实际的生产和供货以及售后服务完全是在线下进行的。在"网络营销的新产品开发战略"一节，主要阐述了网络价值共创，从创意生成、创意筛选到商品化的新产品开发过程，然后论述新产品传播的过程和传播速度。最后一节是关于网络环境下的品牌建设。在线品牌包括网络上兴起的品牌和现有品牌网上销售等。通过品牌名称和产品类别两个维度形成四种品牌决策选择。最后介绍了品牌建设的四个步骤和创建品牌的六个阶段，以及品牌定位等。

思 考 题

1. 网络上的服务具有哪些特点？
2. 在线顾客价值与线下顾客价值有哪些区别？
3. 网络对不同层次产品决策有哪些影响？
4. 网络新产品开发中的价值共创的内涵是什么？
5. 网络新产品开发的过程包括哪些？
6. 网络产品的品牌决策有哪些？
7. 在线品牌建设的过程有哪些？

实 践 活 动

1. 做一次调查，收集中国互联网络信息中心（CNNIC）最近5年关于网上销售产品类别排名的数据,归纳这 5 年各种类别排序有什么变化,分析为什么会有这种变化。

2. 在网上收集以下产品和服务的资料：数控机床、数字电视、新闻资讯和理财产品,分析这些产品由线下销售到线上销售需要作出哪些产品决策的改变。

3. 在淘宝网站上搜寻顾客参与设计的服装的项目,组织网友积极参与设计开发,并记录企业与顾客沟通的过程,然后分析这种价值共创方式的优点。

4. 在网上查找凡客诚品的相关资料,分析其品牌兴起和衰落过程中品牌建设的问题。

第 12 章

网 络 定 价

> **学习目标**
>
> 了解价格及价格特征,基本的定价策略,对价格变化的回应。掌握网络买方的交易价值,动态定价策略。熟练掌握网络卖方的交易价值,免费定价策略和电商价格战。

如果说合适的产品开发、分销以及促销播下了成功的种子,那么有效的定价策略则是收获。企业如今正面临残酷和快速变化的定价环境,追求价值的顾客给众多企业施加了日益增长的定价压力。信息技术的发展,使得网络市场中商品定价更加复杂,同时也改变了网络经营者的定价方式。

12.1 价格及价格特征

价格是营销组合中产生盈利的唯一因素,所有其他营销工具都代表成本支出。价格同样也是营销组合中最灵活的因素之一。不同于产品特性和渠道合同,价格可以很快变动。价格在创造顾客价值和建立顾客关系上扮演了关键角色,聪明的管理者会把定价作为创造和获取顾客价值的关键战略工具。

1. 什么是价格

狭义上说,价格(price)就是为了获得某种产品或服务所付出的货币数量。广义上讲,价格是消费者为了换取拥有和使用某种产品或服务的收益而支付的所有价值的总和,包括货币、时间、精力和心理成本等。尽管近些年来在商业活动中非价格因素对消费者行为的影响变得越来越重要,但是价格仍是决定企业市场份额和盈利水平的最重要因素之一。

2. 价格特征

国内外的研究标明,网上商品的价格具有以下几个特征。

1)价格水平

随着网上商业的发展,网上的价格经历了一个由比传统市场价格高到比传统市场价格低的发展过程。互联网使商品定价增加了价格透明度(price transparency),厂商和消费者都可以通过网络了解一种商品所有生产厂商的售价。价格透明度引发的竞争以及竞争者数量的大幅增加,是价格水平降低的主要原因。资料显示,1997年5月19日,当美国最大的离线书刊零售商(Barnes&Nobel)上网卖书后,亚马逊一下子就降价近10%以对付竞争对手。网络经营本身也倾向于压低商品的价格,因为只做网络生意的零售商不需要做有形展示,没有运营店面和零售分销网络的开销。这意味着,在线公司能够相对于离线竞争对手在运营方面拥有更低的价格水平。

2)价格弹性

需求的价格弹性评估了价格变化对于产品需要的影响程度。它的计算公式是用需求数量的变化(百分比)来除以价格变化的百分比。不同的产品本身就会有不同的需求价格弹性系数。需求价格弹性系数公式为

$$需求价格弹性系数 = \frac{需求量的变化(\%)}{价格的变化(\%)} = \frac{\Delta Q/Q}{\Delta P/P}$$

商品的价格弹性一般被描述为:

具有弹性(价格弹性系数>1)。这里需求量变化的百分比比价格变化的百分比要大。对于具有弹性的需求,需求曲线相对平缓,价格上的小幅增长会导致收入的降低。总体而言,当价格上涨时,生产商或零售商的收入会下降,这是因为收入的上涨不能够补偿需求下降所带来的损失;而当价格下降时,总的收入会增加,因为额外顾客带来的收入能够弥补价格下降所造成的收入的减少。

不具有弹性(价格弹性系数<1)。这里需求量变化的百分比比价格变化的百分比要小。对于不具有弹性的需求,需求曲线相对陡一些,价格上的小幅增长仅会导致需求上的小幅降低。总体来说,当价格上涨时,总体收入会增加;当价格下降时,总体收入会减少。

单位弹性(价格弹性系数=1)。说明需求量变动幅度与价格变动幅度相同。即价格每提高1%,需求量相应地降低1%,反之亦然。

一般来说,需求价格弹性的影响因素有三个。

(1)是否具有替代品。有的产品有很好的替代品,它的价格弹性就会大于那些几乎没有合适替代品的产品(如电影)。

(2)在收入中所占的比重。有些物品或服务的花费在人们的总支出中只占很小的比例,这种物品或服务的需求价格弹性就较小(如食盐)。

(3)时间的长短。长期的需求弹性往往比短期的大。原因是时间长消费者就可以有很多机会来调整自己以适应价格的变化(电的长期弹性比短期大10倍左右)。

3)标价成本

标价成本是指商家改变定价时产生的费用。在传统市场上标价成本主要是对货品重贴标签的材料成本、印刷成本和人工成本。较高的标价成本会使价格比较稳定,因为每一次价格变动所带来的利润至少要超过价格变动所产生的费用,所以传统商家就不太愿意做小的价格变动。而在网上的标价成本则很低,仅仅是在数据库中做一下修改。因此,网上商家做价格变动的次数要远远大于传统商家,但调价的幅度则是比较小的。

4）价格差异

价格差异指在同一时间对同一商品，在市场上有不同的价格。分析发现，与传统市场相比，网上的价差并没有缩小。例如网上的书籍和CD价差最大可达50%，书籍和CD平均价差分别为33%和25%。导致网上价差的原因主要是以下几个方面。

其一，商品的不可比较性。商品的不可比较性可以体现在商品的物理属性上，也可以体现在不同的场合和时段，还可以体现在附加在它身上的商业服务。

其二，购物的便利程度及购物经验。较易浏览的网页、赏心悦目的网店装饰、好用的搜索工具、客观的购物建议、详细的商品信息尤其是样品、方便的结算手续和快捷的交货，这些都会使商家在定价时有优势。

其三，商家或品牌的知名度和信任度。网商的知名度可以吸引消费者的注意力，获取网络溢价。网上有不少价格比较、价格搜寻或购物蠕虫（Shopbots）软件专门替代寻找最低价格商品，但是消费者并不是购买比较软件中价格最低的商品，尤其是购买小额商品时，如果价差不大，他们宁可选择自己较信任的网站成交。具有公众信任度的网站或商家可以降低网络交易风险。

其四，锁定顾客。网上商家有一些锁定顾客的手段。消费者一般愿意在熟悉的购物环境中购物，如果他已熟悉了某个浏览网站，再去其他网站进行类似活动时就会感到不适应。有些网站对提供交易所需的注册会员实行"一键成交"制，使交易环节大大简化。现在大多数电子商务网站都对会员进行评级，累计积分，都能提供个人的主页，向用户提供个性化服务和推荐量身定制的商品信息。这些服务都极大方便了消费者，锁定了顾客，导致消费者转换到其他商家或网站的成本很高。

其五，价格歧视。价格差异是指不同的商家对同一商品制定不同的价格，而价格歧视则是指同一商家在不同时间对同一商品制定不同的价格。网络的跨时空、开放和共享的特点决定网络价格歧视要比传统商业领域更难。面对同样的网络消费者采用价格歧视很容易被发现，但是不同时段（店庆、节日等）、不同身份（如是否是会员等）的价格歧视，还是可以采用。有些领域也可以通过消费者在省钱但麻烦和不省钱但方便之间作出选择，如许多视频网站可以付费免看广告，使观看更流畅，不总被广告打断。有的电商网站为了保证它的价格最低，标价旁边有一个价格比较按钮，按下可以自动让网站比价，如果有低价可以自动调低价格。反复询价操作起来很是耗费时间，即便便宜也只是很小的价差，消费者需要在时间和价差间进行权衡。

5）价格变化

价格变化包括两个部分：一个是变化的频率；另一个是变化的幅度。

网络市场比实体市场价格变化更灵活，主要有以下几个方面的原因。

第一，网上零售商必须制定具有吸引力的价格来赢得竞争优势；第二，购物代理网站提供给消费者的价格信息也可能会促使参与竞争的企业调整价格，目的是使自己的排名靠前；第三，厂商可以利用网站数据库随时调整商品价格；第四，网络市场中的厂商可以提供多种数量折扣（如联邦快递公司按照运送量的多少为消费者提供多种折扣价的价目表）；第五，网络上厂商很容易见机行事，厂商会根据需求在网站上随时调整商品价格以应对竞争。

网络市场比实体市场中价格调整的幅度小。首先,对价格敏感的消费者会对竞争对手细微的价格调整迅速作出反应;其次,购物代理网站会根据价格差异将厂商划分为不同等级,只要比竞争对手低一点就会处于更高的等级;最后,因为实体市场价格调整相对比较困难,所以零售商不会轻易、频繁调整价格。

12.2 在线买方和卖方的交易价值

网络上的交易一定是通过买方和卖方协商来完成的,双方协商一致确定价格达成交易。由于买方和卖方所处的立场不同,对价格的认识也不同,提出的合理价格也可能存在差异。协商的过程就是交换看法、讨价还价的过程。

12.2.1 买方的交易价值

买方对价值的界定是收益减成本,用公式表示为

$$价值=收益-成本$$

从收益角度来说,互联网给买方带来很多具体的收益,如价格的透明度带来的低价位、个性设计和服务、互动交流等,这些我们在前面都阐述过,这里不再赘述。实际上,互联网给买方的最大收益是使其掌握了交易的主动权。交易过程中的控制力从卖方转向了买方,这对营销策略产生了深刻的影响。在反向拍卖中,由买方确定新商品的价格,然后由卖方来判断能否接受这样的价格。在B2B市场上,交易中由买方来对企业积压的存货出价,或者对一些公司的产品报价。在B2G市场上,政府采购人员列出商品或劳务的需求计划,然后由厂商投标,最终政府采购人员与报价最低的厂商达成交易。实际上,政府采购人员控制着整个交易过程。

卖方也认识到信息技术有利于他们更好地管理库存,自动地频繁调整商品价格。现在,与面对面的市场交易相比,消费者更愿意与营销人员在网上交易。在网络市场中,经营企业与消费者通过谈判协商商品价格的意愿比实体交易也更强,这有利于消费者在交易中掌握主动权。当然消费者掌握主动权是有前提条件的,那就是网站上要有丰富的信息和充足的商品供应。随着电子商务的快速发展,这些条件在大部分网络市场中都日渐成熟。网络消费者已经掌握各种与厂商博弈的消费技巧,变得越来越精明。

从成本角度来说,买方成本包括货币、时间、精力和心理成本。

在网络交易中,了解实际成本也并不是一件简单的事。哪怕是仅仅要了解产品的货币成本,也要学习很多东西。卖方开出的价格往往并不包含一些隐性的要素。卖方会把这些要素有意隐藏起来,直到交易的最后一个环节才显示出来(表12-1)。表12-1中价格的差异很清楚,但是影响最终交易价格的因素非常复杂,消费者不能仅仅靠表面价格的比较作决策,需要权衡多种隐藏的因素,弄懂它们,才能作出正确的比较。

表 12-1 MySimon 网站上 *The South Beach Diet Cookbook* 一书的零售价比较

图书零售商	星级/评论人数	价格	消费税	运费	含运费价
DeepDiscount.com	**/19	19.46	见网站	免	19.46
Alibris	***/283	5.00	0.37	3.99	9.36

续表

图书零售商	星级/评论人数	价格	消费税	运费	含运费价
Books-A-Million	****/40	8.99	无	3.98	12.97
Tower.com	**/10	17.28	无	3.99	21.27
Boomj.com	无	17.19	1.27	6.65	25.11
Barnes&Noble	***/253	20.76	1.53	3.99	26.28
Half.com	****/469	7.75	无	3.99	11.74

资料来源：www.mySimon.com for book by Arthur S.Agatston,M,D.

当竞争激烈时，也会表现为商品的价格差异不大，尤其是消费者购买该类商品的主要网站上价格基本相同。差别在于其他优惠措施（如积分、包邮、返券等），以及消费者对网络的偏好和信任（表12-2）。

表12-2　中国主要购物网站上图书《自控力》的销售价格比较

图书零售商	星级/评论人数	折扣	其他优惠	免运费	价格
当当自营	五星/239 974	7折	加价换购	满59元	27.50
京东自营	40 840	7折	满105元送6元券	满99元	27.50
亚马逊自营	4星半/6 468	7折	满100元减20元	满99元	27.50
天猫中信书店	3 314	6.6折	送5元优惠券	满58元	33.00

除了货币成本以外，消费者还要支付时间成本、精力成本和心理成本。受制于消费者的网速、搜索能力和其他技术问题，消费者未必能轻而易举地作出选择，有时不得不花费更多的时间和精力去搜索信息，甚至最后灰心失望，付出很大的心理成本。网络购物代理试图通过众多网站的某商品的价格对比，方便消费者发现最低售价。但是这种比价很难包括影响价格的一些隐性的因素，要想作出满意的决定，还是需要不断搜索信息。搜索信息的时间成本和精力成本有时要远大于节约的费用。而且每个人的价值观和风险偏好不同，对时间、精力和财力的估价也是不同的。有的消费者会选择价格高一点，但信用好的网站购物；有的消费者会选择价格高，但是送货速度快的网站购物。

尽管买方的实际成本并不像我们想象的那么简单，消费者的网络购物还是能节约许多成本，具体如下。

（1）网络的便利性。网络24小时、365天全天候处于运行状态。通过各种终端，如智能手机、平板电脑、PC（个人计算机）和数字电视等，消费者随时可以上网搜索、购物、娱乐或浏览网页。便利性还体现在网络交流上，电子邮件、即时通信软件等都可以实现消费者随时随地跟企业沟通，不受企业工作时间和所在地域的限制。

（2）网络的快捷性。尽管消费者下载网页可能要花费不少的时间，但是消费者可以方便地登录网站，预订货物，也许第二天就能收到货物。即使消费者在旅途中，也仍然可以这样做。

（3）自助服务节约时间。消费者可以随时追踪运输的货物，或者在线支付账单、买卖股票、查询账户余额，还可以做许多其他事情，并不需要等候销售代表上门。此外，网络技术便于消费者随时查询商品信息，而原本这些活动都是要花费很多时间的。

（4）一站式购物可以节约时间。企业借助互联网可以实现一站式购物，这为消费者提供了便利。如美国的 AutoMall 网络公司已经与许多公司合作，使得消费者可以在该网站对比了解汽车售价、款式以及汽车制造商的信息，还可以了解贷款、保险和服务等信息。该公司有一个由许多汽车经销商组成的巨大网络，顾客可以在网上商定价格，随后网站会为顾客提供一份购车证明，凭借证明上的报价，顾客可以在任意一家经销商那里按这个价格购车。AutoMall 网络公司的跟踪记录表明有 50%以上的网络用户会在接受公司网站服务的 45 天内购买新车，90%的用户在 6 个月内买了车，这说明顾客是欢迎这样的服务模式的。

（5）网站互相融合有利于节约时间。一些门户网站为消费者搜索信息提供了便利，消费者可以利用各种上网工具链接网络。一些网站允许消费者建立自己的个性化网页，网页内容可以包括新闻、股票行情、天气预报和其他购物信息。

（6）自动化使消费者购物更轻松。顾客一般都喜欢简单、便捷。尽管网络购物很复杂，但是技术可以帮助解决问题。例如，网站为消费者保留登录密码和购物记录，这就节省了消费者购物时间和精力。

12.2.2 卖方的交易价值

价格对卖方来说就是消费者为获得商品而付给他们的货币。厂商为生产产品或提供服务支付的成本，就是商品的基本价格（最低价）。低于这个最低价，厂商就无利可图。为在激烈的竞争中处于有利地位，厂商会以最低价为基础定价。成本和价格之间的差额就是利润。

厂商在定价时，会考虑影响定价的内部和外部因素。内部因素包括：通过 SWOT 分析得出的优势和劣势，厂商总体的定价目标、营销组合策略、生产和销售成本等。外部因素包括市场结构、消费者的观点，它对网上定价影响尤其大。

1. 影响网上定价的内部因素

（1）定价目标。定价目标需要考虑利润、市场和竞争等因素。最普遍的定价策略是以利润为目标，追求利润最大化。该策略主要考虑眼前的利润最大化，而不是长远利益。厂商还可以选择各种以市场为目标的定价策略。消费者数量的不断增加有助于降低公司成本，取得较大的长远利益，低价格有助于公司占领市场。还有就是以竞争为目标的定价策略是指厂商根据竞争对手的价格而不是自己的生产费用和市场需求来定价。互联网的透明度使得厂商能更快地了解竞争对手的价格变化，并随时作出价格调整。

（2）营销组合策略。成功的厂商都有自己的一套完整合理的营销组合策略。如沃尔沃公司利用在线和离线的渠道大力宣传公司的高端品牌，因此汽车销售商能够以较高的价格销售沃尔沃公司的汽车。该公司的营销人员知道，80%以上沃尔沃的消费者在买车之前会浏览公司网页。接受过高等教育的城市居民喜欢在网站上选择沃尔沃车型，为自己喜欢的车定价,最后,用电子邮件等网络通信工具来通知经销商。网上销售占沃尔沃公司销售额的 10%~15%,沃尔沃公司只是依靠互联网来完成销售的前期工作,因为他们知道顾客一般不会直接通过网络购买价值很高的商品。互联网只是一种媒介和渠道,必须与其他营销手段配合使用。营销经理必须考虑将网上销售和实体销售结合起来,为商品制定合理的价格。

(3) 信息技术影响成本。信息技术代价昂贵,但是一旦应用于实践,将大大提高效益,其结果是商品价格上涨或是下降。

互联网促使商品价格上涨,企业遭受网络定价压力。

其一,网上顾客服务。戴尔电脑公司和亚马逊公司等由于能通过网络提供顾客服务,形成竞争优势。现在,提供网络顾客服务已经不是竞争优势而是参与竞争的必要手段。消费者都希望公司销售人员能及时回复电子邮件,增加网络"帮助"和"常见问题回答"等功能,但提供这些服务势必增加成本。

其二,商品递送。网上零售商递送问题与传统的邮购业务一样,那就是成本巨大。网络零售商递送要求每件商品必须分装送达目的地,而不是装进一个大箱子,直接送到实体零售店或者仓库。网上零售商一定会将运输费用转嫁给消费者,从而抬高价格。消费者在结算时发现邮递费用如此高,就可能放弃购物。

其三,推荐活动的佣金。许多网站开展会员活动或是与其他网站联盟,只要会员或是联署的网站向他人推荐该网站,并产生销售额,就可以得到佣金。这样的网站向那些主动推荐,并且最终达成交易的推荐者支付一定比例的佣金。这种佣金的形式与向中间商支付的佣金其实是相似的,它使商品的价格抬高,公司利润降低。

其四,网站的开发和维护。开发和维护网站的费用很高。根据 Forrester 市场调研公司的研究表明,一个"保守"的网站开发花费是 1 万~10 万美元,而一个"大手笔"的网站开发花费在 100 万美元以上。加上网站的维护费用,如硬件和软件购置、网络月租费也不低,长期看网站的维护费用远高于网站的开发费用。

其五,开发新顾客的成本。网站开发新顾客的成本也很高,为了抵销这些成本,公司必须得到更多的订单,商品的价格必然提高。

网络促销使商品价格下降,有利于网络经营者降低成本。消费者获得较低价格的商品,形成较高的顾客价值。若成本降低,无形中就相对提高了价格,最终会提高厂商的利润。厂商借助网络技术降低成本的方法有以下几种。

其一,自助服务的订购过程。互联网环境下,消费者自己填单,厂商节省了订单输入和票据处理的人工费用,这些费用是相当可观的。生成和处理一张电子货物清单的平均成本远低于实体交易,网上零售过程中的银行转账平均费用也比实体交易中低很多。全球最大的网络设备零售商思科系统公司的消费者都在网上订购商品,日常文书工作的减少为公司节省了几亿美元的成本。

其二,实时库存。一些生产商运用电子数据交换系统,通过协调价值链和产品的实时制造(JIT)递送服务来降低库存。有些零售商甚至实现了零库存,节省了大量的融资成本。有些生产商按照顾客订单进货,甚至要求合伙人直接将产品送到顾客手中。

其三,企业管理费用。网上商店不需要租赁销售门面,也不需要雇用员工站柜台,从而节约了管理费用。与传统的大卖场相比,亚马逊公司的仓储费和人工工资要低许多,而且网络企业的仓储往往设在租金低、人员工资低、税收低、运输便利的地方。

其四,顾客服务。尽管顾客服务会增加企业成本,但是若厂商用自动化顾客服务代替过去的员工客服就可以节省大量费用。

其五,印刷和邮寄费。厂商不必为网上寄送的商品目录支付邮递和印刷费用。将商品目录放置在网站上,网络用户上网浏览就不会再发生其他费用。对于电子邮件促销也是如此。

其六,数字化商品的销售成本。网上销售数字化商品的成本是非常低的,数字化商品如电子书,不会产生印刷书的成本,可以零成本复制,也不需要邮递费用,通过网络直接发送给消费者即可。

2. 影响网上定价的外部因素

外部竞争、市场环境、价格—需求关系(弹性)以及消费者行为等因素都会影响在线和离线的定价策略。下面主要从市场效率来看外部因素的影响。

在有效市场中,商品处于完全价格竞争中,消费者能平等获得商品、价格和渠道的信息。消费者面临的情况是商品价格较低、价格弹性大、价格频繁变动且变动幅度较小、价格离差小。一般认为股票市场是有效市场的典型例子。

网络市场确实具有某些有效市场的特征:网上购物代理为消费者以最低价购买所需商品提供了方便,网络商品价格弹性大、调整幅度小、变化频繁,网络销售免税,风险资本的长期支持等。

另外,网络市场中价格差额(离差)甚至比实体市场还大。其原因可能是与公司品牌,与网上商品的定价方式及递送方式相关,还有可能与消费者对时间的敏感度、产品差异化、转化成本和二代购物代理商(可以根据消费者对不同利益的重视程度分配权重)有关。

互联网虽然不能成为一个完全有效的市场,但已经具备了有效市场的很多特征,这些特征将会影响厂商的定价策略,因此,网络经营企业应密切关注互联网的这种发展趋势。

12.3 网络定价策略

消费者对某类产品的价值感知一般具有价格上限:如果消费者认为产品价格高于产品价值,他们不会购买产品。而产品成本则是价格下限:如果企业制定的价格低于成本,企业将无法盈利,长期来看也没有办法生存。因此,企业需要在价格上限和价格下限之间制定价格。与此同时,企业定价必须综合考虑其他一系列内部和外部因素,包括竞争者战略和价格、企业总体营销战略和组合,以及市场性质和需求。

12.3.1 基本定价策略

1. 顾客价值导向定价法

所有的营销工具组合决策必须从顾客价值开始,只有顾客才是产品价格是否合适的最终决策者。有效的顾客导向定价需要了解消费者对产品利益的价值评估，并通过价格来反映这个价值。顾客导向定价法以消费者的感知价值为基准，而非企业成本加总。企业首先获得顾客需求和感知价值，并在顾客的产品感知价值的基础上确定目标价格。目标价值和价格决定着产品成本和产品设计决策。因此，定价起始于分析消费者需求和感知价值，制定的价格要与消费者感知价相匹配。

企业衡量顾客的产品感知价值比较困难。感知价值是主观性的，不同的顾客在不同的情况都有不同。例如，计算一家豪华餐厅的原料成本是相对容易的，但衡量其他因素的价值就比较困难，如味道、环境、地位象征等。而且不同价值观、兴趣爱好的人评价也不一样。但是顾客感知价值也并非不可衡量，可以通过一些方法来估计。例如，企业可以询问消费者愿意为基础产品支付的费用和为每项增值价值愿意额外支付的费用。也可以通过实验来衡量不同产品的感知价值。

市场上普遍存在以下两种类型的价值导向定价。

（1）物有所值定价。物有所值定价是以合理的价格获得恰当质量的产品和服务。很多情况下，知名品牌会推出低价产品。如麦当劳的超值套餐、小型廉价的汽车型号等。在其他情况下，可以是重新设计现有品牌，在给定价格下提供更高质量，或者以较低价格提供相同质量产品。有的企业为了更具灵活性，采用高低定价法，也就是在平时制定一个比较高的价格，但在特定商品上进行频繁的促销活动以降低其价格。许多百货商店通过频繁的促销、新品折扣和商店信用卡持有人红利等活动来实践高低定价法。

（2）增值定价。增值定价不是通过降价适应竞争，而是通过增加增值特征或服务以实现差异化，并以此支持其相对更高的价格。例如，即便节俭顾客的消费习惯一直存在，一些连锁影院还是会增加舒适度并提高价格，而不是为了保持低价而消减服务。

2. 成本导向定价法

成本导向定价法是在产品生产、配送和销售成本基础上考虑回报率和风险的一种定价法。最简单的定价方法是成本加成定价法，即在产品成本上增加标准的毛利率确定售价。这种利润在网络时代正在逐步减少。另一种是以成本为基础的盈亏平衡定价法，或者叫目标利润定价法，即企业尽力制定能够达到盈亏平衡或目标利润的价格。以成本为导向定价最大的问题是没有把价格—需求关系考虑在内。在使用这两种方法时，企业必须同时考虑价格对实现目标销售量的影响，以及预期销售额在不同价格水平中实现的可能性。

3. 竞争导向定价法

竞争导向定价法根据竞争者的战略、价格、成本和市场供应量确定价格。消费者会将产品价值的判断建立在竞争对手相似产品价格的基础上，这在网络上非常普遍，比价网站的出现加剧了价格竞争。企业需要制定在线定价战略，这种战略既要有足够的弹性以适应市场竞争，又要保障企业在这一渠道中获得足够的利润。不管企业制定比竞争对手高或低或处于它们中间的价格，都要确保你能在那个价格水平上为顾客提供出众的价值。

4. 市场导向定价法

市场导向定价法指以作为市场组成部分的消费者对价格变化的反应，即所谓的"需求弹性"为定价基础的定价法。市场导向定价法有溢价法和渗透定价法两种。溢价法（或称为撇脂定价）是制定一个高于竞争对手的价格，以显示产品高品质的市场定位；渗透定价法是制定一个低于竞争对手的价格，以刺激需求或增加渗透。渗透定价法常被网络公司用来赢得顾客，但其弊端在于如果消费者对价格敏感，那么企业必须维持低价，否则顾客就会转向其竞争对手。如果希望消费者更换供应商，则消费者必须对服务质量等其他方面感兴趣，并且能创造一个较大的价格差异刺激消费者。

5. 产品组合导向定价法

如果某产品是产品组合中的一部分，那么它的定价策略通常需要改变。在这种情况下，企业会寻求一组价格组合使产品组合的总利润最大化。由于各个产品需求、成本以及面对的竞争程度各不相同，所以定价的难度较大。表 12-3 列出了常用的几种产品组合导向定价法。

表 12-3　常用的几种产品组合导向定价法

定 价 策 略	描　　述
产品线定价	为一整条产品线定价
可选产品定价	为与主产品配套的可选产品或附加产品制定价格
附属产品定价	为必须与主产品一起使用的产品定价
副产品定价	为低价值的副产品定价，以摆脱这些副产品或从中获利
捆绑定价	为共同销售的捆绑产品定价

在产品线定价中，管理者必须确定一个产品线里不同产品之间的价格差别，价格差别应考虑产品线内不同产品的成本差异，更重要的是，还需要考虑顾客对不同产品的感知价值差异。

许多企业在销售与主体产品配套的可选产品或附件时采用可选产品定价法。为这些可选产品定价是件棘手的事，企业必须决定哪些产品包括在基本价格内，哪些产品作为可选择的。

企业生产必须与主体产品同时使用的产品时会采用附属产品定价法。主体产品的生产商通常为主体产品制定较低价格，但为附属产品制定较高价格。如亚马逊的 Kindle Fire HD 平板售价为 199 美元，但每销售一台要亏损大概 8 美元，亚马逊希望通过卖电子书、音乐、电影、定制服务以及其他附属产品来弥补损失。

生产产品和服务的过程中经常产生副产品。如果副产品无价值且处理成本较高会影响主体产品价格。通过副产品定价法，企业可为副产品寻找市场来尽可能覆盖处理成本，使主体产品的价格更具竞争力。如可口可乐生产橙汁产生大量的橙子皮，它们从这些橙子皮中提取香精油，把它们装瓶作为食品佐剂或者家用清洁剂的添加物进行出售。

在使用捆绑定价法时，企业通常把产品组合在一起出售，售价低于这些产品单独计价的总和，如当当网将同一作者的几本书组合销售。捆绑定价法可以帮助企业销售顾客在其他情况下可能不会购买的产品，但是捆绑产品的组合价格必须足够低，以吸引顾客购买整个组合。

12.3.2 动态定价策略

动态定价是指价格不是约定好不变的，可以持续调整以迎合顾客特点和需求以及环境特征。动态定价在互联网上尤为盛行，并为营销人员提供了很多优势。零售商、航空、酒店甚至体育业等企业每天每时都会根据需求、成本或竞争者价格来随时调整其产品的价格。很多营销者会随时关注库存、成本和需求并进行即时价格调整。甚至一些企业会通过挖掘个体顾客的网络浏览记录、购买历史和支付能力来分析其特征与行为，进而制定自己的产品和价格。

动态定价策略中买方和卖方都可以定价，动态定价有两种形式：差异定价和谈判定价。

1. 差异定价

差异定价是指厂商不仅根据成本，还会根据消费者差异对商品和服务制定不同的价格。差异定价可以利用互联网进行规模定制，根据订单规模、交货时间、供求关系和其他因素自动定价。按照网络差异定价策略，公司根据既定的规则对一群顾客，甚至单个的消费者进行差异定价，即只要是这样的顾客，提出这样的要求，定价即为多少。随着信息技术的发展，厂商可以在线收集大量消费者行为信息，这使得厂商可以根据不同的顾客行为制定不同的价格。

企业使用先进的软件和大型数据库制定相应的规则，并随时调价，这使得厂商可以随时实行差异定价，甚至消费者正在浏览网页时就可以进行。这种功能深受厂商的青睐，因为它们可以利用互联网的差异定价，有针对性地进行营销沟通、产品实现个性化。

差异定价有效运作需要具备以下几个条件。

其一，市场是细分的，差异定价才会非常有效。不同的价格反映了产品价值的差异性，这种差异性反映的是消费者不同的需求层次。

其二，差异定价带来的收益增加大于因市场细分产生的成本，差异定价就是一种有效的策略。

其三，厂商必须保证差异定价策略符合法律规定和行业规则。

其四，厂商必须保证当消费者知道他所买的商品与别人的价格不同时，不会对该厂商感到失望。网络经营者在进行差异定价时要言之有理，并能被消费者接受。

在对网络用户进行细分的标准中，区域和价值是进行网络差异定价的两个至关重要的因素。

（1）区域差异定价。区域差异定价是指不同地方的商品售价不同。网络经营者可以参照用户注册的 IP 地址得知用户的居住地。一级域名反映用户所在的国家。区域定价有助于厂商更好地考虑不同国家或地区之间的差异，如竞争程度、当地消费水平、经济条件、法律法规和市场环境等。这些差异会导致商品在另一国家销售的价格要包括运输费用、关税、进口商利润及其他销售费用等。

（2）价值差异定价。价值差异定价是指厂商认为顾客对公司价值并不相同，有高低差别。著名的帕累托法则（Pareto principle）认为，80%的公司业务来自20%的顾客。这20%的顾客为公司创造了很高的收入和利润。这些人是忠诚的消费者，他们向其家人和朋友宣传公司品牌。他们对价格不敏感，他们认为公司品牌或者其他的延伸服务能给他们带来更大利益。而对于公司价值比较低的大多数顾客，他们更关注低价商品、折扣商品，不可能提升顾客的忠诚度，他们会根据价格的不同而转向其他品牌。处于价值中间的顾客要保持顾客的品牌忠诚度，并使其向上一级靠拢。给予这类顾客一些优先权有助于提升他们的忠诚度。营销人员可以利用互联网技术建立数据库，提升顾客价值。

2. 谈判定价

谈判定价是指公司会与消费者个体协商商品价格，从而实现差异定价。差异定价是一次定价，不同的顾客有不同的价格，而谈判定价则会变化多次，销售人员和消费者可能要经过多次的谈判协商才能确定价格。通常，谈判定价一般是由买方发起的，而差异定价则是由卖方确定。随着网上拍卖方式的普及，谈判定价已经很普遍了。

根据供需关系，网上拍卖竞价方式有下面几种。

（1）竞价拍卖。竞价拍卖是指卖方交易商向交易市场提出申请，将拟出卖商品的详细资料提交给交易市场，确定商品拍卖的具体时间，通过交易市场预先公告后，挂牌报价，买方自主加价，在约定交易时间内，无人继续加价后，商品拍卖结束，以最高买价成交，双方通过交易市场签订购销合同，并进行实物交收的交易方式。竞价拍卖交易量最大的是C2C的交易，包括二手货、收藏品，也可以是普通商品以拍卖方式进行出售。如惠普公司也将一些库存积压产品放到网上拍卖。

（2）竞价拍买。竞价拍买是竞价拍卖的反向过程，消费者提出一个价格范围，求购某一商品，由商家出价，出价可以是公开的或隐蔽的，消费者将与出价最低或最接近的商家成交。

（3）集体议价。集体议价是多个购买者联合购买同一类商品而形成一定购买规模，以获得优惠售价的交易方式。集体竞价模式是一种由消费者集体议价的交易方式。在互联网出现以前，这种方式在国外主要是多个零售商结合起来，向批发商（或生产商）以数量换价格。互联网的出现使得普通的消费者也能使用这种方式购买商品。团购是普通消费者使用最多的集体议价方式。

12.3.3 免费定价策略

免费定价策略在互联网上流行是与互联网的开放、自由和平等精神相契合的。同时互联网上各种平台的快速发展和增长潜力，也让网络商家看到网络市场的成长机会。网络商家从战略角度来考虑定价策略，先聚集流量、抢占市场，然后再挖后续的商业价值。如Yahoo公司通过免费建设门户站点，经过4年亏损经营后，在2002年第四季度通过广告等间接收入扭亏为盈。

1. 免费定价策略及其表现形式

免费价格策略是企业的产品或服务以零价格或近乎零价格的形式提供给顾客使用，满足顾客需求的一种定价策略。在传统营销中，免费定价策略一般是短期和临时性的促销措施。网络营销中，免费定价策略是指一种长期性且行之有效的企业定价策略。

免费定价策略主要有四种表现形式。

（1）产品或者服务完全免费，即从购买、使用到售后服务的所有环节都免费。

（2）限制免费，即产品和服务可以限制使用次数或时间，超过一定的时间限制或次数则开始收费。如很多新推出的软件都允许顾客免费使用若干次。

（3）部分免费。如某些调研机构发布完整调研报告的一部分内容或报告的简单版，如要获得全部成果必须付款。

（4）捆绑式免费，即购买某产品或者服务时赠送其他产品或服务，如国内一些 ISP 服务商推出上网免费送 PC 的活动。

2. 采用免费定价策略的产品特性

在网络营销中实施免费定价策略会受到一定的制约，并不是所有的产品都适合免费定价策略。一般来说，适合免费定价策略的产品具有如下特点。

（1）制造成本为零。它是指产品开发成功之后，只需要通过简单复制就可以实现无限制的生产，边际成本为零。或者制造成本会被一个海量的用户群体摊薄，接近于零。这样企业只需要投入研发费用即可，至于产品生产、推广和销售则完全可以通过互联网实现零成本运营。

（2）营销效果具有冲击性。采用免费定价策略会对原有市场产生巨大的冲击，如改变消费者的消费观念、快速集聚大批忠实用户等。以免费价格推行颠覆式创新，其效果会被不断放大，这也是互联网对整个社会改造的最令人惊讶的方式。

（3）产品无形化和传输数字化。通常采用免费定价策略的大多数是一些无形产品，只有通过一定的载体才能够表现出一定的形态，如软件、信息服务、音乐制品、电子图书等。这些无形产品可以通过数字化技术实现网上传输和零成本配送。企业通过较小成本就可以实现产品推广，可以节省大量的产品推广费用。

（4）具有成长性和间接收益。采用免费定价策略的产品所面对的市场必须具有高速成长性，利用免费定价策略占领市场，然后通过其他渠道或方式获取收益。如 360 安全卫士是免费使用的，因此吸引了庞大的用户群体，然后再向具有支付能力和意愿的高端顾客群体提供高附加值的服务收取费用。

3. 免费定价策略成功的关键要素

一般来说，公司提供免费产品的动机有两种：一种是培养用户使用习惯，然后开始收费；另一种是发掘后续的商业价值。历史上，网景公司（Netscape）把它的浏览器免费提供给用户，开创了互联网上免费的先河。其背后动机是在用户使用习惯之后，就开始收费。后来微软也如法炮制，免费发放 IE 浏览器。这迫使 Netscape 公布了浏览器的源码，彻底免费。可以说 IE 的竞争者的出现打碎了 Netscape 的美梦。许多公司认为为用户提供免费服务，商业利润自然在后面。但并不是每个公司都能获得成功，要承担的风险仍然很大。

免费定价策略一般与企业的商业计划和战略发展规划紧密关联，企业要降低免费定价策略带来的风险，提高免费定价策略的成功性，应思考以下几个关键要素。

第一，免费定价策略是否与商业模式吻合。网络市场是高速成长性的市场，获取成功的关键是要有好的商业运作模式。因此，采用免费定价策略时必须考虑是否与商业运作模式吻合。如我国专门为商业机构之间提供中介服务的网站 Alibaba.com，它提出了免费信息服务的 B2B 新商业模式，与其电商平台的运作模式吻合，并且具有巨大市场成长潜力。

第二，免费定价策略是否能获得市场的认可。企业提供的免费产品（服务）是否是市场迫切需求的。通过免费定价策略成长已经获得成功的网络公司都有一个特点，就是提供的产品（服务）受到市场极大欢迎。如 Sina 网站提供了大量实时性的新闻报道，满足用户对新闻的需求。谷歌搜索引擎给网络用户提供免费的搜索，满足了人们获取和筛选信息的需要。

第三，免费定价策略推出时机是否合适。在互联网上游戏规则是"Win take all（赢家通吃）"，只承认第一，不承认第二。因此在网上推出免费产品是抢占市场，如果市场已经被占领或者已经比较成熟，则要审视推出产品（服务）的竞争能力。

第四，免费定价策略是否与产品（服务）匹配。目前国内外很多提供免费 PC 的互联网服务提供商（ISP），对用户也不是毫无要求：它们有的要求用户接受广告；有的要求用户每月在其站点上购买多少钱的商品；还有的要求提供接入费用；等等。此外，ISP 在为用户提供免费 PC 这一事件中，PC 制造商的地位非常尴尬。首先这种 PC 的出货量虽然很大，但是基本上没有利润，食之无味，弃之可惜；最后是角色错位，以前是买 PC 搭上网账号，而现在是上网账号搭 PC，角色的转变使得 PC 提供商的地位尴尬。

第五，免费定价策略需要周密策划。互联网是信息海洋，对于免费的产品（服务），网上用户已经习惯。因此，要吸引用户关注免费产品（服务），应当与推广其他产品一样有周密的营销策划。在推广免费价格产品（服务）时，主要考虑通过互联网渠道进行宣传，如在知名站点进行链接，发布网络广告；同时还要考虑在传统媒体发布广告，利用传统渠道进行推广宣传。发挥整合营销的作用，协调各种媒体才能取得成功。

12.4 网络价格变动策略

市场环境是不断变化的，已经制定好的价格结构和策略，经常面临需要改变的情况。例如，成本上升挤压到了利润空间，经济衰退，消费者价格敏感度增高，主要的竞争对手提高或降低自己的价格。企业需要根据面临的复杂情况进行价格调整。

12.4.1 对价格变化的回应

在有利可图的情况下，企业会主动改变价格。无论是涨价还是降价，企业都必须预测顾客和竞争者的反应。但如果是竞争者改变价格，企业该如何应对？企业必须思考以下几个问题：竞争者为什么要改变价格？价格变动是暂时性的，还是永久性的？如果企业不作任何回应，对自己的市场份额和利润可能会产生什么影响？别的企业可能会作出什么反应？除了这些，企业必须考虑自身的情况和战略以及消费者对价格变动可能作出的反应。

图 12-1 说明一家企业评估和应付竞争者降价的几种方法。如果企业确定竞争者已经降低了价格，并可能影响自身的销售量和利润，但是判断市场份额和利润的丢失不会太大。企业希望保持现状，等获取更多的竞争者价格变动后果的信息后，再作决策。但是，长时间的等待可能导致竞争对手随着销量的提高而变得更加强大和自信。

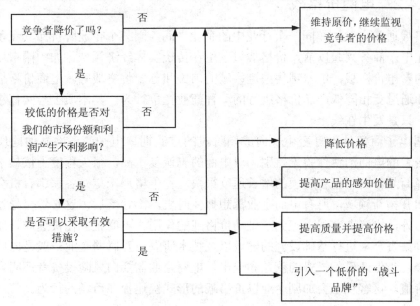

图 12-1　对竞争对手的价格进行评估并作出反应

资料来源：加里·阿姆斯特朗，菲利普·科特勒. 市场营销学[M]. 12 版. 北京：机械工业出版社，2016：218.

如果企业认为应该采取有效的回应，它可能有四种做法。

其一，降低价格。企业可以降低价格来与竞争者的价格相匹配。企业可能认为市场是价格敏感型的，不这样做会被低价格的竞争者抢占太多的市场份额。但是，降价在短期内会降低企业的利润。一些企业可能会决定降低产品的质量、服务、营销费用，以保持原来的利润率，但这最终会损害企业长期的市场份额，企业在降价时也应该努力保持原来的质量水平。

其二，提高产品的感知价值。企业维持原来的价格，但提高它所供应产品的感知价值。它可以加强市场宣传，强调产品在相对价值上优于价位较低的竞争产品。企业可能会发现相比降价后以较低的利润率运营，维持原价并提高产品的感知价值是一个更为有效的方法。

其三，提高质量并提高价格。企业可以提高质量和价格，把其品牌转移到一个更高价值—价格的定位。更高的质量创造了更好的顾客价值，这能够支持较高的价格；反过来，较高的价格又可以使企业保持较高的利润率。

其四，引入一个低价的"战斗品牌"。企业在现有的产品线上增加一个低价产品或者创造一个独立的低价品牌。如果企业正在失去的细分市场对价格敏感且对高质量诉求不敏感的话，这个措施就是很有必要的。如宝洁公司将其一系列品牌转变为战斗品牌。Luvs 牌纸尿裤给父母传递"更严密的渗透保护，更低价的品牌"的信息。但企业在引入战斗品牌时必须谨慎，因为这些品牌可能会拉低主品牌的形象，另外，尽管战斗品牌可能会吸引到其他低价品牌的顾客，但也可能会丢失自己的高端品牌的顾客。

12.4.2 电商价格战

价格战通常会发生在同一个行业中的企业之间，因某个企业降价而其竞争者也跟着降价。在电子商务兴起以前，价格战只发生在传统实体经济领域，如中国市场上的制造商之间的彩电价格战、电器销售渠道领域的国美和苏宁价格战等。电商价格战是指电子商务企业通过竞相降低产品价格进行的一种商业竞争行为，其本质上与实体领域的价格战一样，只是发生在线上。

中国电子商务处于野蛮生长向成熟阶段的过渡期，电子商务网站的同质化比较严重，消费者的电商消费体验无差别，对电商的忠诚度不高，很大程度上依赖于价格的高低来选择商品。网络销售规模的增长速度很快，竞争格局未定，各家都有机会拓展的市场空间和开拓新领域，所有电商企业都想抓住时机，不甘落后，这必然会导致价格战的爆发。另外，投资者客观上起到了推动价格战的作用。电商企业在快速成长期，需要大量向外募集资金来进行基础设施的建设以及技术研发。互联网企业一般是向风险投资者募集资金，为保证风险投资的获益和退出，电商企业需要向风险投资者证明自己的地位和市场价值。这客观上会加剧企业以价格战的形式快速掠夺市场的行为。

1. 电商价格战的动机

一般来说，企业发起价格战的动机主要是增加市场份额、增加销售量和利润、提高在行业中的地位和知名度等几个方面。

（1）增加市场份额。价格战具有简单、见效快的特点，因此，电商企业纷纷以它作为提升市场份额的主要手段。迅速扩大市场份额，获取更多行业利润是大多数发动价格战企业的最直接动机。

（2）增加销售量和利润。企业采取低价竞争手段的目的就是希望通过增加销售额来获取更多利润。目前，中国电商市场还没有饱和，通过降低商品的价格，可以刺激消费者购买或是吸引更多的消费者从线下转移到线上。在假定商品是富有弹性的情况下，虽然这样会使企业的单位商品利润减少，但由于销量增加，企业所获利润的总额实现了增长。

（3）提高在行业中的地位。价格战一般都是由行业的领导者或挑战者发起的，行业内力量相对弱小的企业只能是应对价格战，采取降价策略，以保住仅有的市场份额。行业的领导者发起价格战，其目的可能是进一步提高行业集中度，巩固自己的市场地位和排名。它们可以凭借自身的规模优势和成本优势,通过降价行为掠夺行业内其他企业的市场份额,淘汰生产成本较高、无法承受长期低价的企业,迫使它们退出市场。行业挑战者发动价格战往往是为了进入某个细分市场,如京东商城为了进入图书市场与当当进行的价格战,或者仅仅在原有市场领域为了抢占行业领导者和弱小者的市场份额,提升自己在行业中的地位。

(4)提高企业知名度。电子商务企业可以通过在线口碑影响消费者,也就是说有口碑就会有销量。由于网购本身透明度较高,价格透明度更高,各种比价软件更使各家网站的商品价格一览无余。电商企业经营的同质化加上网购群体普遍偏好低价商品,导致在线口碑更多地聚焦于低价格。价格战一经发起,很容易触发在线口碑传播,在短期内爆发轰动效应,成为网上热议的话题。因此,价格战可以帮助电商企业的在线口碑宣传,提高企业的知名度和影响力。电商价格战也可以通过竞争者之间在网上你来我往的联手炒作,创造出巨大的广告效应,提高所有参战企业的知名度和点击率,出现一种多赢的结果。

2. 电商价格战对企业影响

如一枚硬币有正反两面一样,价格战对企业的影响也可以从两个方面来进行分析。

(1)积极影响。第一,企业间通过"价格战",可以促进社会资源的合理配置,实现市场的优胜劣汰。在强有力的竞争下,产品性价比较低的电商企业将被淘汰出局。行业集中度提高了,可以促使电商消费的聚集,实现规模经营。第二,通过竞争,提高电商企业的综合竞争能力。电商企业紧盯竞争对手的价格,可以更好地掌握市场动态,有助于企业自身的市场定位,实现差异化竞争。同时通过科学管理策划和营销手段,增强企业的综合竞争实力,从单一价格战变为综合实力竞争。第三,消费者的需求得到满足。短期内,消费者买到了心仪的产品。长期看,适度价格战能够促使电商加强监督管理,进行技术创新,降低成本消耗,提升整个行业的服务水平,使消费者得到更好的服务。

(2)消极影响。第一,过度价格战使市场秩序混乱,资源被浪费。市场经济核心就是价格机制,价格促使资源配置得到优化。适度的价格战像兴奋剂一样对企业起到积极作用,但长期的价格战,势必导致市场混乱,逐渐将企业之间的正常竞争演变为企业之间的恶性竞争,使整个行业的市场发展受到损害。第二,价格战使产品价值与价格匹配不合理,供应商负担加重。价格战的让利大多是由产品的供应商来买单,产品供应商利润降低,甚至没有利润或亏损,企业无法积累资本,从而使企业的长远发展受到阻碍。第三,价格战过度使消费者对企业满意度和忠诚度降低。电商企业为了追求低价,往往采用一些不诚信的方式来降低成本。而且短期销量的增加导致商品售后服务存在各种问题,消费者的满意度下降,忠诚度降低。

"双十一"新套路:电商开始谈不打价格战

自2009年开始启动的"双十一",如今已经成为全民购物节。在这数年间,"双十一"

从造节到全民参与、从"青涩"到成熟，价格是一以贯之的主题。2011年之前，"双十一"仅仅停留于"造节"，其概念还不火爆，当时大多是借"光棍节"之名，行促销之实，如五折促销活动、满额减，通过大幅折扣吸引消费者。2011年之后，随着"双十一"影响进一步扩大，京东、聚美优品、亚马逊等平台都开始加入促销行列，甚至传统零售代表如苏宁、国美也开始参与进来，投入更多资源为消费者打造福利。

年年通过促销低价吸引消费者，然后年年更新销售数字神话，进一步在更多消费者心中打响知名度，吸引更多消费者参与——这便是过去7年里"双十一"的"套路"。对于消费者来说，促销与折扣是"双十一"消费最大驱动因素。这也不难解释，为何花样频出的各大电商平台，仍离不开促销的主题。即便2016年鲜明倡导消费者理性购物的京东，也仍将"好物低价"作为三大战略之首。据京东集团高级副总裁徐雷介绍，京东"双十一"主会场按品类分别促销，11月1日—12日有亿万红包限时抢活动，每天上午10点消费者也能够抢全品类优惠券。亚马逊则以大力度折扣为主，服饰鞋靴最高立减1 200元；进口品牌服装服饰下单售价4.8折；购物月满200元减80元；食品酒水满199元减100元，满399元减200元。

无论低价促销是否还引人注目，毫无争议的是，"双十一"历经8届，正悄然发生变化。不同于过去单一靠低价促销吸引用户，2016年京东明确提出"好物低价""极致服务"和"智能体验"三大战略，阿里巴巴CEO张勇也强调不再以低价作为营销点，而是要放眼全球市场，追求用户个性化喜好及全渠道策略；亚马逊则在中国地区推出Prime会员服务，以全年无限次跨境免邮厮杀"双十一"战场。即便宣布仍要死磕价格战的苏宁，也打出借助网红直播进行体验消费等新"玩法"。

事实上，许多消费者向记者指出，自己的消费观也在改变。"过去主要就是买便宜，选中要买的品类后，直接按照价格排列，"从2009年便开始参与"双十一"购物的王女士坦言，"但现在，商品质量也开始考虑在内，会看一些大牌商品。也会提前把所购商品计划好，购买前再仔细筛选一遍。"对于王女士而言，曾经对"双十一"打折的期待与疯狂购物，并没有提升她的生活品质，这也是她如今选择更为审慎的原因所在。王女士说："计算返券、凑数包邮，但最终买的未必是我真正需要的商品；冲动消费之后，有时还要忍受物流不给力、货品遗落等后续环节问题，即便都没有问题，这些可有可无的商品占据了我大量的精力去管理。"

如今的网购已开始呈现三大消费趋势：跨境网购日趋普及、地域覆盖更广、品类日趋多元。未来这些趋势将继续深化，也就意味着消费者对网购服务、产品种类和品质、价格、物流配送等方面的要求将越来越挑剔。购物节消费会变得更加理性和有针对性。这也意味着，未来的"双十一"之争将日趋艰难。"消费者的关注对象在变化、影响因素在变化、线上线下的选择也在变化，'双十一'应该有越来越不同的玩法。"

(资料来源：21世纪经济报道. 2016-11-11.)

本 章 小 结

本章介绍了网络营销中的网络定价策略。在"价格及价格特征"一节，指出价格是营销组合中产生盈利的唯一因素,也是最灵活的因素,同时阐释了网上商品具有价格水平、价格弹性等特征。"在线买方和卖方的交易价值"一节,首先阐释了买方对价值是收益减成本,价格对卖方来说就是消费者为获得商品而付给他们的货币。然后重点分析了信息技术对成本的影响,一则互联网促使商品价格上涨,企业遭受网络定价压力;二则厂商借助网络技术也有许多方法来降低成本。在"网络定价策略"一节,主要阐述网络定价的一些方法。基本定价策略有顾客价值导向定价法、成本导向定价法等;动态定价策略包括差异定价、谈判定价;免费定价策略主要介绍了采用免费定价策略的产品特性,以及免费定价策略成功的关键要素。最后一节是"网络价格变动策略"。在有利可图的情况下,企业会主动改变价格。但如果是竞争者改变价格,企业该如何应对?企业可能有四种做法:降低价格、提高产品的感知价值、提高质量并提高价格、引入一个低价的"战斗品牌"。最后分析了电商价格战的动机,以及价格战对企业影响。

思 考 题

1. 网络价格有哪些特征?
2. 网络购物对消费者的成本有哪些影响?
3. 网络技术对厂商降低成本有哪些影响?
4. 网络环境下差异定价需要具备哪些因素?
5. 网络免费定价策略成功的关键要素有哪些?
6. 企业对价格变化可采取哪些有效的回应方法?

实 践 活 动

1. 跟踪调查本年度"双十一"购物狂欢节的某产品的价格变化,将本班级的所有数据汇总,分析"双十一"优惠的力度有多大,各个网站有没有差别,产品的不同种类之间有没有差别。
2. 互联网企业被称为轻资产企业,请以苏宁电器的实体店和苏宁易购(网店)为例,分析网店和实体店的成本结构的差异,预测今后这种成本结构上的差别会怎么变化。
3. 在淘宝网站上搜寻正在进行拍卖的产品,观察拍卖过程,分析不同拍卖形式之间有什么差异。
4. 收集京东商城和苏宁易购关于大家电的价格战的相关材料,并分析这次价格战的背景、动机,以及价格战对企业和行业的影响。

第13章

网 络 渠 道

学习目标

了解网络中间商和网络渠道分类。掌握网络渠道的去中介化和中介重构,网络渠道结构和渠道选择。熟练掌握分销渠道的各项功能,网络渠道的管理。

通常来说,制造商通过逐步建立分销渠道,让渠道中的组织参与提供产品或服务,以供消费者或企业用户使用。企业的渠道决策直接影响着其他任意一个营销决策。如企业的定价情况要看是否使用大型经销商和高质量的专营店。企业的销售队伍和广告决策依赖于经销商被说服、培训、刺激和支持的程度。企业是否开发或购置新产品要看这些产品是否与现有的渠道成员的销售能力相适应。分销渠道决策常常涉及对渠道成员的长期承诺。其他营销策略组合要素如定价、广告或促销等很容易改变。只要市场需要,他们就能撤掉旧产品,推出新产品,用新广告和新的促销方案。如果它们通过合同与特许经销商、独立经销商或大型零售商建立分销渠道,那么,即便是市场情况发生变化,它们也不能随意使用公司自有的商店或网站去替代它们。因此,渠道决策需要慎重,要考虑长远发展的需要,必须认真设计。

13.1 网络渠道成员分类

分销渠道(distribution channel)是指一群相互独立的企业,它们共同合作,将产品和信息从供应商处传递到消费者手中。渠道中包括成员如下:①制造商,指产品的生产者或服务的提供者;②中间商,指将买方和卖方撮合在一起,促成交易的企业;③购买者,指产品和服务的消费者和使用者。从企业生产产品和服务并将其提供给消费者的整个过程看,分销渠道只涉及了整个供应链的下游部分,是联系企业和其顾客之间至关重要的纽带。供应链的上游部分是指那些供应生产产品和服务所需的原材料、零部件、信息、资金、技术等的企业组合。

但是从创造、传递顾客价值的角度来看,供应链的"采购—生产—消费"的行为线性思维,还是存在局限性。现在许多大公司已经着手建立和管理一个可持续的价值传递网络。价值传递网络由企业自身、供应商、分销商和最终顾客组成,这些伙伴相互"合作"以改进整个系统的绩效。在阿迪达斯公司的价值传递网络中,制造商和营销只是很多链条中的一部分。阿迪达斯内部管理着一个巨大的人群网络,而且还协调着数以千计的供应商,以及各种线下和线上的零售商,还有广告代理商和其他营销服务公司。这些组织必须紧密合作以创造顾客价值并保证"集结原创"生产线的定位得以实现。

13.1.1 网络中间商

1. 传统中间商的功能

营销渠道通过消除产品和服务与消费者之间在时间、空间和所有权上的差距而获取收益。传统生产领域一直追求生产的规模化,而消费者的消费却是少量和差异化的,协调供给和需求之间的矛盾成为渠道的重要作用。在传统营销渠道中,中间商是其重要的组成部分,狭义的中间商指联系生产商和消费者的第三方,如批发商、分销商、零售商[图13-1(a)]。由于每一层次的中间商都要获取一定的收益,这些收益最终会转嫁给消费者,因此,中间商层次越多,从生产商到消费者间的价格差就会越大。中间商之所以在营销渠道中有着重要地位,是因为它们在为特定市场提供产品方面具有更高的效率。通过中间商的关系、经验、专业化和经营规模,为公司创造的利润通常高于自营商店所能获取的利润。

在将产品和服务从制造商那里送到消费者手中的过程中,营销渠道成员承担了许多关键职能,有些可帮助完成交易。

信息:收集和发布关于营销环境中相关者和相关因素的市场研究和情报信息,用于制订计划和帮助交易。

促销:开发和传播有说服力的供应信息。

联系:寻找潜在消费者并与之进行联系。

匹配:根据购买者的需求进行匹配以提供合适的产品,包括生产、分类、组装与包装等行为。

谈判:达成有关价格及其他方面的协议,完成所有权或使用权的转移。

其他可用来帮助达成交易的功能如下。

实体分派:运输和储存货物。

融资:获得和使用资金,补偿分销渠道的成本。

风险承担:承担渠道工作中的风险。

这些职能由制造商亲自执行,必然导致成本增加和价格上涨。中间商来做也会提高价格,以补偿他们的工作成本。因此,在进行渠道设计时一定要保证每项职能都是由相对最迅速有效的渠道成员来完成,从而能以令人满意的方式将各种产品送到目标消费者手中。

2. 网络渠道去中介化和中介重构

互联网对传统营销渠道造成很大的冲击。借助于互联网,生产商和消费者可以直接沟通,而且信息交换可以双向互动,因此,许多传统营销渠道的中间环节是可以省略的。去中介化的好处是降低渠道成本、增加商品交易的效率。现在已经发展比较成熟的 B2C 电商模式就是网络直接营销渠道[图 13-1(b)]。传统营销中间商为适应网络交易,也从线下转移到线上，成为网络批发商，形成了网络间接营销渠道[图 13-1(c)]。即便是互联网取代了传统中间商，为适应互联网的交易，网络市场上同时也出现了各种类型的电子中间商，如比较购物代理等。网络中介的数量相比传统渠道不是少了，而是多了。不管是从线下转到线上的中介，还是新产生的中介，实际上是被重新构造了，形成网络混合营销渠道[图 13-1（d）]。总体来说，互联网并没有，也不可能消灭传统的分销渠道，二者并存，互相补充的局面长期存在。

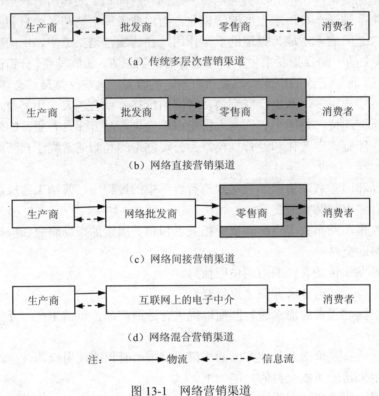

图 13-1　网络营销渠道

13.1.2　网络渠道分类

对网络渠道进行分类的最好方法是根据商务模式来分类（表13-1）。尽管网络新名称不断出现，但实际能经得起市场检验的、行之有效的商业模式并不多。对于数字产品，分销渠道的所有组成部分都可以在互联网上形成。而非数字产品可以在网上购买，但是要用其他的交通工具递送，递送的具体位置可以通过网络界面追踪到。

1. 内容赞助商

内容赞助商（content sponsorship）的商业模式是企业创建网站以吸引网络用户来浏览，借此销售广告。这种商务模式在传统媒体上就存在，如电视、杂志或者其他的一些媒体销售版面或者时段。由于互联网有助于制造商和消费者之间的沟通，内容赞助商可以采用单细分市场营销战略（如 iVillage.com），吸引的是一个特定消费群体。有些企业

表 13-1　按照电子商务模式划分的渠道中介

内容赞助商	
信息中介	
中间商	
经纪人	在线交易
	在线拍卖
代理商	代表卖方的代理商模式
	卖方代理（协同合作项目）
	制造商代理（商品目录聚集商）
	代表买方的代理商模式（采购代理）
	购物代理
	反向拍卖
	买方合作
在线零售商	数字产品
电子商务	实体产品
	直接配送

资料来源：朱迪·斯特劳斯，雷蒙德·弗罗斯特. 网络营销[M]. 5 版. 北京：中国人民大学出版社，2013：267.

（如 CCN.com）则是吸引普通受众。许多著名的企业都采用这种模式，其中包括所有的大型门户网站，如谷歌、新浪，还有许多杂志、报纸的网站也采用这种模式。现在许多音乐网络广播也采用这种模式，它们提供基于用户偏好的、免费的流媒体广播，听众只要输入自己喜欢的歌曲或者歌手的名字，网站会为其创建一个个性化的音乐广播电台。网站在用户听音乐的网页中投放广告，从中获益。

内容赞助商的收益主要是依靠付费网络广告来支撑，而广告空间的销售取决于网站流量的大小。内容赞助这种模式还可以与其他的商务模式混合使用，企业可以从多种渠道获取收益。在实际运营中，我们发现广告收视率最高的网站类型是门户网站和搜索引擎、大众新闻或大众社区、金融、娱乐和购物网站。

2. 信息中介

信息中介（infomediary）是一个在线机构，它将信息整合在一起再传递出去。信息中介的一种形式是市场调研机构。一般通过网络跟踪器追踪用户的上网信息的企业不支付任何报酬作为补偿，而其他类型消费者与中介分享信息的，都需要给予消费者一定的回报。

还有一种信息中介与内容赞助的商务模式相似。企业按照许可营销的模式，在顾客的计算机显示屏上购买一个空间，并对其支付报酬。报酬的形式可以是多种多样的，如货币、购物点数、免费的互联网服务等。这种模式的价值在于，注意力在虚拟市场上是一种极度稀缺的资源，消费者让渡显示器上的一个空间，实际上是在让渡自己的注意力。信息中介把显示器上的空间转售给广告商，以此来获得利润。作为交换条件，消费者要将自己的人口统计信息和消费心理信息告知开展许可营销的厂商。当然，一般情况下消费者的个体信息是不会披露给广告商的。在操作过程中，消费者在自己的计算机上安装软件，保证信息中介可以有一个展示广告的永久窗口，这样，消费者在自己的计算机上就会看到两种广告：一种是网站上的普通广告，另一种是信息中介广告窗口里的广告。

除了获得相应的报酬以外，消费者还能收到有针对性的广告，这对消费者也是有利的。信息中介这种商务模式的初衷是让消费者对营销信息拥有控制权。对信息中介来说，收益是消费者提供的信息，因为这些信息使信息中介的数据库增值了。利用这种商务模式，广告商可以精确地定位广告受众，因为这些受众都是主动选择加入系统的。这种形式的许可营销使得广告商能在消费者浏览竞争对手的网站时插入自己的广告，这在过去是不可思议的。

3. 中间商模式

1）经纪人模式

经纪人为买卖双方的谈判和交易提供一个市场。在这种商务活动中，经纪人会向买卖双方中的一方或者双方收取交易费，但是在交易和谈判中，经纪人并不代表任何一方。离线经营中，最典型的经纪人模式是证券交易经纪人公司，它们把买卖双方撮合在一起。在互联网环境下，无论是 B2B 市场，还是 B2C 和 C2C 市场，都存在经纪人。经纪人提供的服务是一种增值服务，因为他帮助吸引顾客，促成交易的达成。对于买方来说最大的收益是方便，订单执行和交易处理速度较快，容易找到卖家，价格低，搜索速度快等。对于卖家来说，它们能集中有意购买的顾客，还能降低开发新顾客的成本和交易成本。在线交易和在线拍卖都是在线经纪人模式最常见的例子。

（1）在线交易模式，即顾客可以通过这些网络经纪人在互联网上开展交易，而不必打电话或者登门寻找经纪人。由于交易费用降低了，买方能降低成本。依靠网络经纪人，顾客可以加快交易进程，获取相关的信息，还可以开展程序交易。这样的网络经纪人很多，如在线人才招聘平台、在线汽车销售经纪人等。

B2B 市场上衍生出了各种各样的经纪人商务模式，而且运行得很成功。美国 Converge 公司（www.converge.com）是全球电子产品市场上一家知名交易经纪人公司。该公司在网站上将几千家制造商、批发商和零售商撮合在一起，在电子设备和零配件方面互通有无，它所使用的模式与股票交易相似。顾客在交易所与 Converge 公司的经纪人接触，提出自己的要求，经纪人设法寻找到供应商，购入商品，他所得到的利润是买卖双方的差价。Converge 公司还要收取一些固定的费用。交易是匿名的，供应商将商品运送到 Converge 公司的质量控制中心，由公司派人对商品质量进行测验，然后再将商品递送到买方手中。Converge 公司对商品的质量提供担保，并承诺无条件退货。Converge 公司的网站所提供的服务是多种多样的，如每位顾客的买卖记录，与经纪人的即时信息沟通，还提供各种求购方式。

(2) 在线拍卖模式。对于卖方来说，在线拍卖模式的好处是可以按照市场价格销售商品，且可以处理库存。对于买方来说，它们可以用较低的价格获得商品，还可以从中得到乐趣。当然也有不利的方面，那就是购买者在竞拍的过程中要消耗许多时间，有时竞拍的价格可能会更高。

网络市场上，不仅在 B2B 市场上存在拍卖这种模式，B2C 市场和 C2C 市场也有拍卖模式。如果厂商自己拍卖则不能称为经纪人模式，那是直接销售中的动态定价。只有请第三方开展拍卖活动，才是经纪人中介这种模式。一些拍卖网站所提供的商品和服务多种多样。如 eBay 网是专门进行 C2C 拍卖活动的，网站上参拍的商品非常多。eBay 网的一项服务是提供第三方担保，通过贝宝进行电子支付、交易评价等，不仅加速了拍卖流程，也方便了网站用户。

2）代理商模式

与经纪人模式不同，代理商是代表买方或是卖方参与商务活动的，问题是看由谁来向其支付报酬。

第一类，代表卖方的代理商模式。该模式有许多种类，如卖方代理、制造商代理、中介代理、虚拟卖场等。卖方代理只代表一家企业，帮助该企业销售产品，它们的报酬形式一般就是佣金。亚马逊公司是协同合作项目（affiliate programs）首创者之一，1996 年公司推出"亚马逊联盟"计划，合作销售代理的网站上都会展示可链接到亚马逊网站的图片。只有推荐的顾客最终交易成功，才能得到佣金。制造商代理代表的是多个卖方。在虚拟市场中，制造商代理会建立网站，帮助整个行业来销售产品，实际上是一个"卖方集成"。旅游预订网站一般就属于制造商代理，它们得到的佣金是由航空公司、宾馆、饭店支付的。在 B2B 市场上，人们一般把制造商代理称作"商品目录聚集商"，它们代表的买方一般都拥有多种产品。比较先进的制造商代理能够保证产品目录的定制化，而且能够和买方的企业资源计划（ERP）系统整合在一起。

还有两种中间商模式，它们的运作与代理商模式十分相似，但是又有区别。

一种中间商代表着一群与日常活动或大型设备采购相关的制造商、在线零售商和内容提供商，它们为消费者解决四大难题：第一，减少了搜索商品的时间；第二，提供了制造商质量担保；第三，方便了许多相关的采购活动；第四，提供了与采购活动相关的公正信息。这些网站向厂商推荐顾客收取佣金。有些情况下，佣金是与完成的交易挂钩的。如 Knot 婚庆公司，其提供的服务包括婚礼策划、婚俗介绍、美容、男女傧相、媒婆等，它还为准备嫁娶的新人准备各种婚庆用品，如婚纱、签到簿、礼金登记簿、来宾名册等。Knot 婚庆公司网站上还有各种赞助内容，如通过 OurBeginning.com 新人网发出邀请函，通过 GifftCertificates.com 礼品网站召集为新娘举行的送礼会。

另一种中间商模式与实体的大卖场相似，网站上聚集了众多的网络销售厂商，加入网站的厂商可以通过虚拟卖场与网站的浏览者进行接触，卖场则通过多种渠道收取费用，如挂牌费、交易费、店铺开张费等。网络卖场的优势有：第一是品牌，消费者更愿意从网络的"京东商城"的虚拟店铺里购物，因为那样比较放心；第二是数字钱包，使用数字钱包的便利之处是消费者只需要输入一次自己的运输和开票信息；第三是卖场实行的常客计划，这鼓励消费者经常光顾卖场；第四是虚拟卖场提供的跨店铺礼品登记功能；第五是卖场中跨店铺的商品搜索功能；第六是虚拟卖场中的推荐功能，如母亲节时向消费者推荐合适的礼品等。

第二类，代表买方的代理商模式。购物代理是代表买方利益的。在传统营销中，买方代理一般会与一家或几家企业结成长期的代理关系，但是在互联网上，它们可以为任意多家的买方顾客进行代理，一般是匿名的。购物代理方便了买家按照自己的意愿出价。由于多个买家可以结成联盟，增加了采购量，同时降低了采购价格。

提供反向拍卖的网站也是一种购物代理，它们为个别的购物者提供服务。在反向拍卖这种商务模式中，由购物者参与竞拍。买方表示在某一价位上愿意买入商品或服务，而卖方则设法去满足买方的出价条件，或者至少应该接近这一价格。Priceline 公司是第一家主要按照这一商务模式开展经营活动的公司。有些卖家提供的商品是不可储存的（如航班的座位、宾馆的客房等），因此销售方会设法减少多余的库存，但是又不影响正常的销售渠道经营，这对卖方是有利的。反向拍卖带给买方的利益是低价，还有自主定价的愉悦。但是对品牌、供应商以及产品特性的选择面缩小了，所以与渠道伙伴之间的冲突并不是很激烈。

买方合作（买方团购）模式是买方聚集在一起，就某一种产品把价格谈下来。由于采购量大，每一位买家都能从低价中受益。一般来说，参与买方合作的人越多，价格就越低，它们之间呈现一种负相关关系。

3）在线零售商模式

在线零售商模式是最普通的电子商务模式。厂商建立自己的网络店铺，然后将商品或者服务销售给企业或个体消费者。数字产品可以直接通过互联网递送，实体产品则由物流服务企业（如顺丰速运、中通等）负责递送。在网络上销售实体产品的企业有的涉水很深，开展纯粹的网络经营，有的浅尝辄止。绝大多数有一定规模的实体企业都或多或少地将一些产品放在网络上销售。多数大型的传统零售商通常采取的是多渠道策略，即采用网络渠道、实体渠道和邮购等，多种销售渠道开展业务。

在直接销售商务模式中，制造商将产品直接销售给消费者或者企业顾客。这在离线的商务活动中很普遍，互联网的出现使得制造商很容易跨过中间商直接与消费者或企业顾客接触。在B2B市场上，直接销售节约了销售费用（如人工费、产品拣选费、订单处理费等），可以为企业节约大量的资金。在线销售系统中的专家系统方便了顾客自行将产品合成一个和谐的整体（如戴尔电脑公司的专家系统帮助顾客在线订购）。在B2C市场，如果销售的是数字产品，也可以采用直接销售的商务模式，因为数字商品不需要库存，也没有拣选、包装和运输的问题。有些不易存储的商品（如鲜花）也可以采用直接销售的形式，不经过中间商，有利于保鲜，价钱也更便宜。

13.2 分销渠道的功能

分销渠道的主要功能是将产品从制造商那里传递到消费者手中。在这个交易过程中，要完成企业与顾客的信息沟通，产品与货币的价值交换，以及实物的产权交割。不同的分销渠道完成任务的方式不同，如网络零售商一般是建立一个仓库储存商品，然后根据顾客的订单进行拣选、包装、递送。网络零售商也可以将这些工作外包给物流公司，零售商将订单传递到物流公司的仓库，由物流公司来实施拣选、包装、递送等工作。无论选择哪种方式，整个分销渠道要完成的功能可以划分为：交易功能、物流功能和促进功能。

13.2.1 交易功能

交易功能指的是与购买者接触，利用各种营销沟通的手段让购买者了解产品。如果能采用网络渠道处理采购订单，每笔交易的过程处理费用将大幅度降低。交易功能包括寻找符合购买者需要的产品，商议价格，完成交易环节的各项工作。

1. 与购买者接触

企业与购买者接触的渠道有实体店销售、人员推销、邮购目录销售和电话销售。互联网提供了一个新的非常有效的与购买者接触的渠道。互联网为与购买者接触和交易流程带来的增值主要表现在以下几个方面：第一，利用网络进行接触可以更多地满足购买者的个性化需要。如戴尔电脑公司的网站可以帮助顾客自助选择自己喜欢的电脑配置和外观颜色等。第二，消费者可以在网络上寻找到许多相关的参考信息，如搜索引擎、购物代理、聊天室、电子邮件、网页、协同合作项目等。第三，互联网提供了一个全年无休息的经营场所。

2. 营销沟通

营销沟通活动包括广告和其他各种产品促销活动。营销沟通的工作一般是由渠道成员分工合作来完成的。如制造商启动一个产品广告的活动，由零售商来提供折扣券。分销渠道是由不同成员构成的，渠道成员都有各自的利益和增值功能，只有共同开展营销沟通的工作，才是最有效的。

互联网为营销沟通工作带来的增值主要表现在如下几个方面：第一，过去要由人员来完成的一些工作如今可以由计算机自动完成。以前的邮购目录，需要印刷、折叠信纸、打印地址、装信封、贴邮票以及盖邮戳章等一系列烦琐的工序。现在，利用公司的数据库向百万会员传递信息，也只是点击一下"发送"，就完成了一切。第二，企业可以时刻关注营销沟通的效果，并对其进行调整。公司可以对自己的各种广告的点击率进行实时监控，发现运营效果不佳的广告可以及时更换。许多网络广告形式都提供类似的监控功能，并提供相应的统计分析机制，以便于企业对广告的效果及时评估，选择合适的策略。第三，有些企业利用软件来跟踪用户的网络行为，这样就能有针对性地开展营销沟通活动。第四，互联网有助于渠道中介相互之间的协调，更好地开展促销活动。企业可以通过电子邮件、微博、即时通信软件等相互传递广告和其他的营销资料，还可以实时浏览其他企业在网站上的促销信息。

3. 使产品满足顾客的要求

网络零售商通过技术手段帮助消费者进行产品或服务的选配，使消费者获得与自己的需求相吻合的产品。网络购物代理可以罗列出一个与消费者需求直接相关的清单。协同过滤购物代理（collaborative filtering agents）软件甚至可以通过消费者以往的购物行为来预测他们的偏好。亚马逊公司网站就是利用这样的代理软件来向顾客推荐图书和音乐制品。这样的系统一旦建立，这一类的服务就可以迅速扩张，因为所有的操作都是自动的。数据库中信息越多，协同过滤购物代理系统的效率就越高。企业能同时面对几百万个用户，而边际成本几乎可以忽略不计。

4. 价格协商

交易价格是买卖双方讨价还价的结果。传统的人员销售、电话销售和电子邮件销售的价格协商都需要双向沟通。网络营销提供许多新形式方便买卖双方协商。购物代理在价格协商中代表消费者的利益，它将企业出价按照从低到高进行排列。企业的动态定价（灵活定价）形式是由买方提出价格，然后由供应商在公平的条件下竞争。许多企业开展的网络采购竞价，通过增加供应商的数量、增加竞争来降低价格。

5. 支付和结算

消费者在作出购买决策后，可以通过多种方式方便地进行付款，商家也应该向顾客提供多种结算方式。目前国外比较流行的有信用卡、电子货币、网上划款等。中国电子支付的发展起步比较晚，最初的消费者支付方式还是以邮局汇款、货到付款等方式为主。后来，电子支付有了长足的进步，中国大部分商业银行都开通了网络银行，支持网上支付。以支付宝、财付通、微信支付为代表的互联网支付和移动支付的第三方支付发展迅速。主要的第三方支付机构都覆盖了整个 C2C、B2C 和 B2B 领域，交易总额和交易量都有很大的提升。渠道中间商提供的结算方式越来越多，消费者支付的方便程度越来越高。

13.2.2 物流功能

物流功能指的是产品的运输、储存和收集等工作。物流工作一般是外包给第三方物流企业。无线射频识别（RFID）标签是在配送过程中对产品进行跟踪的重要新型设备。人们可以利用无线射频识别将信号传递给扫描仪，扫描仪能识别到产品、信用卡等标签上的信号。

（1）产品递送。一些数字产品，如文件、图片、音频和视频等，可以以较低的成本通过互联网传递到消费者的手中。而大多数通过网络销售的产品依然是通过传统的实体渠道递送的。

（2）产品的整合。供应商为了提高生产效率愿意生产的产品品种少些，单个品种的产量大些。而消费者希望购买的品种多些，而数量少些。渠道中介可以从多个供应商那里进货，方便消费者在一地购买多种产品。网络市场同样需要这种传统的产品整合方式，如亚马逊公司在网络上销售各种产品。

（3）第三方物流（物流外包）。在 B2B 市场上，企业既要降低库存量，又要做到及时向顾客送货，这两者往往是冲突的，所以许多企业把存货委托给第三方物流企业保管，有的甚至由第三方来管理供应链，提供产品加工和整合等增值服务。物流企业还可以帮助处理订单、补充库存、编制订单跟踪号码，这样就方便了顾客的订单跟踪。在B2C市场上，消费者退货（逆向物流）时遇到的问题比较突出。顾客常常抱怨退货不方便、代价高。有些网站承担退货的费用，但是顾客仍然不满意，因为他们需要称量邮寄包裹、垫付邮寄费用、安排取货时间，或者自行将包裹送到投递集散中心去。在C2C市场上，eBay公司与实体的Mailboxes邮政服务连锁店合作。网络用户在eBay公司的网站上完成了网络竞拍以后，只要将销售的商品送到附近的Mailboxes邮政服务连锁店，它们会负责包装和递送。

（4）最后一公里问题。对网络零售商和物流公司来说，还有一个大问题就是如何将小件商品挨家挨户地递送到普通消费者或企业顾客手中，这是一项成本不菲的工作。传统制造商将大件商品递送到批发商或者零售商的手中，然后再由它们零卖给顾客，这样的成本并不高。但是，网络零售商和物流公司若直接将小件商品递送给消费者，将面临多次才能完成和包裹遗失的问题。随着网购包裹量的增加，网络经营者都在设法降低递送成本，解决最后一公里问题。

一些有创意的公司提供了几种解决方案：第一种是智能投递箱技术。消费者、网络零售商或物流公司购买一个小型的金属投递箱，上面有与互联网连接的数码键盘。包裹递送人员的每一笔业务都能得到一个代码，用这个代码开锁，把货物放置在金属箱内完成投递。这一动作通过互联网传递，而且存储在数据库中。消费者则使用自己的代码开启金属投递箱取件，也会存储在数据库中。第二种是与零售商合作。消费者可以要求将递送的包裹放在就近的参与合作的零售商处，然后自行取件。第三种则适用于多渠道经营零售商。它们让顾客在线订购商品，然后由离线的零售商负责递送。实际执行该方案时也有意外惊喜，许多顾客到零售店取货，还会临时产生购物欲望。

13.2.3 促进功能

渠道成员发挥促进功能包括市场调研和支付保障。

1. 市场调研

市场调研是分销渠道的主要功能之一。市场调研就是要确切地了解目标受众的规模和特征。渠道中介收集的信息有助于制造商规划产品开发和营销沟通活动，在本书"市场调研和网络用户行为"部分有详细的阐述。这里重点分析网络市场调研的成本收益问题。

互联网对市场调研的价值主要表现在五个方面：第一，网络上许多信息都是免费的，尤其是公共部门的信息可以很方便地得到。第二，企业的管理人员和普通的员工可以在自己的办公室里开展市场调研，而不需要花费不菲的交通费到图书馆或者通过其他的渠道去获取信息；第三，互联网上的信息往往更加及时，如广告顾客可以实时地了解消费者与旗帜广告的互动情况；第四，网络上的信息都是数字化的，网络经营者可以方便地将信息复制到表格中，或者复制到相应的软件中；第五，网络经营者可以通过网络了解到消费者的行为数据，所获得的信息更细致。

2. 支付保障

为一笔交易提供支付保障是网络中介的一项重要的促进功能，不管对消费者市场还是企业市场都是如此。中介总是希望消费者能方便地支付，以完成一笔交易。大多数网络消费者的交易活动都是通过信用卡、网银或者其他的支付保障系统，这与实体店铺的交易是相似的。消费者会担心自己的信用卡或网银密码被盗，因此，安全问题成为人们最关注的问题。厂商和消费者都通过第三方支付来验明身份，同时为交易提供保障。这种沟通是自动进行的，对于商家和消费者不存在技术障碍。有了这种信用的保障，网络购物的交易风险大大降低，网络渠道的吸引力也更大了。

13.3 分销渠道设计与管理

"渠道设计"一词使用非常广泛，我们所谓的分销渠道设计是指创建以前不存在的、新的渠道的发展决策和现有渠道的调整。"设计"这一术语意味着营销管理者有意识地、积极地分配任务，试图建立高效的渠道结构。在设计渠道时，制造商要在理想的分销渠道和实际可行的分销渠道中作出选择。如果做得成功，企业可以通过现有的中间商向新市场扩展。为了达到最佳效果，企业应当进行目标性更强的渠道分析和决策。渠道设计需要分析渠道设计决策的需求，设定分销目标，识别主要的渠道，选择并对所有选择进行评估。

13.3.1 网络渠道设计

1. 分析不同情境下，渠道设计决策的需求

对于网络营销来说，当企业面临如下情境时需要进行渠道设计决策。

第一，经营环境的变化，这些变化可能发生在经济、社会文化、竞争、技术或法律领域，是企业无法控制的部分。这些变化往往会改变企业经营战略，分销渠道自然也要相应地改变。当然，传统企业面临最大的变化就是互联网的兴起给企业带来的冲击，这种冲击要求企业必须开辟新的网络渠道。

第二，企业营销组合中的其他组成部分有了巨大变化。例如，强调低价的新定价策略要求公司转向更低价格的经销商，如大量商品折扣经销商、大型网络销售平台。

第三，开发一种新产品或一条产品线。如果现存的分销其他产品的渠道不适用于新产品或新产品线，就必须建立一条新渠道，或者按照某些模式对现有渠道进行调整。网络创造出了很多新的中间商类型。假如新开发的产品档次和价位明显提升，那么企业可能选择高端人群的社区作为赞助商，选择品牌店的在线零售商模式等。

第四，企业想要将现有产品投入新的目标市场。例如，企业原来在工业用品市场（B2B 市场）上出售，现在想将其引入消费品市场（B2C 市场）。企业现在要开拓 B2C

市场必然要选择新的在线零售商。

第五，开辟了新的营销地区（领域）。如果要开拓国际市场，就可能需要选择跨境电商平台为中介来运营。

第六，建立一个新网络公司，无论是白手起家还是兼并收购，都要对企业网络渠道进行设计。

第七，来自渠道管理方面的需要。这可能是渠道冲突很激烈，不调整渠道就不能解决问题，如有的品牌线上和线下渠道可能存在激烈的冲突；也可能是角色的改变和交流困难需要对渠道进行调整；还有可能是公司对渠道商的检查和评价的结果导致渠道调整。

无论是公司内部和外部，经营问题还是管理问题，导致渠道设计决策的情境是罗列不完的。当涉及的是调整渠道而不是新建渠道时，渠道设计决策不一定是显而易见的，需要时刻监控和思考以上情境的出现。

2. 设定分销目标，说明分销任务

分销目标是为描述人们期盼分销工作在完成公司的整体营销目标过程中所起的作用而作出的实际性陈述。当确定需要渠道设计决策之后，原有的分销目标也需要调整。分销目标的调整应该力图弄清公司里哪一个现有目标和战略对将要设立的分销目标会产生影响，对各种营销目标和政策的相互关系进行全盘思考。

分销目标的设定需要进行一致性检验。一致性检验涉及检验分销目标与营销组合（产品、定价和促销）其他领域的目标是否冲突，或者是否与公司的整体营销及总目标和战略冲突。营销组合的目标和战略之间是相互关联的，其中任何一个方面所追求的目标和战略，都必须与其他方面的目标和战略相一致。例如，产品方面的高质量目标，可能要求定价目标能够弥补产品的高成本，并增强它的质量形象。促销目标要同目标市场进行交流，以宣传产品的优良质量为中心。同时，分销目标还应当以便于顾客在市场上买到产品为原则进行制订，该市场上应当有各种类型的销售网点，都是目标顾客喜欢光顾的。一致性检验同样暗示着目标和战略的等级性，营销组合的每一方面的目标和战略也必须与其上一层目标和战略一致，这些高层的目标和战略又必须与更高的企业整体目标和战略一致。

要实现经过协调后建立的分销目标，需要完成大量的分销任务（职责），因此渠道管理者应该详细地说明这些任务的性质。渠道管理者描述的分销职责或任务中的工作，是具体的、因地制宜的，各种需要满足具体分销目标的任务必须明确地表述。通常消费品制造商需要说明如表 13-2 所示的具体分销任务，便于消费者购买产品。B2B 渠道和 B2C 渠道的电子商务企业更不能忽视将它们与顾客有效连接的分销工作。它们的分销工作包括日常的分拣、包装、仓储和追踪上千乃至上万笔订单的接收情况等，这些工作并不能因为高科技的网络而取消。亚马逊也不得不建立一批具有最新技术水平的仓库，并雇用成百名员工来从事这看起来简单而又低技术含量的分销工作。

表 13-2　消费品制造商需要说明的分销任务

1. 收集有关目标市场购买方式的信息	7. 处理具体的消费者订单
2. 提高产品在目标市场上的可获得性	8. 产品运输
3. 保持存货水平，确保及时供应	9. 安排信用条款
4. 收集有关产品特征的信息	10. 提供产品保证服务
5. 提供产品试用服务	11. 提供维修和重新安装服务
6. 销售竞争性的产品	12. 建立产品退换程序

3. 开发可供选择的渠道结构

通常渠道管理者会选择多渠道结构以便经济有效地接触目标市场。可供选择的渠道结构应该以下面三种维度为依据。

（1）渠道层级的数目。通常渠道层级不超过 5 层，2 层是最直接的渠道，即制造商→用户。渠道层级的限制源于诸多因素的制约，如特殊行业的惯例、市场的性质和大小、渠道成员的可获得性等。很多情况下，渠道的层级数在某个具体行业都是相同的，并具有一定的稳定性。但是也并不是不可以变化，尤其是网上渠道的出现，使得消费品和工业品的众多制造商在现存的 3 层、4 层级渠道之外，又多了一种 2 层级渠道可供选择。

（2）各个层级的密度。密度指营销渠道每一层级渠道成员的数目。这一维度可分为三类：密集型、选择型和排他型。密集型是在渠道的每一层级使用尽可能多的营销网点；选择型是指并不使用所有可能的渠道成员，而是仔细地选择渠道成员；排他型是指在一个特定的营销地区只使用一个渠道成员，特殊品通常属于这一类型。

分销密度反映公司的整体目标和战略，强调产品的大众吸引力，它就可能采用密集型分销的渠道结构，而强调细分市场的营销战略，则可能要求更多地使用选择型渠道结构。分销密度还可以反映公司对待渠道成员的整体战略，一些公司愿意慎重地选择其渠道成员或"伙伴"来紧密合作；另一些公司习惯于通过"几乎每一个人"来销售的方法，很少关心产品是怎样卖出去的。

（3）每一层级渠道成员的类型。我们前面阐述了对渠道成员的分类，公司只能选择要使用的各级层次的特定类型渠道成员。对于网络市场来说，网上拍卖公司和电子商城都是较为常见的渠道成员类型。

渠道结构有三个维度，可能有多种选择。但是实践中，每一种维度可以选择的数目通常有限，所以不会有那么多的可供选择的渠道结构。

4. 评估主要的渠道选择

当存在几种可供选择的渠道结构时，渠道管理者应该评价大量的变量，以确定它们如何影响多种渠道结构。这些变量大致可以分为六种类型：市场变量（如市场规模、密度和行为等）、产品变量（如产品的体积重量、易腐蚀性标准化程度等）、公司变量（如公司规模、资金、管理专长等）、渠道成员变量（如可获得性、成本和所提供的服务等）、环境变量（如经济、政治、社会、文化、技术等）和行为变量（渠道中的冲突、权力和角色等)。运用一些科学的方法能够帮助管理者提高评价影响渠道结构变量的能力。掌握这些方法,能为管理者选择渠道结构作好准备,至少,运用这些方法选择的渠道结构能够很好地完成分销工作。这些方法包括财务指标法、交易成本分析法、权衡因素法等。

5. 选择渠道成员

公司对渠道成员的选择是渠道设计的最后一个步骤。不过,即使是渠道结构没有发生变化,也需要频繁地作出选择决策,如最常见的原因是需要更换渠道中的现有成员。渠道成员的选择过程包括以下三个基本步骤:发掘未来的渠道成员;根据选择标准进行评价;赢得渠道成员。

(1) 发掘未来的渠道成员。发掘未来的渠道成员的途径和来源是广泛的,如行业来源、实地销售组织、转售商调查、顾客、行业出版物上的广告、行业展销会。

(2) 根据选择标准进行评价。拟定了未来的渠道成员名单之后,下一步就是根据选择标准进行评价。不管标准制定得多么仔细,没有一个标准在所有的情况下都是完全适合的。有些情况下,环境的变化要求公司改变其重点。因此,渠道管理者要在变化的条件下灵活应用选择标准。图13-2中的十个方面是对评价标准的一个总体性概述。这些标准大多数较好理解,不用多介绍。

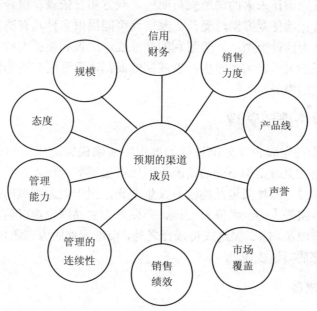

图13-2 选择渠道成员的主要标准

资料来源:伯特·罗森布洛姆. 营销渠道——管理的视野[M]. 8版. 北京:中国人民大学出版社,2014:224.

其中产品线是指制造商通常要考虑渠道成员产品线的四个方面:竞争性产品、相容性产品、补充性产品和产品线质量。通常制造商会尽可能地避免选择同时经营直接竞争性产品的渠道中间商。很多渠道中间商对此也持有同样的态度,特别是那些已对目前供应商有一定忠诚度的渠道成员。制造商更希望渠道成员经营相容性的产品,这些产品并不直接与制造商的产品相竞争。消费者希望渠道成员经营补充性产品,因为经营了这些产品,中间商能为他们提供更好的产品线。制造商还经常寻找这样的渠道成员,即所经营产品的质量相似于或优于自己产品的质量;如果可能的话,他们不希望自己的产品同劣质、不出名或蹩脚的产品线在一起。

管理的连续性指很多渠道成员都接受公司所有者/创立者的管理,它们当中很多是独立的小公司。如果这些小公司的主要负责人去世,管理的连续性就会受到怀疑。有的公司甚至劝说现有分销商的子女在其父母退休或去世后继续经营其业务。

尽管上述标准并非适用于所有条件下的公司,但仍然有其价值,因为它们给出了选择渠道成员需要注意的方面。尽管每一家公司都必须以其自身标准和政策为基础,制定一套适合于自身的选择标准。以上中间商选择标准提供了一个很好的起点,同时能降低这项任务的难度。此外,如果公司在发展过程中将所有的标准全部考虑在内,它的个性化选择标准将有更高的综合性。

(3) 赢得渠道成员。选择过程是一个双向的过程,不仅生产者或制造商需要选择中间商,作为批发和零售的渠道成员也要作出选择。那些规模比较大、建设良好的公司也要慎重选择它们的供应商。制造商可以使用大量的激励方式来传达公司愿意支持渠道成员的意愿。制造商应该让未来的渠道成员明白,双方相互依赖,组合在一起,便形成了一个整体,团队合作能使双方同时受益。制造商可能提供多种具有诱惑力的优厚条件,这些条件可以归纳为四种类型:完善盈利的产品线,广告和促销支持,管理支持,公平的交易政策和友好的关系。大多数生产者或制造商都需要开展有效的销售服务,确保渠道中间商提供优质的服务。

13.3.2 网络渠道管理

渠道管理是指在完成企业分销目标的过程中为确保渠道成员的合作而对现有渠道进行的管理,也是在渠道结构不变的情况下对现有渠道的管理。在发掘未来的渠道成员的部分我们曾经说过,即使渠道结构没有发生变化,出于渠道管理的需要也会频繁地选择渠道成员。有时跟强大的经销商打交道,即便是知名品牌也难以达成合作意愿,只好被迫选择其他渠道成员。除了渠道成员选择之外,渠道管理的内容还包括激励渠道成员、解决渠道冲突和评估渠道成员。

1. 激励渠道成员

激励渠道成员首先需要通过调研发现渠道成员的需要和问题,然后制订相应的激励方案。这些激励方案可以分为三种类型:合作型、伙伴关系(战略联盟)、分销规划。

在批发、零售环节上,生产商和渠道成员之间的合作方案是用来刺激传统、松散地结合在一起的渠道成员的一种最常用的方法。合作方案的类型多种多样,如共同付费广告补贴,支付内部展览费用,赠券处理补贴,自由退货权,培训销售人员,多种多样的促销补贴,支付部分销售人员薪水,存货价格调整,等等。公司所使用的每一种方案以及具体安排和特征,随着行业的不同而各异。从生产商的观点看,所有这些合作方案目的都是给予产品促销的激励,以使渠道成员能加倍努力。

伙伴关系(战略联盟)强调在生产商和渠道成员之间建立一种持续的、相互支持的合作关系,并为提供一个更高积极性的团队、网络系统或渠道伙伴联盟而努力。索南伯格(Sonnenberg)提出了建立成功的渠道合伙关系的基本原则(表 13-3)。

表 13-3 建立成功的渠道合伙关系的基本原则

原则	描述
合伙双方都应从中受益	双赢的结构关系使双方都能取得成功
每一方都应受到尊重	重点是理解每个合伙人的文化(而不仅仅是资产),所有的承诺都应兑现
只承诺能够做到的	合伙人应当兑现建立的预期
在关系紧密建立之前应当确定具体的目标	如果关系无目标地波动,将不可避免地产生问题
努力实现长期承诺对双方都很重要	有些行动可能不会使合伙人立刻受益,但会长期受益
每一方都应当花时间理解对方的文化	理解对方的需求,了解内部运作,理解各自的优缺点
每一方都设有关系的维护者	双方公司应该指派一个主要的联系人以负责配合与合作方的工作
应当保持沟通	在产生冲突前讨论不同的观点
最好的决策是共同制定的	应当避免单方面决策,强迫一方接受决策将产生不信任
保持关系的连续性	合伙企业的重大人事变动不利于合伙的生命力,因此,确保平缓的人事变动是至关重要的

在电子商务的背景下,伙伴关系面临环境的动态性和多变性。渠道成员的联盟关系还需要谨慎地对待诸如明确的退出战略、短期的承诺、相互信任的迅速改进、管理工作的便捷化和高效化等问题。

分销规划是为促进产品在渠道中分销而使用的一系列综合的政策。由于分销规划处理了渠道关系的各个方面,它是让人更满意的一种方法。该方法实质是开发一条有计划、专业化管理的渠道。这一规划是把生产商和渠道成员二者的需求结合在一起的联结点。如果做得好,就能提供给所有的渠道成员垂直一体化的好处,同时允许它们保持独立业务公司的地位。制定一个综合的分销规划的第一步,是生产商要分析营销的目标,以及为达到这样的目标需要从渠道成员那里得到的支持的种类和水平。然后针对这些需要制定具体的政策。这些政策选择可以分为:为渠道成员提供价格让步(如商业折扣等)、提供资金支持(如合同贷款等)、提供某种类型的保护(如价格保护等)。

2. 解决渠道冲突

当营销渠道中的一个成员认为其他成员的行为阻碍了其目标实现的时候,就会产生冲突。渠道冲突在营销领域十分普遍,如生产商将产品分销给独立分销商时,就计算了收益和利润，而分销商的庞大库存却反映为生产商良好的收益和利润，他们不断推动分销商订购产品。从分销商的角度看，如此庞大的库存在销售减缓的时候就是巨大的财务负担。分销商认为，生产商的行为阻碍了他们控制费用；而生产商认为，分销成为销售更多产品的阻力，从而抑制了他们的销售额和利润的增长。双方相互抵触，并成为对方的阻碍时，冲突便产生了。

容易混淆的是渠道中的冲突和竞争，二者的本质区别在于是否存在干涉和阻碍行为。竞争是一种以目标为中心的间接和非个人的行为，而冲突是一种直接的、个人的和以对抗为中心的行为。竞争通常是以市场为中心的行为，不包括目的在于损害对方利益、让顾客接受其品牌这种直接的阻碍行为。

研究表明，产生冲突的原因多种多样，但是事实上我们可以将产生渠道冲突的原因归纳为如下七个方面。

（1）角色不协调。角色是对特定成员所应采取行为的一系列规定。每个渠道成员都占据了渠道中的某个位置，扮演不同角色。具有不同角色的渠道成员应该做出与自己位置相应的可接受的行为。例如，对于批发商而言，特定制造商的产品品牌只是他经销的众多品牌中的一个，因此，批发商的角色被规定为与其他批发商相竞争，这种角色决定了他可以经销零售商强烈需要的任何品牌的产品，以扩大自己的销售。如果批发商停止从某个制造商那里进货，并转向其他制造商进行采购，那么制造商就不可能与这个批发商共处下去。

（2）资源稀缺。有时，冲突来自渠道成员之间为达到他们各自的目标而在所需的价值资源的分配上产生的分歧。常见的情形是，制造商经常决定某些大规模经营零售商作为企业重点控制顾客（制造商直销顾客），这会招致批发商的反对，他们认为这是资源偏向了零售商一方的不公平分配。这类纠纷经常导致冲突。又如，特许经营中的市场区域也是稀缺资源，在任何既定的市场中，如果特许方在已经存在受许方的市场选择新的受许方，将会使现存的受许方的业务蒙受损失，就会使现存受许方与特许方产生冲突。

（3）观念上的差异。观念是个人选择和解释环境刺激的方法，然而，这种对刺激的理解方式受个人经验、知识背景等因素的影响往往与客观存在大相径庭。各渠道成员可能看到的是相同的刺激，但是所赋予的解释则可能千差万别。例如，购买时点展示（point-of-purhase，POP）的运用，制造商提供POP并认为这是帮助零售商销售商品的一种有价值的促销工具。而零售商常认为POP展示材料是没用的垃圾，占用了他们宝贵的店铺空间。

（4）预期的差异。每个渠道成员对其他渠道成员的行为作出预期。在实践中，这些预期表现为对其他渠道成员未来行为的展望和预测。有时这种预测是不准确的，但是作出这种预测的渠道成员却是根据这种预测结果作出反应的。这实际上是建立一种自我实现的预期。例如，阿姆克公司（Aamco）是美国一家最大的变速器维修公司。汽车制造商提供的范围广泛的产品保障预期，严重威胁着阿姆克公司受许方的未来变速器的维修业务，受许方强烈要求特许方能将特许费从9%降到5%，并且扩大受许方的经营领域。而阿姆克公司认为，在面对预期未来变速器维修业务降低的情况下，为采取积极主动的广告和促销策略，公司应该进一步提高特许费，这样就产生了冲突。

(5) 决策领域的分歧。渠道成员往往明确或含糊地确定了他们认为应该属于自己决策的业务领域。尤其是在传统的由独立企业组成的松散的连接渠道中，决策领域有时是有争议的地方，围绕着哪方成员拥有什么样的决策权力，常常发生冲突。例如，价格的决策权到底属于谁，很多零售商认为，价格决策属于他们的决策范围。而生产商认为，他们应该在价格决策上拥有发言权。

(6) 目标上的不一致。营销渠道中的每一个成员都有自己的目标。当两个或者多个成员的目标不一致时，就可能产生冲突。不一致的目标常常发生在渠道成员之间。例如，以二手商品为特色的亚马逊卖场极大地提升了它的销售量和利润，但是亚马逊减少新商品供应商的销售，却阻碍了供应商通过网络渠道增加自己的销售和利润的目标。

(7) 沟通上的问题。沟通上的紊乱或是中断将导致良好的合作关系迅速转化为冲突。渠道成员间目标上的差异、语言上的差异、理解上的差异、保密行为以及沟通频率不足等，都会扭曲沟通过程，从而降低沟通效率。密切关注可能约束渠道中信息流效率的行为，在冲突发生之前解决这些问题。

实际上，合作中冲突是不可避免的，但是在中等水平以下冲突的效应是正向的，只有当冲突处于高水平状态时才产生负效应。解决冲突最好的方法是不让高水平的冲突产生，将冲突控制在无害的水平上。具体的做法有以下几种。

(1) 确立共同的目标和价值观。适当的交流机制可以帮助渠道成员确立目标，明确他们的主要责任，减少成员之间观念上分歧。

(2) 聘用咨询专家。需要聘用行为学家作为咨询专家，制定培训战略，帮助渠道成员应对可能引起冲突的变化。

(3) 协商共议程序。通过共商共议活动，建立专业化的讨价还价和协商程序，让每一个成员明确自己的权利、义务和责任。同时让渠道成员参与商议，能反映渠道成员的需求和偏好，面对面的直接接触也有利于沟通，这些都是解决渠道冲突的有效方法。

(4) 外部团体（第三方）介入。当冲突涉及大额投资、复杂或重要的政策问题，而且受许方对特许方的依存度高时，渠道冲突的解决则需要外部团体的介入，如仲裁机构等。

3. 评估渠道成员

企业利用独立的渠道成员来为其目标市场服务，并且依赖其渠道成员的高绩效，因此，渠道成员绩效评价是渠道管理的一个非常重要的部分。渠道评价的重点是找出有关绩效评价的适当标准，以及这些标准的应用，还有就是提出纠正措施以减少渠道成员的不恰当行为。

可用于评价渠道成员绩效的标准有很多，但最基本和最重要的是以下几项。

(1) 渠道成员的销售绩效。销售绩效无疑是最重要和最常用的指标。体现销售绩效的有两个指标：一个是制造商对渠道成员所实现的销售额，另一个是渠道成员所经销的制造商的产品对渠道成员的顾客所实现的销售额。这两个指标仅当销售循环特别快的时候才相似。多数情况下，二者可能存在实质性的差异。在任何情况下，渠道管理者都应试图获取渠道成员所经销的制造商产品对渠道成员的顾客实现的销售额方面的资料。当然，制造商获取这种信息的能力受到他对渠道成员的控制能力的影响。如签订特许经营合同的渠道中，由于合同的存在相对容易，而在松散的合作渠道则难度较大。

不管使用这两个指标中的哪一个，渠道管理者都必须从以下几个方面评价销售数据：第一，渠道成员的现有销售额与历史销售额的比较。数据能具体到特定产品是最好的，因为按产品进行描述的数据越详细，就越能帮助渠道管理者为他们的产品找到合适的销售方式。第二，某一渠道成员与其他渠道成员销售额的交叉比较。当一小部分渠道成员实现了一个很大比例的销售额时，这种比较通常是非常适用的。第三，渠道成员销售额与预定配额的比较（如果已经指定配额）。进行比较时，渠道管理者不应该只看到比率本身，还应该根据其他渠道成员在销售配额上所实现的绩效来横向比较。如果对大部分渠道成员来说，这个额度的完成率普遍较低，就证明这可能是一个脱离实际的销售配额，而非一个较差的渠道成员绩效。这种比较对于网络渠道来说相对容易，因为各种网络渠道的销售额都有比较详细的记录，有的网站本身就会直接提供相应的比较数据和结果。

（2）渠道成员维持的存货。维持适当的存货是渠道成员绩效的另一个重要指标。一个单独的存货需要协议，往往是根据对该地区的销售潜力的估计，由制造商和渠道成员共同制定出来的。然后期望渠道成员能够遵守这项协议，依据这项标准对渠道成员进行评价。如果渠道成员违背协议，经常被制造商视为非常严重的问题。即便没有正式的存货协议，存货维持对于评价来说，仍旧是一个重要的标准，只不过执行起来困难。

（3）渠道成员的销售能力。销售绩效是销售能力的体现。通过评价渠道成员的销售人员来比较直接地评价其销售能力。如果能够获得渠道成员的每个销售人员的销售记录，制造商就有了一个极好的信息源。但通常渠道成员不愿意向制造商提供这些信息。如果能获取这类信息，要注意以下因素：其一，渠道成员为销售制造商产品安排的销售人员的数量。这可以直接反映制造商产品对顾客所达到的普及程度和市场覆盖程度。其二，渠道成员的销售人员的技术知识和能力。如果销售人员表现出在技术知识方面的能力正在逐渐变弱，最终就会从将来比较差的销售绩效数据资料中反映出来。其三，销售人员对制造商产品的兴趣。可以通过参加讨论会和教学活动次数、来自渠道成员顾客的报告和现场调查销售人员的意见等来测量。渠道成员如果对这些方面的兴趣呈现下降趋势，这可能就是渠道成员的高层管理者对这些方面不大感兴趣的一个很好的反映。这预示着奖励渠道成员的绩效一定会更差。

（4）渠道成员的态度。通常在分销商销售状况良好，其兴趣和合作情况又可以接受的前提下，渠道成员的态度很少被关注。只有当渠道成员表现为较差销售绩效时，制造商才会想到去深入地探究引起这种不良迹象的态度原因。为了在渠道成员的态度影响绩效之前就能发现这些消极的渠道成员态度，这些态度应独立于销售数据资料进行评价。制造商可以利用自己的调查部分或外部调查公司来进行正式调查，也可以利用来自销售人员和小道信息的非正式反馈信息，对渠道成员的态度进行跟踪。

（5）渠道成员面临的竞争。渠道管理者应考虑两种类型的竞争：一个是来自其他渠道成员的竞争；另一个是来自制造商自己的渠道成员所支持的其他产品的竞争。对来自其他渠道成员的竞争进行评价有助于对渠道成员的绩效进行横向的深入考察。通过比较来真实地呈现渠道成员在某个市场中的业绩,还有助于为增加新成员或是替换现有的渠道成员提供比较性信息。如果渠道成员给予制造商的竞争者太多的支持,而对制造商的产品支持太少,一般都会反映在制造评价的其他绩效标准,特别是销售额上。

(6)总体成长前景。这个标准集中在对渠道成员绩效的未来期望上,在进行这种类型的评价时,制造商应该回答的基本问题是过去的实际业绩与计划是否一致,与区域内的经营活动一般水平是否一致,以及一些与渠道成员发展和应对市场变化相关的指标。

在建立了一套渠道成员绩效的评价标准之后,渠道管理者应该根据这些标准对渠道成员加以评价。评价的方法可以使用一个或多个指标进行独立的评价,也可以进行多重标准的组合评价。然后,根据评价结果,制造商应该尽力向那些尚未达到最低绩效水平的渠道成员提出纠正措施,以提高和改善他们的绩效。取消这些渠道成员的资格只能作为最后的措施。

亚马逊收购 Whole Foods(全食)

2017年6月16日消息,亚马逊公司于当地时间周五宣布,以每股42美元、总价137亿美元的现金收购 Whole Foods,目的是在超市领域扩展业务。

这次收购表明,近年来亚马逊小范围涉足实体店不只是一种尝试,有更大的战略。如今亚马逊已开了8家实体书店,除图书还出售 Kindle 阅读器和平板电脑。亚马逊还开了两家免下车杂货店。Amazon Go 是到目前为止最"黑科技"的存在,它像传统食品超市一样,但没有结账台。拿了东西就可以走,钱直接从你的 Amazon 账户上扣。从全行业的角度来看,亚马逊正在大举进攻日用食品消费品这一传统零售行业的最后一块阵地。在互联网大潮中,食品市场只有2%转移到了线上。主要原因在于这个门类的内在特点。大多数人要买的食品只是那么几样,这使得线上的长尾优势得不到发挥。而其中的生鲜部分又提高了物流的门槛,这对线上来说是前所未有的挑战。

Whole Foods Market 所在的食品(grocery)市场营业额占全美零售市场的15%,占美国家庭总支出的30%。Whole Foods 专注有机健康食品这个细分市场。2016年在美国整个食品市场占比1.2%,排行第十(排行第一的 Walmart 占比14.5%)。与一般的食品零售品牌相比,Whole Foods 是美国"新生活运动"的弄潮儿。它所提倡的高质量生活、绿色健康食品和环境保护得到了大批美国中产阶级的欢迎。

亚马逊收购 Whole Foods 后可以获得以下资源:

生鲜分发点。Whole Foods 有440个冷冻仓库,以10英里(1英里=1.609千米)算的话可以覆盖80%的人口。再加上带冷冻柜的零售店的话可以覆盖95%的 Prime 用户。这意味着即使没有任何额外的技术进步,光是靠着这些新增的分发点,生鲜快递的运转率就可以上好几个台阶。

实体线下店。Whole Foods 一直走高端路线,因此实体店的地理位置极佳。这些店面如果配合 Amazon 的脑洞"黑科技",玩法可以极为多样。如 Amazon Go。

生鲜物流系统的大客户。就如同 Amazon 自己的研发需求造就了 AWS（亚马逊云计算服务）一样，Amazon 需要一个可以用来研究和测试的生鲜递送需求，来打磨自己的物流系统。Whole Foods 可谓是理想用户。

数据。用户数据、SKU 数据、物流数据，无数可以用来跑模型做优化的数据。

在未来整合方面，值得注意的是，76%的 Whole Foods 顾客在亚马逊上购物，亚马逊的消费者中有 12%会在 Whole Foods 购物。也就是说 Whole Foods 超市与亚马逊的购物者高度重合，此次收购带来的消费者增长机会将是几何级的。双方结合后，不难预见的是，亚马逊将会把自己最擅长的事用在 Whole Foods 身上，用数字化手段提升运营流程中各个环节的效率，同时，从用户端来看，亚马逊现有的服务也有望深度整合进 Whole Foods，无论是亚马逊流畅快捷的网上购物、Prime 会员服务、正在推进中的 Alexa 语音人机交互，还是正在试验中的"自动结账超市"Amazon Go 等，都将全面提升购物体验。通过两者优势互补而产生的一系列协同效应，亚马逊能将便利、价值、健康这三元素进行有机结合，全面提升购物者体验。

（资料来源：宋一松，等. 知乎. https://www.zhihu.com.）

本 章 小 结

本章介绍了网络渠道策略。在"网络渠道成员分类"一节，首先定义了分销渠道是指一群相互独立的企业，它们共同合作，将产品和信息从供应商处传递到消费者手中。传统中间商具有信息、促销、联系等功能，在网络环境下，网络渠道出现中介化和中介重构的现象。根据商务模式网络中介可以分为内容赞助商、信息中介、中间商模式等。在"分销渠道的功能"一节，主要介绍了分销渠道的功能是将产品从制造商那里传递到消费者手中，具体可以分为交易功能、物流功能和促进功能。交易功能包括寻找符合购买者需要的产品、商议价格、完成交易环节的各项工作。物流功能指的是产品的运输、储存和收集等工作。渠道还发挥市场调研和支付保障等促销功能。在"分销渠道设计与管理"一节，首先分析了企业面临什么情境时需要进行渠道设计决策开发，可供选择的渠道结构有哪些，以及渠道成员的选择过程。网络渠道管理的内容包括渠道成员选择、激励渠道成员、解决渠道冲突和评估渠道成员。

思 考 题

1. 网络渠道如何进行去中介化和中介重构？
2. 内容赞助商、信息中介、中间商三种渠道的商务模式有什么区别？
3. 网络渠道的交易功能包括哪些？
4. 当企业面临什么情境时需要进行渠道设计决策？
5. 渠道成员的选择过程包括哪些？
6. 如何对网络渠道进行管理？

实 践 活 动

1. 调研当地的既有传统渠道又有网络渠道的企业,分析两种渠道在功能上有什么差别。

2. 参观某电商企业,通过技术人员介绍后台操作,了解分销渠道的所有功能是如何实现的。

3. 参观当地顺丰速运或其他大型快递公司的某配送中心,了解它们是如何解决渠道"最后一公里"的问题的。

4. 通过调研,了解当地某企业的网络渠道面临的问题,为其重新设计网络渠道,并作出网络渠道管理方案。

第14章 网络营销传播

学习目标

了解数字媒体和营销传播决策,网络广告的发展趋势和类型。掌握网络广告、网络公关关系、网络促销的含义。熟练掌握网络广告媒体策划,网络广告效果测量,网络公共关系实践,网络促销的实证结论。

对于营销来说,企业开发一项好的产品,给产品制定有吸引力的价格,使目标顾客可以买得到产品,这些是否足够了呢?其实还有一个重要的工作没有做,那就是企业必须向顾客传播其价值主张,并且不应该浪费任何一次进行传播的机会。网络技术可以提供便利的营销传播工具,改善顾客的产品体验,增加顾客价值。网络营销传播有助于吸引顾客的注意力,建立长期的顾客关系。

14.1 数字媒体与传播决策

过去几十年,营销人员已经积累了大量的关于大众营销的经验,在如何把高度标准化的产品卖给消费群体的大众传播技术和方法方面已经非常成熟了。但网络时代营销面临巨大的变化,为应对这些变化,所有的营销传播都应该进行良好的规划,形成整合营销传播计划。

14.1.1 数字媒体

1. 数字媒体概述

根据维基百科的解释,数字媒体(digital media)是指用于存储、传递和接收数字化信息的电子工具。数字媒体也称为非传统媒体、网络媒体,它们可以是付费的,也可以是免费的。传统媒体主要是指报纸、杂志、电视、广播和户外广告等。表14-1列出了多种媒体,并按照是否收费对传统媒体和数字媒体进行了分类。

表 14-1 媒 体 分 类

分类	付费媒体空间	免费媒体空间(仅有生产成本)
传统媒体	报纸 杂志	直邮广告 广告传单、海报、宣传册等

续表

分类	付费媒体空间	免费媒体空间（仅有生产成本）
传统媒体	户外广告（如广告牌、车体广告和体育赛事广告） 其他（如洗手间广告）	街头蜂鸣（street buzz）营销活动 其他（如公共宣传与推广）
数字媒体	网页或博客/微博广告 付费模式搜索（如关键词购买） 付费式搜索排名 电视节目广告 电子邮件广告 赞助式移动内容 视频游戏插播广告	网站/博客/微博 电子邮件列表 自然搜索 免费垂直搜索目录 社交网络 网络社区 虚拟世界

表14-1数字媒体中包括了一些新型的数字媒体，如博客/微博、网络社区和社交网络等，它们被称为社交媒体。社交媒体是指一种网络工具和平台，网络用户可借此共同研究网络内容，分享各自的见解和经历，为商业活动或者娱乐活动建立联系。社交媒体复制了真实世界，但没有地理上的藩篱，使人们得以在虚拟空间聚会、讨论和分享各自感兴趣的东西。这种前所未有的连接个体的方式，促使各大主流网站都在自己的网站中吸收社交媒介的因素，吸引顾客、提高黏性。

现在实体媒体和数字媒体之间的界限不像想象中的那么清晰。我们已经可以用任何一种渠道浏览报纸广告和新闻报道。插播广告的媒体可以是电视台和广播电台，也可以在计算机网络中插播，广播的声音可以通过各种设备播放。在这种情况下，只要企业能够整合各种营销传播工具，有效地接触目标市场，不管沟通的渠道如何，都是最有效的策略。

2. 数字媒体的优势

企业应当了解各种媒体的优势和缺点，尤其是数字媒体，以便在购买广告空间时，能作出合适的选择。表14-2选择主要的参考指标对各种媒体进行了比较。

表14-2 主要媒体的优势和劣势

指标	电视	广播	杂志	报纸	直邮广告	互联网
参与度	被动	被动	主动	主动	主动	互动
媒体丰富度	多媒体	音频	文字/图像	文字/图像	文字/图像	多媒体
地域覆盖范围	全球	本地	全球	本地	多种类型	全球
CPM	低	最低	高	中等	高	中等
接近程度	高	中等	低	中等	各种类型	中等
定位性	好	好	极好	好	极好	极好
追踪有效性	一般	一般	一般	一般	极好	极好
信息灵活性	差	好	差	好	极好	极好

我们可以综合概括数字媒体有如下优势。

(1) 个性化。个性化是指网络用户可以控制信息流，主动去搜寻和选择自己需要的信息，从而使消费者能够锚定与自己相关的广告和促销。传统媒体的交流方式是一对多，即由一个企业对许多消费者，通常向不同的细分市场传递相同的信息，缺乏针对性。数字媒体的一对几，甚至是一对一模式使得利基市场、微型市场的细分具有实践意义。借助于大规模定制和个性化营销，向不同的受众传递不同的网址内容和邮件，即可以向不同的细分市场传递不同的信息，真正能做到目标市场细分到每一个消费者。

(2) 交互性。交互性是与个性化交织在一起的，它使用户能够选择那些他们自己认为与自己相关的信息，使品牌经理能够通过相互交流与消费者建立关系。

传统媒体以一种相对被动的方式吸引消费者，消费者听到或者看到关于品牌的信息，但他对接收到的信息的控制是有限的。营销传播的行动是单向的流动，即从广告者到消费者，而互动需要有相互的行为，互惠能体现互动媒体的性质。互动数字媒体使用户能够控制他想要从一个广告中获取的信息的数量和比率。用户可以选择花1秒钟或是15分钟的时间去看一个广告，如果需要额外的信息可以按一下按钮、触摸屏幕或点击鼠标来完成。在所有的情况下，用户和广告信息提供者都在参与信息的交换，相互交流而不只是传达和接受。

社交媒体的兴起，使信息互动不是在发送者和接收者之间，而是在媒体本身发生。企业能够提供媒体环境，人们在社交媒体中聚会、讨论和分享各自感兴趣的东西。在彻底离开传统媒体环境之后，消费者能够向媒体提供商业导向的内容。

(3) 丰富性和灵活性。数字媒体具有多媒体属性，表现形式丰富多样，可以通过视频、音频、动画、图像等多种元素组合来传播信息，能传送多种感官信息，有效增强网络广告等的表现力和冲击力，给顾客留下深刻印象。尤其是社交媒体和无线网络的发展更是延伸出更多的网络传播模式，在内容和形式上都有空前的提高。

传统媒体从策划、制作到发布需要经过很多环节，制作成本高、投放周期固定，一旦发布后信息内容就很难改变，即使可改动往往也需要付出很大的经济代价。而数字媒体的网络广告制作周期短，能按照需要方便地、及时地变更内容。而且可以将营销传播信息的监测结果实时反馈给企业，使企业的营销传播决策能适应市场的变化。

(4) 能跟踪传播效果。传统媒体传播存在信息跟踪、评估和控制比较困难的问题。传统媒体往往无法确切知道有多少人接收到广告信息，接收到信息后有什么反应，以及接收者的习惯等。在数字媒体上，借助于网站分析和广告追踪系统，可以便捷、及时地统计出每个广告被多少个用户看过，以及这些用户查阅的时间分布、地域分布和看后的反应情况，真正做出购买行为的消费者的媒体浏览习惯是什么。广告主和广告商可以实时评估广告效果，对其广告策略作出适当调整。此外，网络广告收费还可以选择根据有效访问量进行计费，广告发布者可以有效评估广告效果并按照效果付费，避免广告费用超过预算，或者做了大量无效广告，而又不知道哪部分广告有效的尴尬处境。

(5) 克服时间和空间障碍。网络传播的范围广，不受时间和空间的限制。无论何时、何地，只要你能上网，就能实现24小时的直接、同步的交流。在传统媒体中，时间（电视和广播媒介）和空间（印刷媒介）都是宝贵稀缺的资源。电视广告平均时长30秒，这只是一个非常小的窗口,但价格不菲,动辄售价上千万元,相反网络上的空间巨大且售价低廉,企业想在网站上存储多少信息,就可以存储多少信息。对于那些想在决策前了解大量事实的消费者来说,可以 24 小时打开层层网页,阅读海量信息,确实物有所值。

3. 网络时代的营销传播环境的变化

通过对数字媒体的分析,我们会发现网络时代不仅仅影响了信息传播的方式和内容,也深刻改变企业营销传播的环境,其中最突出的是以下三个方面。

(1)消费者正在改变。在互联网时代,信息的控制权掌握在消费者手里,对品牌形象的控制权也从企业转移到了消费者手中。消费可以掌握比大众营销时代更多的有用的信息,并且能接触到更多的信息传播渠道。现在他们不是被动地接收信息,而是运用互联网和相关技术自主搜寻信息,他们对营销者提供信息的依赖程度降低,判断真伪的能力也大大提高。他们可以很容易地和其他消费者分享、交流与品牌相关的信息,或者求助他人来提供、评价相关的信息,甚至是要求参与创造他们自己的品牌价值。

(2)营销战略也在改变。虚拟世界中,网民是一种以社群化的组织形式存在的。由于互联网可以跨越时间和空间的局限,全国甚至是全世界的网民,按照不同的兴趣、爱好和职业等形成不同的网络社群。从营销角度来说,这样不同的社群天然地就可能是不同的细分市场。因此,当前营销人员正在远离大众化营销,他们越来越多地采用聚焦式营销方案,这些方案使得营销人员可以与顾客在更细微的细分市场中建立更紧密的关系。

(3)企业与顾客交流方式的巨大改变。数字时代催生了一大批新的信息和传播工具,从智能手机和平板电脑到卫星和有线电视系统到互联网的诸多应用,如品牌网站、电子邮件、博客、社交网络等。这些新媒体和社交媒体将会催生一个更有针对性、更社交化、更互动的营销传播模式。广告主正在更广泛地选择更专门化、高度目标化的媒体以向更小的顾客细分市场传递更个人化的互动信息。

4. 整合营销传播

顾客每次品牌接触都会传递一个信息,无论该信息是好是坏。企业的目标是在每次接触时都传递一致且正面的信息。整合营销传播(integrated marketing communication,IMC)会将企业所有的信息和形象融为一体,使企业的电视广告、印刷广告、邮件、人员推销、公共关系活动、网站、在线社交媒体及移动营销等都传达相同的信息、形象及感受(表 14-3)。通常,不同的媒体在吸引力、告知和说服消费者等方面会扮演不同的角色,而这些角色必须与整体的营销传播计划协调一致。

现在营销正在逐步向数字媒体转变,但传统的大众媒体仍然占据营销企业促销预算的最大份额,大多数行业看到的是一个新旧媒体逐步整合的趋势。当然,无论传播什么,关键性的问题是如何最优地整合所有媒体,以达到吸引顾客、传播品牌信息、增强顾客品牌体验的目的。整合营销传播把顾客与企业的所有接触点作为信息传播的渠道,以影响顾客的购买行为为目的,整合和协调所有的传播手段,传递企业及其产品的清晰、一致、令人信服的信息(图 14-1)。

表 14-3 营销传播工具

1. 媒体广告	5. 经销商和消费者导向广告
电视	交易折扣和折让
广播	陈列和广告折让
杂志	展销
报纸	合作广告
2. 直接反应和互动式广告	免费样品
直邮	优惠券
电话推销	奖励
在线广告	退款/返还
3. 地点营销	竞赛/抽奖
广告牌和公告	促销游戏
海报	包装附赠
交通运输广告	促销降价
电影院广告	6. 事件营销和赞助
4. 店内标识和销售点营销	赞助体育活动
店外招牌	赞助艺术展、义卖和庆典
店内货架站牌	事件营销
购物车广告	7. 营销导向的公共关系
店内广播电视广告	8. 个人推销

资料来源：Kevin Lane Keller. Journal of Marketing Management, 2001: 823-851.

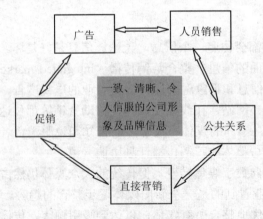

图 14-1 整合营销传播

资料来源：加里·阿姆斯特朗，菲利普·科特勒. 市场营销学[M]. 12版. 北京：机械工业出版社，2016: 283.

原有的营销传播组合是由广告、公共关系、人员销售、促销和直接营销工具的特点组合构成的。每一项促销活动都包括具体的促销工具，而且往往是由不同的企业职能部门来完成的。当然，营销传播远不止于这些具体的促销工具，产品的设计、价格、包装的形状和颜色以及销售的商店等都向顾客传播了某些信息。但整合营销传播要求促销组合必须协调一致，产生最佳传播效果。

14.1.2 营销传播决策

我们已经讨论了将所有营销传播要素紧密整合的重要性，以确保无论何时消费者或潜在消费者在接触品牌时获得的都是统一的信息。图14-2用来说明营销传播者的实际决策过程，以及这些决策期望得到的结果。

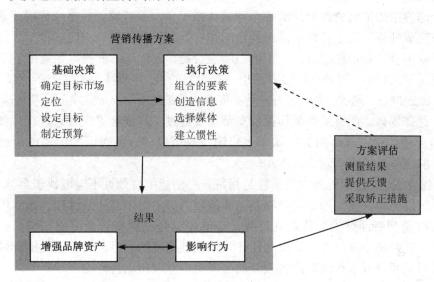

图 14-2　营销传播决策过程

资料来源：特伦斯·A. 辛普，张红霞. 整合营销传播：广告与促销[M]. 北京：北京大学出版社，2013：18.

1. 营销传播决策的基础

营销传播决策的基础需要经常思考和回答以下几个问题。

（1）我们的沟通是直接指向特定的目标群体吗？确定目标市场使得营销传播更精确地传递信息，防止因覆盖不在目标受众范围内的人群所带来的浪费。对于B2B和B2C公司来说，选择目标市场细分是进行有效的和节约的营销传播的关键步骤。

（2）我们的品牌是否有清晰的定位？品牌的定位代表了该品牌在消费者脑海中的关键特征、好处或形象等总体印象。定位主张概括了品牌的意义和其相对于同类商品竞争品牌的独特性。定位与目标市场决策密不可分，定位需要基于目标市场而做出，而目标市场的选择也要考虑到品牌的定位和与竞争品牌的区别。

（3）我们的营销传播所要达到的具体目标是什么？这些目标内容会根据所使用的不同形式和营销传播而不同。如大众传播有利于消费者对一个新品牌的知晓及提升品牌，个人销售则在 B2B 顾客领域和告知零售商产品改进方面是最合适的。重要的是营销传播想要做的或实现的是什么？这一问题的答案决定选择怎样的营销传播工具和媒体。

（4）我们营销传播计划在预算的范围内可行吗？需要将财务资源分配到各个营销传播要素中以实现预期目标。公司使用不同的预算程序将资金分配给营销传播经理和其他的组织单位。目前最为广泛使用的方法是由上而下预算和由下而上预算的联合使用。

2. 营销传播决策的实施

营销传播经理必须制定各种执行策略，以达成品牌层次的目标和品牌定位以及确定目标市场要求。

（1）怎样准确地将资源分配给各个营销传播工具，或者说如何整合传播要素，在预算范围内完成任务？由于各种传播工具之间往往具有替代关系，同时多种工具还有协同效应，所以很难找到最佳组合。一个恰当的组合是，在促销方面投入足够的资金以在短期内获得足够的销量，同时在广告方面也进行足够的投入，保障品牌资产的保持和增长。

（2）创造信息。通过广告、公开宣称、促销等营销传播信息形式来创造要传达的信息。

（3）选择媒体。所有的营销传播信息都需要通过工具或者说中介来进行传播。媒体与所有的营销传播工具都相关。如个人营销信息可以通过面对面的沟通或电话营销进行，不同的媒体选择有不同的成本和优势。

（4）建立惯性。营销传播中的惯性是指每一种信息的有效性不但取决于足够的努力，还需要持续的努力。惯性的关键内涵是需要持续的努力而不是断断续续、走走停停。只有不断提醒消费者品牌的名称及其优势才能够使这些品牌变为更可能被购买的候选品牌。尤其是在经济不景气时广告投入往往是最先被消减的项目之一，因此继续做广告可以使得公司从暂时或永久消减广告预算的公司手中夺取市场份额。

3. 营销传播结果

营销传播方案的结果包括两部分：增强品牌资产和影响行为，这两个部分之间相互影响。如果说一个新品牌的广告活动产生了品牌知晓度并创立了积极的品牌形象，那么消费者可能会尝试购买这一新品牌。在这种情况下，品牌的价值被提升了，反过来影响到消费者对品牌的行为。同样一个对新品牌的促销活动会鼓励消费者最初尝试和后续购买。消费者对这一新品牌的积极体验将会导致对这一品牌的积极感知。在这种情况下，促销影响了消费者的行为，进而又提高了促销品牌的价值。

4. 方案评估

评估是通过衡量比较营销传播活动的成果与最初设定的目标来实现的。在业界，对于可信赖的结果有越来越多的需求，这就要求必须有研究数据来证明营销传播的执行是否完成了既定的目标。结果可以用来对行为产生影响，如销量的上升，或者给予沟通成果来衡量。沟通成果的衡量指标包括品牌知晓度、信息理解性、对于品牌的态度和购买意向等。

监测结果如果没有达成目标成果，则需要矫正行动。矫正行动可能会需要更大的投资、不同传播要素的组合、重新修改的策略、不同媒体配置以及大量其他的改变。只有通过系统地设定目标并衡量结果，才可能知道营销传播方案是否按计划顺利进展，才能知道未来的行动如何基于过去的经验进行改善。

14.2 网 络 广 告

我们每天都会接触到成千上万条商业信息，有的会给我们留下深刻印象，有的甚至没有引起我们注意。这些五花八门的信息以各种各样的形式出现，如电视广告、短信、微信、优惠券、电话营销、电子邮件等。这些形式仅仅是企业用来吸引现有顾客及潜在顾客，并维护与他们之间关系的众多传播手段中的很小一部分。我们一般统称以上工具为营销传播，广告只是营销传播中的一种活动。互联网具有多方面的营销功能，它既可以作为一种开发需求、实施交易、填写订单，为消费者提供服务的途径，又可以作为一种多功能的广告媒体。网络媒体的出现极大丰富了传播的工具，网络广告也出现了许多新颖的形式和内容。

14.2.1 网络广告概述

1. 广告的定义

到底什么是广告呢？不同职业的人有不同的见解，新闻工作者可能将广告定义为一种传播过程、公关过程或劝服过程；商务人士可能将广告视为一种营销过程；经济学家和社会学家可能更侧重于广告的经济、社会和道德影响。如果从功能性的角度来定义广告，可以认为广告是由可识别的出资人通过各种媒介进行的有关产品的、有偿的、有组织的、综合的、劝服性的非人员的信息传播活动。

我们可以将广告的定义分解为以下几个部分来理解。

首先，广告是一种传播活动，它实际上是一种非常有组织的传播形式，由文字和非文字元素构成，以填充由资助人所指定的特定空间和时间。

其次，广告针对的是群体而不是个体，因此广告是非人员的或者说大众的传播。这些群体既可以是购买产品来消费的消费者，也可以是大批量购入产品再分销零售的经销商。除了公益广告是免费发布外，大多数广告是付费的，由赞助人出资，并标明其出资人。大多数广告的目的是劝服消费者使用某一产品、服务或相信某一观念。

最后，广告通过一种我们称为媒介（medium）的渠道到达受众。广告媒介是一种有偿的、用以向其目标受众表现广告的手段，有广播广告、电视广告、报纸广告等。如果你告诉周围的人某种产品很好，这种叫口碑广告（WOM advertising）。口碑广告也是一种传播媒介，但不是广告媒介，它没有组织，也没有公开的出资人，也不是有偿的。过去的广告主要是通过大众媒介，如广播、电视、报纸和杂志来传递讯息。今天的科技进步可以让广告通过各种网络互动媒介直接有效地到达受众。

网络广告作为一种新的广告形式，与传统广告的最大区别是：网络广告依赖数字技术而产生，通过网络媒介传播。网络媒介赋予网络广告许多新形式和内容，我们在数字媒体中所阐述的数字媒体的特点也能体现为网络广告特点。

2. 广告的功能

（1）提供信息。广告最主要的功能之一是宣传品牌，即广告使消费者知晓新品牌，将品牌独有的特征和好处告诉他们，促进正面品牌形象的塑造。广告能以相对较低的单个接触成本达到广大受众，是一种有效的传播方式。

（2）影响行为。有效的广告影响消费者，使他们尝试广告中的产品和服务。有时广告影响一级需求，即建立对整个产品类别的需求。通常广告试图建立二级需求，即对公司品牌的需求。

（3）提醒和增加显著性。广告使消费者始终保持对公司品牌的新鲜记忆。增加显著性是指丰富品牌的记忆轨迹，使得面临相关选择情境时，品牌能够浮现在消费者脑海中。有效的广告还能增加消费者对成熟品牌的兴趣，进而增加其购买品牌的可能性，否则消费者不会选择该品牌。此外，广告还被证明可以通过提醒那些最近没有购买某品牌的消费者有关该品牌的可得性及其所拥有的更好的属性来影响品牌转移。

（4）增加附加值。公司通过三种基本的方式为它们提供的产品和服务增加附加值：创新、提高质量及改变消费者感知。三者是相互依赖的，如果只是为了创新而创新，缺乏产品质量的保证，那充其量只能算是新奇。没有质量保证和没有新意的消费者感知，则仅仅是吹捧。如果有了创新和质量，而没有转化为消费者感知，将不会对消费者有触动。广告通过影响感知为品牌增加附加值。有效的广告使品牌看起来更优雅、更时髦、更有声望、质量更高等。通过增加附加值，广告能为品牌带来更多的销售量、收入和利润，降低不可预知的未来现金流的风险。

（5）相互提携。广告是营销传播的一种方式，它最基本的功能是不时地推动其他营销传播努力。广告帮助销售代表向潜在顾客介绍产品信息时的销售努力、时间和成本都降低了。广告还提高了其他营销传播工具的有效性，如与零售商在没有任何广告支持下的降价相比，降价并进行广告宣传时，消费者对降价更容易作出反应。

14.2.2 网络广告的现状和发展趋势

1. 网络广告的起源

美国最早的互联网广告出现在1994年10月27日的Hotwired网站上（www.Hotwired.com）。当时的广告是比较有代表性的旗帜广告，是为AT&T、IBM、Sprint、MCI、Volvo等14家公司做的广告，这是广告史上里程碑式的一个标志。这个广告发布了12周，花费了3万美元，点击率令人惊讶，达到30%。而同类的旗帜广告目前的平均点击率则仅为0.04%。有趣的是：一半的点击率来自6%的网络用户，人们称他们为"频繁点击者"，他们的年龄为25～44岁，上网时间为其他用户的4倍，家庭收入在4万美元以下，并非在线零售商的最佳客户类型。

1997年3月，中国出现了第一个商业性网络广告，即比特网（www.chinabyte.com）上IBM投资3 000美元为新产品AS400发布的宣传广告，其形式为468×60像素的动画横幅广告。它标志着中国网络广告的诞生，虽然这条广告的形式现在看来非常单调，但对于我国互联网行业的发展却起到了至关重要的作用。

2. 网络广告的现状

2016 年，全球网络广告支出达 370 亿美元，增长 22%，高于 2015 年 20%的增长率。2017 年网络广告支出超越电视广告，其中移动广告增速已经超越 PC 广告。

2015 年，中国网络营销收入突破 2 000 亿元，同期电视广告收入 1 060 亿元，2015 年网络营销收入接近广电（电视+广播）整体广告规模的 2 倍（图 14-3）。受网民人数、数字媒体使用时长、网络视听业务等因素快速增长的推动，未来几年，报纸、杂志、电视广告将继续下滑，而网络营销收入增长空间仍较大。

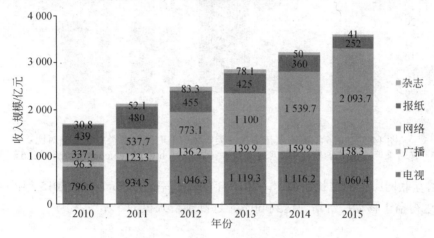

图 14-3　2010—2015 年各类媒体广告收入规模
资料来源：艾瑞咨询. 中国网络广告行业年度监测报告（2016）.

2015 年，中国移动广告市场规模为 901.3 亿元，到 2018 年突破 3 000 亿元，随着移动广告市场的不断成熟，其增速也将趋于平稳，但仍将保持在较高水平。根据艾瑞最新数据显示，未来几年移动广告在整体互联网广告中的占比将持续增大，2018 年该占比接近 80%（图 14-4）。

图 14-4　2012—2018 年网络广告和移动网络广告规模及预测
数据来源：艾瑞咨询. 中国网络广告行业年度监测报告（2016）.

美国各类媒体的情况是广告主仍然过度依赖传统媒体。无论是花费时间还是广告支出，电视媒体都是比例最大的，皆占38%（图14-5）。

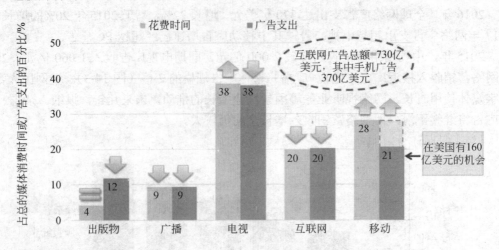

图14-5 2016年美国人花费在各类媒体中的时间与各类广告支出对比
资料来源：凯鹏华盈. 互联网趋势报告（2017）. http://kpcb.com/InternetTrends.

美国互联网广告的增长在加速，2016年的增长率是22%，高于2015年的20%（图14-6）。这得益于移动广告增速达到60%，远高于台式机的5%。

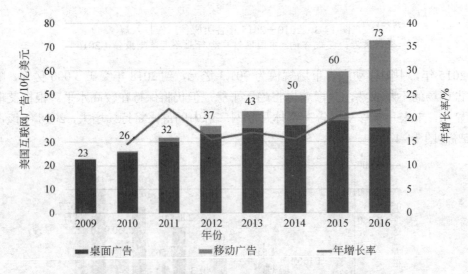

图14-6 2009—2016年美国互联网广告市场增长变化
资料来源：凯鹏华盈. 互联网趋势报告（2016）. http://kpcb.com/InternetTrends.

来自eMarketer的数据显示，美国媒体广告的规模近几年来不断增长，其中移动广告是推动美国媒体广告支出增长的主要动力。2014年，美国广告主用于平板电脑和智能手机平台的广告支出同比增长83.0%（表14-5）。2014年年底，移动广告占美国媒体广告支出的近10%，超过报纸、杂志和广播广告，成为第三大广告载体，仅次于电视和桌面电脑/笔记本广告。在美国成年人的媒体消费时间中,电视仍占最大的一部分,电视广告在美国广告支出中所占比例仍最大,超过 1/3。移动广告强劲而稳定的增长将使数字广告支出占 2014 年美国广告总支出的近 30%(表 14-4)。广告主在数字渠道的广告投入将首次超过 500 亿美元,较 2013 年增长 17.7%。在所有数字广告支出中,有超过 1/3 将来自移动平台,2018 年移动平台所占比例超过 70%(表 14-5)。

表 14-4 2012—2018 年美国媒体广告花费的规模和不同媒体份额

年份	2012	2013	2014	2015	2016	2017	2018
支出/10 亿美元	165.03	171.05	180.12	189.38	200.00	209.69	220.55
电视/%	39.1	38.3	38.1	37.3	36.9	36.2	35.7
数字/%	22.3	25.2	28.2	30.9	33.2	35.3	37.3
—移动设备	2.6	5.7	9.8	14.0	18.7	22.6	26.4
印刷/%	20.7	19.0	17.7	16.5	15.5	14.7	14.0
—报纸/%	11.5	10.2	9.3	8.6	8.0	7.5	7.1
—杂志/%	9.2	8.8	8.4	7.9	7.5	7.2	6.9
广播/%	9.3	8.9	8.6	8.2	7.8	7.5	7.1
户外/%	4.0	4.1	4.0	3.9	3.8	3.7	3.6
目录/%	4.5	4.0	3.5	3.1	2.8	2.5	2.3

数据来源: www.eMarketer.com 2014.06.

表 14-5 2012—2018 年美国数字媒体广告花费

年份	2012	2013	2014	2015	2016	2017	2018
台式机/10 亿美元	32.43	33.40	32.99	32.01	29.00	26.68	23.90
—增长/%	6.6	3.0	-1.2	-3.0	-9.4	-8.0	-10.4
移动设备/10 亿美元	4.36	9.69	17.73	26.59	37.49	47.73	58.33
—增长/%	178.3	122.0	83.0	50.0	41.0	26.5	23.0
总体/10 亿美元	36.80	43.08	50.71	58.60	66.49	74.11	82.24
—增长/%	15.0	17.1	17.1	15.6	13.5	11.5	11.0

数据来源: www.eMarketer.com 2014.06.

另外,来自美国互动广告局的数据也显示,在过去10年美国互联网广告复合年均增长率(CAGR)达到 17%,超过了所有其他的媒体。事实上,其他任何媒体甚至都没有出现过两位数的年度增长。相比于其他的媒体介质,互联网广告的市场份额和重要性在持续增长。早在 2011 年,互联网广告收入超过了有线电视(cable television);2013 年则超过了广播电视(broadcast television);到 2015 年,互联网广告的收入占所有电视广告(有线电视和广播电视广告收入总和)的 90%。值得注意的是,自从 2010 年出现以来,移动广告的 CAGR 达到 100%,相比于非移动的互联网广告 9%的 CAGR,其发展速度惊人，这也大大推动了互联网广告的持续发展（图14-7）。

图14-7　2005—2015年互联网广告收入及复合增长率
数据来源：美国互动广告局（The Interactive Advertising Bureau，IAB）2015.

3. 网络广告的发展趋势

（1）从广告形式看，原生广告、内容营销及创新互动营销等，更加获得广告主青睐。网络广告强调公众参与和顾客体验，企业营销策划和产品功能展示可以吸引用户直接参与营销策划活动，从而大大增强了广告的效果。通过与社交媒体相结合，发挥病毒式营销优势，"把广告变成口碑""让大家告诉大家"。

当前流行的用户生成广告往往就是设置一定的奖金或其他奖励，吸引用户制作商业广告，吸引更多的网络用户登录网站观看广告并投票选出最喜欢的广告。用户生成广告逐渐流行的原因是：消费者之间的信任程度远远大于他们对企业的信任；同时消费者认为拥有用户生成广告的企业要比只使用专业广告的企业更具有亲和力、创造性和创新精神。

（2）定向广告和精准传播。定向广告是在网络和数据库系统支撑下，对目标顾客群体进行分析、数据挖掘和准确定位。然后在此基础上，针对目标顾客的特点、爱好，定向推送个性化的广告。这种定向广告由于针对性强，相对于传统的大众广告来说，不会引起受众的反感。

精准传播是根据网络访问行为、主题、渠道，分析消费者的动机和意向，然后根据关键词和相关性来精准匹配并推送相应的广告内容。例如，顾客浏览旅游主题栏目文章时，推送旅游产品、景点、服务和酒店等相关广告，以增强广告效果。

（3）从媒体终端看，移动端渗透不断加深，主要媒体移动端收入占比不断提升，移动端价值凸显。通过上面的数据分析可以看到，无论是美国还是中国，大家普遍预期移动终端广告在逐年增加，在网络广告中的占比将处于优势地位。

（4）从媒体融合看，现代广告从依托单一的互联网转向互联网、电脑、移动通信、数字电视、平面媒体、智能手机等相结合的综合网络环境。当下流行的微博助力的台网联动、微信与电视节目的互动就是很好的体现。

14.2.3 网络广告的类型

从 1996 年到现在的 20 多年的时间里,伴随着网络技术的进步,数字广告的类型不断涌现。

1. 网络广告的类型

广告主总是希望能找到新鲜而有趣的办法使广告能到达那些处在传统广告场所之外的目标受众。从营销的角度来说,网络媒体恰好具有直接引导销售的独树一帜的能力,而且具有可计量性。借助于网络媒体,网络广告可以用文字、图片、声音、超链接等各种格式来显示,这极大丰富了广告主向消费者传递价值的形式。表 14-6 列出了互联网广告形式。

表 14-6 互联网广告形式

● 网站、子网站和引导页	● E-mail 广告
● 展示或旗帜广告	许可式电子邮件与垃圾邮件
● 富媒体格式	电子邮件杂志
弹出式广告	● 移动网络广告
填缝式广告	● 赞助式广告
富邮件	● 搜索引擎广告
视频广告	关键词匹配广告
	内容导向广告
● 博客、播客与社交网络	
博客	● 新兴广告
播客	行为锚定广告等
社交网络	

1) 网站

从技术层面讲,网站(web site)是由一个或多个网络服务器作为主机的若干网页、图像、视频或数据的集合,一般经由互联网接入。优秀的企业家知道:一家公司的网站本身就是它的一个广告。网站可以被视为公司互联网广告中最重要的部分,其他广告形式只是为增加公司网站的浏览量服务的,网站是成功整合互联网广告计划的关键。网站是品牌的延伸,它可以传达关于品牌形象、品牌特征以及促销的信息等,消费者在网站的体验就等同于品牌体验。网站与其他互联网广告形式的另一个区别在于,用户浏览网站的方式是目标导向的(如获得更多对公司或品牌的了解、玩游戏或注册一个比赛等),而其他形式的互联网广告,用户一般则是"偶然遇到"的。但是并非所有的网站都具有这种品牌延伸能力,所以许多商家才运用子网站和引导页来提供消费者所渴望的这种体验。

子网站（microsite）是网站的补充。对于广告主来说，子网站通常非常专注并发布最新的广告信息。通过创建一个活跃的子网站，给用户有价值的信息，并引导顾客不断打开更多的内容，获得丰富体验。

任何一个网页都可以充当引导页（landing page），之所以用这个术语，是因为这个页面与网站更深入的领域直接链接，而广告主正是在这里驱动消费者深入它们的主页的。广告主通过引导页给消费者提供与广告信息关系更密切的体验，使广告主的销售和信息收集过程更加流畅。相关调查研究发现，人们在网上的注意力是有限的，而且缺乏耐心，因此在他们在线时，给他们提供任何帮助都是明智之举。

2）展示或旗帜广告

旗帜广告（banner）是横跨网页上方或下方的小公告牌，用户点击旗帜时，鼠标就会将他们带到广告主的网站。旗帜广告是最常见的网络广告单位，但其价格却相差巨大，从免费到数千美元一个月不等。与旗帜相似的是按钮（button），它是旗帜的小型版，看上去就像一个图标，通过它便可以与广告主的引导页链接，这是一个营销性网页，其功能是将人们引向购买或与广告主建立关系。由于按钮占用的空间比旗帜小，因此价格也更低。

旗帜广告的点击率（CTR）非常低，平均不到0.3%，效益也快速衰退。广告行业现在使用传统的广告术语来描述旗帜广告和其他类型的广告，即展示广告（display ads）或者叫图片广告。为什么点击率很低还有那么多的广告顾客选择使用展示广告来刺激消费者的直接回应呢？研究发现，点击率是关于品牌熟悉度的函数，消费者最了解的品牌获得的点击率大大高于不熟悉的品牌。但是当旗帜品牌广告接触次数增加时，熟悉品牌和不熟悉品牌的情况不同：熟悉品牌的点击率下降，不熟悉品牌的点击率上升。所以对于新品牌和相对不知名的品牌需要制订一个允许多次接触的旗帜广告媒体计划。相反，已有品牌旗帜广告的多次接触不能使点击率上升。展示广告并非对已有品牌一点好处没有，如果展示广告能和整合营销传播中的其他要素发挥协同作用，不仅能够促进品牌知名度的增加，而且对消费者的购买也有正面影响。

现在，美国互联网广告行业协会的互联网广告局（IAB）正努力使网络广告领域最终像传统媒体一样使网上广告尺寸标准化，为网络广告的设计与销售接轨铺平道路。互联网广告局已经颁布了旗帜广告的七种标准形式，每一种都有相应的大小（像素和尺寸）。但这样的标准化并未成为现实，因为更新的尺寸和广告模式不断问世，它们比标准的展示广告更好地抓住了用户的注意力。

3）富媒体广告

富媒体广告包括覆盖或浮在网页上的平面动画以及带视频和音频元素的广告。Adobe公司的Flash技术的进步极大地改进了过去静止不动的旗帜广告和按钮广告。现在立体动画和平面动画都已成为司空见惯的东西。常见的富媒体广告类型有以下几种。

（1）弹出式广告。弹出式广告指在当前窗口或者整个页面之前跳出的新窗口中显示的广告。弹出式广告会出现在屏幕上一个单独的窗口中，似乎不知道是从什么地方弹出的。直到手动关闭，弹出式广告才会消失。

（2）插播式广告。所谓的插播是指介于出现在两个网页之间的播放。插播式广告

（interstitials）不像弹出式广告那样出现在页面内部，它是以计算机 Java 程序为基础，在网页内容下载时出现的广告。虽然弹出式广告和插播式广告都是强加于人的，但方式不同。插播式广告不会打断用户的互动体验，因为它们是在用户等待网页下载时出现的。但用户对插播式广告的控制更少，因为不存在能够停止广告的退出选项，也就是说用户必须等待插播式广告播放结束。延长了用户等待时间，使用户产生不好的印象。

超级插播式广告（superstitials）是在网页上方或顶部播放的短的动画式广告。超级插播式广告看起来像迷你视频，使用 Java 技术和 Flash 技术来增强娱乐性和速度。超级插播式广告既不会减慢页面下载的速度，也不会给用户造成下载过慢的印象。

（3）视频广告。增长最快的互联网广告形式之一是视频广告，包括所谓的网络视频短片。网络视频短片是在网站上以系列剧集形式播放的视频广告。视频广告是被压缩为易处理文件大小的视听广告，它们的长度在 15 秒到几分钟之间。

其他形式的富媒体还有：用 5~8 秒的 Flash 动画的浮动广告，包含图片、视频和音频的富邮件广告等。

4）博客、播客和社交网络广告

博客和播客都是普通人与他人进行交流并建立数字化社区的方式，人们可以在社区里交流自己对私人相关问题的看法。博客是书面文档的形式，播客是博客的音频或视频版。博客主要的吸引力在于公司能够直接与潜在顾客交流，而这些顾客可以通过发布评论成为积极的交流者，能够很好地体现网络的交互性。此外，个人博客也经常对公司或品牌进行评论，有时是正面的，但更多是负面的。通过监测和分析博客上的对话，公司能够了解大量关于它们品牌的讨论。博客是否能成为一种独立的网络广告媒体，人们的认识还有些矛盾。对于消费者而言，博客的价值在于创建了一个社区，并提供了一个自由和诚实地交换想法的机会。而人们认为广告不完全客观，而且具有侵入性，与创立和使用博客的目的冲突。

社交网络是虚拟世界的社会关系，人们与朋友进行互动，分享意见和信息，并为有着相似兴趣并愿意与他人分享经历的人创建在线社区。营销人员利用著名的社交网络或创建自己的社交网站作为与消费者对品牌交流的工具也就不足为奇。主要的社交媒体见表 14-7。

表 14-7 主要的社交媒体

英文名称	中文名称	代表媒体（国际）	代表媒体（中国）
Social Networking Sites	社会关系网络	www.facebook.com www.myspace.com	www.renren.com（人人网） www.kaixin001.com（开心网）
Video Sharing Sites	视频分享网络	www.youtube.com	www.youku.com（优酷）
Photo Sharing	照片分享网站	www.flickr.com	www.flickr.com.cn
Collaborative Directories	合作词条网络	www.wikipedia.com	www.baike.baidu.com（百度百科）
News Sharing Sites	新知共享网站	www.reader.google.com	www.zhidao.baidu.com（百度知道）

续表

英文名称	中文名称	代表媒体（国际）	代表媒体（中国）
Content Voting Sites	内容推选媒体	www.digg.com	www.tianya.cn（天涯社区）
Business Networking Sites	商务关系网络	www.linkedin.com	www.linkedin.com.cn（领英网）
Social Bookmarking Sites	社会化书签	www.twitter.com	Weibo.com（新浪微博）

5）E-mail 广告

传统的直邮广告是产生需求、引发并完成销售的最有效的媒介，但是单位成本高。现在由于互联网的出现，直邮广告通过电子邮件的形式出现，变得更加有效，而成本却大大降低了。电子邮件广告被认为是最便宜的网络广告。虽然电子邮件广告趋向于包含更多的 HTML 和富媒体模式，甚至可以是免费的电邮邮件杂志等出版物，但是用户仍然青睐以文字为主的电子邮件，因为下载速度很快。

6）移动网络广告

移动网络广告是一个全新的领域，发展潜力巨大。总体来说，移动设备具有四种有潜力的营销沟通技巧：免费的移动内容传输（公共关系营销）、内容赞助式广告，以及两种直复营销技巧即定位营销和短信息服务。移动互联网的高速发展为移动广告的发展提供了巨大的空间，移动广告产品的创新和成熟也进一步吸引广告主向移动广告市场倾斜。

7）赞助式广告

赞助式广告（sponsorships）也称社论式广告，它将内容和广告整体整合在一起。大多数传统媒体明确将内容和广告分开。广告商在广告中提及他们的产品，使其产品有了额外曝光的机会，并产生了公众认可它们产品的印象。但是这种内容和广告混合的模式在网站上的使用正逐步减少，现在只占网络广告总支出的3%。

目前赞助式广告越来越多的是通过合作伙伴关系来提供有价值的内容，如某一服装品牌向另一个游戏网站提供了赞助，站点上每一个链接都导向一个游戏，这个游戏由某品牌服装的另一个产品提供赞助。这样使得赞助式广告更具有互动性。值得一提的是，网络用户能清楚地辨别广告中的赞助商，甚至把整个网络视为一个巨大的广告。然而，如果把广告混杂在普通的内容中，就会降低用户对网站的信任，损害网站自身的品牌形象。

8）搜索引擎广告

搜索引擎是一种信誉度聚合器，是指根据特定的评分系统对网站、产品、零售商或其他的内容进行排名的网站。搜索引擎也是一种网站，它可以让人们在文本框内输入单词或短语，然后很快便能在搜索结果页列出这个信息的查找结果。实际上存在两种形式的搜索引擎广告（SEA）可供选择：一种是关键词匹配广告（AdWords）；另一种涉及将广告放置在内容导向网站上（AdSense），这种网站提供适合宣传特定类型产品的环境。关于搜索引擎广告我们在第 7 章中有详细论述，这里不再赘述。

9）新兴广告

行为锚定广告的本质是令互联网广告恰好针对那些最可能有兴趣（通过其在线网站选择行为表现出来）对特定产品类别作出购买决策的个体。行为锚定只有那些已知对特定产品或服务感兴趣的消费者才会从使用行为锚定的营销者那里收到广告。随着追踪技术的进步，广告商可以更加了解关于互联网消费者行为特征的信息，然后将特定广告呈现在消费者面前。行为锚定最大缺陷是可能被视为对人们隐私的一种侵犯。

此外，一些网络公司推出 3 秒钟快闪广告、半透明的视频覆盖广告。谷歌公司推出小工具广告，它具有互动媒体、富媒体的功能，使用户能以前所未有的方式进行互动。随着互联网技术的进步，网络广告还会不断推陈出新。

2. 各种类型数字广告在市场中的表现

1）中国情况

2015 年，搜索广告仍旧是份额占比最大的广告类型，占比为 32.6%，较 2014 年占比略有下降。电商广告份额排名第二，占比达 28.1%，比 2014 年增长 2 个百分点。品牌图形广告市场份额持续受到挤压，位居第三，占比为 15.4%。视频贴片广告份额继续增大，占比为 8.2%。其他广告形式份额增长迅速，占比达 8.7%，主要包括导航广告和门户社交媒体中的信息流广告等（图 14-8）。

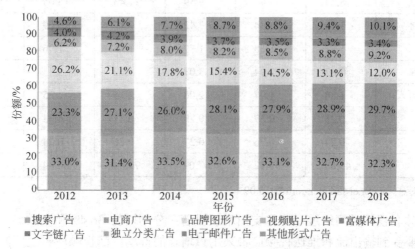

图 14-8　2012—2018 年中国不同形式网络广告市场份额及预测
数据来源：艾瑞咨询. 中国网络广告行业年度监测报告（2016）.

展示类广告包括品牌图形广告、视频贴片广告、富媒体广告、文字链广告。2015 年展示广告市场规模达到 585.9 亿元，同比增长 24.5%。展示类广告的持续增长主要受到广告技术发展的推动，更加精准、效果更好的广告形式为展示广告带来了较大的发展空间。此外，展示广告中视频贴片广告增长最快，也推动了展示广告在 2015 年实现增幅上升。

除最早兴起的公开竞价（RTB）方式以外，私有市场（private market place，PMP）、优先购买（preferred deal）、程序化直接购买（programmatic direct buy，PDB）等非公开竞价交易的程序化购买方式在需求方平台（demand side platform，DSP）、媒体、BAT（百度、阿里巴巴、腾讯）等巨头的共同推动下被各方了解和接受的程度不断提升。未来更多中高端资源将逐步开放，并且提升整体收益。未来品牌广告主的传统预算将会通过 PDB 的方式逐步向程序化购买倾斜，为程序化购买市场带来新的增长点，也进一步保留原有广告主预算并促进展示类广告收入的长足发展。

2）美国情况

根据 eMarketer 的新报,2016 年美国网络展示广告支出将首次超过搜索广告支出。包括视频广告、赞助广告、富媒体广告和横幅广告在内的展示广告将占网络广告支出的 47.9%,达到 321.7 亿美元。在展示广告各分类中,广告商在"横幅和其他类"投入最多,这类展示广告包括原生广告和投放在流行社交媒体上的广告。2016 年 1/5 的网络广告支出将投入到"横幅和其他类";视频广告占网络广告支出份额也很大,从 2015 年的 12.8% 增长至 14.3%(表 14-8)。

表 14-8 2014—2019 年美国不同形态数字广告收入及预测　　10 亿美元

形式	2014 年	2015 年	2016 年	2017 年	2018 年	2019 年
搜索	23.44	26.53	29.24	32.32	36.41	40.6
展示	21.07	26.15	32.17	37.2	41.87	46.69
—旗帜和其他	10.53	11.57	13.39	14.74	16.17	17.68
—视频	5.24	7.46	9.59	11.43	13.05	14.77
—富媒体	3.71	5.44	7.42	9.17	10.69	12.19
—赞助	1.58	1.68	1.77	1.86	1.96	2.06
分类和目录	2.82	2.94	3.07	3.2	3.33	3.47
潜在客户开发	1.88	1.97	2.06	2.15	2.25	2.35
电子邮件	0.25	0.27	0.29	0.31	0.33	0.35
移动信息	0.24	0.26	0.27	0.26	0.24	0.23
总体	49.69	58.12	67.09	75.44	84.44	93.7

数据来源：www.eMarketer.com 2015.09.

富媒体和视频类网络展示广告支出增长显著：分别增长 36.4% 和 28.5%。富媒体广告增长主要受到输出流和推送视频广告采用量增长的推动；而视频广告主要源于发布商希望利用高需求、高价值的流视频广告库存。

PC 仍然是 2016 年美国网络视频广告最大的投放平台,占 57.5%。但是展示广告的情况有些不同,2016 年美国展示广告支出 312.6 亿美元,其中 68.8% 将投放到移动平台,达到 21.5 亿美元。另外,这些数字显示了一个消费者媒介习惯主导的活跃市场推动展示广告成为最受欢迎的渠道和广告形式。网络展示广告支出增长将依赖于跨设备的能力、程序化购买和不断努力解决广告曝光率欺诈等。

表 14-9 2014—2019 年美国按照工具和形态分类的数字广告收入及预测　　10 亿美元

年份	2014	2015	2016	2017	2018	2019
移动网络	19.15	30.45	42.01	50.58	57.95	65.49
展示	9.65	15.55	21.58	26.21	29.83	33.7
—旗帜、富媒体、赞助和其他	8.11	12.77	17.5	21.02	23.85	26.89

续表

—视频	1.54	2.78	4.08	5.19	5.98	6.82
搜索	8.72	13.62	18.54	22.18	25.11	28.25
短信息	0.24	0.26	0.27	0.26	0.24	0.23
其他（分类和目录，电子邮件和潜在客户开发）	0.55	1.02	1.63	2.18	2.77	3.3
桌面网络	30.54	27.67	25.08	24.6	26.49	28.21
搜索	14.72	12.91	10.7	10.13	11.3	12.35
展示	11.42	10.6	10.58	10.98	12.05	12.99
—旗帜、富媒体、赞助和其他	7.72	5.92	5.08	4.75	4.97	5.04
—视频	3.7	4.69	5.51	6.23	7.07	7.95
其他（分类和目标，电子邮件和潜在客户开发）	4.4	4.16	3.8	3.48	3.14	2.87
总体	49.69	58.12	67.09	75.44	84.44	93.7

数据来源：www.eMarketer.com 2015.09.

14.2.4 网络广告媒体策划

媒体策划是有关广告时间和广告空间上的投资，以最大化实现营销目标的战略过程。媒体策划所面临的挑战是如何在一个特定的策划期内，将有限的预算用于不同的广告媒体、媒体内的不同载具以及不同时间内。媒体策划包括协调三个层次的战略：营销战略、广告战略和媒体战略。整体营销战略（包括目标市场确定和营销组合选择）为广告和媒体战略的选择提供了动力和方向。广告战略包括广告目标、预算、信息战略和媒体战略，广告战略是整体营销战略的延伸和扩展。媒体战略本身包括四组互相联系的活动（图14-9）。

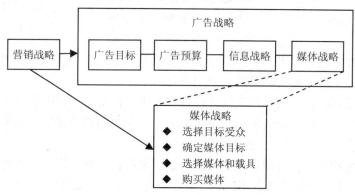

图14-9 媒体策划过程

资料来源：特伦斯·A. 辛普，张红霞. 整合营销传播：广告与促销[M]. 北京：北京大学出版社，2013：270.

1. 选择目标受众

从媒体战略目的出发进行目标受众分类需要使用四种主要类型的信息：产品购买信

息、地理信息、人口信息和生活方式/心理信息。这四种信息共同来确定目标受众。

2. 确定媒体目标

在确定了向哪些目标受众传递广告信息后，下一个媒体策划考虑的是确定在策划的广告期间内广告计划要实现的目标。媒体策划在确定目标时会面临下面的问题，每一个问题对应一个目标。

（1）到达率。到达率要解决的问题是"在特定的时间内想要我们的广告信息到达多大比例的目标受众"。到达率代表在广告信息被投放到载具中的特定时间内接触到的目标受众的比例。

（2）频率。频率要解决的问题是"在这段时间内需要我们的广告信息以多大的频率接触到目标受众"。频率是指在媒体策划期内目标受众接触到承载品牌广告信息的媒体载体的平均次数。频率实际上是媒体策划的平均频率。

（3）广告量。广告量要解决的问题是"为实现前两个目标需要总计多少广告"。我们介绍一种简单的方法确定一个特定广告期间内的广告数量。

收视率是指受众中有机会看到在载体中刊登的广告的比例。比如电视收视率，2009年美国大约有 1.145 亿的家庭拥有电视。因此一个期间内的一个收视点代表拥有电视的家庭的1%，也就是 114.5 万家庭。假如某一周某个节目有 1 000 万的家庭收看了，那么在这一周该节目的收视率就是 8.7（1 000 万除以 1.145 亿）。简单说就是这一周有大约 9% 的拥有电视的家庭收看了这一档节目。收视率的概念适用于所有媒体和载具，不仅仅适用于电视。

总收视率反映了一个特定广告计划的总覆盖率，或者说接触到一个广告的重复受众。总收视率、达到率和频率之间的关系可用以下公式表达：

$$总收视率=到达率\times 频率$$
$$到达率=总收视率\div 频率$$
$$频率=总收视率\div 到达率$$

（4）连续性。连续性要解决的问题是"随着时间的推移我们如何分配预算"。一般广告者有三种关于在广告活动期间内分配预算的方法。

一种是连续式广告投放。在连续式广告投放中，在整个活动中的每个时期投入相等或基本相等的广告预算。如乳制品在全年的每个时期内的消费都均等的情况下才可能使用这种方法。

另一种是脉冲式广告投放。在脉冲式广告投放中，一些广告在活动的每个期间内都被使用，但是每个期间的数量各不相同。如乳制品公司在 5 月到 8 月的广告投放量最高，但在全年都有广告投放。

还有一种是间歇式广告投放。在间歇式广告投放中，广告者在活动中的每个时期内的投入不同，并且一些月份中投入为零。

（5）新近。新近需要解决的问题是"购买之前，需要多长时间让广告到达客户"。近期原则也叫货架模型，它建立在三个相互联系的观点之上：一是消费者对某一品牌广告的首次展露是最有力的；二是广告的基本作用是影响品牌选择，广告的确影响了处于该品牌市场中的消费者的子集的产品选择;三是获得一个品牌高水平的到达率应该比获得高频率更加被强调。

(6)成本。成本要解决的问题是"实现这些目标的最经济的方式是什么"。媒体策划者试图通过一种成本优化的方式来分配广告预算从而为实现其他的目标留有余地。一种最重要的和普遍使用的衡量媒体效率的指标是每千人成本。每千人成本(CPM,M指的是罗马数字的1 000)是达到1 000人的成本。

CPM=广告的成本÷到达的接触点的总数(以千为单位)

例如某一节目30秒广告的CPM:

总收看=18 273 600 家庭

30 秒广告的成本=780 000 美元

CPM=780 000÷18 273.6≈42.68(美元)

3. 选择媒体种类和载具以及购买媒体

因为每种媒体有其优势和限制,网络媒体和传统媒体的数量众多,广告主必须有所选择。媒体规划者希望选择的媒体能将广告信息切实高效地传递给目标消费者,围绕着媒体目标选择一个媒体组合,形成整合营销传播活动。媒体组合确定后也不是一成不变的,需要定期重新审核。尤其是互联网变化速度极快,新的媒体不断涌现,要密切关注。

媒体规划者要选择一个最好的媒体载体,即每个媒体大类中的特定媒体。例如电视媒体载体包括《花千骨》和中央电视台的《晚间新闻联播》,在线和移动媒体载体包括微信、Facebook、微博和新浪等。媒体规划者必须考虑某一特定媒体触及每千人成本,还要考虑为不同的媒体设计广告的成本。选择媒体时,媒体规划者必须平衡媒体成本和几个媒体效度因素的关系:首先,规划者要评估媒介载体的受众质量的高低;其次规划者应该考虑媒体受众的注意力,哪个载体更吸引受众注意广告;规划者还需要评估媒体的编辑质量,哪种媒体可信度更高而且更有声望。

广告人还要决定如何安排全年的广告。有时在相互抵触的目标之间作出明智的权衡是一个困难的任务。从差不多成千上万个可供选择的广告排期方案中作选择,电脑模型会帮我们寻找对目标函数的优化(如选择一个能够产生最大水平的到达率或最高的频率的排期方案),并满足不要超过广告预算上限之类的限制。

媒体购买则更加适合作为新闻传播和编辑记者的工作人员处理,我们在此不多介绍。

14.2.5 网络广告效果的测量

网络广告者关心的一个主要问题是广告效果和广告投资回报率,尤其是在经济萧条的环境中,广告预算紧张,人们更加关心广告效果。以传统媒体作为基准,互联网广告者同样关注测量问题:多少人点击了特定的互联网广告?这些人的人口统计学特征是什么?多少人访问了特定网站?点击或访问网站后又有什么行动?这种网络广告形式产生了适当的投资回报吗?这些问题评估的是广告的两种效果:传播效果和销售盈利效果。

1. 网络广告传播效果

传播效果的衡量告诉人们广告或媒体有没有很好地传播广告信息。单个广告可以在广告播出之前或之后测试。在广告播出之前，广告人可以向消费者展示广告，询问他们对该广告的喜爱程度，衡量由此所引起的信息记忆程度或态度改变程度。在广告展露之后，广告人可以衡量广告如何影响了消费者的记忆或者对产品的知晓度、认可度和偏好。播出前后的传播效果评价也可以针对整个广告活动。

如果以网站作为一种广告载具，评估网络广告效果一般至少有四个指标。

（1）网站或互联网广告的显露价值或人气，如接触广告的用户数量、不同访问者的数量和点击率。

（2）网站吸引和维持用户注意的能力以及顾客关系质量，如每次访问的平均时间、不同访问者的访问次数和用户访问的平均间隔。

（3）网站的有用性，如重复访问者的比例。

（4）锚定用户的能力，如网站用户资料和访问者之前的网站搜索行为。

评估网站和这些网站上广告的效果的方法很多，以下介绍三种广泛使用的方法。

（1）点击率（CTR）。前面已经多次提到点击率，它代表接触到互联网广告并用鼠标进行点击的人的比例。尽管一些人称，即使互联网用户不点击广告品牌，去了解更多关于该品牌的信息，也能够对品牌知晓产生积极影响。但是点击率一直下降，广告界很多人已经不再对这种方法抱有幻想。

（2）每千人成本（CPM）。每千人成本是点击率的简单替代品，用于评估互联网广告的成本（以千人为基准）。CPM 揭示的唯一信息是一则广告进入互联网用户视线的成本。

（3）每行动成本（CPA）。每行动成本中的行动是指用户访问了品牌网站，并注册了他们的名字或购买了被广告品牌。很多广告主更愿意按照 CPA 为互联网广告付费，而不是根据 CPM。由于 CPA 涉及购买或接近购买的行为，所以支付的价格要高于仅仅点击广告。

2. 网络广告销售盈利效果

因为销售效果除了广告影响之外，还受到如产品特色、价格和可获得性等多种因素的影响，所以传统广告的销售效果难以衡量。衡量广告销售效果的一种方法是把以前的销售额和以前的广告费用相比较。另一种方法是实验法。例如，为了衡量不同的广告投入效果，某产品可以在不同的市场上采用不同的广告投入水平，然后衡量由此导致的销售额和利润差异。更复杂的实验设计包括广告差异和媒体差异等。

借助于互联网技术，网络广告商可以跟踪消费者行为，选择按照广告的实际效果付费，对广告的销售盈利效果的测量要好于传统广告。但是广告效果有很多不可控的影响因素，没有测量方法是完美的。在没有办法精确衡量广告的收益情况下，管理者评价广告的绩效时除了定量分析，还得大量依靠个人判断。

14.3　网络公共关系

从历史角度看,大多数营销传播从业者以及品牌经理认为营销导向的公共关系的作用是单一而有限的,也是无法控制效果的。但是借助于互联网,新产品的上市几乎无须借助广告的威力,依靠该产品的营销传播团队有创造力、有效力的公共关系操作,就可以取得巨大成功。eBay、星巴克(Starbucks)、黑莓(BlackBerry)、小米等从未在广告方面花大笔经费,它们将注意力集中在构建社会声誉与口碑上,通过造势成就著名品牌,这些都为营销导向的公共关系的重要性提供了有力证据。

14.3.1　网络公共关系概述

"公共关系"一词普遍被错误地解释和使用,造成混乱的部分原因要归结于公共关系所涉及的广阔领域。人们可以依据不同的背景、从不同的角度把公共关系作为一个概念、一门职业,还可以指一项职能或者一种行为。我们定义公共关系(public relation,PR)是一项侧重于个体或团体与其他群体(称之为公众)之间为培养相互好感而建立关系和进行沟通的管理职能。公共关系的目标是改善公众舆论,创造美誉,并为组织建立和保持令人满意的声望。公共关系努力可以使企业赢得公众的支持,获得公众的理解或对调查作出反应。

当公关活动被当作一种营销工具使用时,人们称其为公关营销或营销公关(marketing public relation,MPR)。公关营销包括品牌化活动和积极影响目标市场的免费媒体报道。公关营销是针对公司现有顾客和潜在顾客的公共关系的一部分,能在提高知名度、增进了解、宣传教育、建立信任、结交朋友、提供购买理由以及营造消费者接受氛围等方面支持营销活动,效果通常比广告好。在整合营销传播活动中,广告和营销公关应密切合作。现在许多广告公司增设了公关部,许多企业则增设了负责广告和公关事务的沟通部。

1. 公共关系与广告的区别

由于公共关系和广告都利用媒介来创造知名度或影响市场和公众,因此,两者的确相似,但绝不相同。广告通过广告主付费的媒介到达自己的受众,广告主把它设计成什么样,它就表现成什么样,带着广告主的烙印。正因为知道这一点,公众往往带着怀疑的眼光看待广告,或干脆不予理会。因此,在整合营销传播计划中,广告也许并不是建立信用的最佳载体。

许多公关传播活动(如宣传)的资助人往往是不公开的。在经过媒介的审查、编辑和过滤后,人们通过新闻报道、评论采访或事件特写的形式接受这些传播活动传递的讯息。公众认为这些讯息来自媒介而不是某家公司,因此,更愿意相信这些讯息。对建立信用来说,公共关系通常是一种更好的手段。

广告是经过周密的发布来获得到达率和频次的,公关传播活动难以用数字来表示。实际上,公关的结果在很大程度上取决于实施公关活动的人本身的经验和技巧。此外,公关只能进行到某个程度,不宜过于重复,而广告的记忆度恰恰要靠重复才能形成。公关可以产生更大的信用，广告则可以产生更大的知名度和控制力。

2. 在线公关与传统公关的差别

兰切赫德等（Ranchhod et al.,2002）给出了与传统公关相比，在线公关的特点。

（1）受众与公司直接联系。传统公关里，受众与公司是分离的，公关经理发布新闻稿，通过新闻电讯传播，被其他媒体收集并转载发布，即便有信息的双向反馈，反馈的渠道也是非常窄的。而在线公关中，受众可以与公司直接联系。

（2）受众的成员之间互相联系。在线公共关系的受众通过编辑博客、知名形象等，来评论、讨论传播的信息，从而使得信息在人与人之间、群体与群体之间快速地传播。消费者也会谈论他们各自的需求和公司的品牌，从而有助于塑造品牌形象，影响消费者的购买意愿。现在，任何一个公司的任何活动都可能被放到网上去讨论，不管讨论者是否熟悉公司情况。这种网络环境中，每个人都是传播者，而新闻机构只是整个传播网络的一小部分。

（3）受众可以获得其他信息。传统公关中受众获取信息是有限的，很难对信息进行评论和质疑，但是互联网促进了对各种观点的快速比较。现在，几乎任何一个问题通过互联网都能获取多种来源的信息，任何观点都有可能在几个小时之内被感兴趣的用户断章取义，被详细地分析、讨论或者质疑。在这个相互联系的世界里，不存在孤立的信息。

（4）受众拥有丰富的信息。以前的信息渠道相当有限，主要是电视或报纸。现在信息渠道多样性已经有极大的提高，这意味着信息的显示变得更难了。

从营销经理或者公关关系专家角度来说，在线公关有以下几个方面的特点。

（1）可控性差。传统媒体的渠道少很多，而且信息往往会受到记者或媒体编辑的过滤。网络时代的品牌可以在多个网络平台上进行推广，如微博、论坛等。这些平台是开放、自由的，公关管理人员没有办法直接进行过滤、筛选和控制。

（2）有更多的选择来创建信息。公司可以拥有自己的网站、新闻中心、订阅和微博，可以在某种程度上忽视其他媒体的存在。许多公司创建了自己的"社交媒体新闻编辑室"。

（3）需要更加迅速的反应。网络时代对于一些负面新闻传播速度极快，若许多社交媒体对某个事件感兴趣，往往会引发"事件风暴"。因此需要把快速反应团队作为社交媒体治理的一个组成部分。

（4）易于监督。因为搜索引擎和网络声誉管理工具可以检测众多网页，便于企业监督网络舆情，定期收集关于企业或品牌的各种评价的现状。

3. 公关工作内容

公关工作包含各种活动，从危机沟通到筹款等。

（1）策划与调研。公关人员的首要职责是策划并实施公关计划。部分公关工作可以纳入企业的营销努力中（如产品宣传），对于公关人员而言，他们需要有更宽广的视野，他们必须为整个组织准备一个整体公关计划。公众舆论至关重要，公关人员必须随时监察、测定和分析各个公众群体态度的变化。公关人员可以采用购物中心采访或电话采访、小组访谈、来函分析以及实地报告。公关人员需要分析企业与公众的关系，评估人们对企业的态度和看法，推测企业对不同公众应采取的对策和行动，决定公关目标与战略；制定并执行公关活动组合，尽可能使之与企业的其他传播活动融为一体，征求公众反馈并评估公关效益。

（2）声望管理。声望管理是维护企业在不同公众中的名声的长期的战略活动。声望管理的手段包括宣传与媒体炒作、危机沟通管理、社会参与。

宣传是指为某个人、产品或服务制造新闻并使之出现在印刷或者电子媒体上。宣传一是为了营销；二是为了提高自己的声望。要想引起媒体的关注，宣传活动必须有新闻价值。媒体炒作是为了产生宣传效应而对事件进行策划和安排的做法。大多数公关人员都会利用媒体炒作使公众注意到新产品或服务，或为企业树立有利的形象。

危机沟通管理。灾难并不会经常发生，但危机一旦出现，公关人员和公众信息官员最重要的事情就是危机管理。如果不能迅速彻底地控制损失，品牌价值很快就会遭到损害。

社会参与的目的是在企业与社区之间建立起对话的桥梁。最好的做法就是让企业的管理人员和员工参与社区的社会发展和经济发展。比较理想的做法是，一家企业选择一项与自己的专业相匹配的活动，专注于自己的使命营销活动。企业公关部门可以协助策划这类活动并负责向社会进行宣传。

（3）其他公关活动。除了策划和声望管理之外，公关人员还应经常参与公共事务和游说、撰写演讲稿、募款和会员活动、刊物出版以及特殊事件管理等。

14.3.2 网络公共关系实践

1. 网站

每个机构、公司、个人或品牌的网站都是公共关系营销的工具，因为它们都可以发布介绍当前产品和公司信息的电子小册子。对于在线消费来说，公司网站作为信息源对消费者购买决策的影响最大。企业对投资网站的开发，增加利润已经有了更好的了解，现在优先考虑的是如何改善顾客的网上体验。

使用网络发布产品信息有几个优点：首先，网络信息的作用与纸质广告小册子或邮寄广告是一样的；其次，公司数据库中的产品信息经常更换，网页内容总是当前最新的；最后，企业可以通过网络接触到那些寻找特定产品、新的潜在顾客。创建网站最重要的一点是，要能比竞争者更好地满足公司目标受众的需求。网站能够娱乐大众，建设社团，提供与顾客沟通的渠道，提供与产品相关的信息，在许多方面对企业都有所帮助。

链接建设是 SEO 的一个重要步骤，也是在线公关的一个基本活动，因为它的本质是在第三方网站上取得可见性，并创建后向链接。网站是企业的门户，它必须提供吸引人的、有条理的、相关的信息。外部链接的主要原则是"创建卓越的网页，链接卓越的网页，那么卓越的网页就会链接你"。链接建设需要从相关网站上获得尽量多的高质量链接，如果你有了高质量的外部链接，你在搜索引擎结果页面中的排名就会更靠前。链接建设需要思考如何评价现有链接，如何与竞争者链接，如何设定目标，以及如何前瞻性地寻找合适的链接对象。

2. 网络活动

企业开展网络活动的目的是吸引用户的兴趣，给站点增加流量。亚马逊公司曾经举办过一个人气很旺的网络活动，在那次活动中，亚马逊公司让作家约翰·厄普代克（John Updike）为一个故事开个头，请用户给故事续尾。公司和组织可以在网上组织讨论会、研讨会或演讲。如出版商可以鼓励对新书感兴趣的人在网上论坛与作者聊天。主办一些可以让顾客与社会地位高的或有声望的人"对话"的活动，也可以招揽一些顾客。比起主办或参加真实的研讨会，网上研讨节省了相当可观的时间和成本。

3. 在线口碑

尽管口碑影响力既复杂又难以控制，品牌经理还是要竭尽全力控制口碑，尽可能多地传播正面信息，为品牌营造利好的形势。营销传播运作中，广告是第一步，它对于信息散播的运转尤为重要；口碑是第二步，可以引导人们谈论并推崇某特定品牌。营销传播从业者需要运用广告与造势的方法，精心策划产品信息的传播过程，这样才能使信息通过人与人之间的交际，如面对面的交流、YouTube 和 Myspace 等社交网站以及博客等方式，如同滚雪球一样被加速驱动得以传播。

人们的言论对他人的影响力是有区别的，那些有巨大影响力的人被称为"意见领袖"。意见领袖是一个身处家庭、朋友以及熟人的社交网络中，且对其他人的态度和行为有显著影响的人。意见领袖的作用是：他们向其他人告知产品信息并为其提供建议，降低追随者在购买产品时感受到的风险并对追随者所作出的决定给予积极回应，以表示支持或确认。因此，意见领袖是一个告知者、说服者以及确认者。意见领袖十分热衷于与他人交换意见，这是因为他们从他人分享意见并解释他们对于产品与服务的知识中，能够获得满足感。意见领袖在此过程中逐渐具有威望，成为内行。

口碑不一定都是正面的，不利的口碑传播仍可对产品形象产生毁灭性的影响，因为消费者似乎在进行评估时对负面信息的重视程度高于正面信息。营销传播从业者应尽力使负面口碑最小化。公司可以向顾客提供免费电话和电邮咨询服务，给顾客一个简便易行的投诉和提意见的平台。公司应该向消费者表明，它们对于合理投诉持积极应答的态度，这样可以避免负面口碑，甚至可以通过此举建立正面口碑。

利用公关营销建立网络口碑有几种行之有效的方法。除了前文谈到的病毒式营销、顾客自制广告等方法外，还有几种方法可供参考。

（1）使用微件。微件（widgets）指的是出现在网站或者用户桌面上的各种形式的小工具，这种工具是 Web 2.0 时代的新发明。有的微件能提供一些有用的功能，如计算器等；有的提供实时信息，如新闻或天气。网站所有者会鼓励合作伙伴在他们的网站上嵌入自己网站的微件，这些微件有助于提高品牌的认知度，并且还有可能产生 SEO 所需要的反向链接，引导用户在公司网站之外的网站熟悉你的品牌。

（2）提供简易信息聚合服务（really simple syndication，RSS），用户可以通过 RSS 阅读器接收博客、新闻，以及其他任何类型的新内容。RSS 不同于电邮接收信息，是自己选择的结果，不存在垃圾邮件等问题。目前，RSS 可以用来汇总各种各样数据的更新，如股票、天气预报、新图片等，已经成为非常重要的内容集成器。

（3）重视社交网站的价值。从网络公关关系的视角看，社交网站的价值体现在如下方面：评估时代思潮，即当今最流行的趋势和观点都会被整合进公共关系的活动中去；辅助推荐品牌或产品，许多网站的大部分流量是社交网络上的讨论推动的；用来征求产品体验和品牌认识方面的回馈，有时是向用户请求，有时只是观察用户的讨论。

（4）利用网络新闻专线发布在线新闻或者考虑使用新型的社会媒体新闻发布方式，它改善了传统模式，提供了简便的链接、图片、注解等。

（5）查找相应行业中有影响力的博客、播客、微博和微信公号等。如果他们在网络日志中谈论的是你所在专业领域的问题，那么就对其加以评论。

4. 造势

营销传播人员在口碑传播过程中，应该是积极的参与者，而非仅仅是看热闹的旁观者。不应该坐等正面口碑的产生，要通过人际沟通影响消费者对品牌的态度和行为。通常把这一主动行为称为造势（creating buzz）。造势为系统性的、有条理性的，通过面对面交流或网络途径，鼓励他人对某一特定品牌作出利好评价，鼓励其社交圈中的其他人使用同一品牌商品的行为。

关于造势有两种不同的方法评论。前者将造势过程比作流行病我们在第 11 章新产品传播速度介绍过，在此不再赘述。后者则起源于著名咨询公司麦肯锡所确立的一些原理，被称为自发性需求膨胀。

麦肯锡公司研究如何在社交网络中迅速传播有关某品牌的信息，为新品牌激起正面口碑浪潮。它们将研究结果概括为一套理论，称为自发性需求膨胀。该理论包括以下几个激发自发性需求膨胀的理念。

其一，将产品设计得独特或明显。独特是指外观方面、功能方面和其他吸引人的地方。明显是指令率先得知新产品信息的意见领袖或连接者，对自己具有的这种特权具有满足感。

其二，选择并培养时尚先锋。时尚先锋是一群先于广泛大众而迅速接受此产品的消费者。营销者的最大挑战是，明确哪一个消费者群体可能会对其他消费者构成最大影响力，从而尽力促使该群体接受并认可这一品牌。

其三，制造稀缺性。人们总是希望得到他们没有的东西，当这些东西稀缺时，人们就格外珍惜。很多产品在上市时压抑供应量，希望人们热烈地讨论他们不能立即拥有的产品，当人们更加迫不及待时，口碑营销的网络也会投入运转。

其四，使用名人效应。造势最好的办法莫过于让名人引领时代风骚了。

其五，利用排行榜效应。媒体经常发布各种排行榜，目的在于影响与引导消费者行为。排行榜是造势的强有力工具，因为对于被各种混杂的信息所包围而不知何去何从的消费者来说，排行榜是一盏指路明灯。在可信的排行榜上现身，将成为那些对排行榜有兴趣的人茶余饭后讨论的话题。

其六，培养草根阶层。对产品满意的消费者往往会推荐他人使用相同的产品，培养草根阶层的方法包括所有的造势方法，运用这些方法主动激励现有产品使用者推荐亲朋好友也使用同一产品。也就是说促使现有消费者为产品造势，进而乐意成为产品的忠实追随者。

14.4 网络促销

虽然不是所有的广告都是长期导向的，但是广告的这种特征却非常典型。设计精良的广告能够提升顾客满意度，以及扩大品牌资产。与广告相反，促销则是短期的、能影响顾客行为的（非仅仅是态度或者意愿）。促销有一种紧急的特征，呼吁人们现在就行动，因为明天总是太晚。当然促销也不是与广告没有关系。一方面，正在进行的促销活动能加强广告的影响力；另一方面，作为与消费者的沟通机制，广告的持续使用也能更好地推动促销活动的进行。实际上，超过 1/3 的广告，无论是传统媒体还是数字媒体，都在传递促销信息。

14.4.1 网络促销的本质

销售促进（简称促销）指的是生产商、零售商甚至是非营利组织用以暂时地改变一个品牌的感知价格或者感知价值所采取的任何形式的激励。生产商采用促销来刺激贸易商（批发和零售）或者消费者来购买该品牌，同时也鼓励生产商的销售团队卖力销售。零售商利用促销手段来刺激消费者的渴望行为——在这家商店而不是竞争者的门口驻足，买这个品牌而不是买别的品牌的商品，大量购买，等等。

1. 促销的突出特征

其一，促销包括激励，如打折或赠品等。这些激励的设计必须能够刺激交易顾客或者终端顾客更快、更频繁或者大量地购买特定的品牌，或者做出其他能为提供促销的生产商或零售商带来利益的行为。

其二，这些激励（折扣、返现、抽奖、代金券、赠品等）必须是额外的，而不是在顾客购买商品或服务的基本价值里扣除的。

其三，激励的目标是交易、顾客、销售团队或者所有这三者。生产商的销售团队、零售商以及顾客是促销活动的三大目标群体。贸易导向或消费者导向的促销活动给予了生产商的销售团队必要的条件去积极热情地向批发商和零售商促销；交易本身包括批发商和零售商，不同种类的赠品、折扣、抽奖以及广告支持项目等促销活动给予零售商理由去存储、展示和宣传，或者将促销品牌以折扣价出售；顾客导向的促销（代金券、样品、赠品、特价品、彩票和抽奖）通过提供渠道让顾客有尝试或重复购买该促销品牌的特定理由。

其四，这些激励只是暂时改变了一个品牌的感知价格或者感知价值。也就是说，促销激励只适用于一个时期内的一次或者几次交易，而不能被用于之后的每次交易。

2. 促销能完成和不能完成的任务

促销能完成和不能完成的任务见表 14-10。

表 14-10　促销能完成和不能完成的任务

促销能完成的任务
◆ 提高销售团队对新的、改良的或者更成熟的产品的推销热情
◆ 提高成熟品牌的销量
◆ 使得新产品的推广更顺利
◆ 增加架上和架下的销售空间
◆ 抵消竞争者的广告和促销
◆ 获得消费者的尝试购买
◆ 通过大量购买增加商品使用量
◆ 通过促销让消费者对产品先入为主
◆ 加强广告作用
促销不能完成的任务
◆ 弥补素质低下的销售团队或者缺失的广告效力
◆ 给予贸易方或者消费者任何长期的有说服力的理由去继续购买一个品牌
◆ 永久挽救一个品牌的销量下降趋势或者改变一个不受欢迎的品牌不被接受的事实

资料来源：特伦斯·A. 辛普，张红霞. 整合营销传播：广告与促销[M]. 北京：北京大学出版社，2013，396.

促销能做到的任务比较好理解，这里只具体解释一下促销不能完成的任务。

1）不能弥补素质低下的销售团队或者缺失的广告效力

当遭受可怜的销售表现或者不充分的销售增长时，一些公司认为促销也许是一种解决办法。促销虽然能提供一个暂时的帮助，但是无法根本解决问题。销售业绩不佳只是经营管理的结果，导致结果的原因可能在于蹩脚的销售团队、薄弱的品牌意识、低劣的品牌形象或者其他病症，那么只有合理的销售管理和广告努力才能克服。

2）不能给予贸易方或者消费者任何长期的有说服力的理由去继续购买一个品牌

对某品牌的持续满意是贸易方继续增加一个品牌的存量和消费者重复购买的基础。这种持续的满意必须实现贸易方的利润目标和提高消费者价值之间的契合。促销不能弥补品牌的本质瑕疵或者二流品牌的缺陷，除非它能为贸易方和消费者提供一流的价值。

3）不能永久挽救一个品牌的销量下降趋势或者改变一个不受欢迎的品牌不被接受的事实

一个品牌在时间的检验下可能出现质量问题或者市场上出现了更优秀的替代品而引起销量下降。促销并不能扭转这样一个不受欢迎的品牌不被接受的事实。只能通过产品改善或者为老品牌注入新生命的广告来扭转销量下降的劣势。但是如果一个品牌已经持续衰落，那么单靠促销本身将会白白浪费时间和金钱。

14.4.2　网络促销的方式

1. 样品（试用装）

样品是指任何能将真实产品或者试用装产品传递给消费者的方法。大多数营销实践者都认为,样品是鼓励试用的最佳方式。发放样品几乎是引进全新产品时必不可少的营销策略。样品之所以有效,是因为它能为消费者提供亲身体验新产品的机会。它使消费者能主动、亲自与产品接触,而非被动接受产品。多数消费者认为,在试用了新品牌、喜欢新品牌,以及该产品价格可以接受的情况下,他们会购买这个新品牌。样品发放的方式很多,如上门发放、随购买附赠的样品、高密度地点和重大事件发放、店内发放等。现在品牌经理越来越多地考虑通过网络发放样品。通常他们会雇用相关的专业服务公司。感兴趣的消费者会登录索取样品的网页,注册并选择自己感兴趣的产品。样品将在接收到他们的索取信息后寄出。网络发放样本,根据产品性质的不同,差别很大。

如果产品是可以数字化的,一些站点允许用户在购买前体验一下数字产品。许多软件公司提供软件的全功能演示版本的免费下载。演示版本的有效期一般为 30~60 天,之后,用户可选择是购买软件还是从系统中清除它。网上音乐商店允许顾客在下载歌曲或者订购 CD 前体验剪辑的 30 秒音乐。市场调研公司发布它对于顶级网站每月调查的结果给潜在顾客查阅和使用,这些顾客也许会产生对更深程度的数据的需求。

如果产品是无法数字化的实体产品,由于邮寄费用是主要成本,网络发放样品的成本大概是店内发放样品或者通过重大事件发放样品的几倍。但是这一方法的合理性在于,相对于重大事件场合收到样品的消费者,通过网络索取样品的消费者是真正对该产品感兴趣的,并且最终可能会购买该产品。因此,在线发放样并不是一种浪费,而是一种有效的方式。

2. 抽奖、竞赛和游戏

抽奖和竞赛是两种普遍使用的促销形式,虽然两者在执行上区别很大,但都向消费者提供赢取现金、商品、旅游奖励的机会。在抽奖活动中,胜利者的确定标准建立在机会的基础上,此外不能要求以购买证明作为参加活动的条件。抽奖活动代表了一类非常流行的促销工具。约 3/4 的包装消费品经销商开展抽奖活动,约 1/3 的家庭每年至少参与一次抽奖活动。与其他促销技术相比,抽奖活动相对不太昂贵,容易执行,也容易达成各种营销目标。除了增强品牌的定位和形象之外,设计良好的抽奖活动可以吸引更多的注意力,扩展品牌在零售商中的分布,激发销售团队热情,以及通过使用对某特定顾客群体有吸引力的奖品结构来接触特定消费者群。单独使用抽奖活动,其吸引力和效果是有限的。但当与广告、购买积分宣传以及其他促销工具联合使用时,抽奖活动可以有效地产生出有意义的结果。

在竞赛活动中,参与者需要根据竞赛的规则行动,有时还需要提交购买证明。有时需要参与者提交照片并访问公司网站参与竞赛。顾客对竞赛活动的反应通常低于抽奖活动,尽管顾客对抽奖活动的反应已经比较冷淡了。如果有 100 万注册用户的网站,参与率为 5%,那么也将有 5 万的参与者。通过参与活动,这些顾客不只是简单地收到广告信息,而是可以提升他们对品牌的态度。

游戏是一种不断发展的促销方式,并且越来越多地用于替代抽奖和比赛促销。游戏向消费者提供了即时的奖励,但对于市场人员而言,主要用于实现鼓励现有品牌消费者重复购买行为的目标。促销游戏可以创造娱乐体验、刺激消费者对品牌的兴趣,并且能够加强品牌忠诚感。在网上可以找到许多种立即中奖的游戏,只要在百度上搜索一下,就可以看到几千个条目。设计这些游戏是为了吸引更多消费者参与,而消费者在线玩这些游戏的时候需要品牌赞助商提供电子邮件地址和其他的附加地址信息。

以上三种促销方式可以吸引顾客,通过创造品牌知晓提升顾客的品牌兴趣,建立顾客和品牌的互动关系,也有助于扩大品牌的电子邮件信息订阅数据库。登录某个你钟爱的品牌网站,你就可以看到几乎每个品牌都提供了一些形式的在线抽奖、竞赛以及游戏。

3. 赠品

赠品是商家或者服务提供商提供的一些不同形式的礼品,用来引导消费者的行为,同样也可能影响零售商及其他人员的销售力量。赠品作为一种通用的促销工具,其不同类型可以分别产生消费者体验式购买、鼓励消费者持续购买和加强品牌形象的作用。品牌经理利用赠品主要是为了增加消费者的品牌忠诚度和刺激消费者进行新的购买行为。赠品的种类有即买即赠、兑换券,包装盒内/外/旁赠品,自费赠品。不同的赠品的目标不同。即买即赠和兑换券有利于促进品牌体验和再体验消费;包装盒内/外/旁赠品是出于保持顾客的目的而奖励现有的消费者持续购买他们偏好的品牌的行为;自费赠品则同时具有保留消费者和加强品牌印象的双重功效。

4. 价格折扣和优惠券

价格折扣促销是指在品牌产品通常的价格上有一定降低的促销方式。这种促销方式会对以下目标很有效用。

(1)奖励现有的品牌使用者。
(2)鼓励消费者购买比他们平时购买量更大的产品,并由此有效占据竞争中的主导权。
(3)有助于在消费者初次体验购买后奖励其重复购买行为。
(4)确保那些促销的优惠金额能够确切地到达消费者手中。
(5)当向零售商提供津贴的时候,可以获得架下的展示空间。
(6)向那些人员销售力量提供激励措施以获得零售商支持。

优惠券是一种让持有者在购买某种特定产品时可以省钱的凭证。优惠券可以促进新品牌的早期尝试,也可以刺激一个成熟品牌的销售。但是由于越来越多的优惠券干扰,大多数主流的消费品企业发放优惠券的数量在变少,并且发放时更具有针对性。数字优惠券是如今增长最为快速的优惠券种类。数字优惠券可以锚定个人并进行个性化定制,尤其是通过智能手机和其他移动设备使用优惠券的比例逐年提升,企业将其作为优惠券的主要阵地。

14.4.3 网络促销的实证总结

在过去 20 多年来,学者们已经对促销的功能和有效性进行了严格的研究。这些实证努力让研究者可以得出实验性的结论（表 14-11）。

表 14-11　关于促销的实证总结

- 暂时性的零售削价虽会使销售增加，但只适用于短期
- 削价越频繁，削价的效果越有限
- 频繁削价会改变消费者的参考价
- 零售商不可能百分百地实施贸易削价
- 市场份额越高的品牌，削价弹性越小
- 广告性促销导致客流量的增加
- 主题广告与展示将产生协同效应，从而影响折扣品牌的销售
- 单一品类的促销同时影响互补品类与竞争品类品牌的销售
- 促销效果因品牌质量不同而不同

资料来源：特伦斯·A.辛普，张红霞.整合营销传播：广告与促销[M].北京：北京大学出版社，2013：412.

1. 暂时性的零售削价虽会使销售增加，但只适用于短期

暂时性的零售削价虽然会使销售增加，但只适用于短期。这些短期的销售增加被称为销售高峰。这些高峰一般会出现，但代价却是消费者在优惠之前或者之后对促销品牌购买的下降。

2. 削价越频繁，削价的效果越有限

当生产商和零售商经常提供削价时，消费者便会期待未来打折的可能性，从而减少对于每个优惠活动的响应。不经常的优惠会取得更大的销售高峰，而频繁的削价则不能带来戏剧性的销售增长。

3. 频繁削价会改变消费者的参考价

频繁的削价会改变消费者对促销品牌的期望价或者参考价。这种参考价的下降将导致品牌资产降低以及销售者只能收取折扣价的不良后果。总结的第 2 条和第 3 条合起来表明，过度的削价不仅降低品牌参考价，还会减少消费者对特定品牌的响应。

4. 零售商不可能百分百地实施贸易削价

生产商的贸易优惠通常是以账外折让的方式提供给零售商，但是零售商却并不总是将这样的优惠让渡给顾客。零售商选择将折扣让渡给消费者，前提是他们从让渡折扣给消费者中获得的利润，比直接将生产商的账外折让收入囊中要多得多。这也是生产商要实施绩效奖励方案，要求零售商在提供了特定的服务（如为削价品牌提供专门的展位）之后才能获得折让的原因。

5. 市场份额越高的品牌，削价弹性越小

假设一个品牌的零售价降低了20%，然后其销量增加了30%。这反映了这个品牌的弹性系数为1.5（30/20）。这个值指示，价格每下降一个点，需求数量会成比例地增加1.5个点。总结的第5条表明追求更大市场份额的品牌，其价格弹性系数通常要比市场份额小的品牌低。原因是市场份额小的品牌在削价时可争取的顾客相对更多，而对于市场份额大的品牌而言，剩下的顾客则比较少。因此，市场份额大的品牌在削价优惠时比市场份额小的品牌弹性更小。

6. 广告性促销导致客流量的增加

客流量的增加通常得益于品牌削价活动。当主题广告宣传品牌降价时，不少消费者就会暂时性地换一家商店，去利用这家商店的优惠，而不是没有活动的另一家商店。

7. 主题广告与展示将产生协同效应，从而影响折扣品牌的销售

当一个品牌处于优惠期时，其销量通常会上升（总结1）。如果一个品牌正在做活动，同时零售商的主题广告又在对它进行宣传，那么其销量上升得更多（总结6）。如果一个品牌不仅在做活动，被零售商主题广告宣传，而且还有特别的展位赢得关注，那么其销量更是会获得极为可观的上升。换句话说，主题广告和展示产生的协同效应大大地提高了一个促销品牌的销量。

8. 单一品类的促销同时影响互补品类与竞争品类品牌的销售

当特定种类的一个品牌正在促销时，它将同时影响互补品类与竞争品类品牌的销售。通常促销会导致互补品的销量上升，竞争品的销量下降。

9. 促销效果因品牌质量不同而不同

当一个高质量的品牌正在被促销时，如一个可观的削价，这个品牌就有可能吸引转移者，从而窃取低质量品牌的销量。但是，一个低质量的品牌如果也正在促销，那么它并不能同样地将高质量品牌的顾客窃取过来。也就是说，转移行为是不对称的——从低质量向高质量转移。当高质量品牌被促销时，其效应大于低质量品牌的促销效应。

"百事挑赞"：百事可乐的整合营销活动

"Pepsi Challenge"是百事可乐在40多年前发起的著名营销主题活动，历史悠久。2015年，百事可乐在全球范围内重启"Pepsi Challenge"，而中国也迎来这场"挑战"盛事。百事可乐希望借助2015的"Pepsi Challenge"主题营销活动，重塑品牌在年轻人心中"酷"的形象。但如何将全球的"Pepsi Challenge"活动做出"中国定制"的创意，取

悦中国90后消费者,让他们打破传统,挑战自我呢?

洞察:中国90后是极具个性而又张扬的一代,他们勇于在社交网络上展示自己,点"赞"是他们表达认同感的代名词。

创意:结合"挑战"与"点赞",将"百事挑赞"定为中国战役主题,以百事可乐为核心,跨界整合90后最关注的六大文化领域(设计、科技、电影、运动、时尚、娱乐),搭建社交平台,鼓励90后尝试不同挑战,号召更多人为他们的挑战点赞。

品牌自我挑战,打破"罐"性,全新主题包装上市。

推出创新的数字动态海报"Cinemagraph",为消费者解读"挑赞罐"背后的挑战精神。

同时跨界邀请90后涂鸦大师,将挑赞图案进行涂鸦,画于上海莫干山路。

百事可乐集结12位来自六大领域的90后意见领袖,如民谣诗人马頔,发明家薛来,环保盒子哥王小波。协助他们发起各自的挑战,并通过社交媒体向消费者展示他们的挑战过程和结果,让消费者为他们点赞。

设计类挑战:设计属于自己的挑赞罐。

H5 数字互动:邀请消费者上传照片,采用数字手段进行棱镜折射效果处理,设计出专属"挑赞罐"包装,传递"设计"挑战的创新精神。

电影类挑战:全民一起《栀子花开》。携手"90后创作型电影"《栀子花开》,全面植入品牌态度及产品曝光;提供"挑赞日历",邀请年轻人和李易峰一起完成7天挑战。电影上映前7天,结合电影中李易峰挑战花絮内容,邀请消费者一起完成挑战,拼出"峰格海报",为电影上映点赞。

新浪微博热门话题:电影上映当天,话题炒作,"栀子花开"荣登新浪微博话题榜。

娱乐类挑战:浙江卫视《百事挑战者联盟》IP定制化合作。

定制化IP:联合浙江卫视打造娱乐真人秀《百事挑战者联盟》,以明星"挑战平凡人的职业"为核心,契合"百事挑赞"主题。

跨屏互动:从看、玩、聊、买多角度,实现IP的立体传播。

边看边聊:台网联动,新浪微博雷达识别电视节目,边看边参与话题互动,制造social buzz,为品牌话题页引流。

边看边猜:看腾讯视频回放,回答明星挑战问题。强化品牌植入环节。

边看边玩:百事官方微信打造"挑战者联盟"互动中心,看花絮八卦,玩游戏赢明星周边产品。增加品牌好感度。

边看边买:看腾讯视频回放,扫码购买明星同款产品,导流电商。

体育类挑战:全城开跑,挑战年轻人运动新时尚。百事可乐携手世界流行的荧光炫彩夜跑(ILLUMI RUN 中国),在广州、北京、上海、深圳四大城市酷炫开跑。

线上互动:微信发布任务清单,引导消费者完成百事挑战,赢取奖品。开跑过程微博全程直播。

线下活动:夜跑现场有Pepsi house、Pepsi Man 和 Pepsi Game,与消费者进行互动。

时尚类挑战:百事可乐X上海时装周。

共创时尚作品:携手多位国内优秀设计师,挑战自我,时尚作品植入百事色彩和元素。

直播秀场：新浪微博全程直播秀场实况。
科技类挑战：碳酸饮料首次大尺度跨界。
交通环保类：助力小发明家薛来用百事可乐罐改造"汽车尾气简易过滤装置"。
环保再生类：协助环保达人王小波改造快递盒，废物多种用途再利用。

"百事挑赞"主题营销活动共获得Impression超过50亿。社交媒体互动讨论超过600万。

（资料来源：http://socialbeta.com/t/case-golden-mouse-pepsi-challenge-campaign-2015.）

本 章 小 结

本章介绍了网络营销传播。在"数字媒体与传播决策"一节，介绍了以交互性为代表的数字媒体的优势，以及网络时代多种营销媒介整合传播的趋势。在"网络广告"一节，主要介绍网络广告依赖数字技术而产生，通过网络媒介传播的特点。划分了网络广告的类型，以及各种类型的特点。接着介绍媒体策划过程：选择目标受众、确定媒体目标、选择媒体种类和载具，以及购买媒体，还有网络广告传播效果如何衡量。在"网络公关关系"一节，辨析了在线公关与传统公关的差别，介绍了包括网站、网络活动、在线口碑、造势等网络公关工作内容，以及网络公关实践中的具体方法。在"网络促销"一节，介绍了促销的突出特征，以及促销能完成的任务。然后分析了促销的基本方式，如样品（试用装）、抽奖、竞赛和游戏、赠品、价格折扣和优惠券等。最后，阐述了关于促销的实证研究的基本总结。

思 考 题

1. 数字媒体与传统媒体相比有哪些优势？
2. 网络营销为什么需要采用整合营销传播？
3. 网络广告如何进行媒体策划？
4. 网络公关与传统公关的差别有哪些？
5. 网络促销各种方式分别能完成促销的哪些任务？
6. 网络促销的实证研究有哪些结论？

实 践 活 动

1. 在网络上下载或是浏览各种形式的富媒体广告，然后进行分类，并总结富媒体的优势。
2. 为某食品企业（如生产月饼）策划一次节日的整合营销传播活动。
3. 请为某教育培训机构（如外语或考研培训）做一次网络广告媒体策划。
4. 请为你所在的学校做一次关于"贫困助学"网络公关活动。
5. 联系附近的大型商场，为其策划一次五一/十一的网络促销活动，并检验促销效果。

参 考 文 献

[1] [美]朱迪·斯特劳斯,雷蒙德·弗罗斯特. 网络营销[M]. 5版. 时启亮,等,译. 北京:中国人民大学出版社,2013.

[2] [美]贾森·米列茨基. 网络营销实务:工具与方法[M]. 李东贤,等,译. 北京:中国人民大学出版社,2014.

[3] [美]德尔·I.霍金斯,戴维·L.马瑟斯博. 消费者行为学[M]. 12版. 符国群,等,译. 北京:机械工业出版社,2014.

[4] [美]利昂·希夫曼,约瑟夫·维森布利特. 消费者行为学[M]. 江林,等,译. 北京:中国人民大学出版社,2015.

[5] 赵国栋. 网络调查研究方法概论[M]. 2版. 北京:北京大学出版社,2013.

[6] [美]威廉·齐克芒德,巴里·巴宾. 营销调研精要[M]. 4版. 应斌,王虹,等,译. 北京:清华大学出版社,2010.

[7] [美]小吉尔伯特·丘吉尔,唐·拉柯布奇. 营销调研方法论基础[M]. 9版. 王桂林,赵春艳,译. 北京:北京大学出版社,2010.

[8] [美]纳雷希·马尔霍特拉. 营销调研基础:结合社会化媒体[M]. 4版. 北京:清华大学出版社,2015.

[9] [美]艾尔·巴比. 社会研究方法[M]. 11版. 邱泽奇,译. 北京:华夏出版社,2013.

[10] [美]凯文·莱恩·凯勒. 战略品牌管理[M]. 3版. 卢泰宏,译. 北京:中国人民大学出版社,2009.

[11] 黄静. 品牌营销[M]. 2版. 北京:北京大学出版社,2014.

[12] [美]威廉·阿伦斯,等. 广告学[M]. 北京:中国人民大学出版社,2014.

[13] [美]特伦斯·A.辛普,张红霞. 整合营销传播:广告与促销[M]. 北京:北京大学出版社,2013.

[14] [美]戴夫·查菲,菲奥纳·埃利斯-查德威克. 网络营销:战略、实施与实践[M]. 5版. 马连福,高楠,等,译. 北京:机械工业出版社,2015.

[15] [美]伯特·罗森布洛姆. 营销渠道——管理的视野[M]. 8版. 宋华,等,译. 北京:中国人民大学出版社,2014.

[16] 庄贵军. 营销渠道管理[M]. 2版. 北京:北京大学出版社,2012.

[17] [美]加里·阿姆斯特朗,菲利普·科特勒. 市场营销学[M]. 12版. 赵占波,王紫薇,等,译. 北京:机械工业出版社,2016.

[18] 昝辉 Zac. 网络营销实战密码:策略·技巧·案例(修订版)[M]. 9版. 北京:电子工业出版社,2013.

[19] 昝辉 Zac. SEO实战密码[M]. 2版. 北京:电子工业出版社,2014.

[20] 孙悦,周宁,等. 网络营销——网商成功之道[M]. 3版. 北京:电子工业出版社,2012.

[21] [美]迈克尔·A.希特,R.杜安·爱尔兰. 战略管理:竞争与全球化(概念)[M]. 9版. 北京:机械工业出版社,2012.

[22] 瞿彭志. 网络营销[M]. 4版. 北京:高等教育出版社,2015.

[23] 姜旭平. 网络营销[M]. 北京:中国人民大学出版社,2012.

[24] 荆浩. 网络营销基础与网上创业实践[M]. 2版. 北京:清华大学出版社,2017.

教学支持说明

▶▶ 课件申请

尊敬的老师：

您好！感谢您选用清华大学出版社的教材！为更好地服务教学，我们为采用本书作为教材的老师提供教学辅助资源。该部分资源仅提供给授课教师使用，请您直接用手机扫描下方二维码完成认证及申请。

任课教师扫描二维码
可获取教学辅助资源

▶▶ 样书申请

为方便教师选用教材，我们为您提供免费赠送样书服务。授课教师扫描下方二维码即可获取清华大学出版社教材电子书目。在线填写个人信息，经审核认证后即可获取所选教材。我们会第一时间为您寄送样书。

任课教师扫描二维码
可获取教材电子书目

清华大学出版社

E-mail: tupfuwu@163.com   网址：http://www.tup.com.cn/
电话：8610-83470158 / 83470142   传真：8610-83470107
地址：北京市海淀区双清路学研大厦B座509室   邮编：100084